Egmont R. Koch

Atomwaffen für Al Qaida

Egmont R. Koch

Atomwaffen für Al Qaida

»Dr. No« und das Netzwerk des Terrors

Aufbau-Verlag

Mit 30 Abbildungen

ISBN 3-351-02588-2

1. Auflage 2005

Einbandgestaltung Andreas Heilmann
Druck und Binden Ebner & Spiegel, Ulm
Printed in Germany

www.aufbau-verlag.de

»Wenn ein anderes islamisches Land die Bombe möchte, dann muß es sie selbst entwickeln. Man bekommt Kernwaffen nicht auf einem Silbertablett serviert!«

Dr. Abdul Qadeer Khan alias »Dr. No«, Oktober 1998[1]

»Wir würden es nicht als Verbrechen ansehen, in den Besitz atomarer, biologischer oder chemischer Waffen zu gelangen. Unser heiliges Land ist von israelischen und amerikanischen Truppen besetzt. Wir haben das Recht, uns zu verteidigen und unser heiliges Land zu befreien.«

Osama bin Laden, Januar 1999[2]

Inhalt

Prolog 9
Vor Armageddon 19
Spion aus Zufall 41
Little Almelo 71
Die Beschaffer 99
Dr. Kotari und Mr. Tritium 125
Kalte Krieger 152
An der Schwelle 184
Verkaufsschlager 209
Showdown 239
Das vierte Szenario 270
Epilog 286

Abkürzungen 289
Zitatnachweis 291
Danksagung 341
Bildnachweis 344
Personenregister 345

Prolog

Ende September 2004. Das letzte Stück des Weges zu Richard Barlow führt über eine staubige Schotterpiste, vorbei an einer Pferdekoppel, auf der zwei Stuten grasen. Es ist einsam hier draußen. Am Horizont drängen sich die Ausläufer eines Gebirgszuges ins Bild. Die Gegend zählt zu Amerikas wildem Westen, durch das ehemals Indianer auf dem Kriegspfad gegen die konföderierten Truppen zogen.

Es war eine seiner Bedingungen dafür, sich mit uns zu treffen, daß wir nicht erwähnen, wo er lebt, nicht einmal den Bundesstaat. Denn der 49jährige berät nicht nur die amerikanischen Geheimdienste und hat Zugang zu deren Informationen bis hin zur Klassifizierung »top secret«, er leitet überdies ein höchst sensibles Counterintelligence-Programm zur Abwehr von Nuklearterrorismus durch Al Qaida und andere Gruppen. Da scheint Vorsicht durchaus angemessen.

Zum ersten Mal überhaupt hat er sich zu einem Interview vor der Kamera bereit erklärt, für eine Fernsehdokumentation der ARD – nach langem Zögern. Aktive Geheimdienstleute, auch wenn sie freiberuflich arbeiten, äußern sich nicht öffentlich. Normalerweise. Keine Fragen zu seiner augenblicklichen Tätigkeit, nur zu seiner persönlichen Vergangenheit! Und keine Fragen zu konkreten Sachverhalten, bei denen er gezwungen wäre, seine Geheimhaltungsverpflichtung zu brechen. Das war eine weitere Bedingung.

Endlich haben wir die Einfahrt zu seiner Farm gefunden. Barlow erwartet uns schon. Er sieht sehr jugendlich aus für sein Alter, sein lausbubenhaftes Lachen zur Begrüßung verbreitet Charme. Das also ist der Mann, der vor fast zwanzig Jahren die »pakistanische Atombombe« verhindern wollte, weil er befürchtete, sie könnte in die Hände von Regimen gelangen, die Terroristen unterstützen, auch wenn er damals an Libyens Gaddafi oder Irans Khomeini dachte und nicht an Al Qaida.

Er lebt allein hier draußen, mit seinen Hunden Skye und Sassy, ein »lonesome Cowboy«. Die letzte Freundin ist vor geraumer Zeit ausgezogen. Sein Schreibtisch steht rund hundert Meilen entfernt im Bürogebäude einer »Forschungseinrichtung der Regierung«, um es bei dieser Bezeichnung zu belassen. Er liebt die Natur, seine Hobbys sind Fliegenfischen und Hochlandjagd auf Vogelwild. So steht es in seiner Vita. Die verrät auch, daß er, als 24jähriger, am American Museum of Natural History an einer Untersuchung mitgewirkt hat, über »Cervus elaphus merriami«, eine ehemals in Amerika heimische Elchart.[1] Aber das war vor seiner Karriere in den amerikanischen Geheimdiensten, derentwegen wir gekommen sind.

Richard M. Barlow arbeitete als Spezialist für Pakistans militärisches Atomprogramm im Department of State, in der CIA und im Pentagon. Vor fast 20 Jahren, in der zweiten Hälfte der Achtziger, war er gewissermaßen der »Gegenspieler« von Abdul Qadeer Khan, dem Chef des pakistanischen Atombombenprojekts. Viele nannten Khan »Dr. No«, nach jenem Bösewicht aus dem ersten James-Bond-Film von 1962, der von einer atomar hochgerüsteten Karibikinsel aus amerikanische Weltraumraketen abschießen will. Barlow sammelte seinerzeit alle Informationen aus öffentlichen und nichtöffentlichen Quellen, er analysierte die Berichte amerikanischer Agenten aus Khans engster Umgebung, bekam abgehörte Telefonate, abgefangene Fernschreiben und ausgewertete Satellitenfotos auf den Tisch, und er fügte das alles zu einem Bild zusammen. Am Ende wußte er fast alles über »Dr. No«. »Abdul Qadeer Khan war mein Alter ego«, sagt Richard Barlow, »obwohl ich ihm nie persönlich begegnet bin.«[2]

Seine Analysen über die »islamische Bombe« sorgten damals für große Unruhe im politischen Washington, denn sie galten als profund, präzise und schonungslos. Aber das Weiße Haus sah Pakistan gerade als den wichtigsten Verbündeten im Kampf gegen die Rote Armee in Afghanistan und damit gegen die Expansionsbestreben des Kreml. Die amerikanische Regierung ließ dem Freund in Islamabad, damals General Mohammed Zia ul-Haq, fast alles durchgehen. »Im Kalten Krieg schien es Wichtigeres zu geben als Pakistans Kernwaffengelüste«, sagt Barlow. Aber er habe sich der Wahrheit verpflichtet gefühlt und nicht den politischen Vorgaben aus dem Weißen Haus. Die Einstellung brachte ihm nicht nur Freunde und irgendwann sogar sehr viele Feinde ein. Richard Barlow landete im Abseits. Er wurde erst kaltgestellt, dann aus seinem Job gedrängt und schließlich in die Wüste geschickt – mit konstruierten Vorwürfen, wie sich später herausstellen sollte.

»Als ich damals hierherkam, stand ich vor dem Nichts«, erinnert er sich, »meine Ehe war gerade wegen der Geschichte in die Brüche gegangen, in Washington galt ich als Persona non grata.« Damals sei ihm ein Teil seiner Selbstachtung abhanden gekommen. »Ich mußte fast wie ein Landstreicher leben.« Man sieht es an seinen Augen, daß es ihm immer noch schwerfällt, darüber zu reden.

Eine Zeitlang verdiente sich der beste Kenner der pakistanischen Atomrüstung und Abdul Qadeer Khans, der noch 1988 für seine »außergewöhnlichen Verdienste« vom damaligen Director of Central Intelligence (DCI), William H. Webster, also dem Chef aller US-Geheimdienste, mit dem *Exceptional Accomplishment Award* geehrt worden war, seinen Unterhalt als Busfahrer für Grundschüler. Alte Weggenossen der Agency, seiner »Firma«, fingen ihn schließlich auf, verschafften ihm einen Beratervertrag, gaben ihm die Chance, ein Team aufzubauen, das sich mit Nuklearterrorismus beschäftigt. »Nicht einmal meinen Pensionsanspruch haben die mir in Washington gelassen«, empört sich Barlow.

Mehr als ein Jahrzehnt nach dem erzwungenen Ende seiner Geheimdienstkarriere in Washington schloß sich irgendwann ein Kreis in seinem Leben: Die Rote Armee hatte sich längst aus Afghanistan zurückgezogen, kurze Zeit später war Moskaus kommunistisches Weltreich zusammengebrochen, Pakistan aber, und das war der Preis dafür, verfügte inzwischen über ein stattliches Arsenal an Kernwaffen. Da landete eines Tages eine geheime Information auf seinem Schreibtisch, ebenjener »Dr. No«, dem so lange sein professionelles Interesse gegolten hatte, habe sein Wissen und seine Technik an »Schurkenstaaten« wie Libyen, Iran und Nordkorea verschachert, möglicherweise auch an Osama bin Ladens Al Qaida. Ist es nicht menschlich nur zu verständlich, daß er im selben Moment so etwas wie Genugtuung empfand?

Niemand dürfe bezweifeln, »daß unser handfestes Engagement in Afghanistan letztlich das Ende des Kalten Krieges bewirkt hat«, kommt er der nächsten Frage zuvor, »aber wir hätten dennoch die Entwicklung in Pakistan verhindern oder zumindest verzögern können, wenn wir damals energischer aufgetreten wären«. Den Rest der Antwort läßt er unausgesprochen: und wenn sie seine Warnungen ernst genommen hätten.

Sechs Jahre vor der Begegnung mit Richard Barlow: eine Villa am Stadtrand von Islamabad, am Fuße der Margalla Hills. Wir warten seit zwei Stunden. Bedienstete wieseln herum, servieren Tee; ständig klingelt irgendwo ein Telefon. ER sei jetzt auf dem Weg, habe sich gerade aus dem Wagen gemeldet, verkündet schließlich Dr. Nazeer Ahmad und gestattet sich dabei ein zufriedenes Lächeln. Ahmads Visitenkarte weist ihn als Abteilungsdirektor des pakistanischen Atomzentrums *Dr. A. Q. Khan Research Laboratories* (KRL) aus. Doch er ist weit mehr, SEINE rechte Hand, sein engster Vertrauter. Islam ul-Haq, sein Adjutant, ein ehemaliger Armee-Major, der uns zuvor aus dem Hotel abgeholt hat, damit wir den Weg zur Residenz nicht verfehlen, läuft unterdessen nervös hin und her, kommandiert weißgewandete Lakaien im Kasernenton.

Im Oktober 1998, drei Monate nach Pakistans ersten Kernwaffentests, nach dem offiziellen Eintritt des islamischen Landes in den exklusiven Club der Atommächte: Audienz bei Dr. Abdul Qadeer Khan, der in den sechziger und siebziger Jahren in Berlin, Delft und Leuven studierte und sich dann mit geheimen Bauanleitungen für die Anreicherung von Uran zu Atombombensprengstoff nach Pakistan absetzte. In westlichen Geheimdienstkreisen mag man ihn gelegentlich mit »Dr. No«

vergleichen, hier in Pakistan vergöttern ihn die Menschen als »Vater der islamischen Atombombe«, mitunter sogar als zweitbedeutendste Figur der pakistanischen Geschichte, gleich nach dem Staatsgründer Mohammed Ali Jinnah.[3] Wir sind für einen Dokumentarfilm gekommen, haben über verschiedene Kanäle um einen Termin ersucht und erst am Tag zuvor eine Zusage erhalten. Aber wird »Dr. No« diese Zusage auch einhalten?[4]

An den Wänden des Wohnbereichs seiner Villa hängen Fotos, die Khan zeigen, bei Ordensverleihungen, Ehrungen und im vertrauten Gespräch mit Pakistans Militärmachthabern, Präsidenten und Premierministern. Von denen hat er seit seiner Rückkehr aus Europa im Jahr 1976 viele kommen und gehen sehen, hingerichtet wie Zulfikar Ali Bhutto 1979, ums Leben gekommen durch einen Flugzeugabsturz, möglicherweise ein Attentat, wie General Mohammed Zia ul-Haq 1988, gestürzt wie Bhuttos Tochter Benazir 1990 und 1996, aus dem Amt gejagt wie Nawaz Sharif 1999 durch General Pervez Musharraf, den starken Mann der Armee und momentanen Machthaber. Sie alle haben ihm jahrelang aus der Hand gefressen. Sein Geheimprojekt »Butterfabrik«, das mit Atomspionage begonnen hatte, machte ihn sakrosankt. Es interessierte ihn offenbar auch wenig, wer in Pakistan gerade regierte, ob demokratisch gewählt oder an die Macht geputscht, solange er seine Ziele ungestört verwirklichen konnte: die Bombe und damit Sicherheit für sein Land, Ehre für Allah, den Allmächtigen, und Ruhm für sich selbst.

In einem Bücherschrank seiner Villa, den wir zur Überbrükkung der Zeit in Augenschein nehmen, ist neben Fachliteratur auch Belletristik zu finden. Einige Werke weisen überschwengliche, verzückte Widmungen der Autoren auf, für Khan: Er sei der der »neue Einstein«, die »Krone der islamischen Wissenschaft« oder schlicht »ein Genie«. Dabei ist er nie Atomwissenschaftler gewesen, ein Genie schon gar nicht, sondern Metallurg, Fachmann für Edelstahl, und seine wissenschaftliche Leistung begründet sich vor allem in dem peniblen Nachbau jener stählernen Anreicherungszentrifugen für den Bombenstoff

Uran, deren Blaupausen er 1975 in den Niederlanden gestohlen hatte.

Abdul Qadeer Khan war vielmehr ein blendender Organisator und durchtriebener Kaufmann, der ein enges internationales Netzwerk aus ehemaligen Kommilitonen und Freunden knüpfte, um über Dutzende von Tarnfirmen das zu beschaffen, was seine Techniker für die nachgebauten Uranschleudern benötigten. Doch er hat es immer verstanden, sein Image als Mastermind zu pflegen. Er kaufte sich pakistanische Journalisten, ließ sich als größten Patrioten des Landes feiern, wurde so eine Legende zu Lebzeiten. Auch die pakistanische, mit atomaren Sprengsätzen zu bestückende Mittelstreckenrakete »Ghauri«, deren Modell auf dem Bücherschrank steht, hat er keineswegs selbst entwickelt, wie er gerne streuen läßt, sondern sich auf dem nordkoreanischen Waffenbasar beschafft.

Allenfalls hinter vorgehaltener Hand gab es in Islamabad kritische Bemerkungen, niemand in Pakistan darf ungestraft an Khans Denkmal kratzen. Die sich doch trauten, wurden kaltgestellt oder auf andere Posten abgeschoben. Manche sollen auch spurlos verschwunden sein, aber vielleicht ist das nur eines dieser Gerüchte, die im Orient leicht Blüten treiben.

Abermals vergeht eine Stunde, draußen ist es längst dunkel geworden. Eine Horde junger Affen, die eben noch lautstark auf der Terrasse herumtollte, hat sich wie auf Kommando verzogen. In den stillen Abend hinein beginnen plötzlich einige Walkie-Talkies zu quäken. Seine Wagenkolonne muß schon nahe sein, in Reichweite der Funkgeräte. »ER kommt«, bestätigt Major Islam Sekunden später und scheint schon einmal Haltung anzunehmen.

Dann fahren drei Fahrzeuge vor, mit Blaulicht. Mehrere Sicherheitsleute springen aus einem allradgetriebenen Geländewagen japanischer Bauart, sichern das Gelände. Major Islam salutiert. Khan lächelt huldvoll. Der Mittsechziger mit akkurat geschnittenem Omar-Sharif-Schnäuzer und einem leger über die Kordhose fallenden Freizeithemd kommt seinen Gästen bedächtigen Schrittes entgegen, als wolle er seiner Aura Gelegenheit geben, ihm vorauszueilen. Er heißt uns willkommen, mit leiser, hoher Stimme, in fast akzentfreiem Deutsch, aber mit ungewöhnlich weichem Händedruck. Ob er kurz seine Hausfreunde begrüßen dürfe, fragt er, wartet die Antwort aber gar nicht erst ab. Nach seiner Ankunft sind die Affen wieder aus der Dunkelheit aufgetaucht, scharen sich um ihren Gönner. Einer der Lakaien hält einen Beutel mit Erdnüssen parat. »Er liebt die Tiere«, raunt uns Major Islam zu, zieht, wie zum Beweis, einen Umschlag mit Fotos aus seiner Hemdtasche: Khan mit Affen, mit Katzen, mit Goldfischen und, etwas unsicher in die Kamera blickend, mit einem Papagei auf der Hand.

Während des Interviews hängen Nazeer Ahmad und Major Islam an des Meisters Lippen, lachen, wenn er lacht, blicken finster drein, wenn er finster dreinblickt. Im Hintergrund verfolgt eine Schar Sicherheitsleute das Gespräch, während im Nebenraum die Lakaien so laut miteinander kichern, daß sich Khan persönlich zu einer scharfen Bemerkung genötigt sieht. Die Kamera läuft.

Wie ist es ihm gelungen, Pakistan so schnell zu einer Atommacht aufsteigen zu lassen? Die Frage müßte ihm gefallen, weil sie die nötige Portion Ehrfurcht und Respekt vor seiner Leistung erkennen läßt. Khan schmunzelt, während er sich die Antwort zurechtlegt. Die Bombe zu bauen sei heute keine große Schwierigkeit mehr, läßt er unerwartete Bescheidenheit erkennen. »Die Amerikaner gaben sich der Illusion hin, daß sie ein Monopol auf Kernwaffen besitzen«, sagt er, »tatsächlich gibt es dreißig oder vierzig andere Länder, die in der Lage sind, Atombomben zu produzieren, wenn sich ihre Regierungen dazu entschließen. In Monaten, nicht in Jahren«, fügte er noch an.[5]

In Monaten? Aber doch wohl nur mit Hilfe von außen? Pakistan brauchte nach allen vorliegenden Informationen fast zehn Jahre, von 1975 bis 1984, um genügend hochangereichertes Uran für die erste Bombe zu produzieren. Außerdem: Benötigt man nicht Technik und Gerätschaften aus Europa und den Vereinigten Staaten? Ohne die wäre Pakistan doch aufgeschmissen gewesen. Und heute sind die Ausfuhrgesetze und

Exportbestimmungen der Lieferländer sehr viel schärfer. Ihm wurde es damals doch leicht gemacht, sich die nötige Ausrüstung im Westen zu beschaffen.

Die Frage findet Khan ärgerlich, seine Körpersprache läßt daran keinen Zweifel. »Warum zeichnen Sie das Bild von Schmugglern und Schnüfflern? Das verletzt unseren Ehre!« echauffiert er sich. »Wir haben nichts anderes gemacht als jedes Land, das bestimmte Technologien einkaufen will. Es läßt sich ein Angebot machen, und wenn der Preis in Ordnung ist, geht das Geschäft über die Bühne.«

Aber viele Beschaffungsmaßnahmen, vor allem auch in Deutschland, waren doch wie in einem Agententhriller organisiert. Mit Falschdeklarierungen, Tarnadressen, dubiosen Zwischenhändlern und Umwegen über den ganzen Globus.

Auch das läßt »Dr. No« nicht gelten. »Wenn Deutschland mir aus irgendeinem Grund die Sachen nicht verkaufen wollte, habe ich ›Tom Irgendwer‹ gefragt, ob er die Dinge für mich in Deutschland besorgen kann. Dann beschaffte Tom die Ware, schlug zehn bis fünfzehn Prozent drauf und verkaufte sie an mich weiter. Das ist doch ein völlig übliches Vorgehen im Geschäftsleben!«

Und wenn es Interesse an der pakistanischen Atomtechnik zum Beispiel in einem anderen islamischen Land gäbe, würde Khan seine Hardware auch dorthin verkaufen? Wäre das auch nur eine Frage des Preises? – Zum Zeitpunkt des Interviews gab es verläßliche Hinweise aus Geheimdienstkreisen, der »Vater der islamischen Bombe« habe den Bruderstaaten Iran und Irak ein entsprechendes Angebot unterbreitet.

Khan schweigt zunächst, als sei ihm der Gedanke noch gar nicht gekommen. Dann aber verheißen seine funkelnden Augen nichts Gutes. Er ist wütend. Und plötzlich klingt seine Stimme noch ein wenig leiser als ohnehin schon: »Alle pakistanischen Regierungen haben immer wieder kategorisch erklärt, es werde keine Weitergabe von Kernwaffentechnik geben, gleichgültig, ob an ein islamisches oder ein nicht-islamisches Land!« Wenn die Empörung geheuchelt sein sollte, dann ist sie jedenfalls gut gespielt. »Sie werden nicht einen einzigen pakistanischen Wissenschaftler finden, der unsere Technik an irgend jemanden verraten oder verkaufen wird!« fährt Khan fort und setzt dann noch eins drauf: »Nehmen Sie alles Geld, das in Deutschland in Umlauf ist, um einen meiner Direktoren zu kaufen, Sie werden nicht in der Lage sein, einen zu finden!«

Tatsache ist: Es gibt Erkenntnisse der Internationalen Atomenergiebehörde IAEA in Wien, ein Mittelsmann von »Dr. No« habe Saddam Hussein im Oktober 1990, kurz vor dessen Einmarsch in Kuwait, Zugang zu pakistanischer Atomwaffentechnik offeriert, weniger als islamische Bruderhilfe, eher des schnöden Mammons wegen.[6]

Nazeer Ahmad und Major Islam rutschen unruhig auf ihren Stühlen herum. Khan kann sich jetzt nur schwer beherrschen. Ihm zu unterstellen, er sei mit seiner Technologie hausieren gegangen, um sie an Saddam Hussein zu verkaufen, ist schamlos, grenzt an Gotteslästerung. »Und was sagten die Irakis zu der angeblichen Offerte? Bitte, sagen Sie mir, wie die Irakis reagierten?« Sein Ton ist scharf, er kann seinen Redefluß kaum zügeln. »Die Irakis sagten, der angebliche Mittelsmann sei jemand gewesen, dem wir nicht vertrauten und den wir rausschmissen. Also, wenn die Irakis selbst der Meinung waren, der Mann sei nicht vertrauenswürdig, wie kann irgend jemand behaupten, das sei an Angebot von mir gewesen oder der Mann hätte Kontakt zu mir gehabt?«

Das Interview ist damit beendet. Major Islam hat sich schon mehrfach vernehmlich geräuspert, als wolle er signalisieren, daß die Zeit schon sehr weit fortgeschritten und Khan am Ende eines langen Arbeitstages ermüdet sei. Der aber wahrt die Form, läßt diplomatische Tugenden zurückkehren und ein paar Lachfalten in sein Gesicht. Dann verabschiedet sich »Dr. No« mit aller gebotenen Höflichkeit, als könne nur jemand seiner Größe über eine dermaßen ehrverletzende Attacke hinwegsehen.

Sechs Jahre also liegt diese Begegnung mit Abdul Qadeer Khan zurück, als wir uns mit Richard Barlow treffen. Natürlich wußte der schon viel früher als die Öffentlichkeit, daß dem Irak tatsächlich 1990 von »Dr. No« Bombenhilfe angeboten worden war; natürlich erfuhr der viel eher als alle anderen, daß Khan später sein Wissen und seine Technik, gewissermaßen die Kronjuwelen seines Landes, an den Iran, an Libyen, an Nordkorea, vielleicht auch an Saudi-Arabien, womöglich sogar an Al Qaida verschachert hatte; natürlich war der schon Jahre zuvor zu dem Ergebnis gekommen, daß dieser so eloquente, gebildete und charmante Pakistani, dieser sympathische Mittsechziger mit dem akkuraten Schnäuzer und dem legeren Freizeithemd, die Welt an den nuklearen Abgrund führen würde.

Als wir Richard Barlow unser Interview mit »Dr. No« vorführen, muß er an vielen Stellen lauthals lachen. »Besonders amüsant« findet er die Passage, »in der Khan sagt, er brauche mindestens drei Unterschriften, um auch nur fünf Gramm Uran aus seiner Anlage herauszubringen«. Müssen wir seine Reaktion so interpretieren, daß tatsächlich Bombenstoff aus Kahuta verschwunden und in die Hände von Terroristen der Al Qaida gelangt ist?

»Erinnern Sie sich an unsere Verabredung!« sagt Barlow nur.

Vor Armageddon

Als die Auswerter des amerikanischen Geheimdienstes CIA und deren Kollegen vom britischen MI6 Wochen später die Chronologie der Ereignisse zu rekonstruieren versuchten – anhand der Informationen von Quellen, die beide im Lande besaßen, sogar im engsten Umfeld von »Dr. No« –, zeichnete sich ein einigermaßen klares Bild ab, klar genug jedenfalls, um die Erkenntnisse als höchst alarmierend einzustufen. Ihre Regierungen jedenfalls hätten gewarnt sein müssen:

Muridke, 13. April 2001. Die pakistanische Provinzstadt liegt in der Nähe der indischen Grenze, an der Schnellstraße, auf der die schweren Trucks über staubige Pisten von der Hafenstadt Karatschi über Lahore in den Norden nach Rawalpindi donnern. Der Landrover hält vor dem Eingang des Gebäudes, das »der Organisation« gehört. Sofort springt ein Chauffeur aus dem Wagen, um seinem Chef die Tür zu öffnen. Nach anstrengender Fahrt gelüstet »Dr. No« nach einer Erfrischung. Er und sein Begleiter, ein etwas aufgedunsener Endsechziger, wollen sich in dem am Rande des Campus gelegenen Gästehaus ein wenig ausruhen, bevor sie sich der »großen Versammlung« anzuschließen gedenken, derentwegen sie den strapaziösen Weg auf sich genommen haben. Daß es eine der letzten öffentlichen Veranstaltungen der »Organisation« sein würde, weil sie Monate später auf amerikanischen Druck hin verboten wird, können die Besucher aus der Hauptstadt Islamabad zu diesem Zeitpunkt nicht ahnen, wahrscheinlich würde es sie auch gleichgültig lassen.

Eine Zusammenfassung der Ereignisse jenes Tages wird später als streng geheimer Bericht auf den zuständigen Schreibtischen von CIA und MI6 landen. In vielen, wenn auch nicht allen Details deckt sie sich mit Informationen pakistanischer Journalisten, die heimlich an der »großen Versammlung« teilnahmen.[1]

Bei der »Organisation« in Muridke handelte es sich um die sunnitisch-fundamentalistische Markaz Dawa Al Irshad, was übersetzt etwa »Zentrum für islamische Gebete« bedeutet, tatsächlich aber so etwas ist wie die Sinn Féin für die IRA oder die Heri Batasuna für die ETA: der politische Flügel eines Terrornetzwerkes. Und dieses Terrornetzwerk der Markaz, ihr militärischer Arm, der sich Lashkar-e-Taiba (LET), »Armee der Gerechten« oder »Armee der Reinen«, nennt, gehört zu Osama bin Ladens internationaler Front des Heiligen Krieges gegen alle Ungläubigen und führt einen blutigen Kampf im indischen Teil Kaschmirs.

Auf das Konto der Lashkar gehen Hunderte von Toten unter der hinduistischen Bevölkerung und unter indischen Truppen, die in den seit der Gründung Pakistans 1947 umkämpften Tälern des Himalaya stationiert sind. Die »Gerechten« erhalten in Ausbildungslagern im Westen Pakistans, nahe der afghanischen Grenze, ihren letzten Schliff, ehe sie über die Waffenstillstandslinie in den indischen Teil Kaschmirs einsickern, dort in den Untergrund gehen und dann Bombenanschläge verüben, auch als Selbstmordattentate.[2]

Am 5. November 1999, keine vier Wochen nachdem die Armee unter General Pervez Musharraf die Macht durch einen unblutigen Staatsstreich übernommen hatte, waren in Muridke mehr als 300 000 militante Islamisten aus Pakistan, Afghanistan, Ägypten, Saudi-Arabien und dem Sudan zusammengekommen, offenbar mit Segen des neuen Machthabers und mit Geldern aus der Staatskasse, die wahrscheinlich über dunkle Kanäle des mächtigen Geheimdienstes Inter Services Intelligence (ISI) auf die Konten der Lashkar geleitet worden waren.[3] Das mächtige Heer der Mudjahedins, darunter viele Taliban aus Afghanistan, lagerte und betete in riesigen Zeltlagern am Rand von Muridke, folgte den Haßtiraden der Anführer und streckte jubelnd die Kalaschnikows gen Himmel, als der Amir der Lashkar verkündete, es werde »das Blut der Heiden fließen«, nicht nur in Indien, sondern auch in den Vereinigten Staaten und in Israel. Einen Tag nach der »großen Versammlung« griffen Lashkar-Terroristen eine Kaserne »heidnischer« Truppen in Srinagar im indischen Teil Kaschmirs an, sechs Soldaten starben.[4]

Markaz und Lashkar waren zehn Jahre zuvor auf Initiative von Osama bin Laden gegründet worden, sie verfügten inzwischen, auch dank seiner finanziellen Unterstützung, auf einem 75 Hektar großen Gelände über eine Moschee, eine Koranschule, eine Textilfabrik, eine Gießerei, eine Tischlerei und drei Wohnblocks für die Beschäftigten; eine islamische Universität war im Aufbau. Außerdem hatte sich bin Laden ein Gästehaus mit Swimmingpool bauen lassen, das er allerdings nur ein paar Jahre benutzen konnte, bis ihn die damalige pakistanische Regierung 1992 offiziell zur unerwünschten Person erklärte.[5]

Das Quartier, in dem »Dr. No« und sein Begleiter aus Islamabad Tee serviert bekommen, soll zeitweilig auch als Unterschlupf für jenen Terroristen gedient haben, der 1993 vor dem CIA-Hauptquartier in Langley bei Washington zwei amerikanische Geheimdienstler ermordet hat, sich vorübergehend nach Pakistan absetzen konnte und später in den USA zum Tode verurteilt und hingerichtet wurde.[6]

Während sich bin Laden nach 1992 noch regelmäßig per Telefon zu den Versammlungen in Muridke zugeschaltet hatte, läßt er sich inzwischen mündlich berichten – sicherheitshalber.[7] In seinem Hauptquartier Compound Six in der Nähe von Kandahar treffen regelmäßig Kuriere und Vertrauensleute aus der ganzen Welt ein. Zeitgleich mit dem Emissär aus Muridke weilt ein paar Tage später wahrscheinlich auch ein junger Jemenite namens Ramzi Binalshibh in bin Ladens Lager, der in Hamburg-Harburg als Student eingeschrieben ist und der im Auftrag von Al Qaida eine »Operation« vorbereitet – in New York und Washington.[8]

Hafiz Mohammed Saeed, der »Amir von Muridke«, wie der Führer von Markaz und Lashkar genannt wird, ehemals Professor für Islamwissenschaften an der Qaid-e-Awam-Universität in Lahore, ein Vertrauter Osama bin Ladens, heißt seine Ehrengäste an jenem 13. April willkommen und zieht sich dann zu einem Plausch mit ihnen zurück. Später stoßen offenbar die beiden ehemaligen Chefs des Geheimdienstes ISI, die Generäle Hamid Gul und Javed Nasir, zu der Runde, wie lokale Pressevertreter beobachtet haben wollen.[9]

Dr. Abdul Qadeer Khan genießt die Bewunderung und Ehrfurcht, mit der man ihm begegnet, wo immer er im Land auftritt.[10] Sein Begleiter und früherer Mitarbeiter, Sultan Bashir-ud-Din Mahmood, ein Spezialist für waffenfähiges Plutonium aus Reaktorbrennstoffen und ein Freund des Okkulten, hält sich zurück, hofft aber, daß ein wenig von Khans Glorienschein auch auf ihn abstrahlt.[11]

Der Amir hatte sich sehr für »Dr. No« ins Zeug gelegt, als dieser, einen Monat zuvor, gegen seinen ausdrücklichen Willen und offenbar auf amerikanischen Druck, als Chef der von ihm gegründeten Bombenfabrik *Dr. A. Q. Khan Research Laboratories* abberufen und zum »Regierungsberater«, einer Art »Frühstücksdirektor«, degradiert worden war.[12] »Diese Entlassung wird Befürchtungen und Irritationen in Pakistan und in der gesamten muslimischen Welt hervorrufen«, schimpfte Saeed öffentlich, »die Regierung wird sich für diese Maßnahme rechtfertigen müssen!«[13] Für Khan selbst war es die schwerste vorstellbare Demütigung gewesen. Wie konnten sie ihn, den größten Patrioten des Landes, den Garanten der pakistanischen Unabhängigkeit, den Vorkämpfer für Stolz und Selbstachtung in der gesamten muslimischen Welt, der Lächerlichkeit preisgeben? Er schien für einige Zeit paralysiert, dann sann er offenbar auf Rache.

Was der Amir mit seinen vier Gästen konspirativ zu bereden hat, können die Informanten von CIA und MI6 später offenbar nicht mit Gewißheit in Erfahrung bringen. Dient sich »Dr. No« an, Osama bin Laden als Berater für die Bombe zur Verfügung zu stehen? Sicher scheint, daß geheime Gespräche mit dem Al-Qaida-Chef verabredet werden, vielleicht nicht mit Khan selbst, weil der sich unter ständiger Beobachtung pakistanischer

Sicherheitsorgane und ausländischer Geheimdienste wähnt, aber mit einigen seiner Vertrauten.[14]

London, MI6-Zentrale, Sommer 2001. Monatelang hatten die Auswerter des Geheimdienstes ihrer Majestät über den Berichten ihrer Agenten aus Nordafrika gebrütet. Sie hatten gerätselt, neue Informationen eingeholt, Spione auf den Fall angesetzt. Jetzt schienen sie sich ihrer Sache weitgehend sicher: Schon im Februar des Vorjahres war eine Reise von »Dr. No« über Dubai nach Khartum im Sudan, dann nach Niamey im Niger und schließlich nach Timbuktu in Mali »beobachtet« worden, ausgerechnet Timbuktu, *das* Synonym für das Ende der Welt. Aber was steckte dahinter? Ging es um den Rohstoff Uran, der in Nordafrika verbreitet ist? Wollte »Dr. No« konventionelle Waffen verkaufen, deren Produktion ebenfalls zu seinen Aufgaben zählte? Oder plante das fundamentalistische Regime in Khartum den Bau einer Atombombe – mit seiner Hilfe?

Soviel stand mittlerweile fest: Eine pakistanische Clique mit Khan an der Spitze versuchte, sensible Technik für die Urananreicherung und den Bau von Kernwaffen zu verkaufen. Mindestens ein Land im Mittleren Osten stand als Kunde im Verdacht: Libyen.[15] MI6 und CIA hatten schon vor längerer Zeit ihre Regierungen gewarnt, »Dr. No« müsse als die bisher größte Gefahr zur Verbreitung von Kernwaffen angesehen werden.[16] Die Amerikaner waren daraufhin in Islamabad vorstellig geworden, um dessen Demission zu erreichen. Doch daß Khan jetzt, Monate nach seiner Entlassung, wieder auf Reisen ging, machte die britischen Geheimdienst-Auswerter stutzig. War »Dr. No« naiv oder einfach nur dreist?

Dr. Abdul Qadeer Khan zählt, seit er vor 30 Jahren mit dem Aufbau des pakistanischen Atomprogramms begonnen hat, zu den sogenannten »primary targets« von MI6 und CIA. So werden »Zielpersonen« genannt, die im verschärften Fokus der Geheimdienste stehen. Wann immer der Pakistani zum Telefon griff, wann immer er Faxe verschickte oder E-Mails versendete und mit Freunden chattete, stets saßen Lauscher in der Leitung. In den riesigen Computern der *National Security Agency* (NSA), einer Schwesterbehörde der CIA, die für elektronische Aufklärung verantwortlich ist und mit England, Kanada, Australien und Neuseeland zusammen das globale Überwachungsnetz »Echelon« betreibt, waren nicht nur Khans sämtliche Festnetz- und Handy-Nummern gespeichert, sie sprangen automatisch an, gingen »on watch«, wie die Abhörer sagen, sobald sie seine Stimme irgendwo im Äther erfaßt und identifiziert hatten, gleichgültig, von welchem Anschluß er gerade telefonierte.[17] Und »Dr. No« wußte das. Er gab sich da keinen Illusionen hin.[18]

Auf seinen Auslandsreisen stand er unter genauer Beobachtung: Mit welchen Mitarbeitern flog er, in welchen Hotels stieg er ab? Die Neugier der Dienste war unersättlich. Mitunter sorgten CIA und MI6 (und wahrscheinlich auch der israelische Mossad), wenn möglich, gleich nach der Ankunft am Flughafen für eine kleine Verzögerung bei der Gepäckausgabe, um unterdessen seine Koffer heimlich, schnell und gründlich filzen zu lassen.[19] Einmal schon waren sie dabei auf ein rudimentäres chinesisches Bombendesign gestoßen. Doch Khan hatte die heimliche Inspektion offenbar bemerkt und danach nur sogenanntes »Spielmaterial« für die Schnüffler im Reisegepäck gelassen.[20]

Informationen über seine Reiseplanungen bekamen die Geheimdienste meist aus dessen engerer Umgebung. Über die Jahre war es ihnen offenbar gelungen, eine Reihe von Mitarbeitern zu rekrutieren, in den *Dr. A. Q. Khan Research Laboratories* in Kahuta, wo die Urananreicherung stattfindet, aber auch in der Pakistanischen Atomenergiebehörde PAEC, in deren Verantwortung die Herstellung der Bomben aus dem in Kahuta konzentrierten Nuklearsprengstoff lag und liegt.[21]

Die Verpflichtung von Zuträgern aus dem Dunstkreis von »Dr. No« war den Diensten wahrscheinlich nicht einmal sonderlich schwergefallen. Vermutlich erwiesen sich einige der pakistanischen Wissenschaftler nicht abgeneigt, ihr karges Salär mit Spitzeldiensten aufzubessern, vielleicht konnte man andere mit kompromittierendem Wissen aus ihrer Studienzeit in England oder in den Vereinigten Staaten unter Druck setzen, oder sie waren schon damals vorausblickend angeworben worden; womöglich wurde der eine oder andere auch zum »Verräter«, weil er Khan nicht traute – oder ihn haßte. Der habe es verstanden, sich durch sein selbstherrliches, arrogantes Verhalten, »das keine Rücksicht auf Menschen nahm und das keine Kompetenz außer der eigenen duldete«, eine stattliche Anzahl von Feinden in den eigenen Reihen zu machen, wie sich sein Namensvetter und Widersacher Munir Ahmad Khan später erinnerte.[22] Der leitete zwischen 1972 und 1991 die PAEC und gilt hinter den Kulissen als eigentlicher Vater des pakistanischen Atomprogramms.[23] Die beiden Khans waren einander in so abgrundtiefer Verachtung verbunden, daß der Kahuta-Boß den PAEC-Chef schon 1986 öffentlich als CIA-Spion beschimpfen ließ.[24]

»Dr. No«, so schien es, war für CIA und MI6 ein Mann ohne große Geheimnisse: Ob es zu Hause einen Ehekrach gab, weil er sich heimlich in Dubai zum Tête-à-tête mit seiner pakistanischen Freundin traf, ob er unter falschem Namen nach Amsterdam flog, um seine Schwiegereltern zu besuchen, oder ob er mit islamischen Fundamentalisten der Lashkar in Muridke konspirierte – die Auswerter der beiden Dienste waren recht bald gut im Bilde. Und, davon darf man ausgehen, die des Mossad ohnehin.[25]

Kabul, August 2001. In einem unscheinbaren Haus am Stadtrand der afghanischen Hauptstadt, von Islamabad kaum weiter entfernt als Muridke, in einem Land, das noch unter dem strengen Regiment der talibanischen Mullahs steht, konferieren schon seit Tagen führende Mitarbeiter der pakistanischen Hilfsorganisation Umma Tameer-e-Nau (UTN) mit Vertretern der Regierung. UTN steht für »Stiftung zum Aufbau der islamischen Weltgemeinschaft«; ihr erklärtes Ziel ist es, Entwicklungshilfe für Afghanistan zu leisten, ihr unerklärtes: die Taliban und Al Qaida aufzurüsten. Das liegt nahe bei dem Beruf der beiden UTN-Direktoren, die nach Kabul gereist sind:

Sultan Bashir-ud-Din Mahmood, »Dr. No's« Begleiter in Muridke, und ein Mann namens Chaudri Abdul Majeed.

Mahmood gilt als Mann der ersten Stunde in Pakistans Atomprogramm. Der Ingenieur begann mit der Entwicklung von Gaszentrifugen, jenen mit hohen Geschwindigkeiten laufenden Rotoren, in denen bombenfähiges HEU (high enriched uranium) produziert werden kann, ehe Abdul Qadeer Khan 1975 aus Europa zurückkehrte, Mahmoods Boß wurde und die Verantwortung für die Anreicherungsmaschinen übernahm. Später übte er verschiedene Funktionen im pakistanischen Atom-Establishment aus, zuletzt war er für Bau und Betrieb des Khushab-Kernreaktors zuständig gewesen. Der stand, anders als das Atomkraftwerk Kanupp *(Karachi Nuclear Power Plant)* in Karatschi, nicht unter internationaler Kontrolle, aus ihm konnte also waffenfähiges Plutonium abgezweigt werden. Khushab sollte in den 90er Jahren Pakistans zweite Option für waffenfähiges Spaltmaterial werden.[26]

Trotz seiner großen Verdienste war Mahmood im Frühjahr 1999 zum Rücktritt gezwungen worden, weil er lautstark gegen den Plan der Regierung Nawaz Sharif protestiert hatte, dem internationalen Teststopp-Abkommen für Kernwaffen beizutreten; Pakistan hatte im Mai 1998 mit sechs unterirdischen Nukleartests seine atomare Potenz unter Beweis gestellt. Nach dem unblutigen Putsch von General Musharraf hatte Mahmood mehrfach öffentliche Aufmerksamkeit erregt, weil er unverhohlen gefordert hatte, Pakistans Bombe gehöre der Umma, der islamischen Weltgemeinschaft.[27]

Doch Mahmood, ein glühender Verehrer der radikalen Taliban in Afghanistan, neigte auch zu verschrobenen Ansichten, veröffentlichte Abhandlungen über okkulte Phänomene, den Einfluß der Sonnenfleckenaktivität auf die Politik und »das endgültige Schicksal des Universums, analysiert anhand des Heiligen Korans«.[28] Ein gefährlicher Irrer?

Auch Chaudri Abdul Majeed, sein Begleiter, kann auf eine lange Karriere in Pakistans Atomprogramm zurückblicken: In den sechziger Jahren in Belgien ausgebildet, hatte er nach seiner Rückkehr die »hot labs« des Nuklearforschungsinstituts *Pinstech* in Rawalpindi übernommen und Anfang der achtziger Jahre den Posten eines Managers der »new labs« erhalten, zu deren Aufgaben die heimliche Wiederaufbereitung von Plutonium aus Reaktorbrennstäben gehörte.[29] Nach ihrer Pensionierung gründeten Mahmood und Majeed die UTN und reisten im Sommer 2001 mehrfach unter dem Deckmantel humanitärer Hilfe nach Kabul.

Am zweiten oder dritten Tag der Besprechung mit den Taliban-Vertretern stoßen, für die Gäste aus Islamabad offenbar nicht überraschend, Osama bin Laden und Mullah Omar zu der Runde. Deren Interesse gilt nicht allein Schulen, dem Straßenbau oder der Produktion von Grundnahrungsmitteln, bei denen sich UTN in Afghanistan engagieren will, sondern natürlich auch den Kenntnissen der pakistanischen Freunde über die Herstellung von Massenvernichtungswaffen, jenem Thema also, das vermutlich am Rande der »großen Versammlung« in Muridke verabredet worden war. Mahmoods Sohn wird später bestätigen, bin Laden habe seinen Vater einige Monate vor dem 11. September über einen Mittelsmann kontaktiert, um etwas über den Bau von Kernwaffen zu erfahren.[30]

Bin Laden stellt Fragen zum Bau von Atombomben, die von geringer Sachkenntnis zeugen, die aber von Mahmood und Majeed geduldig beantwortet werden. Einer der Gefolgsleute des Terroristenchefs äußert, er habe von den Brüdern in Usbekistan radioaktive Stoffe erhalten, und fragt, ob man daraus womöglich eine Kernwaffe bauen könne. Die Fachleute müssen ihn enttäuschen, denn das Material ist allenfalls für eine »schmutzige Bombe« geeignet. Bei einem solchen Sprengsatz würden strahlende Partikel durch eine herkömmliche Explosion verbreitet. Das hätte eine radioaktive Verseuchung zur Folge, einen schleichenden Tod wie nach dem Super-GAU eines Kernkraftwerks, vor allem aber Angst und Schrecken unter der Bevölkerung. Bin Laden findet das interessant, aber noch interessanter wäre natürlich ein »big bang«, ein großer Knall.[31]

Crawford/Texas, August 2001. Die Sache ist dringlich, duldet keinen Aufschub. Da der Präsident den ganzen Monat auf seiner Ranch in Texas Ferien macht, fliegt CIA-Direktor George Tenet zu ihm, um das Presidential Daily Briefing (PDB), das es bei dessen Vorgänger Bill Clinton nie gegeben hat, persönlich und nicht über eine sichere Videoleitung von Langley aus vornehmen zu können. Tenet legt Bush ein elfeinhalbseitiges Dossier vor, das den üblichen Rahmen der PDB-Papiere sprengt und dessen Titel Brisanz erkennen läßt: »Bin Laden Determined to Strike in U.S.«[32]

»Geben Sie mir einen Überblick, was Al Qaida in den Vereinigten Staaten anrichten kann, George«, fordert der Präsident seinen Geheimdienstchef auf. Und der skizziert ein Schreckensszenario, das sofort nach dem Rapport zum Staatsgeheimnis erklärt wird. Befürchtet Tenet Sprengstoffanschläge auf amerikanische Einrichtungen in New York oder Washington? Sieht er die Gefahr, islamische Terroristen könnten Flugzeuge entführen, um sie als riesige Kerosingeschosse gegen Gebäude oder Kernkraftwerke einzusetzen? Hält er für denkbar, daß sich Al Qaida mit Hilfe von »Dr. No« eine Atombombe aus dem pakistanischen Arsenal beschafft und in einem Container versteckt haben könnte, der sich inzwischen auf dem Weg in eine amerikanische Hafenstadt befindet?[33]

»George war der festen Überzeugung, daß etwas Fürchterliches passieren würde. Keiner war besorgter über die Bedrohung durch Al Qaida als er«, wird sich später Richard A. Clarke erinnern, der für Terrorismus verantwortliche Sicherheitsexperte des Weißen Hauses, der, ebenso wie Tenet, schon unter Bill Clinton gedient hat. Aber wann? Und wo? Die CIA-Beschaffer besitzen offenbar, ganz anders als im Fall von »Dr. No«, keine Quellen im Zentrum des Terrornetzwerkes, im Compound Six bei Kandahar zum Beispiel. Und genau das ist das Problem.[34]

Unterdessen rückt die »Operation« unaufhaltsam näher. Anfang Juli hat sich Ramzi Binalshibh, der Verbindungsmann zwischen bin Laden und den Al-Qaida-Kämpfern, konspirativ mit dem Chefpiloten der geplanten Anschläge in Spanien getroffen. Dabei sind endgültig die Zielobjekte festgelegt worden: die beiden Türme des World Trade Center, das Pentagon und das Capitol, Sitz der beiden Kammern des amerikanischen Parlaments. Bin Laden hatte eigentlich dem Weißen Haus Priorität eingeräumt, doch das schien den Piloten, die weitgehend autonom in der Ausführung ihrer Mission waren, ebenso problematisch wie der Angriff auf ein Kernkraftwerk an der amerikanischen Ostküste. In beiden Fällen bestand die Gefahr, daß die Maschine abgeschossen würde, bevor sie in ihr Ziel stürzen konnte.[35]

Islamabad, 17. September 2001. Nur wenige Tage nach den verheerenden Anschlägen von Al Qaida in den Vereinigten Staaten treffen sich im *Holiday Inn* Wissenschaftler und Ingenieure aus der ganzen Welt zum 7. International Symposium on Advanced Materials (ISAM). Die in zweijährigem Turnus stattfindende Konferenz wird von den *Dr. A. Q. Khan Research Laboratories* Kahuta veranstaltet. Schirmherr ist niemand anderer als »Dr. No« persönlich. Obwohl in Kahuta offiziell gar nicht mehr verantwortlich, hat er dort offenbar nach wie vor das Sagen. Zum wissenschaftlichen Komitee gehören unter anderen zwei deutsche Materialkundler, mehrere Briten und ein Amerikaner sowie Khans alter Lehrer aus Belgien, Professor Martin J. Brabers; zu den Sponsoren zählen Khans holländischer Freund Henk Slebos sowie die Firmen *Arshad, Amjad & Abid Ltd* in Karatschi, eine der wichtigsten Tarnfirmen für Kahuta seit 25 Jahren, und *S.M.B. Computers* in Dubai, eine der wichtigsten Tarnfirmen für seine neuen Schwarzmarktgeschäfte.[36] Als die Analysten der CIA später die Internetseite des ISAM auswerten und auf die seit Jahren bekannten Namen stoßen, können sie ihre Verwunderung über die pakistanische Chuzpe nicht verbergen.[37]

Die Tagung ist eine Nachrichtenbörse für alle Seiten: für CIA und MI6, die einige der teilnehmenden Forscher mit gezielten Informationswünschen nach Pakistan geschickt haben, aber auch für Khans Mitarbeiter, die ihre Kollegen gern über neue wissenschaftliche Erkenntnisse aushorchen und über politische Einschätzungen, etwa des Terrorangriffs auf die Vereinigten Staaten einige Tage zuvor. Einer der pakistanischen Experten ist Dr. Mohammad Farooq, ein Khan-Vertrauter, der auch als Schatzmeister des Organisationskomitees fungiert und von daher engen Kontakt zu den Sponsoren hält, und von dem wenig später bekannt wird, daß er seit längerem mit Osama bin Laden in Verbindung steht.[38]

Washington, Oktober 2001. Auf den Tag einen Monat nach den verheerenden Anschlägen vom 11. September trifft ein blasser, übernächtigt wirkender CIA-Chef zum morgendlichen Briefing im Weißen Haus ein. George Tenet setzt den Präsidenten über den Bericht eines CIA-Agenten mit dem Decknamen »Dragonfire« in Kenntnis: Terroristen der Al Qaida besäßen, eine Zehnkilotonnen-Atombombe, offenbar aus einem russischen Arsenal, und diese Kernwaffe befinde sich inzwischen auf amerikanischem Boden, mitten in New York City. Es gebe zwar keine unabhängige Bestätigung der Meldung, schränkt Tenet ein, aber die Sache komme seinen Leuten dennoch äußerst bedrohlich vor. Man dürfe bin Laden nicht noch einmal unterschätzen.[39]

Der CIA-Boß, der gleichzeitig DCI, Direktor aller US-Geheimdienste, ist, stellt Fragen und beantwortet sie gleich selbst: Besitzen die Russen eine stattliche Anzahl dieser Zehnkilotonnen-Bomben? Ja! Könnte sich Al Qaida eine davon aus ihren Arsenalen beschafft haben? Nicht auszuschließen! Könnte die Bombe an den US-Grenzkontrollen vorbei nach New York geschmuggelt worden sein? Ohne jede Frage!

»Das wäre die Hölle«, entfährt es Condoleezza Rice, der damaligen Sicherheitsberaterin des Präsidenten, die Monate zuvor, bei ihrer ersten Unterrichtung über das Terrornetzwerk, noch den Eindruck erweckt hatte, sie höre von Al Qaida zum ersten Mal.[40] Die Explosion einer Zehnkilotonnen-Bombe am Times Square, im Herzen von Manhattan, so haben Tenets Experten berechnet, würde innerhalb eines Wimpernschlags im

Umkreis von 500 Metern alle Gebäude in Staub verwandeln; der Atompilz mit Temperaturen im Bereich von mehreren Millionen Grad Celsius und die unvorstellbare Druckwelle hätten den augenblicklichen Tod von mindestens 500 000 Menschen zur Folge, darüber hinaus würden viele Hunderttausende durch herabstürzende Trümmer und ungeheure Feuersbrünste innerhalb von 24 Stunden ihr Leben lassen. Von den langfristigen Strahlenschäden gar nicht zu reden. Alles in allem müsse man von einer Million Toten ausgehen.[41]

Bei einem Anschlag in Washington an der Mall in Höhe des *National Museums of Natural History*, fährt Tenet fort, würde von allen Menschen und Gebäuden zwischen dem Weißen Haus und dem Capitol nur ein Haufen Asche zurückbleiben. George W. Bush hat genug gehört. Unverzüglich gibt er Anweisung, Einheiten des Atomnotfallteams NEST (Nuclear Emergency Support Team), einer Spezialtruppe aus knapp eintausend freiwilligen Feuerwehrleuten, nach New York, Washington und in andere Metropolen in Bewegung zu setzen und mit ihren empfindlichen Spürgeräten nach verdächtiger Strahlung fahnden zu lassen. Die Chancen, auf diese Weise versteckte Kernwaffen aufzustöbern, tendiere zwar gegen Null, schon weil sich Radioaktivität leicht abkapseln lasse, wirft Tenet ein. Doch bevor die NEST-Leute in ihrem Hauptquartier in Nellis/Nevada Däumchen drehen, können sie auch mit ihren Spezialfahrzeugen durch die Straßen von Manhattan patrouillieren. Die Verantwortlichen in den Millionenstädten werden weder über die Bedrohung noch über den Einsatz der Strahlentruppe informiert, nicht einmal Bürgermeister Rudolph Giuliani in New York.[42]

Kabul, November 2001. Etwa einen Monat nachdem die Alliierten unter Führung der US-Streitkräfte den Angriff auf das Taliban-Regime begonnen haben, fällt die afghanische Hauptstadt. Wenige Tage später stoßen CNN-Reporter, die mit den Truppen in die Stadt eingezogen sind, in Wazir Akbar Khan, einer besseren Gegend am Stadtrand, auf ein Haus, das nach

Aussagen der Nachbarn von Verantwortlichen der Al Qaida benutzt worden ist. Die Residenz scheint in aller Eile verlassen worden zu sein. Überall liegen Müll und Abfall herum – und geheimnisvolle, in arabischer Sprache verfaßte Papiere. Einige der Dokumente behandeln, wie sich schnell herausstellt, die Produktion von Sprengstoffen aus herkömmlichen Chemikalien, andere die Konstruktion »schmutziger Bomben«; und die CNN-Leute finden auch eine 25seitige Einführung für die Herstellung von Kernwaffen. Die Unterlagen lassen allerdings nicht erkennen, ob Al Qaida bereits versucht hat, eine Atombombe zu bauen. In einem der Konvolute, das die Überschrift »Super Bombs« trägt, wird eine nukleare »Höllenmaschine« beschrieben, die zum Glück nicht funktioniert hätte, wie Experten später herausfinden werden.[43]

In Räumen des *Intercontinental* von Kabul, die von der *Barakat General Trading Co. Ltd* angemietet worden sind, einer Firma, die nach Erkenntnissen der CIA Gelder für Al Qaida wäscht, finden die CNN-Reporter einen Vertrag zwischen UTN und *Barakat*, abgeschlossen am 15. Mai 2001, genau einen Monat nach dem Treffen am Rande der »großen Versammlung« in Muridke. Es handelt sich offensichtlich um Büro und Privatquartier des pakistanischen Atomwissenschaftlers Sultan Bashir-ud-Din Mahmood. Überall liegen Papiere und Zeichnungen herum – unter anderem über die Verbreitung biologischer Kampfstoffe wie Anthrax und chemischer Giftstoffe wie Zyanid mit Hilfe hochsteigender Ballons, ein Forschungsgebiet, das neben der Urananreicherung und der Herstellung konventioneller Waffen ebenfalls in den Verantwortungsbereich von »Dr. No« fällt. Dessen Atomzentrum betreibt auch eine biotechnologische Abteilung im Stadtteil Mauve von Islamabad.[44]

Washington, Ende November 2001. Good news and bad news: CIA-Direktor George Tenet kann den amerikanischen Präsidenten während des allmorgendlichen PDB im Weißen Haus einerseits beruhigen, um ihn andererseits gleich wieder unter Strom zu setzen: Die Warnung des Agenten »Dragonfire« über eine Zehn-Kilotonnen-Atombombe islamischer Terroristen in Manhattan habe sich als falscher Alarm erwiesen. So weit, so gut. Dafür sei ein Dossier der Kollegen des MI6 aus London eingetroffen, mit Erkenntnissen einer sogenannten »sting operation« des britischen Geheimdienstes in Pakistan, gewissermaßen einer Operation unter falscher Flagge: Agenten ihrer Majestät haben unter der Legende, sei seien islamische Extremisten, Kontakt zu Abdul Qadeer Khan und einigen seiner Mitarbeiter aufgenommen, um herauszufinden, ob diese bereit wären, ihr Wissen, ihre Technik oder sogar waffenfähiges Spaltmaterial an Terroristen weiterzugeben. Das Ergebnis der britischen Maßnahme sei fürchterlich, sagt Tenet, denn mindestens zwei der kontaktierten pakistanischen Atomwissenschaftler hätten keinerlei Skrupel gezeigt, auch Informationen über eine »schmutzige Bombe« angeboten, gewissermaßen als Zugabe ohne Aufpreis.[45] Es könne nach Meinung der Briten nicht ausgeschlossen werden, daß von jenen Männern längst eine kleine Menge hochangereichertes Uran aus Kahuta oder Plutonium aus den »new labs« der PAEC abgezweigt und heimlich nach Afghanistan geschafft worden sei. Genug für eine simple, aber funktionierende Atombombe?[46]

Dazu kämen die Erkenntnisse aus Kabul, fährt Tenet in seiner Berichterstattung fort, denen zufolge über die vermeintliche Hilfsorganisation UTN sensible Informationen über atomare, biologische und chemische Waffen an die Terroristen weitergegeben worden seien und es mehrere Kontakte aus dem Umfeld Abdul Qadeer Khans mit Vertretern von Al Qaida, einschließlich Osama bin Laden selbst, gegeben habe. Mahmood und Majeed seien Ende Oktober unter Hausarrest gestellt und intensiv vom pakistanischen Geheimdienst verhört worden. Mehre Tests mit einem Lügendetektor hätten die beiden Wissenschaftler nicht bestanden und deshalb am Ende eingeräumt, tatsächlich mit bin Laden und seinen Vertrauten über Massenvernichtungswaffen gesprochen zu haben. Die Diskussionen seien aber »akademischer Natur« gewesen.[47] Obwohl sie offensichtlich pakistanische Staatsgeheimnisse verraten hätten, sei ihnen eine

Anklage erspart geblieben, wohl weil Präsident Musharraf befürchte, ein Gerichtsverfahren könnte der internationalen Reputation seines Landes großen Schaden zufügen.[48]

»Damit nicht genug, Mr. President«, hebt Tenet erneut die Stimme, als sei dessen Bedarf an Schreckensmeldungen nicht längst gedeckt. Mahmood und Majeed seien keinesfalls die beiden einzigen Nuklearexperten, die sich mit hochrangigen Al-Qaida-Verantwortlichen getroffen hätten, es gehe auch um einen Dr. Mohammad Farooq, einen alten Weggefährten Abdul Qadeer Khans (den Schatzmeister des ISAM-Symposiums), sowie einen Yasin Chohan. Man könne von einem regelrechten Atom-Tourismus zwischen Islamabad und Kabul sprechen. Auch Khan selbst sei mindestens einmal in Afghanistan gewesen.

Am Ende des Briefings weist ein höchst beunruhigter George W. Bush seinen obersten Nachrichtendienstler an, er solle »alles stehen- und liegenlassen, unverzüglich nach Pakistan fliegen und dort alles unternehmen, was möglich ist, um mehr Informationen zu erhalten«. Bereits wenige Stunden später sitzt George Tenet in seiner Maschine, die ihn auf einem 16-Stunden-Flug direkt nach Islamabad, auf die andere Seite der Erdkugel, bringen soll.

Islamabad, 29. November 2001. Die Gespräche Tenets mit seinem pakistanischen ISI-Kollegen ziehen sich bereits lähmende Stunden hin, ohne große Fortschritte zu bringen. Die Pakistanis weisen jeden Verdacht von sich: Weder gebe es im früheren Verantwortungsbereich ihres Nationalhelden Abdul Qadeer Khan irgendwelche Atomspione Osama bin Ladens, noch sei waffenfähiges Material verschwunden. Da wird der CIA-Direktor laut: »Ich kann meinem Präsidenten nicht sagen, daß es keine Atombombe von Al Qaida in den Vereinigten Staaten gibt«, herrscht er seinen Gesprächspartner an, »falls das nicht Ihre gesicherte Erkenntnis ist. Wenn es doch eine gibt und sie hochgeht, dann ist das Ihre Schuld!«[49]

Schließlich rückt Tenet mit seinem Trumpf heraus, nennt die Namen der beiden Wissenschaftler, die von den britischen MI6-

Agenten im Rahmen ihrer »sting operation« überführt wurden, geheime Bombentechnik und waffenfähiges Nuklearmaterial wie Teppichhändler auf einem orientalischen Basar an Terroristen verkaufen zu wollen – oder sogar schon verkauft zu haben: Suleiman Asad und Mohammad Ali Mukhtar. Der CIA-Direktor läßt keine Zweifel aufkommen, daß seine Leute die beiden Veteranen des pakistanischen Atomprogramms und Gefolgsleute von »Dr. No« umgehend zu vernehmen wünschen. Aber der pakistanische Geheimdienstchef lehnt das brüsk ab.[50]

Selbst als Tenet seine Forderung am darauffolgenden Tag gegenüber General Musharraf persönlich wiederholt, verweigert der seine Zustimmung: Die beiden Experten seien zu einem Forschungsprojekt nach Myanmar, dem früheren Burma, entsandt worden und dort leider unabkömmlich, entgegnet der Präsident mit freundlichem Lächeln. Auch über die Natur des Vorhabens könne er leider mit Rücksicht auf diplomatische Verwicklungen keine Angaben machen.[51]

Am 1. Dezember kehrt George Tenet frustriert nach Washington zurück. Fünf Partnergeheimdiensten, darunter dem in Riad, läßt er eine Eilmeldung zukommen, daß in Pakistan Spaltmaterial für einen nuklearen Sprengsatz abhanden gekommen sein könnte, entweder für eine »schmutzige Bombe« – oder eine Atombombe. Die Saudis verschärfen sofort ihre Grenzkontrollen, installieren Strahlendetektoren an wichtigen Übergängen, Häfen und Airports.[52]

Washington, 2. Dezember 2001. Als Tenet unmittelbar nach seiner Rückkehr mit Experten über die Lage konferiert, steht ihm immer noch blankes Entsetzen ins Gesicht geschrieben. Ein Atomschlag von Al Qaida auf amerikanischem Boden, so sein Fazit, ist möglich, vielleicht sogar wahrscheinlich. Die wichtigste Frage lautet jetzt: Wie soll die US-Regierung mit den sehr widerspenstigen Pakistanis umgehen?

Der Präsident trifft nach Tenets Rapport eine schnelle Entscheidung. Nach den Anschlägen vom 11. September kann er es sich nicht leisten, abzuwarten, bis es zu spät ist. Er ordnet »code orange« an, die zweithöchste Alarmstufe, die eine akute Bedrohung durch einen terroristischen Anschlag bedeutet (»Umfang und Ausmaß der Bedrohung liegen über dem üblichen Level«), läßt aber nur eine sehr vage Begründung ohne Hinweis auf Atomwaffen veröffentlichen, um keine Panik auszulösen. Außerdem schickt er Vizepräsident Dick Cheney, zusammen mit einer Hundertschaft von Bundesbeamten aus verschiedenen Ministerien, in eine geheime Bunkeranlage weit von Washington entfernt, von wo aus die »Ersatz-Regierung« über sichere Videoleitungen mit ihren Behörden und mit der Kommandozentrale im Weißen Haus in Verbindung steht. Diese Maßnahme soll im Falle einer Kernwaffenexplosion in der Bundeshauptstadt die Handlungsfähigkeit der Exekutive garantieren.[53]

Unterdessen wird der diplomatische Druck auf Präsident Musharraf deutlich erhöht. »Wir drehen gerade an den Schrauben!« hatte sich zwei Tage zuvor ein hochrangiger CIA-Vertreter telefonisch bei einem Leitenden Redakteur der *Washington Post* gemeldet, als Tenet noch in Islamabad weilte. Ob die Tageszeitung nicht vorläufig auf einen geplanten Artikel über »schmutzige« oder »atomare« Bomben pakistanischer Produktion, die womöglich in Händen von Al Qaida seien, verzichten könne? »Wir sind auf Musharraf angewiesen, und jede Presse-Geschichte in dieser Phase muß ihm den Eindruck vermitteln, wir wollten ihm öffentlich Feuer unter dem Hintern machen«, beschwört der Geheimdienstmann den Journalisten. Der Schuß könne nur nach hinten losgehen. Der Geheimdienst und die *Post* finden schließlich einen Kompromiß – im nationalen Interesse: Die Zeitung verschiebt die Veröffentlichung um ein paar Tage und läßt dabei Tenets Mission in Pakistan unerwähnt.[54]

Zur großen Verwunderung der Amerikaner hat die Regierung in Islamabad unmittelbar nach Tenets Abflug öffentlich eingeräumt, der US-Geheimdienst begehre dringend, die nach Myanmar entsandten pakistanischen Atomwissenschaftler zu vernehmen. Der Präsident sei aber standhaft geblieben und habe angeordnet, daß die beiden nicht für Befragungen zurückbeordert würden. »Wir wollen ihre Arbeit dort nicht unterbrechen«, heißt es in einer Stellungnahme der pakistanischen Atomenergie-Kommission PAEC, das verzögere das Projekt. Myanmar hat mit Rußland die Lieferung eines Kernkraftwerkes verabredet. Der pakistanische Präsident persönlich, so wird sich später herausstellen, hat einen der regierenden Generalitätskameraden in Myanmar angerufen und um »vorübergehendes Asyl« für die beiden Experten aus Khans Umfeld gebeten. Offensichtlich dient die Veröffentlichung dieser Meldung dazu, das pakistanische Selbstbewußtsein gegenüber dem Großen Bruder zu demonstrieren und antiamerikanische Kreise in der Bevölkerung zu besänftigen.[55]

Für die Bush-Administration gibt es keine andere Alternative im Umgang mit Pakistan als viel Zuckerbrot und wenig Peitsche. Einen Bruch kann sie nicht riskieren, zum einen wegen der Jagd auf Osama bin Laden in der pakistanisch-afghanischen Grenzregion, zum anderen wegen der unkalkulierbaren Risiken durch das nukleare Arsenal des Landes. Schon gleich nach dem 11. September hat der US-Präsident dem Regime in Pakistan 50 Millionen Dollar Soforthilfe zukommen lassen, das läge »im Sicherheitsinteresse der Vereinigten Staaten«.[56] Doch inzwischen stehen weit höhere Summen in Aussicht.[57] Und Musharraf hat längst begonnen, nach den finanziellen Ködern zu schnappen.

Genau 100 Tage nach den verheerenden Terroranschlägen auf das World Trade Center und das Pentagon verlautet dann aus dem Weißen Haus, die amerikanische Regierung habe die pakistanischen Organisationen UTN sowie Lashkar-e-Taiba auf den Terrorismus-Index gesetzt. Sämtliche Konten der Organisationen und ihrer Repräsentanten seien gemäß »Executive Order 13224« eingefroren worden. Es gebe keine Zweifel, daß der pakistanische Atomwissenschaftler Mahmood sich mehrfach, möglicherweise auf Vermittlung von Amir Saeed, mit bin Laden und Mullah Omar getroffen habe, um über die Herstellung chemischer, biologischer, radioaktiver und atomarer Waffen zu diskutieren. »Dr. No« wird, mit Rücksicht auf die zunehmend erhitzte pakistanische Volksseele, mit keinem Wort erwähnt.[58]

Neu-Delhi, 13. Dezember 2001. Möglicherweise soll es die Antwort der Kaschmir-Terroristen auf das amerikanische Verbot der Lashkar-e-Taiba sein. Fünf pakistanische Attentäter verschaffen sich über den VIP-Eingang Zugang zum indischen Parlamentsgebäude, eröffnen sofort das Feuer aus AK-47-Maschinenpistolen, werfen Handgranaten. Fast eine Stunde lang dauert der Kampf zwischen indischen Sicherheitskräften und dem Selbstmordkommando auf den Gängen des Abgeordnetenhauses, sieben indische Wachleute, ein Unbeteiligter sowie alle Attentäter kommen ums Leben. Der Terroranschlag führt zu einem heftigen Säbelrasseln zwischen den verfeindeten Atomstaaten Indien und Pakistan. Neu-Delhis nationalistische Regierung droht mit Vergeltung, Islamabad kündigt »erbarmungslose Bestrafung« an, falls das Nachbarland seine Truppen Richtung Grenze in Marsch setzen sollte.[59] Erst als sich herauskristallisiert, daß Lashkar-e-Taiba und eine zweite pakistanische Extremistengruppe für das Attentat verantwortlich zu machen sind, bläst Musharraf zum verbalen Rückzug. Wegen Lashkar kann er in diesen Zeiten keinen diplomatischen Zweifrontenkrieg riskieren – gegen die Vereinigten Staaten und gegen Indien.[60] Anfang Januar 2002 verbietet auch die pakistanische Regierung Lashkar-e-Taiba, nimmt deren Anführer, Hafiz Mohammed Saeed, in Gewahrsam, allerdings ohne ihn formal anzuklagen.[61]

Langley, Mai 2002. Obwohl die Ermittlungen im Hauptquartier der CIA auf Hochtouren laufen, ist bislang zum Glück kein Bombenmaterial aus »Dr. No's« Beständen in Afghanistan aufgetaucht. Gibt es überhaupt vagabundierendes Uran oder Plutonium? Oder hat Al Qaida es längst außer Landes geschafft? Womöglich in den Sudan? Könnten die vielen Reisen Khans nach Khartum damit zusammenhängen?[62]

Fest steht inzwischen soviel: Der seit mehr als einem Jahr zwangspensionierte Abdul Qadeer Khan versorgt über ein internationales Netzwerk von Freunden und Helfern Libyen mit Atomtechnik – ausgerechnet Gaddafi, der jahrzehntelang jede Form von Terrorismus gegen Israel und die Vereinigten Staaten unterstützt hat. Es handelt sich bei »Dr. No's« Schwarzmarktgeschäften ganz offensichtlich um den ersten Fall einer privat organisierten Aufrüstung eines fremden Landes mit allem, was für die Produktion von Kernwaffen benötigt wird. Und was ist mit dem Iran? Mit Saudi-Arabien?[63]

Im Weißen Haus hat sich die Lage unterdessen deutlich beruhigt. Der zeitweise befürchtete Atomschlag durch Al Qaida ist zum Glück ausgeblieben. Zeit, sich anderen Aufgaben zu widmen: Stellten die irakischen Massenvernichtungswaffen nicht ohnehin eine viel größere Bedrohung dar? Saddam Hussein hat von Beginn an auf der Agenda der Bush-Administration gestanden, und jetzt bieten der 11. September und die Angst vor atomaren, biologischen und chemischen Kampfstoffen im Irak eine gute Gelegenheit, am Euphrat und Tigris ein für allemal klare Verhältnisse zu schaffen. Gegen alle Bedenken der Terrorismusexperten im Sicherheitsstab des Weißen Hauses ist der Präsident zu einem Krieg sehr bald wild entschlossen. Schon wird mit der publizistischen und diplomatischen Vorbereitung begonnen.[64] »Dr. No« und seine Aktivitäten geraten in Washington und London fast vollständig aus dem politischen Blickfeld, zu Unrecht, wie sich noch erweisen wird. CIA und MI6 liefern zwar fortwährend alarmierende Erkenntnisse über dessen gefährlichen Umtriebe, die Irak-Pläne aber lassen vorerst keinen weiteren Kriegsschauplatz zu. Wer ist schon Abdul Qadeer Khan im Vergleich zum für George W. Bush wahren Sinnbild des Bösen, Saddam Hussein?[65]

Muridke, Juni 2002. Drei Monate nach seiner Internierung ist Hafiz Mohammed Saeed, Führer der Lashkar, die inzwischen unter neuem Namen weiterlebt, Ende März wieder auf freien Fuß gesetzt worden – auf Anweisung des Gerichts in Lahore. Während seines Hausarrests haben indische Antennen im Grenzgebiet Anweisungen des Amirs an seine »Kommandeure« in Kaschmir aufgefangen: Es sei an der Zeit, so habe die Stimme befohlen, »die Hitze wieder zu erhöhen«. Sofort nach der Schneeschmelze, sobald die Pässe wieder passierbar seien, müsse es »heftige Anschläge« geben, um die indische Armee »aus der Grenzregion zu vertreiben«.[66]

Am 14. Mai kommt es auf der Militärbasis Kaluchak im indischen Teil Kaschmirs zu einem brutalen Anschlag, mehr als 34 Menschen starben – Soldaten und Zivilisten. Die Polizei konnte die Spur von drei der fünf Terroristen zu einem Haus der ehemaligen Lashkar in Faisalabad zurückverfolgen, in dem Wochen zuvor Abu Zubaida, die Nummer drei in der Kommandolinie der Al Qaida, von pakistanischen Sicherheitsorganen dingfest gemacht und an das amerikanische FBI überstellt worden war.[67]

Für den Amir ist es ein tödliches Spiel, für Pervez Musharraf ein Ritt auf des Messers Schneide. Die Lashkar und deren Nachfolgeorganisation erfreuen sich wachsenden Zuspruchs in der Bevölkerung, und der Präsident sieht sich als »amerikanische Marionette« beschimpft. Wenige Tage nach dem Anschlag in Kaluchak unternimmt der Präsident einen neuen Balanceakt, er stellt Hafiz Mohammed Saeed erneut unter Hausarrest, wiederum ohne konkrete Anklage.[68] Während der Vernehmung durch die ISI in Islamabad behauptet der Amir von Muridke, daß Leute, die seiner Organisation nahestünden, »zwei Raketen mit Atomsprengköpfen kontrollieren« und daß diese Waffen, die aus pakistanischen Arsenalen stammten, gegen »die Feinde des Islam eingesetzt würden«. Auch auf der Homepage seiner umbenannten Organisation wird Saeed mit dieser Aussage zitiert.[69]

Spielt sich der Terroristenchef und Vertraute Osama bin Ladens nur auf? Oder hat er eineinhalb Jahre zuvor, in Muridke, zusammen mit »Dr. No« eine Art Masterplan erstellt? Für Armageddon, eine Katastrophe, die selbst den 11. September zu einer Fußnote der Geschichte degradieren würde?

Muridke, November 2002. Sechs Monate nach Beginn seines Hausarrests setzen pakistanische Sicherheitsorgane den Amir von Muridke erneut auf freien Fuß. Anklage wird wieder nicht erhoben.[70]

Spion aus Zufall

Die Katholieke Universiteit Leuven, 1425 von Papst Martin V. gegründet, genießt einen ähnlich guten Ruf wie Oxford, die renommierte Hochschule der britischen Insel, oder die Sorbonne in Paris. In den geschichtsträchtigen alten Gemäuern der belgischen Stadt zu studieren oder gar zu promovieren, gewissermaßen den Geist des Humanisten Erasmus von Rotterdam zu atmen, der hier Anfang des 16. Jahrhunderts an einer revolutionären Übersetzung des Neuen Testaments gearbeitet hatte, mußte einem Muslim bisweilen befremdlich vorkommen. Doch der hochgewachsene pakistanische Ingenieur Abdul Qadeer Khan, der 1971 viel Zeit in der ehrwürdigen Bibliothek verbrachte, hatte sich mit Ambiente und Gepflogenheiten einer ihm weitgehend unbekannten Religion ebenso arrangiert wie mit seinen christlichen Kommilitonen.[1]

Khan war nach Abschluß seines Studiums der Metallurgie und seinem Ingenieursexamen im Juni 1967 von Delft in den Niederlanden nach Leuven gewechselt, um bei seinem Förderer, Professor Martin J. Brabers, der dort als Gastprofessor lehrte, seine Doktorarbeit zu machen. In Leuven lief damals ein faszinierendes Forschungsprojekt über das sogenannte »Formengedächtnis« bestimmter Legierungen (»shape memory alloys«), die nach starker Verformung wieder ihre ursprüngliche Gestalt annehmen, wie Gummi gewissermaßen.[2] Brabers hatte Khan, den er aus Delft kannte, eine Stelle als Assistent und die Dissertation angeboten, die er letztendlich nicht persönlich betreuen konnte, was aber einer engen freundschaftlichen Beziehung zwischen Lehrer und Schüler nicht hinderlich war; die Freundschaft sollte auch dann noch Bestand haben, als sich Jahre später die Konturen eines zweiten Gesichts längst bei Khan abzeichneten.[3]

»Er war ein kompetenter Wissenschaftler«, erinnert sich Brabers, »kein Genie, aber ein fähiger Kopf!« Und er war »ein sehr charmanter Bursche«, beliebt und anerkannt, man »genoß seine Gegenwart«. Wie Brabers urteilten später viele Zeitgenossen von damals, und als sie sahen, welchen Weg der Pakistani Jahre danach einschlug, vermochten sie das neue Bild nicht mit den Eindrücken früherer Tage in Einklang zu bringen. Oder nur bedingt – wie Rob Delhez, ein Studienkollege, der ihn rückblickend als »schüchtern und bescheiden«, aber auch als »clever, manchmal sogar durchtrieben« charakterisiert, als seien das nicht Tugenden, die sich widersprechen. Qadeer habe es verstanden, begründet Delhez die erstaunliche Charakterisierung, »seine einnehmende Art wohlkalkuliert einzusetzen«.[4]

Und sein Glaube? An einer der katholischen Tradition verhafteten Alma mater? Obwohl er als Muslim weder Schweinefleisch aß noch Alkohol anrührte, halten ihn die Wegbegleiter rückblickend für keinen Fanatiker, damals jedenfalls nicht. Qadeer war »niemand, der fünfmal am Tag den Gebetsteppich ausrollte«, weiß Simon Smit noch, ein anderer Kommilitone, und Martin Brabers hielt ihn seinerzeit nicht einmal »im alten Sinne für einen Nationalisten, sondern für sehr weltoffen, auch wenn er stolz auf sein Land war«.[5]

Im Herbst 1971 jedoch begann Khan sich zu verändern, wurde zunehmend verschlossen, reagierte mürrisch und abweisend. Irgend etwas schien ihn zu bedrücken. In seiner Heimat hatte sich die politische Lage zugespitzt, wieder einmal schien ein Krieg mit dem verhaßten Nachbarland Indien unausweichlich. Und natürlich machte Khan die Regierung in Neu-Delhi verantwortlich.

Pakistan bestand damals aus zwei 1500 Kilometer voneinander getrennten Teilen der westlich von Indien gelegenen Region und dem im Osten Indiens liegenden Bengalen (heute Bangladesh). Dort war es zu bürgerkriegsähnlichen Unruhen gekommen, Millionen Flüchtlinge hatten die Grenze nach Indien überquert. Die Regierung in Neu-Delhi unterstützte die bengalische Widerstandsbewegung Mukti Bahini, die für einen eigenen Staat kämpfte, gewährte deren Kämpfern Artilleriedeckung bei grenznahen Gefechten gegen die regulären pakistanischen Truppen. Seit Juni 1971 stellte die indische Armee sogar eigene Guerillaeinheiten auf und schleuste sie über die Grenze, um die Mukti Bahini so weit zu stärken, daß diese größere Militäroperationen durchführen konnte. International genoß die indische Unterstützung durchaus Sympathie, denn die west-pakistanische Armee war dabei, ein Blutbad unter den Bengalen anzurichten. Die Soldateska brannte bengalische Dörfer nieder, vergewaltigte bengalische Frauen und massakrierte unbewaffnete Männer; sie verschleppte oder ermordete Intellektuelle, Studenten und Politiker, die sie für Separatisten oder wenigstens deren Sympathisanten hielt. Der gewählte Bengalenführer, Sheikh Mujib-ur-Rahmann, wurde in Gewahrsam genommen, ihm drohte die Hinrichtung. Die regierende Militärjunta in Islamabad ließ die Bengalen regelrecht niedermetzeln.[6]

In Leuven verfolgte Abdul Qadeer Khan, der gerade in der letzten Phase seiner Doktorarbeit steckte, die Nachrichten aus Südostasien mit wachsender Empörung. Bei seinen Studienfreunden versuchte er, um Verständnis zu werben für die pakistanische Position, brachte seine persönlichen Erfahrungen ein, erzählte über seine Kindheit in der indischen Stadt Bhopal, wo er am 1. April 1936 als jüngstes von fünf Geschwistern geboren worden war; von seiner Immigration nach Pakistan 1952, fünf Jahre nach der Teilung der ehemaligen britischen Kolonie in einen hinduistischen und einen muslimischen Teil, als er, der »Muhajir«, der muslimische Inder, von der eigenen Polizei gejagt und mißhandelt wurde und auf seiner Flucht nach Westen Hunderte von den Hindus ermordeter Muslime zählte. Damals habe er sich geschworen, etwas für sein Land zu tun, seine Fähigkeiten irgendwann zum Wohle Pakistans einzusetzen. Nicht zuletzt deshalb sei er 1962 aus Karatschi weg und nach Europa gegangen, wo er zunächst an der Technischen Universität Berlin und dann, zwischen 1963 und 1967, in Delft Ingenieurwissenschaften und Metallurgie studiert habe. Doch seine Umwelt im katholisch-konservativen Leuven reagierte eher gleichgültig, für die meisten schien der blutige Konflikt in Bengalen, am Rande des indischen Subkontinents, ohnehin wie aus einer anderen Welt.[7]

Ende November spitzte sich die Lage in Ost-Pakistan weiter zu. Die indische Regierung hatte inzwischen ihre Truppen angewiesen, direkt in den Befreiungskampf einzugreifen. Dahinter stand sicherlich nicht nur humanitäre Hilfe gegen das Abschlachten der Bengalen, sondern das strategische Ziel, durch einen unabhängigen Staat den Erzfeind Pakistan nachhaltig zu schwächen. Überdies wollte Neu-Delhi den Flüchtlingsstrom aus Ost-Pakistan unter allen Umständen stoppen, der inzwischen auf rund zehn Millionen Menschen angeschwollen war, was in der Umgebung von Kalkutta zu großen Belastungen bei deren Unterbringung und Versorgung führte. Doch die amerikanische Regierung unterstützte die pakistanische Militärregierung, US-Präsident Richard Nixon und sein Sicherheitsberater Henry Kissinger ergriffen trotz des barbarischen Gemetzels in Bengalen für die Generäle in Islamabad Partei. Die fühlten sich Anfang Dezember schließlich ermutigt, Indien den Krieg zu erklären und deren Militärbasen an der indischen Westgrenze anzugreifen.

Unverzüglich beorderten die Amerikaner ihren Flugzeugträger *USS Enterprise* in den Golf von Bengalen, um bei der möglicherweise notwendigen Evakuierung amerikanischer Staatsbürger behilflich zu sein, wie Kissinger später in seinen Memoiren schrieb. Tatsächlich wollte das US-Militär Flagge zeigen, Indien von einer Invasion West-Pakistans abhalten und den Großmächten China und Sowjetunion, Pakistans und Indiens engsten Verbündeten, signalisieren, sich zurückzuhalten. Genau zwei Wochen dauerte der Waffengang, der schließlich mit einer Kapitulation der ost-pakistanischen Truppen und der Abspaltung Bengalens als neuer Staat Bangladesh endete. Die Regierung in Neu-Delhi hatte ihr Ziel erreicht, in Islamabad aber mußten die Generäle abdanken.[8]

Abdul Qadeer Khan in Leuven empfand die militärische Niederlage als weitere Demütigung seiner stolzen Nation –

durch den Nachbarn Indien, aber auch durch die Vereinigten Staaten, die mit der Entsendung eines »Kanonenbootes« bereits ihr ganzes machtpolitisches Arsenal erschöpft zu haben schienen. Im Ernstfall konnte sich Pakistan nur auf sich selbst verlassen, mußte jedenfalls stark genug sein, um das viel stärkere Indien in Schach halten zu können. Mit Hochdruck schrieb Khan seine Dissertation über die erstaunlichen »Gummi-Metalle« zu Ende, die er wenige Tage nach dem Waffenstillstand einreichte und die ihm im März 1972 den ersehnten Doktortitel bescherte.[9]

Mit der Abtrennung Bangladeshs hatte Pakistan nicht nur 60 Prozent seiner Bevölkerung verloren. Das Land lag am Boden, geteilt, geschlagen und, wegen seines Blutbades in Bengalen, von der Weltgemeinschaft gescholten. Den pakistanischen Generälen der Militärjunta blieb keine Wahl, als in ihre Kasernen zurückzukehren und die Regierungsgeschäfte an einen Zivilisten zu übergeben: Zulfikar Ali Bhutto, der charismatische, eloquente Führer der Pakistan People's Party (PPP) übernahm die Macht über das, was von Pakistan übriggeblieben war. Henry Kissinger, der während der Krise in Bengalen eng mit Bhutto zusammengearbeitet hatte, beschrieb den in Berkeley/Kalifornien ausgebildeten Aufsteiger später als »brillant, charmant und von globaler Statur«, andere Zeitgenossen hielten ihn eher für einen opportunistischen Demagogen und Tyrannen. Bhuttos Selbsteinschätzung ließ jedenfalls keine Bescheidenheit erkennen: »Ich wurde geboren, um eine Nation zu einen, meinem Volk zu dienen und einem drohenden Untergang zu trotzen«, schrieb er 1978 aus dem Gefängnis. Da war es mit seiner demokratisch gewählte Regierung schon wieder zu Ende. Das Militär hatte sich zwischenzeitlich von dem bengalischen Desaster erholt und erneut nach der Macht gegriffen.[10]

Als Bhutto im Dezember 1971 die Regierung übernahm, verlor er keine Zeit und präsentierte sich den Menschen als visionärer Sozialist, der sein Land in eine neue Ära zu führen gedachte. Überall, wo er auftrat, sprang der Enthusiasmus auf seine Zuhörer über. Er war ein begnadeter Redner, aber war er auch der politische Führer, der Pakistan Ehre und Stolz zurückgeben konnte? Mit wachsender Begeisterung verfolgte Abdul Qadeer Khan die Aufbruchstimmung, die aus Presseberichten und persönlichen Briefen von Freunden aus der Heimat sprach. Noch hielt er die Zeit nicht für gekommen, nach Pakistan zurückzukehren, um seinem Land zu dienen, noch wagte er nicht, zu träumen, daß die Zukunft eine Mission für ihn, den demnächst gekürten Doktor der Ingenieurswissenschaften, vorsah, daß er auserwählt sein sollte, die vielleicht wichtigste Aufgabe in der jungen Geschichte Pakistans zu übernehmen. Für Zulfikar Ali Bhutto war der Plan indes schon viel konkreter. Er hatte bereits 1965, als junger Politiker, die Überzeugung vertreten: Wenn Indien eines Tages die Bombe baue, »werden wir Gras oder Blätter fressen oder sogar verhungern. Aber wir werden auch eine Bombe haben. Es gibt keine Alternative!«[11]

Mitte Januar 1972, keine vier Wochen im Amt, lud Bhutto etwa 50 hochrangige Wissenschaftler zu einem Treffen nach Quetta ein, der Provinzhauptstadt von Belutschistan im Osten des Landes. Noch herrschte größeres Chaos unter seinen Regierungsbeamten, denen bei der Auswahl des Tagungsortes entgangen war, daß die Region um diese Zeit des Jahres unter kalten Winterstürmen aus Afghanistan litt und es in der Stadt kein beheizbares Quartier für die Koryphäen des Landes gab. Die Zusammenkunft mußte deshalb kurzfristig ins etwas wärmere Multan an der indischen Grenze verlegt werden.

Dort trafen sich am 24. Januar die besten Köpfe Pakistans, darunter der spätere Physik-Nobelpreisträger Abdus Salam, der im italienischen Triest lehrte, Dr. Ishrat Usmani, Vorsitzender der PAEC, sowie Munir Ahmed Khan, der als Nuklearphysiker bei der UN-Atomenergiebehörde IAEA in Wien arbeitete, bei strahlendem Sonnenschein unter einer Shamiana, einem farbenfrohen Segeltuchbaldachin. Alle Teilnehmer wurden zunächst von Bhutto persönlich auf strengste Geheimhaltung eingeschworen, denn dies, so verkündete der Premierminister nicht ohne Pathos, sollte der Tag sein, an dem die pakistanische

Bombe geboren wurde. Der letzte Krieg mit Indien habe ihn in seiner Überzeugung bestärkt, daß Pakistan Kernwaffen benötige, um den Indern endlich die Stirn bieten zu können. Bhutto sprach langsam, unterstrich jeden Satz mit den Armen. »Und ihr, meine Freunde«, wandte er sich schließlich an die Wissenschaftler in der Runde, »seid erwählt, Pakistan die Bombe zu geben.«

Da saßen sie nun unter einer Art Zirkuszelt in Multan, ihr Regierungschef verlangte von ihnen nicht weniger als die Atombombe, und es klang in ihren Ohren, als hätte er gerade vorgeschlagen »let's have a party«. Als die Wissenschaftler ihre Sprache wiedergefunden hatten, setzte ein heftiges Stimmengewirr ein, wie in einer aufmüpfigen Grundschulklasse, jeder redete mit jedem, die älteren zeigten sich eher zögerlich, während die jüngeren zumindest bei der Lautstärke die Oberhand gewannen. Die frischen, in den Vereinigten Staaten, England oder Deutschland ausgebildeten Kernphysiker strotzten vor Selbstvertrauen, erweckten den Eindruck, als sei ihnen gerade der Prophet persönlich erschienen: »Ja, ja, ja, Sie können die Bombe haben!« Ihre Begeisterung erstickte alle Bedenken weitgehend im Keim.

Doch das Bekenntnis reichte Bhutto nicht. »Wie lange wird es dauern?« unterbrach seine Stimme die heftige Diskussion. Völlige Stille unterm Zeltdach. »Die Atmosphäre schien plötzlich wie elektrisch geladen«, erinnerte sich Munir Khan später an diese Minuten. Zunächst habe sich keiner mit einer Prognose an die Front gewagt, einige seien sogar skeptisch gewesen, ob ein solches »crash program« nicht überhaupt die Fähigkeiten und Finanzen des Landes überforderte. Dann meldete sich doch einer der jüngeren Wissenschaftler zu Wort: »Fünf Jahre, in fünf Jahren kann es uns gelingen!«

Bhutto lächelte, hob seine Hand und streckte in einer dramatischen Geste drei Finger in die Luft. »Drei Jahre! Ich will die Bombe in drei Jahren!« Da sprang einer der jungen Wilden auf, ein Mann namens Zulfikar Ahmed Butt: »Wir können es in drei Jahren schaffen!« Seine älteren Kollegen mußten ob der

Naivität des jungen Mannes milde lächeln. »Wenn es keine internationalen Beschränkungen bei der Lieferung der nötigen Technik gegeben hätte, wäre es in fünf Jahren machbar gewesen«, gab sich Munir Ahmed Khan noch Jahre danach überzeugt. Aber in drei Jahren? Unmöglich! Hier ging es schließlich um komplette Kernwaffen, nicht um irgendwelche billigen Feuerwerkskörper![12]

»Was sind Ihre Pläne?« Abdul Qadeer Khan saß wieder einmal mit seinem Förderer, Professor Brabers, in dessen Büro an der Universität Leuven zusammen. Die beiden tauschten sich regelmäßig über wissenschaftliche und weltliche Probleme aus. Nach der feierlichen Verleihung des Doktortitels der Ingenieurswissenschaften im März 1972 und einer Reihe gemeinsamer Veröffentlichungen schien es für Khan nunmehr an der Zeit, sich nach einem Job umzusehen. »Wollen Sie nach Pakistan zurück?« hakte Brabers noch einmal nach. Khan begann über die Demütigung seines Landes nach dem verlorenen Krieg und der Teilung zu sprechen, voller Wut und Empörung, wie sich Brabers später erinnerte.[13] Er werde sicherlich irgendwann zurückkehren und versuchen, Pakistan zu helfen, wolle aber vorläufig in Europa bleiben, nicht zuletzt wegen seiner inzwischen schulpflichtigen Töchter. Der Pakistani hatte 1963 die 21jährige, in Südafrika geborene Hendrina (»Hennie«) geheiratet, die einen englischen Paß besaß und deren Eltern vor den Nazis aus den Niederlanden ans Kap geflohen waren. Hennie hatte danach zwei Mädchen zur Welt gebracht.[14]

Er habe eine Anfrage des renommierten Konzerns *Verenigde Metaal-Fabrieken* (VMF) in Amsterdam beziehungsweise dessen Tochterfirma *Fysisch Dynamisch Onderzoeklaboratorium* (FDO) vorliegen, sagte Brabers und kramte in den Papieren auf seinem Schreibtisch. »Sie suchen einen fähigen Metallurgen, ich könnte Sie empfehlen!« VMF stelle Textilmaschinen, Schiffsmotoren und Solaranlagen her, und FDO berate die europäische Atomindustrie bei der Produktion von Kernbrennstoff, das sei bestimmt keine schlechte Adresse als erste Station einer beruflichen Karriere. Khan war begeistert.[15] Natürlich ahnte er zu diesem Zeitpunkt nicht, daß dieses Gespräch im Büro seines Mentors die entscheidende Weichenstellung für sein ganzes weiteres Leben sein sollte, daß das Engagement bei der holländischen Beratungsfirma ihn später in Pakistan zu einem Nationalhelden, und in westlichen Geheimdienstkreisen zu »Dr. No« machen würde, dem Mann, der die Welt in Angst und Schrekken versetzen sollte.

Bei FDO wurde zu jener Zeit gerade ein Team von Ingenieuren, Metallurgen und anderen Spezialisten zusammengestellt. Es bekam die Aufgabe, das im März 1970 von den Regierungen in England, Deutschland und den Niederlanden gegründete Konsortium *Urenco* bei der Entwicklung von Zentrifugen aus Aluminium und gehärtetem Stahl zu unterstützen, in denen sich Uran anreichern läßt. Mit der *Urenco*-Pilotanlage im holländischen Almelo sollte das amerikanische Monopol auf Spaltmaterial für den Betrieb von Leichtwasserreaktoren gebrochen werden.[16] Das Projekt lief unter strikter Geheimhaltung. Denn in den mit fast 100000 Umdrehungen pro Minute laufenden Maschinen, von denen Tausende hintereinander geschaltet werden, um aus einem gasförmigen Natururangemisch nach und nach das spaltbare U-235-Atom von dem schwereren U-238-Atom zu separieren, läßt sich nicht nur Brennstoff für Atommeiler herstellen, sondern auch nuklearer Sprengstoff.

Am 1. Mai 1972, schon wenige Wochen nach seinem Gespräch mit Professor Brabers, trat Abdul Qadeer Khan seine Stelle bei der FDO an, eine Woche später machte er seinen Antrittsbesuch bei *Urenco* in Almelo.[17] Einer besonderen Sicherheitsüberprüfung mußte er sich nicht unterziehen, immerhin wurde er von Professor Brabers protegiert, und der besaß in der Branche einen guten Namen, hatte selbst einmal für das belgische Kernforschungszentrum in Mol gearbeitet. Verständigungsprobleme gab es nicht: Khan sprach seit seiner Studienzeit in Delft ein gutes Holländisch, mit einem sympathischen pakistanischen Akzent. In einem Fragebogen, um dessen Beantwortung FDO ihn gebeten hatte, gab er an, die niederländische

Staatsbürgerschaft annehmen zu wollen, außerdem machte er seine Ehefrau Hennie kurzerhand trotz südafrikanischer Geburt und britischem Paß zur Holländerin. Das reichte offenbar.[18]

Mit Ehefrau und den beiden Töchtern bezog der Pakistani ein Reihenhaus in Zwanenburg, einem Vorort von Amsterdam, nicht weit vom internationalen Flughafen Schiphol entfernt. Die Khans integrierten sich prächtig in die Gemeinde, schlossen beim gemeinsamen Volleyballspiel am Wochenende schnell Freundschaft mit den Nachbarn. Alles war völlig normal, von den geklöppelten Vorhängen, die den Blick von der Straße ins Wohnzimmer nur wenig einschränkten, bis zu den Blumentöpfen auf den Fensterbänken. Wenn er Zeit hatte, reiste Abdul Qadeer mit seiner jungen Familie an die Nordsee oder in die Ardennen, manchmal auch zurück nach Leuven, um an der Universität mit seinem alten Lehrer Martin Brabers zu plaudern.[19]

Premierminister Bhutto hatte einen Teil der nuklearen Elite in Multan mit seinem politischen Enthusiasmus angesteckt, doch einige der älteren, gestandenen Wissenschaftler blieben skeptisch, ob Pakistan die Bombe bauen oder die ungeheuren finanziellen Mittel lieber in die Verbesserung des Lebensstandards investieren sollte. Eine besondere Rolle spielte der spätere Physik-Nobelpreisträger Abdus Salam, ein langjähriger und enger Freund Bhuttos, der sich in Multan vehement gegen eine atomare Aufrüstung ausgesprochen hatte und jetzt die Gemeinde der pakistanischen Kernphysiker zu spalten drohte.

Bhutto schickte daraufhin einen früheren Lieblingsstudenten Salams nach London, wo dieser lebte, damit er ihn überzeuge, daß die Veranstaltung im Zelt von Multan nur Zirkus gewesen sei, um die Wissenschaftler zu begeistern. Tatsächlich gehe es um ein rein ziviles, friedliches Programm. Es war eine brillante Finte, die Salam tatsächlich veranlaßte, seine Proteste gegen Bhuttos Pläne einzustellen. Für den jungen pakistanischen Wissenschaftler jedoch blieb die Mission jahrelang ein schmerzhaftes Erlebnis, er fühlte sich wie ein Sohn, der seinem Vater ins Gesicht gelogen hatte.

Auch der langjährige Chef der PAEC, Dr. Ishrat Usmani, sperrte sich. »Wir besaßen keinerlei Infrastruktur für ein solches Crashprogramm«, kritisierte er Jahre später, es sei ein »politisches Pokerspiel ohne jede Karten« gewesen. Ali Bhutto, der absolute Loyalität verlangte, feuerte Usmani kurz nach der Multan-Konferenz und lobte ihn weg auf den neu geschaffenen, aber einflußlosen Posten eines Staatssekretärs im Forschungsministerium. Dessen Nachfolger wurde Munir Ahmed Khan, ein Patriot und emphatischer Befürworter der pakistanischen Bombe, gleichzeitig ein selbstbewußter Kernphysiker, der seine Ausbildung in den USA genossen und sein Land lange Zeit in der Wiener *International Atomic Energy Agency* vertreten hatte; außerdem ein Mann von beträchtlichem Charme. Der Vertreter jener UN-Organisation, die sich um die Nichtweiterverbreitung von Kernwaffen kümmert, wurde so zum obersten Bombenbauer seines Landes.

»Bhutto rief mich kurz nach der Multan-Konferenz an und kam gleich auf den Punkt«, erinnert sich Munir Ahmed Khan, »er sagte, unsere miserable Sicherheitslage gegenüber Indien verlange die Option eines nuklearen Gegenschlags, denn daß Indien Atomwaffen besaß, war ja kein Geheimnis mehr. Und dann meinte er, ich sei sein Mann dafür!« In wenigen Wochen stellte der neue PAEC-Chef sein Team zusammen, ließ Strategien entwickeln für ein umfassendes Kernwaffenprogramm. Allen war klar, daß Pakistans Projekt den westlichen Geheimdiensten nicht lange verborgen bleiben würde. Es mußte deshalb eifrig an der Legende gestrickt werden, mit der sie schon Abdus Salam in London hinters Licht geführt hatten: Pakistans Atompläne seien ausschließlich friedlicher Natur; weil das Land über keine Ölquellen verfüge, sei die zivile Nutzung der Kernenergie für den Fortschritt des Landes unverzichtbar. Diese in den folgenden Jahren gebetsmühlenartig verbreitete Behauptung diente vor allem der Beruhigung der amerikanischen Freunde, die Pakistan als ihren engsten Verbündeten in der Region sahen, nicht zuletzt da Indien der sowjetischen Einflußsphäre zugerechnet werden mußte.[20]

Der »Königsweg« zur Bombe: das Kernkraftwerk Kanupp, ein 125-Megawatt-Reaktor, den die Kanadier Ende der sechziger Jahre an Pakistan geliefert hatten. Der Atommeiler war 1971 angefahren worden und sollte im Herbst 1972 seinen Vollbetrieb aufnehmen. Mit Kanupp konnte ein Viertel des Energiebedarfs der Millionenstadt Karatschi gedeckt werden. Nach späteren Berechnung der Inspektoren von der IAEA lieferte der Reaktor pro Jahr zwischen 60 und 120 Kilogramm des aus Uran umgewandelten Plutoniums, den Stoff der pakistanischen Begierde.

Kanupp stand jedoch unter regelmäßiger Kontrolle der IAEA, Kanada hatte die Lieferung des Kernkraftwerkes seinerzeit von der festen vertraglichen Zusage abhängig gemacht, daß die Pakistanis Jahr für Jahr akkurate Bilanzen über den Verbleib des Spaltmaterials vorlegten. Doch Schwerwasserreaktoren wie Kanupp, die sehr genügsam sind und deshalb gewisse Vorteile in Ländern mit mangelhafter Industriestruktur besitzen, lassen sich nicht lückenlos überwachen. Der Natururanbrennstoff, noch dazu, wenn er aus eigenem Uranabbau stammt, kann kontinuierlich »nachgeschüttet« werden, wie Kohlen in die Glut, ohne daß der Meiler heruntergefahren werden muß. Das »Nachlegen« aber bliebe den IAEA-Inspektoren unter Umständen verborgen. Wer den genauen Input nicht kennt, kann auch den genauen Output nicht berechnen. Es wäre also möglich, hinter dem Rücken der Wiener Aufsichtsbehörde Plutonium abzuzweigen. Und genau das war der Plan.

Allerdings hätte Pakistan das ausgeschleuste, mit Uran verunreinigte, »dreckige« Plutonium dann in Kleinstmengen, gewissermaßen im Labor, chemisch reinigen müssen, denn über eine industrielle Wiederaufbereitungsanlage verfügte das Land nicht. Auf diese Weise könnten jedoch nur wenige Gramm Plutonium pro Tag gereinigt werden, es würde also Jahre dauern, bis ausreichend Spaltmaterial für nur eine einzige Bombe zusammenkäme. Auf Munir Khans Einkaufsliste stand deshalb eine Großanlage zur Wiederaufarbeitung ganz obenan.

Ein ebenso großes Problem stellte der Bedarf an »Schwerem Wasser« dar, das der Reaktor ständig durch Lecks verlor und das aus dem Ausland bezogen werden mußte, was wiederum mit strengen Auflagen verbunden war. Für Munir Khan entwickelte sich die Versorgung mit Schwerem Wasser, ohne das Natururan-Reaktoren nicht funktionieren, zur ersten Bewährungsprobe. Statt immer wieder bei den Kanadiern, Amerikanern oder Europäern um Nachschub für Kanupp betteln zu müssen, plante er den Kauf einer kompletten Produktionsanlage. In Deutschland.[21]

Schweres Wasser (D_2O) sieht aus wie ganz normales Wasser (H_2O), ist aber eine atomare Variante (mit zwei Deuterium- statt zwei Wasserstoffatomen) und hat die ungewöhnliche Eigenschaft, eine Kettenreaktion mit Natururan in Gang setzen zu können. Es ist selbst nicht radioaktiv, für den Betrieb eines Natururanreaktors (bei dem der Anteil des spaltbaren Urans nicht vorher angereichert werden muß wie bei einem Leichtwasser-Reaktor) aber unverzichtbar. In jeder Tonne Wasser kommt Schwerwasser nur mit einem Anteil von 0,015 Prozent vor, es muß deshalb mit aufwendigen Techniken extrahiert werden, was sich im Preis bemerkbar macht, der schon damals bei etwa einer halben Million DM pro Tonne lag. Um ausreichend Plutonium für eine einzige Atombombe zu produzieren, setzen die Kernphysiker, je nach Leckverlust, einen Bedarf von bis zu zwanzig Tonnen der begehrten Flüssigkeit an.[22]

Anfang Oktober 1972, am Rande einer Konferenz der IAEA in Mexiko, wandte sich der oberste pakistanische Bombenbauer deshalb an den damaligen Staatssekretär im Bundesforschungsministerium, Hans-Hilger Haunschild, ob der sich nicht für die Lieferung einer Schwerwasseranlage verwenden könne. »K. sprach sehr offen über die nach seinen Worten katastrophale Lage der Kernenergie, die er in Pakistan bei seinem Amtsantritt vorgefunden habe«, hielt Haunschild in einer Notiz fest. Der neue PAEC-Chef habe »einen vorzüglichen, sachlichen und tatkräftigen Eindruck« auf ihn gemacht, dessen Wunsch, vom Wiesbadener Maschinenbauer *Linde AG* eine 25 Millionen DM teure Schwerwasseranlage zu beziehen, sei nachvollziehbar. »Ich habe wohlwollende Prüfung zugesagt«, gab der Bonner Staatssekretär an seine Ministerialbeamten weiter.[23]

Etwa zur gleichen Zeit unterzeichneten die Regierungen in Bonn und Islamabad ein offizielles Abkommen über die wissenschaftliche Zusammenarbeit auf dem Gebiet der Kernphysik, das schon von Munir Khans Vorgänger Dr. Usmani eingefädelt worden war. Regelmäßig sollten pakistanische Atomforscher bei der bundeseigenen Gesellschaft für Kernforschung (GfK) in Karlsruhe eine zusätzliche Ausbildung erhalten. Nach der neuen Ausrichtung des pakistanischen Programms stellte das Kooperationsabkommen für den PAEC-Chef nicht nur eine elegante Möglichkeit dar, seine Leute von deutschen Experten schulen zu lassen, sondern auch an sensibles Know-how zu gelangen, ohne sich dem Verdacht der Spionage auszusetzen. Vor allem bei der Wiederaufbereitung war deutsches Wissen erwünscht.[24]

Anfang 1973 begann für Ali Bhutto und seine Unterhändler eine hektische Zeit der Reisediplomatie. Der Premierminister mußte, wie er seinen Wissenschaftlern versprochen hatte, die finanziellen Ressourcen für das pakistanische Geheimprojekt beschaffen. Allein würde sein armes Land das geplante Crashprogramm einer »islamischen Bombe« nicht stemmen können.

Schon Stunden nach dem Ende der Konferenz unter dem Zeltdach von Multan war Bhutto zu einer ersten Goodwilltour durch die islamische Welt aufgebrochen, mit Stopps im Iran, in Saudi-Arabien, den Arabischen Emiraten, der Türkei, Syrien, Marokko, Ägypten, Algerien, Tunesien und natürlich Libyen. Er kam mit der Botschaft an die Glaubensbrüder, daß nach dem Krieg um Bangladesh, der Pakistan den Vorwurf des Genozids eingetragen hatte, eine neue Epoche angebrochen sei und daß sein Land aus den Fehlern gelernt habe. Bei seinen öffentlichen Auftritten stimmte der Regierungschef aus Islamabad geschickt antiwestliche Töne an, kritisierte insbesondere die Vereinigten Staaten und England heftig, jene Großmächte, die bis dahin zu den engsten politischen Partnern und militärischen Ausrüstern seines Landes gezählt hatten. Es sei nun an der Zeit, die islamischen Staaten zu einem großen, selbstbewußten Bündnis zusammenzuschweißen, die technischen Fähigkeiten einzelner Bruderstaaten zu nutzen, um dem Westen die Stirn zu bieten. Dabei hatte er natürlich vornehmlich das eigene Nuklearprogramm im Auge, ohne dies konkret anzusprechen.

Das klang wie Musik in den Ohren vieler Staatschefs, aber nirgendwo war die Zustimmung zu Bhuttos »islamischer Initiative« so groß wie in Libyen. Der junge Revolutionsführer Colonel Muammar Gaddafi, der im September 1969 mit einer Gruppe von Offizieren gegen König Idris geputscht und die Macht an sich gerissen hatte, empfing Bhutto mit offenen Armen. »Es war eine traumhafte Atmosphäre an jenem Abend, als unsere Delegation in Tripolis landete«, erinnerte sich später Khalid Hasan, Bhuttos damaliger Pressesprecher. Tausende von pakistanischen Gastarbeitern und Libyern waren zum Flughafen gepilgert, um den pakistanischen Premierminister zu begrüßen. »Gaddafi umarmte Bhutto und küßte ihn, glaube ich, auf beide Wangen«, das sollte Hasan nie vergessen. Der Revolutionsführer lud den pakistanischen Premier in sein Haus am Stadtrand von Tripolis ein, wo Gaddafis Frau sich zu Ehren des Gastes in traditionelle Shalwar Kameez gekleidet hatte, die pakistanische Nationaltracht, Bluse mit Pluderhosen. Die Geste erfreute Bhutto, dessen aristokratische Herkunft und britische Ausbildung sich so sehr von der Attitüde des Wüstensohns unterschieden. Doch er kam als Bittsteller. Wann immer er und Gaddafi sich in den nächsten Jahren trafen, stets ging es um die Finanzierung der »islamischen Bombe« mit Hilfe von Libyens Petro-Dollars.

Nach seinem Antrittsbesuch im Januar 1972, bei dem der Colonel sein großes Interesse am pakistanischen Atomprojekt gezeigt hatte, fanden eine ganze Reihe von Geheimtreffen zwischen pakistanischen und libyschen Regierungsvertretern statt, die meisten in Paris. An einigen der konspirativen Treffen nahmen offenbar auch Gesandte der Saudis und der Emire aus den

Golfstaaten teil, manchmal auch Repräsentanten des iranischen Schahs, Mohammed Resa Pahlewi. Die Pakistanis reisten mit genauen Instruktionen entweder von Premierminister Bhutto selbst oder von PAEC-Chef Munir Ahmed Khan in die französische Hauptstadt, die mit Bedacht für die Gespräche gewählt worden war, weil man im Élysée-Palast sehr stark an Waffenexporten nach Libyen interessiert war, sich auch bei der nuklearen Aufrüstung Pakistans ein Stück vom Kuchen versprach und deshalb kaum intervenieren würde. Dem französischen Auslandsgeheimdienst Direction de la Surveillance du Territoire (DST) dürften die regelmäßigen, von der pakistanischen Botschaft in Paris organisierten nuklearen Tête-à-têtes jedenfalls nicht verborgen geblieben sein.[25]

Am Ende erklärten Gaddafi und die Saudis sich bereit, zunächst rund 500 Millionen Dollar für die »islamische Bombe« zu investieren, möglicherweise langfristig auch mehr; sie verlangten dafür den uneingeschränkten Zugang zur pakistanischen Bombentechnik, die Weitergabe nicht nur von Know-how, sondern von jedweder Nukleartechnologie, deren Anschaffung die Allianz mit ihrer Finanzspritze ermöglichen würde. Hätte Gaddafi geahnt, daß es 30 Jahre dauern würde, bis er erste Lieferungen aus Islamabad erhalten sollte, er wäre das finanzielle Engagement wohl kaum eingegangen.

In der hochgeheimen Urananreicherungsanlage *Urenco*, die von dem britisch-deutsch-holländischen Konsortium am Rande der niederländischen Kleinstadt Almelo, kurz hinter der deutschen Grenze, betrieben wurde, ging der junge pakistanische Metallurge Abdul Qadeer Khan Anfang 1973 ein und aus. »Es war reine Koinzidenz, ich hatte mich nicht um einen Job bei *Urenco* beworben, sondern bei der Beratungsfirma FDO«, erzählt Khan, »aber weil deren Vertragspartner immer wieder über metallurgische Probleme mit den Uranzentrifugen klagte, brauchten sie mich, um ihre Probleme zu lösen.« Natürlich seien die Baupläne und Blaupausen, die er dabei zu Gesicht bekommen habe, vertraulich gewesen, »vertraulich, aber eben nicht geheim«.[26]

Khan war sehr charmant und beliebt, und er zeigte sich wißbegierig, sog alle Informationen auf, an die er gelangen konnte, ohne daß irgend jemand Verdacht schöpfte. Warum sollte ein junger Wissenschaftler nicht neugierig sein und viele Fragen haben, wenn er vorankommen wollte? »Niemand nahm Anstoß daran, daß er sich in Bereichen aufhielt, für die er strenggenommen keine Freigabe besaß«, erinnert sich sein ehemaliger Kollege Frits Veerman, der als technischer Fotograf für FDO arbeitete und mit Khan das Büro in Amsterdam teilte. Veerman weiß noch, daß Khan oft nach Feierabend an seinem Schreibtisch saß und stundenlang Notizen in Urdu machte. Auf seine Frage, was er denn dort zu Papier bringe, habe der nur lächelnd geantwortet, er schreibe einen langen Brief an seine Angehörigen in Pakistan. Einem anderen Kollegen fiel Jahre später, als der Skandal aufgeflogen war, ein, daß er den Pakistani damals wiederholt durch die Zentrifugenhallen in Almelo hatte wandeln sehen, mit einem Notizbuch in der Hand.[27]

Hinzu kam, daß Khan aufgrund seiner Studienzeiten in Berlin und Delft fließend Deutsch und Niederländisch sprach und deshalb von der FDO beauftragt wurde, Unterlagen zu übersetzen, die vornehmlich im Zusammenhang mit den niederländischen Zentrifugentypen CNOR und SNOR standen. Mit dem Segen seiner Vorgesetzten durfte er die Dokumente mit nach Hause nehmen.[28] Frits Veerman erinnerte sich Jahre später, daß bei Khan zu Hause überall klassifizierte blaue Aktenordner herumlagen. Er hatte also jede Zeit der Welt, um in Heimarbeit alles zu kopieren und auch die Liste der Lieferanten abzuschreiben, die *Urenco* mit der notwendigen Technik für die extrem schnell rotierenden Uranmaschinen versorgten.[29]

Rückblickend betrachtet, war Abdul Qadeer Khan durch Zufall und Zielstrebigkeit in eine Position gelangt, die es ihm ermöglichte, sämtliche Geheimnisse der Urananreicherung in Almelo auszuspähen. Dabei ließen sich auch später keinerlei Anhaltspunkte dafür finden, daß der pakistanische Metallurge zu jener Zeit, Ende 1973, bereits als Spion arbeitete oder sogar gezielt auf FDO angesetzt worden war, um *Urenco* infiltrieren zu können. Noch handelte Khan offenbar in eigener Verantwortung, sammelte und kopierte, was immer ihm zwischen die Finger geriet. Doch er wußte natürlich genau, wofür sein Material einmal gut sein konnte.

Die Verhandlungen über die Anschubfinanzierung des Projekts »islamische Bombe« zwischen den pakistanischen und den libyschen Vertretern in Paris zogen sich das ganze Jahr 1973 hin. Der »Wüstenfuchs« aus Tripolis wollte sicher sein, daß seine Öl-Millionen nicht im Dickicht der pakistanischen Bürokratie versickerten. Im April konnten die pakistanischen Unterhändler mit einer famosen Neuigkeit aufwarten: Nach intensiver Exploration habe man in der Nähe der Stadt Baghalchure Uranvorkommen entdeckt, die Produktion von Plutonium im Kanupp-Reaktor aus eigenen, nicht international überwachten Uranbeständen sei deshalb gesichert.[30]

Im Juli 1973 begann der Fluß von Geldern aus Riad und Teheran, über normale Bankkanäle. König Feisal von Saudi-Arabien machte einige hundert Millionen locker, die als allgemeine Finanzhilfe des armen Bruderlandes deklariert wurden; ein Teil wanderte in den Bau einer riesigen Moschee am Stadtrand von Islamabad, ein anderer in verschiedene Hilfsprojekte für die arme Bevölkerung, ein gewisser Teil auch in die Taschen pakistanischer Politiker. Wahrscheinlich aber wurden auch Gelder für das Atomprojekt abgezweigt. Als größter Gönner erwies sich der Schah von Persien, der allein 1973 eine halbe Milliarde Dollar an Pakistan überweisen ließ. Diese Finanzspritze sollte speziell der Bevölkerung im pakistanischen Belutschistan an der iranischen Grenze zugute kommen, von wo aus Unruhen auf das iranische Belutschistan überzuschwappen drohten. Doch auch ein Teil dieser Gelder, das mußte dem Schah klar sein, wurde für die Bombe zweckentfremdet.

Die größte Hilfe versprach sich Ali Bhutto allerdings von Libyen. Während des Gipfeltreffens islamischer Staaten, zu dem Pakistan im Februar 1974 nach Lahore eingeladen hatte, ließ er Gaddafi eine Sonderbehandlung zuteil werden, so wie sie ihm zwei Jahre zuvor in Tripolis widerfahren war. Er umschwärmte seinen Gast, gewährte ihm Einblick in die Waffenschmieden in Wah bei Islamabad, führte in Somniani seine Luftstreitmacht vor und nahm ihn zu einem privaten Ausflug mit nach Karatschi, um ihm den Kanupp-Reaktor zu zeigen, der als Wiege der ersten Atombombe der Umma auserkoren war. Die Führung durch das Kernkraftwerk übernahm niemand anderer als PAEC-Chef Munir Ahmad Khan höchstpersönlich.

Der Libyer wurde als Heilsbringer empfangen, wo immer er im Land auftauchte. »Man hatte mir gesagt, der Messias würde kommen, um unser Land zu erretten«, erinnerte sich der pakistanische Armeegeneral Ahmed Djalani später an den denkwürdigen Besuch des libyschen Revolutionsführers. Sogar ein brandneues Sportstadion sei damals nach ihm benannt worden. Am Ende besiegelte ein Handschlag das Geheimabkommen über die Finanzierung des Nuklearprojekts. Gaddafi versprach so viel Geld, wie nötig war, und verlangte dafür nicht mehr und nicht weniger als die erste Kernwaffe, die aus Kanupps Plutonium gebaut werden würde. Bhutto willigte ein, beruhigte seine aufgebrachten Kerntechniker allerdings sofort nach Gaddafis Abreise, daß die erste Bombe selbstverständlich Pakistan gehöre und in Pakistan bleiben werde.[31]

»Wir haben keinen einzigen Cent von den Libyern, Saudis und Iranern bekommen«, behauptete Munir Ahmed Khan später, »sie redeten viel, aber haben uns nie etwas gegeben.« Und auch Benazir Bhutto, die Tochter des damaligen Premierministers und spätere Nachfolgerin in dessen Amt, besteht darauf, »daß das ganze Projekt nichts mit Libyen zu tun hatte, hundertprozentig nicht«.[32] Der Stolz der Pakistanis läßt offenbar nicht zu, einzuräumen, was durch umfangreiche Analysen und geheimdienstliche Erkenntnisse weitgehend gesichert ist: Daß zwischen 1974 und 1976 Geldkuriere mit Koffern voller amerikanischer Dollars von Tripolis nach Karatschi flogen und jeweils rund 100 Millionen pro Flug brachten. Warum Bargeld? Die Antwort lag auf der Hand: Die Beträge durften nicht auf den offiziellen Konten des Landes auftauchen, weil die von

Pakistans westlichen Gläubigerländern genau im Auge behalten wurden.[33]

Im März 1974 rief Munir Khan seine Mitarbeiter zu einer streng geheimen Konferenz zusammen, um einen konkreten Startschuß für das Projekt zu geben. Das Wort »Bombe« nahm niemand in den Mund, als Codewort diente ausschließlich das Wort »research«. Die ersten Arbeiten am Design der Kernwaffe begannen kurz darauf in den Waffenfabriken in Wah, das »Bombenteam« erhielt infolgedessen den Decknamen »Wah group«.[34] Zur gleichen Zeit fanden 500 Kilometer südöstlich, in einer verlassenen Region der westindischen Provinz Rajasthan, ebenfalls unter strengster Geheimhaltung, letzte Vorbereitungen für ein anderes Experiment statt.

Munir Khan ahnte davon nichts. Ihn sorgte vor allem der schwindende Vorrat an Schwerem Wasser für Kanupp in Karatschi. Wie sollte er den Meiler heimlich mit zusätzlichem Natururan aus eigenem Abbau befeuern lassen, wenn der Reaktor trockenzulaufen drohte? Schon im Vorjahr hatte er sich mit einer dringlichen Bitte an Washington gewandt, er brauche 15 Tonnen, um die Verluste aufzufangen, sonst müsse der Komplex heruntergefahren werden.[35] Doch die Amerikaner weigerten sich, durchschauten die Absicht, bestanden darauf, daß nach ihren eigenen Berechnungen lediglich die Hälfte der Menge benötigt werde. Und auch die habe man momentan nicht zur Verfügung.[36] Eine weitere Abfuhr bekam er aus Kanada, das sich mit der Lieferung des Kanupp-Reaktors eigentlich auch zur Versorgung mit Schwerem Wasser verpflichtet hatte. Der PAEC-Chef war außer sich. Wollten sie ihn am langen Arm verdursten lassen? Es sei damals »moralisch verwerflich gewesen, Pakistan das Produkt zu verweigern und damit die Energieversorgung Karatschis zu gefährden«, empörte sich Khan noch Jahre später, als sei dies das wirkliche Problem gewesen.[37]

Nach den Zusatzabkommen des Atomwaffensperrvertrags muß jeder Export von einer Tonne und mehr Schweres Wasser der IAEA in Wien gemeldet werden, damit deren Inspektoren dessen Verwendung überwachen können. Allerdings gab es damals eine ganze Reihe internationaler Händler, die sich vornehmlich Ware aus China, der Sowjetunion und Norwegen auf einem regelrechten Schwerwasser-Schwarzmarkt beschafften, damit ihre begierigen Kunden belieferten, mitunter in portionierten Mengen knapp unterhalb der Eintonnenmarge. Oft gelangte der begehrte Stoff auf Umwegen zu den klandestinen Abnehmern, an den IAEA-Kontrollen vorbei.[38] Eines dieser dubiosen Unternehmen war die Düsseldorfer *Rohstoff-Einfuhr GmbH* des Altnazis Alfred Hempel, und an den wandte sich Munir Khan damals in seiner Not.[39]

»Nachdem Sie uns liebenswürdigerweise schon einmal mit D_2O ausgeholfen haben, bitte ich Sie dringend, uns ein weiteres Mal 5–10 Tonnen D_2O zur Verfügung zu stellen, die wir Ihnen bis spätestens 31.12.74 in Form von jungfräulichem Schweren Wasser russischen Ursprungs in bekannter bester Qualität zurückliefern«, wandte sich Hempel damals auf dringlichen Wunsch von Khan an die Gesellschaft für Kernforschung in Karlsruhe, die über gewisse D_2O-Vorräte verfügte. Die Transaktion klang interessant für die Bundesforschungseinrichtung, sie hätte auf diese Weise ihren schon etwas verunreinigten Bestand gegen frisches, eben »jungfräuliches« Schwerwasser austauschen und auch noch einen erklecklichen Gewinn machen können.

Doch erst einmal wollte man wissen, wer denn Hempels Abnehmer sei. Als die PAEC genannt wurde, schwanten den Karlsruhern politische Konflikte, auch wenn es ein Kooperationsabkommen mit den »Freunden in Pakistan« gab: »Dürfen Russen nicht direkt liefern und gehen deshalb Weg über die BRD?« notierten sie an den Rand der Offerte aus Düsseldorf. Sicherheitshalber fragten sie im Bundesministerium für Forschung und Technologie (BMFT) nach, ob es Bedenken gäbe, aber Munir Khan galt als verläßlicher und seriöser Partner des Westens. Außerdem stehe Kanupp unter IAEA-Kontrolle, schrieb der zuständige BMFT-Referent an die GfK, dort werde das Schwerwasser lediglich »zum Ausgleich der Leckverluste« eingesetzt. Auch Euratom und die amerikanische Atomic Energy

Comission, Vorlieferanten der Karlsruher Bestände, stimmten zu.[40] Doch am Ende machten die Auswirkungen eines dramatischen Ereignisses in Südasien die Lieferpläne noch zunichte.

Am 18. Mai 1974 zündete Indien seine erste Kernwaffe. In Islamabad wußten Regierungschef Ali Bhutto und sein Projektleiter Munir Ahmad Khan sofort, was dies zu bedeuten hatte: Jetzt würde der Westen sämtliche Kanäle zur Beschaffung der nötigen Technologie dichtmachen, um Pakistans nukleare Nachrüstung zu verhindern, obwohl die Bombe für die Sicherheit ihres Landes nötiger war als je zuvor.[41]

Um 8.05 Uhr Ortszeit an jenem 18. Mai bebte die Erde in der westindischen Provinz Rajasthan, die Schockwellen waren auch im benachbarten Pakistan zu registrieren. In 107 Meter Tiefe hatten indische Kerntechniker eine Zweikilotonnen-Atombombe gezündet. Das Spaltmaterial war von den Indern über Jahre hinweg in ihren Schwerwasserreaktoren produziert worden, auf dem gleichen Weg also, den auch Pakistan einzuschlagen gedachte.[42]

Ministerpräsidentin Indira Gandhi hatte erst einige Wochen zuvor den endgültigen Befehl für das sogenannte »friedliche nukleare Explosionsexperiment« gegeben, das unter der Losung »Der Buddha lächelt« vorbereitet worden war. Sie versprach sich davon nicht nur eine politische Demonstration gegenüber Pakistan, sondern auch gegenüber der Atommacht China; mehr noch handelte es sich jedoch um eine innenpolitische Maßnahme. Überall im Land gab es Unruhen, die Nehru-Tochter und ihre Regierung galten als angeschlagen. Der Test, so Gandhis Kalkül, könnte ihre Macht stabilisieren, weil er die Nation einen und mit Stolz erfüllen würde. Dafür war sie bereit, sich über wiederholte Warnungen der Vereinigten Staaten hinwegzusetzen, daß ein solcher Versuch erhebliche geostrategische Auswirkungen besäße und nicht geduldet werden könnte.

Als die Meldung vom indischen Kernwaffenversuch ihren Weg um den Globus gemacht hatte, wußte Abdul Qadeer Khan in den Niederlanden sofort, was zu tun war. »Ich wollte helfen, meinem Land seinen Stolz zurückzugeben, damit meine Landsleute wieder aufrecht gehen konnten, nicht mit gesenktem Kopf«, sagte er später.[43] Vieles spricht dafür, daß er sich schon Tage danach, als der Schock in Empörung übergegangen war, an eine der Botschaften seines Landes in Europa wandte, um seine Dienste und seine Kenntnisse über den Prozeß der Urananreicherung in Almelo anzubieten.[44] Er selbst gab später hierzu keine genauen Erklärungen ab.[45] Seine Nachbarn in Zwanenburg erinnerten sich allerdings, daß in der zweiten Jahreshälfte 1974 häufig Fahrzeuge mit Diplomatenkennzeichen aus Belgien und Frankreich vor Khans Haus parkten und die Besucher oft bis zum frühen Morgen blieben.

»Er trat mit meinem Vater in Verbindung und stellte sich mit seinem Wissen zur Verfügung«, das kann Bhuttos Tochter Benazir mit Bestimmtheit sagen. Ob er dafür nach Islamabad flog oder über Botschaftsangehörige mit ihm in Kontakt trat, entziehe sich ihrer Kenntnis.[46] Im Oktober 1974 jedenfalls, davon kann man ausgehen, arbeitete der inzwischen 38jährige Metallurg für die pakistanische Regierung – als Atomspion. Und seine entscheidende Mission stand noch bevor.

Das streng geheime Entwicklungszentrum auf dem *Urenco*-Gelände in Almelo, in dem Spezialisten an der Perfektion der Anreicherungszentrifugen arbeiteten, ein Flachbau von der Größe eines Einfamilienhauses, trug intern den Namen »brain box«. Dort begann im Herbst 1974 die Arbeit an den beiden modernen deutschen Zentrifugentypen G1 und G2, die von Nazi-Wissenschaftlern für Hitlers ultimative Atomwaffe erfunden und nach dem Krieg von den Sowjets mit Hilfe derselben Nazi-Wissenschaftler weiterentwickelt worden waren.

Im Oktober des Jahres, nicht einmal ein halbes Jahr nach seiner Verpflichtung als pakistanischer Agent, wurde Abdul Qadeer Khan gebeten, die deutschsprachigen Unterlagen der G1 und G2 ins Holländische zu übersetzen. An 16 Arbeitstagen innerhalb einer Zeit von drei bis vier Wochen, so ergab später die Untersuchung einer Kommission in Den Haag, hielt sich der

Pakistani in der »brain box« auf, in der entgegen den strengen Vorschriften eine relativ offene Atmosphäre herrschte. Jeder Techniker hatte eine monatelange Sicherheitsüberprüfung hinter sich und ging deshalb davon aus, daß dies auch für jeden anderen galt, der Zugang zum Allerheiligsten bekam.[47]

Khan übersetzte in dieser Zeit »zwei Teile eines zwölfteiligen deutschen Reports, der als ›geheim‹ klassifiziert war«, fand die Kommission heraus. Was weitaus schwerer wog: Der nette, allseits beliebte Pakistani wurde von den *Urenco*-Kollegen »als einer der Ihren angesehen«, er ging mit ihnen für eine Kaffeepause nebenan in die Kantine, stellte viele spezifische Fragen, so daß er möglicherweise »die gesamte Technologie der deutschen Zentrifuge« ausspähen konnte, wie es im späteren Untersuchungsbericht heißen wird.

Es hätte nicht besser für ihn laufen können. Ohne Verdacht erregt zu haben, kehrte Khan etwa einen Monat später zur Beratungsfirma FDO nach Amsterdam zurück. Wahrscheinlich ist, daß er seine Berichte regelmäßig über die pakistanische Botschaft in Brüssel absetzte, dorthin schickte Munir Khan Anfang 1975 seinen Mitarbeiter Zulfikar Ahmed Butt als »Koordinator«, jenen enthusiastischen Jungspund, der seinem Premierminister unter dem Zeltdach von Multan die Bombe innerhalb von drei Jahren versprochen hatte. Butt sollte in den folgenden Jahren zu einer der zentralen Figuren des gesamten Projekts werden.[48]

Durch Abdul Qadeer Khans Berichte, die über Diplomatenpost nach Islamabad geschafft wurden und dann auf dem Schreibtisch sei-nes Namensvetters, des PAEC-Chefs, landeten, begann schon bald eine Gruppe, sich mit dem Nachbau der Uran-Zentrifugen zu befassen. Das ganze Vorhaben bekam die Tarnbezeichnung »Projekt 706«. Allerdings hielt der pakistanische Spion offenbar Kopien der G1- und G2-Blaupausen in Amsterdam als Faustpfand zurück. Mit denen gedachte er später in die Heimat zurückzukehren und selbst die Führung von »706« zu übernehmen.[49]

Im ersten Halbjahr 1975 sammelte Abdul Qadeer Khan an seinem Arbeitsplatz bei FDO, was immer er über die Zentrifugen, vor allem aber über die Lieferfirmen für *Urenco* in Erfahrung bringen konnte. Die scheinbare Leichtigkeit seines Agentenlebens ließ ihn allerdings zunehmend unvorsichtiger werden. Einmal bat er seinen Bürokollegen Frits Veerman, einige Fotos von Zeichnungen der Uran-Maschinen aufzunehmen, die er zufällig bei sich zu Hause habe. Frits half aus, meldete den Vorgang aber weiter, doch nichts geschah.[50] Erst im August 1975 kamen den Sicherheitsorganen Bedenken.

Ein »Mr. Butt« von der pakistanischen Botschaft in Brüssel, so war dem Geheimdienst in Den Haag zu Ohren gekommen, habe sich an eine niederländische Firma gewandt mit einer Nachfrage für Hochfrequenzkonverter – elektronische Bauteile, die für die Steuerung der mit extremer Geschwindigkeit rotierenden Zentrifugen notwendig sind. Vor allem aber: *Urenco* bezog die Umformer von ebenjenem Lieferanten. Die Pakistanis hatten offensichtlich damit begonnen, sich mit der notwendigen Technik einzudecken.

Im Herbst des Jahres flog Abdul Qadeer Khan nach Islamabad, sein erster Heimaturlaub seit langem, die Pläne der fortschrittlichen G1- und G2-Zentrifugen im Gepäck. Tag für Tag wurde der Spion von den Technikern der PAEC befragt, die inzwischen in Sihala, einem Dorf ein paar Meilen östlich der Hauptstadt, den Bau einer Pilotanlage planten. Im Verlauf der Gespräche wurde beschlossen, den Atomspion möglichst umgehend aus den Niederlanden abzuziehen, um seine Verhaftung zu vermeiden und ihn in Dienst zu stellen, als Mitarbeiter des »Projekts 706«. Für das trug damals Sultan Bashir-ud-Din Mahmood die Verantwortung, jener Kernphysiker, der zu einem glühenden Verehrer Abdul Qadeer Khans werden und fast 30 Jahre später in Zusammenhang mit Al Qaida und Osama bin Laden zu zweifelhaftem Ruhm gelangen sollte (siehe S. 22 u. 26).[51]

Die beiden Khans dagegen konnten sich von Anfang an nicht leiden. Der damals 47jährige Munir hielt seinen knapp zehn

Jahre jüngeren Namensvetter seit der ersten Begegnung für arrogant und eingebildet. Aber er wußte auch, daß er den Schnösel aus Amsterdam brauchte, mochte er ihm noch so unsympathisch sein. »Unser Programm war nicht von ihm abhängig«, blickte Munir Khan noch Jahrzehnte später trotzig zurück, obwohl seine Spionage »natürlich hilfreich« gewesen sei. »Ohne ihn hätte es wahrscheinlich länger gedauert, aber wir hätten es auch geschafft!«[52]

Der vom PAEC-Chef eingeschlagene Weg über das Plutonium des Kanupp-Reaktors drohte damals allerdings in einer Sackgasse zu enden. Die zweite Option der Hochanreicherung von Uran schien unverzichtbar, wenn das Projekt der »islamischen Bombe« nicht schon in den Kinderschuhen scheitern sollte. Dahinter steckten erhebliche Probleme mit der Lieferung einer französischen Wiederaufarbeitungsanlage, die in Chashma am Indus River gebaut werden sollte. Zwei Verträge hatte die PAEC inzwischen mit dem französischen Unternehmen *Saint-Gobain Techniques Nouvelles* (SGN) über Chashma geschlossen, den ersten über »Basistechnologie« im März 1973, zu jener Zeit, als in Paris auch die intensiven Gespräche mit den libyschen Un-terhändlern stattgefunden hatten, den zweiten über »Ausführungstechnologie« im Oktober 1974. Die Franzosen wollten das Geschäft um jeden Preis machen. Möglicherweise war auch durchgesickert, daß die Pakistanis mit den zugesagten Millionen aus Libyen einen exzellenten finanziellen Leumund besaßen.[53]

Doch in Paris war der politische Druck aus Washington unterschätzt worden. Henry Kissinger, nach dem Rücktritt Richard Nixons neuer Außenminister der Ford-Administration, hatte zwar Indien nach dessen Kernwaffentest als neues Mitglied des Clubs der Atommächte widerwillig willkommen geheißen, setzte aber alles daran, Pakistan auf dem Weg zur Bombe aufzuhalten. Munir Khan spielte mit gezinkten Karten. »Es gibt ›harte Informationen‹, daß Bhutto ihm befohlen hat, innerhalb von vier Jahren einen Nukleartest durchzuführen«, schickte die US-Botschaft Anfang April 1975 eine Nachricht an das Department of State, er stehe deshalb unter erheblichem Druck, daß die Wiederaufbereitungsanlage für Chashma bald geliefert werde. »Amerikanische Firmen, die interessiert seien, könnten gerne mitbieten«, habe Munir gesagt. Tatsächlich hatte Pakistan längst den Franzosen den Zuschlag gegeben.[54]

Als die Amerikaner schließlich erfuhren, daß ihnen die Franzosen den Chashma-Auftrag weggeschnappt hatten, entschlossen sie sich, die Daumenschrauben ein paar Umdrehungen anzuziehen: »Wir haben vor, die Franzosen und Pakistanis zu drängen, ihr Projekt zu überdenken«, schrieb Joseph J. Sisco, Kissingers Staatssekretär, in einem Memorandum. Auch die geplante Lieferung der Schwerwasseranlage der *Linde AG* aus Deutschland müsse verhindert werden.[55] »Wir werden mit den Franzosen und den Deutschen reden«, hielten die Verantwortlichen des amerikanischen Außenministeriums mehrfach in den Akten fest. Im Februar 1976 übermittelte Henry Kissinger den Regierungen in Paris und in Bonn nochmals den dringlichen Wunsch der US-Regierung, die geplanten Exporte nach Pakistan nicht weiterzuverfolgen. »Wir hatten international gültige Verträge mit Linde und mit SGN, und die Amerikaner verlangten schlichtweg, daß diese gebrochen werden«, empörte sich Munir Khan noch Jahrzehnte später. Tatsächlich sollte sich der diplomatische Kampf zwischen den Regierungen um die Lieferung sowohl der Wiederaufbereitungsanlage als auch der Schwerwasserfabrik noch jahrelang hinziehen.[56]

Ende 1975 stand für den PAEC-Chef fest, daß der schnelle Weg zur »islamischen Bombe« über den Kanupp-Reaktor verbaut war, weil Pakistan die dringend benötigten Bausteine für die Plutonium-Route nicht so schnell erhalten würde. Die bevorstehende Rückkehr des Almelo-Spions aus den Niederlanden kam ihm also sehr gelegen, um den alternativen Weg über die Urananreicherung zu forcieren. Als zweite Option. Er ließ Pläne für eine große Anreicherungsfabrik ausarbeiten, die in Kahuta, ein paar Meilen nordöstlich von Islamabad, aus dem Boden gestampft werden sollte, mit mehreren tausend Zentrifugen. »Little Almelo« in Pakistan gewissermaßen.[57]

Bei seiner Rückkehr nach Amsterdam war Abdul Qadeer Khan im Oktober 1975 auf Wunsch des niederländischen Wirtschaftsministeriums auf einen neuen Posten bei FDO abgeschoben worden, der ihm keinerlei Zugang mehr zu *Urenco* oder den Zentrifugen ermöglichte. Es schien dem Pakistani ein untrügliches Alarmsignal, daß seine Mission in den Niederlanden zu Ende war. Mitte Dezember brach er mit seiner Frau Hennie und den beiden Töchtern zu einem kurzfristigen Weihnachtsurlaub nach Pakistan auf. Die Nachbarn erinnerten sich später, die Abreise sei so plötzlich gewesen, daß nicht einmal Zeit für eine Verabschiedung geblieben war.[58]

Der Atomspion kam aus der Kälte zurück. Irgendwann im Januar 1976 meldete sich Hennie telefonisch bei FDO, ihr Mann liege mit Gelbfieber danieder, seine Rückkehr nach Amsterdam werde sich verzögern. »Als es mir wieder besser ging, baten mich meine Mutter und mein Bruder, in Pakistan zu bleiben«, bastelte Khan noch Jahrzehnte später an der Legende, es habe ausschließlich private Gründe für seine Entscheidung gegeben. Hennie kehrte noch einmal kurz nach Amsterdam zurück, um seine Kündigung zum 28. Februar 1976 zu überbringen und den Haushalt aufzulösen, wobei ihr seine ehemaligen Kollegen von FDO halfen. Khans Arbeitgeber bedauerte die Entscheidung, zeigte aber Verständnis, die Nachbarn in Zwanenburg sorgten sich, ob Hennie mit dem Leben in Pakistan zurechtkommen würde. Die holländischen Sicherheitsorgane aber nahmen keine Notiz vom Umzug der Familie Khan.[59]

Doch vor ihrem Flug nach Islamabad sollte Hennie noch etwas anderes in Amsterdam erledigen. Khan hatte seinem alten Freund und Kollegen Frits Veerman einen Brief geschrieben: »Lieber Frits, es ist jetzt fast einen Monat her, daß wir die Niederlande verließen, und ich fange an, die leckeren Hühnchen zu vermissen«, hieß es dort. Doch dann kam er schnell zum eigentlichen Anliegen: »Ich brauche ein paar Sachen von meinem Schreibtisch, könntest du bitte Hennie an einem Samstagmorgen in unser Büro bei FDO führen, so daß sie die Sachen zusammenpacken kann?« Veerman war gern behilflich und tat, was ihm aufgetragen worden war.

Ein paar Monate später wandte sich Abdul Qadeer Khan erneut an den Freund, dem der Brief diesmal direkt von einem Kurier der pakistanischen Botschaft in Den Haag zugestellt wurde: »Ich möchte dich in größter Vertraulichkeit bitten, uns zu helfen«, schrieb er. Ob Veerman ihm nicht ein paar technische Spezifikationen und Detailfotos der CNOR-Zentrifuge beschaffen könne? Vielleicht sei auch ein anderer Kumpel, Franz Frencken, mit dem er sich gut verstanden habe, zur Mithilfe bereit. »Frits, das ist ungeheuer wichtig, weil unsere gesamten Arbeiten sonst zum Stillstand kämen.« Und zum Schluß des Briefes, der mehr als ein halbes Dutzend konkreter Wünsche beinhaltete, ließ er keinen Zweifel daran, wie er sich die Abwicklung dachte: »Warum kommst du und Franz nicht nach Pakistan, um Ferien zu machen und gleichzeitig ein bißchen Geld zu verdienen.« Das war selbst für den gutmütigen Frits zuviel. Er händigte das Schreiben umgehend seinen Vorgesetzten aus.[60]

In Pakistan hatte Sultan Bashir-ud-Din Mahmood, der unter Munir Khan für das »Projekt 706« und den Bau der Fabrikations- und Pilotanlage in Sihala verantwortlich war, die Planungen für die ersten Zentrifugenhallen in Kahuta weit vorangetrieben, als ihm sein neuer Mitarbeiter vorgestellt wurde. Die Rolle des Untergebenen gefiel Abdul Qadeer Khan gar nicht. War es nicht ihm und seinen Unterlagen aus Almelo zu verdanken, daß es jetzt eine echte Chance für die Bombe gab? Hatte nicht *er* sich großen Gefahren im Feindesland ausgesetzt, die jetzt nach Entschädigung und Anerkennung verlangten? Bei seiner Anstellung im Januar 1976 war »A. Q.«, wie er bald nur noch gerufen wurde, jedenfalls fest davon ausgegangen, sehr bald zum Leiter des gesamten Vorhabens ernannt zu werden.[61]

Kahuta mußte *sein* Projekt werden. Er wollte den Kurs bestimmen, wollte der Boß sein. Deshalb ließ er Mahmood und Munir Khan, seine beiden Vorgesetzten, bei jeder Gelegenheit spüren, daß er sich ihnen überlegen fühlte.[62] Im Frühjahr 1976 ersuchte A. Q. mehrfach um Gespräche mit dem Premierminister, machte ihm die für ihn unbefriedigende Lage klar. Und am Ende setzte er sich durch: »Am 31. Juli 1976 säten wir die ersten echten Samen des pakistanischen Atomprogramms aus«, schrieb Khan später mit deutlichem Seitenhieb auf seinen Widersacher Munir, »denn an jenem schicksalhaften Tag wurden auf Befehl von Premierminister Zulfikar Ali Bhutto die *Engineering Research Laboratories* (ERL) als unabhängige Organisation gegründet«. Natürlich mit ihm an der Spitze. Er sei damals von »patriotischen Gefühlen besessen« und durch seine Ausbildung prädestiniert gewesen, »die ›mission impossible‹ zu übernehmen«.[63]

Gerade mal ein halbes Jahr hatte es gedauert, bis Abdul Qadeer Khan dem PAEC-Chef auf Augenhöhe entgegentreten konnte, in gleichberechtigter Position, mit gleichem Salär. Munir Ahmed Khan mußte den schnellen Aufstieg seines Namensvetters als Demütigung empfinden; Sultan Bashir-ud-Din Mahmood aber, der seine Degradierung anfangs nur schwerlich akzeptieren mochte, sollte nach und nach zu einem Bewunderer und Vertrauten der neuen pakistanischen Lichtgestalt werden.[64]

Little Almelo

Im Sommer 1976 erschien in mehreren Ausgaben des Londoner *Daily Telegraph* eine kleine Stellenanzeige, sehr unauffällig und versteckt. Die Auswerter des MI6 allerdings, geübt in der genauen Lektüre britischer Tageszeitungen, die bis dahin nur vereinzelte Berichte über den Rückkehrer Abdul Qadeer Khan aus Islamabad bekommen hatten, stolperten über das Jobangebot für »qualifizierte Fachleute pakistanischer Abstammung«, die Interesse hätten, an einem »anspruchsvollen Projekt moderner Industrieentwicklung« in Pakistan mitzuarbeiten. Gesucht wurden u. a. Ingenieure mit Erfahrung in der Herstellung von Präzisionsteilen, Elektroingenieure, Metallurgen, Vakuumspezialisten und Computerwissenschaftler. »Schicken Sie Ihre kurzen Bewerbungen unter Chiffre an P. A. 6274. *Daily Telegraph*, E. C. 4.«[1]

Für den britischen Auslandsgeheimdienst, der schnell herausfand, daß die Zuschriften von der Anzeigenabteilung des *Daily Telegraph* an die pakistanische Botschaft in London weitergeleitet wurden, stand sehr bald fest: Pakistan hat einen zweiten Weg zur »islamischen Bombe« eingeschlagen, über die Hochanreicherung von Uran mit Hilfe der Zentrifugentechnik. Der Verdacht lag nahe, Khan könnte im niederländischen Almelo spioniert und womöglich sogar Baupläne gestohlen haben.[2] Auch bei der CIA und beim Mossad tauchte A. Q. wenig später auf dem Schirm der Proliferationsexperten auf.[3]

Dem Heimkehrer war von Anfang an klar, daß seine Mission nur mit Hilfe aus Europa gelingen konnte. Er stellte lange Listen von technischem Equipment für den Nachbau der Gas-Ultra-Zentrifugen (GUZ) vom holländischen Typ CNOR zusammen, schrieb hinter jede einzelne Position den entsprechenden Lieferanten von *Urenco*, gegebenenfalls noch ein, zwei Ersatznamen, falls sich die erstgenannte Firma aus irgendeinem Grund weigern sollte, nach Pakistan zu exportieren. Auf einer zweiten

Liste notierte er rund zwei Dutzend Namen von Studienfreunden, Kollegen oder Bekannten, geordnet nach deren vermeintlicher Bereitschaft, als Dealer, Zwischenhändler oder Mittelsmänner für sein »Projekt 706« tätig zu werden. Es war die Geburtsstunde eines länderübergreifenden Netzwerks, das Khan zu knüpfen begann und das sich fast drei Jahrzehnte später noch immer als intakt und funktionstüchtig erweisen sollte.[4]

Als erstes nahm A. Q. Kontakt auf mit seinem alten Arbeitgeber FDO in Amsterdam, und zwar nicht mit seinem Kumpel Frits Veerman, der auf seinen letzten Brief nicht geantwortet hatte, sondern gleich direkt mit der Verkaufsabteilung. Im September 1976 reisten zwei Verkaufsmanager von FDO nach Islamabad, um sich Khans Vorschläge anzuhören. Mochte der auch ein Atomspion gewesen sein, mochte der jetzt an der »islamischen Bombe« basteln, Geschäft war Geschäft. »Sie kamen mit dem Segen der niederländischen Regierung und mit Wissen von *Urenco*«, behauptete A. Q. später, »und alle wußten genau, womit wir uns beschäftigen, da war nichts, was unter dem Tisch ablief.«[5]

FDO lieferte, glaubt man Khan, »viele Teile, alle für die Urananreicherung«, darunter, im Jahr darauf, eine computergesteuerte Präzisionsmaschine, die eigentlich von *Urenco* bestellt, dann aber nicht abgenommen worden war. Deren Ankunft in Kahuta müsse A. Q. »wie ein Geschenk des Himmels« vorgekommen sein, urteilten holländische Zollfahnder Jahre später, als der Deal aufgeflogen war und das FDO-Management für den Export angeklagt wurde. Zu einer Verurteilung sollte es indes nicht kommen, weil der Export legal gewesen war und das klassifizierte Computerprogramm als Teil der Maschine angesehen werden müsse, befanden die Richter später.

Noch größeren Erfolg sollte der Pakistani bei einer zweiten holländischen Firma, *Van Doorne Transmissie*, erzielen, bei der er, kurz nach seiner Ernennung zum Chef von Little Almelo, 6500 Rohre aus gehärtetem Stahl bestellte. Die Menge war so unvorstellbar groß, daß die Angestellten schon über »die pakistanische Pipeline« ulkten. Das Wirtschaftsministerium in Den

Haag bekam Wind von der Order, schickte einen Inspekteur zu *Van Doorne Transmissie*, doch am Ende sah die Regierung keine Möglichkeit, den Export zu untersagen. Die »Pipeline« ging, gesplittet in mehrere Portionen, über mehrere Jahre nach Karatschi. Auch die Verantwortlichen von *Van Doorne* wurden Jahre später vergeblich angeklagt, weil die Stahlrohre nicht speziell für die Zentrifugen konstruiert worden waren.[6]

Schon Ende 1985 hatte Zulfikar Ahmed Butt, der junge Heißsporn aus Multan, der jetzt unter dem diplomatischen Schutz der pakistanischen Botschaft in Belgien als Beschaffungsagent für die »islamische Bombe« arbeitete, bei der Firma *Röchling-Burbach* in Völklingen eintausend Rohrmeter des besonders harten Spezialstahls geordert und nach Karatschi schicken lassen. Ein akribischer Zollbeamter, der sich hinterher der Sache annahm, berechnete, daß sich aus der Lieferung exakt 535 Zentrifugen herstellen ließen. Die beiden Partien aus den Niederlanden und dem Saarland stellten gewissermaßen Khans Grundstock dar, ausreichend für den Bau einer kompletten Kaskade, bei der Tausende von Zentrifugen hintereinander geschaltet werden, um die Konzentration des gewünschten U-235-Materials Schritt für Schritt zu erhöhen.[7]

Im August 1976 unternahm Khan seine erste ausgiebige Einkaufstour nach Europa, um mit jenen Firmen ins Geschäft zu kommen, die bisher nur *Urenco* beliefert hatten, und um alte Freunde als neue Mitarbeiter zu gewinnen. Er reiste ohne größere Vorsichtsmaßnahmen, mit seinem eigenen Paß und einem Visum auf seinen Namen, möglicherweise ahnte er nicht, daß sich Mossad, MI6 und CIA längst für ihn und seine Tätigkeit interessierten. Erste Station war Brüssel, wo er sich mit Butt traf. Ob er auch einen Abstecher zu Professor Brabers nach Leuven machte, ließ sich später nicht mehr rekonstruieren; sein väterlicher Freund sollte aber sehr bald zu einem Besuch nach Pakistan aufbrechen.

In den Niederlanden traf sich A. Q. mit seinen Schwiegereltern und mit einem alten Studienfreund, der für die folgenden fast 30 Jahre zu einem seiner wichtigsten »Agenten« in Europa werden sollte: Henk Slebos. Den Holländer hatte Khan 1964 kennengelernt, als er aus Berlin an die Universität Delft übersiedelte.[8] Sie besuchten zwar nicht die gleichen Kurse, »hockten aber sonst oft zusammen«, erzählt Rob Delhez, der damals im selben Labor experimentierte wie Khan. Delhez meint sich zu erinnern, daß Slebos »eher so ein Händlertyp war«, er sei später jedenfalls nicht überrascht gewesen, daß »Henk in dieser Richtung weitermarschierte«.[9] Ähnlich sieht es Simon Smit, der die beiden während einiger Praktika als Assistent betreute. Khan und Slebos hätten »irgendeine Beziehung zu Philips besessen und konnten viele Dinge mit Rabatt organisieren«, für ihn zum Beispiel einen Fön. Das »Organisieren« sollte ihm später immer wieder in den Sinn kommen. Slebos hatte nach dem Ende seines Studiums fünf Jahre für die *Dutch Royal Navy* gearbeitet, er war danach als Direktor zu einer Firma *Explosive Metal Works* gegangen, die auch *Urenco* in Almelo belieferte.[10]

»Henk ist Geschäftsmann, er wollte Geschäfte machen«, räumt sogar Abdul Qadeer Khan selbst ein, »ich hatte überall gute Freunde wie ihn, in England, in Deutschland. Die habe ich gebeten, für mich ein paar Dinge zu besorgen«, und es klingt, als habe er Lebkuchen zum Weihnachtsfest geordert. Henk Slebos war offenbar schon als Mittelsmann bei dem Pipelinegeschäft mit *Van Doorne Transmissie* tätig geworden, er sollte noch im selben Jahr nach Islamabad fliegen.[11]

Seine Shoppingtour führte Kahn weiter nach London, wo er seinen alten Schulfreund Abdus Salam traf, einen indischen Muslim, der am Rande der britischen Metropole lebte und nicht mit dem gleichnamigen pakistanischen Physiker und späteren Nobelpreisträger verwandt oder verschwägert war; der wiederum brachte seinen walisischen Geschäftspartner ins Spiel: Peter Griffin.[12] Ob Griffin und Salam nicht jene Hochfrequenz-Konverter beschaffen könnten, die sein Einkaufsagent Butt aus der Botschaft in Brüssel im Jahr zuvor vergeblich bei einem der holländischen *Urenco*-Lieferanten zu ordern versucht hatte?[13] Auch diese Bestellung war der Beginn einer jahrzehntelangen Beziehung. Für die Details sollten sie sich vertrauensvoll an

Mr. Butt wenden, vielleicht habe der noch eine Idee für die geschickteste Abwicklung der Lieferung.

In London, Khans zweiter Station, hatten die MI6-Agenten zwar ein Heimspiel, observierten über mehrere Tage die Treffen mit Griffin und Salam in dessen Büro in der Clovelly Avenue Nr. 27, sie wußten aber nicht, was zwischen den dreien verabredet wurde.[14] Griffin behauptete später, bei der ersten Begegnung im Herbst 1976 sei überhaupt nicht von Urananreicherung gesprochen worden, er habe davon erst drei Jahre später aus der Presse erfahren.[15]

Nächste Station auf der Europatour war Deutschland. In der Universitätsstadt Erlangen, Barthelmess Str. 11, residierte das Ingenieurbüro Heinz Mebus, und der war ein Kumpel Khans aus Berliner Studientagen. Mebus wiederum, der offenbar über den Grund des Besuches vorab informiert worden war, hatte einen ehemaligen Kollegen zu dem Treffen eingeladen, Albrecht Migule, einen 55jährigen Apparate- und Maschinenbauer, der sich zehn Jahre zuvor mit einem kleinen Unternehmen *CES Kalthof GmbH* in Freiburg selbständig gemacht hatte. Die Geschäftsbesprechungen zogen sich offenbar über mehrere Tage hin, und es ist nicht sicher, ob der Bundesnachrichtendienst damals überhaupt von der Visite Notiz nahm. A. Q. und seine deutschen Gastgeber verabredeten die Lieferung einer kompletten »Zahnpastafabrik«, mit der Migule und Mebus schnellstmöglich über *CES Kalthof* beginnen sollten, undercover und mit allerlei Finten. Denn natürlich ging es nicht um Zahnpasta, sondern um die chemische Umwandlung von Uranoxid in Uranhexafluorid. Aber das durften die deutschen Behörden nicht erfahren. Gesamtwert des Auftrags: schätzungsweise 15 Millionen DM. Schon am 18. Oktober 1976 leitete *CES Kalthof* das erste von mehreren Vertragsangeboten nach Pakistan.

Bevor sie Khan in den Zug nach Stuttgart setzten, ließ der sie noch wissen, daß er für die geheime Kommunikation über das Projekt demnächst einen Mann an die pakistanische Botschaft in Bonn beordern werde, der sein absolutes Vertrauen genieße und alle Geschäfte koordinieren solle. Mr. Butt in Brüssel schien inzwischen zeitlich überfordert, alle Aufträge für »706« allein abzuwickeln.[16]

In Leonberg bei Stuttgart traf sich der Pakistani anschließend mit Ernst Piffl, dem Chef der Firma *Team Industries GmbH*, wobei nicht klar ist, ob dieser Kontakt ebenfalls durch Heinz Mebus vermittelt oder von Butt aus Brüssel angebahnt worden war. Piffl bekam den Auftrag, sich in die Bestellung der Hochfrequenzkonverter »für die Textilindustrie« einzuschalten, die Khan bei Salam und Griffin in London geordert hatte, um sie dadurch »abzutarnen«, aber auch zu »legalisieren«, denn nach deutscher Rechtslage waren sogenannte Transithandelsgeschäfte nicht genehmigungspflichtig. Der Deal diente wohl auch zur Anfütterung des Schwaben, denn daraus entwickelte sich eine jahrelange, allerdings nie komplikationslose Geschäftsbeziehung mit Abdul Qadeer Khan, die nicht einmal zwanzig Jahre später mit der Entlarvung Piffls als BND-Informant in die Brüche gehen sollte.[17]

Von Stuttgart-Leonberg aus reiste A. Q. in die Schweiz weiter, um sich mit einigen Mitarbeitern zu treffen, die zeitweilig mit ihm gereist, zwischenzeitlich jedoch in Haag vorstellig geworden waren, bei zwei eher unscheinbaren Firmen. Die produzierten auf der Schweizer Seite des Oberrheins hochwertige Technik *(Cemeg AG, VAT AG)* und besaßen auf der Liechtensteiner Seite des Flusses einen dazugehörigen verschwiegenen Briefkasten *(Terrafranc Establishment)*. Gesprächspartner der Pakistanis in Haag war das Ehepaar Friedrich (»Fred«) und Hedy Tinner, denen das kleine Firmenkonglomerat gehörte. So jedenfalls steht es in einer Übersicht des Bundesnachrichtendienstes aus jener Zeit.[18]

VAT (*Vakuum-Apparate-Technik AG*) stellte hochwertige Vakuumventile her, die Khan für Little Almelo benötigte, um die Luft aus den Zentrifugen zu saugen, in denen dann das Uranhexafluoridgas (UF_6) geschleudert und in die Komponenten Uran-235-Hexafluorid und Uran-238-Hexafluorid separiert wird. Die Schweizer produzierten auch für die deutsche Firma

Leybold-Heraeus (LH), deren Gerätschaft wiederum in der Urananreicherung bei *Urenco* in Almelo eingesetzt wurde.

Ob VAT wohl bereit wäre, seine hochwertigen Ventile nicht nur an *Leybold-Heraeus*, sondern auch nach Kahuta zu liefern? Selbstverständlich. Doch als gewissenhafte Eidgenossen ließen die Tinners erst einmal in Bern nachfragen, ob von seiten der Schweizer Bundesregierung irgendwelche Bedenken gegen den Export bestünden. Die Antwort aus der Bundeshauptstadt war eindeutig: Zwar wurden die Ventile für die Zentrifugentechnik benötigt, auf der Exportverbotsliste, die einige Unterzeichnerstaaten des Atomwaffensperrvertrags erarbeitet hatten (London Suppliers Club), standen jedoch nur komplette Zentrifugen, keine Einzelteile. Regeln sind Regeln, und was nicht verboten ist, muß erlaubt sein, sagten sich also die Berner Bürokraten und gaben den Tinners in Haag Monate später grünes Licht für ihre Lieferungen.[19]

Außerdem fädelten Khans Emissäre 50 Kilometer nördlich von Haag, in Chur, bei der Firma *Cora Engineering AG*, einen Großauftrag ein, der mit jenem vergleichbar war, den Migule und Mebus ergattert hatten. *Cora* sollte jene Anlagen bauen, mit denen das Uranhexafluorid aus Migules »Zahnpastafabrik« in die Zentrifugen ein- und ausgespeist wurde und die *Leybold-Heraeus* für *Urenco* herstellte. Die Pakistanis zeigten den Schweizer Apparatebauern genau, was sie haben wollten, sie verfügten über exakte Pläne, die nur sehr geringfügig modifiziert worden waren. Wieder nahm Bern keine Anstoß an dem geplanten Export, und so wurden die sensiblen Teile später, im Sommer 1978, mit drei Herkules-C-130-Transportmaschinen der pakistanischen Luftwaffe nach Islamabad ausgeflogen.

Als CIA, MI6, Mossad und wohl auch der BND später die Bestellungen der ersten pakistanischen Einkaufstour sortierten und analysierten, fügte sich eins zum anderen; es war offensichtlich, daß Khans Beschaffungsagenten dabei waren, jene Liste der Lieferanten für die geheime *Urenco*-Urananreicherung, die er selbst in Almelos »brain box« fein säuberlich abgeschrieben hatte, Stück für Stück abzuarbeiten.

Zum Abschluß seiner Europareise im Herbst 1976 flog A. Q. vermutlich von Zürich nach Islamabad zurück, über Istanbul, um am Bosporus einen alten Spezi zu treffen: Günes Cire. Der 49jährige Türke, der Khan später als »Freund unserer Familie« bezeichnete, den er seit dem Studium kannte, war seit 1960 für die *Siemens AG* tätig gewesen, ab 1968 bei *Siemens* in Istanbul, hatte sich 1972 mit seiner Firma *Elektronik Sanayi Ve Ticaret AS* (ETI) selbständig gemacht; die ETI-Registereinträge sollten später eine Beteiligung des gemeinsamen Kumpels Henk Slebos in Höhe von 15 Prozent ausweisen. Sicher ist, daß auch Cire damals von Khan den Auftrag erhielt, die so wichtigen Hochfrequenzkonverter oder wenigstens deren Komponenten zu besorgen.[20]

Anfang Januar 1977 wurden für die Geheimdienste erste Strukturen des Netzwerkes sichtbar: Damals zog ein neuer Bewohner in die Hauptstraße 8c des Dorfes Wachtberg-Pech, südlich von Bonn-Bad Godesberg – in ein Reihenhaus, hinter dessen eher schäbiger Fassade niemand die offizielle Einkaufsabteilung der pakistanischen Botschaft vermutet hätte. Der neue Gesandte, Ikram ul-Haq, kam von der *Special Works Organisation* im pakistanischen Rawalpindi, die der BND wenig später als »Scheinfirma des Nuklearprogramms« identifizierte.[21] Der akkreditierte Diplomat, dessen Ankunft A. Q. bei seinen Besuchen in Erlangen und Leonberg bereits angekündigt hatte, sollte Mr. Butt in Brüssel entlasten und sich für die nächsten fünf Jahre nahezu ausschließlich um die Beschaffung der von Khan benötigten Technologie kümmern.[22]

Eine der ersten Aufgaben für Ikram ul-Haq war die Abwicklung des Auftrags von Heinz Mebus und Albrecht Migule, dessen *CES Kalthof* im November 1976 einen ersten Vertrag geschlossen hatte, mit *Arshad, Amjad & Abid Ltd* in Karatschi. Diese Firma sollte später immer wieder als Tarnorganisation auffallen und deshalb bei den angelsächsischen Geheimdiensten bald nur noch als »triple A« bezeichnet werden. Für 5,5 Millionen DM ging es zunächst um den Bau einer Fluoranlage bei Dera Ghazi Khan, auf einem streng gesicherten Areal mitten in der Wüste, wo im April 1973 größere Uranerzvorkommen entdeckt worden waren und inzwischen 150 Tonnen pro Jahr abgebaut wurden. Die Flußsäure aus der Fluoranlage wurde benötigt, um aus dem Uranoxid des Erzes Uranhexafluorid zu gewinnen.[23]

Zum Paket gehörten zwei weitere Verträge mit »triple A« vom Januar und März 1977: eine Urandioxidanlage für rund 3,8 Millionen DM und die eigentliche Fluorisierungsanlage für 5,9 Millionen DM. Vereinbarte Jahreskapazität: knapp 200 Tonnen UF_6 pro Jahr, eine Menge, mit der sich hochangereichertes Uran für ein bis zwei Dutzend Atombomben herstellen ließ.[24] Außerdem gab es eine Vereinbarung über »die Produktion von 90 Prozent angereichertem Uranmetall«, in der sich Migule verpflichtete, später eine Anlage aufzubauen, in der das angereicherte UF_6 zu Uranmetall umgewandelt werden konnte, in handliche Portionen zu je fünf Kilogramm, aus denen sich dann die eigentlichen Bomben produzieren ließen.[25] Bei allen Verträgen zwischen »triple A« und Khans Freunden in Deutschland war eine Agentur in Dubai *(Duban Agencies)* zwischengeschaltet, ein Strickmuster, das auch 25 Jahre später noch Gültigkeit haben sollte, ebenso wie die strikten Geheimhaltungsklauseln.[26]

Ende April 1977 machte sich der erste Teil der Karawane auf die beschwerliche Reise nach Pakistan. Verpackt in 62 Lastwagen der Spedition *Schencker* hatte Migule die Anlagentechnik bei 150 Unterlieferanten in Europa zusammengekauft, von der kleinsten Schraube bis zu Röhren von *Mannesmann* und Kabeln von *Siemens*. Alles wurde ordentlich verzollt und sogar entsprechend den Richtlinien zur Außenhandelsstatistik bei den Behörden angemeldet, allerdings falsch deklariert – als Fluorfabrik »für die Zahnpastaherstellung« eben. Das sollte Migule Jahre später eine Verurteilung wegen Verstoßes gegen das Außenwirtschaftsgesetz einbringen.[27] Er selbst und sein Partner Mebus, der für die technischen Zeichnungen und Planungen verantwortlich war, reisten viele Male aus dem beschaulich-malerischen Welchental am

Rande von Freiburg in die pakistanische Wüste, um den Aufbau der Produktion zu überwachen. Einer ihrer Gesprächspartner in Dera Ghazi Khan war Dr. Nyamat Ali Javed, der noch zwei Jahre zuvor im Rahmen der deutsch-pakistanischen Kooperation einen Gastaufenthalt im (inzwischen umbenannten) Kernforschungszentrum Karlsruhe (KfK) absolviert hatte und inzwischen eine wichtige Rolle im pakistanischen Atomprogramm spielte.[28]

Im Frühjahr 1977 hatten Khans Vertraute ein engmaschiges Beschaffungsnetz über Europa ausgeworfen, bestehend aus alten Freunden und neuen Händlern, die keinerlei Skrupel besaßen, den *Engineering Research Laboratories* in Kahuta zu liefern, was A. Q. für sein heimliches Bombenprojekt benötigte. Die von Wachtberg-Pech und Brüssel aus unter dem Schutz diplomatischer Immunität gesteuerte Organisation sollte sehr bald sämtliche Kriterien der organisierten Kriminalität erfüllen, wie Arbeitsteilung, Konspiration und Geldwäsche, mochte sich A. Q. später noch so sehr über diese Charakterisierung erregen: »Was war daran illegal? Wenn ich den Deckel für einen Topf brauchte – und die deutsche Regierung Ausfuhrbeschränkungen verhängt hatte? Wenn ich Elektronikteile brauchte – und die deutsche Regierung Ausfuhrbeschränkungen verhängt hatte? Ist das nicht, als ob wir in Pakistan entscheiden würden, Reis und Baumwolle dürften nicht mehr exportiert werden?«[29]

Am 7. März 1977 wählte Pakistan Zulfikar Ali Bhutto erneut zum Premierminister, seine Pakistan People's Party errang einen überwältigenden Sieg gegenüber der Opposition, die von der ultrareligiösen Jammat-i-Islami dominiert wurde. Doch die meisten internationalen Beobachter stimmten hinterher darin überein, daß es einen massiven Wahlbetrug gegeben haben mußte, selbst wenn die PPP die Wahl wahrscheinlich in jedem Fall gewonnen hätte, nur eben deutlich knapper. Die Verlierer trugen ihre Proteste umgehend auf die Straße, in Rawalpindi, Islamabads Nachbarstadt, kam es zu schweren Unruhen.

In einer dramatischen Rede vor dem Parlament beklagte Bhutto unverblümt, die »Bluthunde« der CIA hätten den Auftrag, das Land zu destabilisieren und ihn zu Fall zu bringen wie 1973 den chilenischen Präsidenten Salvador Allende. Washington wolle das Land zwingen, auf die Wiederaufbereitung von Reaktorplutonium zu verzichten und den mit den Franzosen geschlossenen Vertrag zu annullieren. Der amerikanische Außenminister Henry Kissinger habe ihm sogar wörtlich gedroht: »Wir werden ein schreckliches Exempel an Ihnen exerzieren, wenn Sie die Pläne für die Bombe nicht aufgeben.«[30]

Kissinger war im August 1976, etwa zur gleichen Zeit, als A. Q. in Europa sein Netzwerk installiert und erste Einkäufe getätigt hatte, zu einem politischen Showdown mit seinem alten Freund Bhutto nach Islamabad gereist, im Gepäck ein kurz zuvor vom US-Kongreß verabschiedetes Gesetz (»Symington Amendment«), das jede Art ökonomischer oder militärischer Hilfe an Länder untersagte, die sich Bombentechnik wie Wiederaufbereitung oder Urananreicherung beschaffen wollten. Doch Kissingers Druckmittel hatte ebensowenig geholfen wie dessen gezielter Zornesausbruch, der von Bhutto als »persönliche Drohung« empfunden worden war.[31]

Im November dann war Washington an die Demokratische Partei gefallen, deren Kandidat Jimmy Carter im Januar 1977 ins Weiße Haus einzog. Doch Bhuttos Hoffnung, mit dem neuen Außenminister Cyrus Vance noch einmal über die pakistanischen Ambitionen reden zu können, erwies sich schnell als Trugschluß. Für die Carter-Administration stand die Nichtweiterverbreitung von Atomwaffen ganz oben auf der politischen Agenda. Sie nahm umgehend mit dem französischen Präsidenten Valéry Giscard d'Estaing Verbindung auf, der aber nicht bereit schien, auf das Geschäft mit Islamabad zu verzichten. Ein Ausstieg, so die große Sorge im Élysée-Palast, könnte nur so verstanden werden, als breche die Grande Nation auf diplomatischen Druck hin ihre Kontrakte.

Unterdessen geriet Bhutto innenpolitisch immer mehr in Bedrängnis. Der von fundamentalistischen Kräften aufgeheizte Mob gab sich längst nicht mehr mit Neuwahlen zufrieden, die

Bhutto der Opposition zugestanden hatte, die Straße verlangte seinen Kopf. Daß die CIA die Unruhen im Lande schürte, um einen Umsturz zu provozieren, konnte später nie belegt werden. In den frühen Morgenstunden des 5. Juli 1977 putschte Armeechef General Mohammed Zia ul-Haq und brachte so die Militärs erneut an die Macht. Auch Zia, ein muslimischer »Puritaner« und Anhänger der Jammat-i-Islami, versprach zunächst Neuwahlen unter Beteiligung von Bhutto, revidierte seine Entscheidung aber schon Tage später, als er den ehemaligen Premierminister mit dem Vorwurf ins Gefängnis stecken ließ, er habe den Mord an einem politischen Oppositionellen angeordnet.[32]

Washington hoffte auf eine Wende in der pakistanischen Atompolitik, obwohl erste Analysen der US-Geheimdienste erkennen ließen, daß es sich bei Zia nicht nur um einen Nationalisten, sondern auch um einen treuen Soldaten des Islam handelte. Der neue Machthaber ließ denn auch sehr schnell erkennen, daß er auf die Lieferung der französischen Wiederaufarbeitungsanlage unter keinen Umständen verzichten werde. Die Carter-Administration setzte deshalb im September 1977 erstmals das »Symington Amendment« um und strich jede weitere ökonomische und militärische Hilfe für Pakistan.

Den Amerikanern blieb nur noch die Möglichkeit, den Druck auf Paris weiter zu erhöhen. Die intensiven diplomatischen Aktivitäten schienen im November 1977 endlich erste Früchte zu tragen, als die französische Regierung 66 Prozent der Aktien des SGN-Konzerns übernahm, ihn also weitgehend verstaatlichte. Die Entscheidung für oder gegen die französische Wiederaufbereitung im pakistanischen Chashma war damit alleinige Sache der Verantwortlichen im Élysée-Palast. Im Januar 1978 kam Jimmy Carter zu politischen Gesprächen an die Seine, versuchte dabei erneut, Valéry Giscard d'Estaing den Ausstieg nahezulegen. Ein atomares Pakistan, das auf Konfrontationskurs gegenüber seinem atomaren Nachbarn Indien gehen würde, könne nicht im Interesse des Westens liegen.[33]

Die Entscheidung fiel wenig später, als Paris sich entschloß, den Pakistanis einen Korb zu geben, definitiv und unwiderruflich. Die Franzosen hatten sich, sehr zur Erleichterung der amerikanischen Diplomaten, endlich der richtigen Seite angeschlossen. Im April 1978 schickte die französische Regierung einen Emissär nach Islamabad, um Zia die schlechte Nachricht zu überbringen. Er traf sich auch mit Munir Ahmed Khan, der den Sturz Bhuttos politisch überlebt hatte und noch immer an der Schaltstelle der Pakistan Atomic Energy Commission und des geheimen Atomprogramms saß. Vieles sprach später dafür, daß der Franzose dem PAEC-Chef bei dieser Gelegenheit eine Reihe von vertraulichen Plänen und Zeichnungen übergab, die es den Pakistanis ermöglichen sollte, die Anlage in eigener Regie weiterzubauen. Zwei an der Baustelle in Chashma beschäftigte französische Ingenieure sollten bis auf weiteres dort verbleiben, eine Maßnahme, die Munir Khan zu schätzen wußte. Entsprechend milde fiel auch General Zias Empörung über den gebrochenen Vertrag aus.[34]

Abdul Qadeer Khan hatte unterdessen sein Netzwerk in Europa weiter ausgebaut. Dabei entwickelte sich vor allem das Unternehmen *Leybold-Heraeus* (LH) in Hanau und Köln, das zu den wichtigsten Lieferfirmen für *Urenco* in Almelo zählte, zur besten Adresse. Die Bestellungen aus Islamabad wurden von dem damaligen LH-Manager Gotthard Lerch bearbeitet, der später zu einem der wichtigsten Agenten für A. Q. werden sollte. *Leybold-Heraeus* lieferte Lötöfen, Schweißmaschinen, Pumpen, Ventile und eine Gasreinigungsanlage, »nichts was speziell für die Urananreicherung konstruiert worden sei«, versuchte sich Lerch damals herauszureden. Die Geräte waren jedoch unabdingbar für Little Almelo, und Lerch mußte das wissen. Als Empfänger trat die bereits bei den Exporten von Mebus und Migule in Erscheinung getretene pakistanische Firma »triple A« auf. Die Beziehungen zwischen *Leybold-Heraeus* und dem »Projekt 706« müssen so vielversprechend gewesen sein, daß einer der LH-Leute, Werner Rüegg, 1978 eine eigene Firma mit Namen *Industrie-Anlagen-Vertriebsgesellschaft mbH* (IAVG) gründete, die sehr bald zu Khans europäischem Netzwerk gehören sollte.

Als Chefagent unter diplomatischem Deckmantel fungierte nach wie vor Mr. Butt, der als Botschaftsrat für wissenschaftliche Angelegenheiten von Brüssel nach Paris versetzt worden war, vermutlich, weil die Pakistanis sich großzügige Duldung von den Franzosen versprachen, als Gegenleistung für den gekündigten SGN-Vertrag gewissermaßen. Ihm zur Seite standen der Botschaftsrat Ikram ul-Haq von der Außenstelle der Bonner Botschaft in der Voreifel, der inzwischen durch den Attaché Dr. Abdul Waheed unterstützt wurde, sowie Mohammad Zafar Iqbal, der Botschaftsrat für Wirtschaft an der pakistanischen Mission in London.[35]

»Die Botschaften waren in keiner Weise am Schmuggel beteiligt«, wehrte sich A. Q. noch Jahrzehnte später gegen den Vorwurf, die diplomatischen Vertretungen für seine Bombenpläne mißbraucht zu haben, »sie holten Angebote ein, und wenn der Preis stimmte, bekam das Unternehmen den Auftrag, wie zum Beispiel im Falle von Siemens [...].«[36] *Siemens?* Die Rolle des deutschen Konzerns beim Aufbau der Pilotanlage »706« in Kahuta ist bis heute nicht genau geklärt. Hinweise auf eine damals offenbar sehr enge Beziehung lieferten später auch Briefe, die Khan ab Ende 1977 an einen in Montreal lebenden pakistanischen Elektroingenieur schrieb und die später den kanadischen Behörden in die Hände fallen sollten. »Die Leute von Siemens sind gerade hier [...].«[37]

A. Q. hatte den »kanadischen Bruder« Abdul Aziz Khan, den er offenbar schon aus Studienzeiten kannte, dringend gebeten, »für ein Projekt nationaler Bedeutung« nach Pakistan zurückzukehren. Doch der Elektroingenieur wollte lieber in Kanada bleiben, sagte aber zu, Literatur und technische Anleitungen in kanadischen und amerikanischen Bibliotheken, vielleicht auch das eine oder andere Zubehör zu beschaffen und während der Ferien in Islamabad junge pakistanische Fachleute auszubilden.

Die Korrespondenz zwischen Abdul Qadeer und Abdul Aziz gewährt rückblickend umfassende Einblicke in die Fortschritte von Little Almelo, auch wenn die beiden kryptisch von der

»Butterfabrik« sprachen, in der »Kuchen und Brot« produziert werden sollen. »Bei den Lieferungen [aus Europa] gibt es überall Verzögerungen«, klagte A. Q. seinem Freund in Montreal, »wir müssen einige der Arbeiten selbst machen.«[38] Tatsächlich begannen Khans Leute im Frühjahr 1978 in großem Stil, die von seinen Beschaffungsagenten organisierte *Urenco*-Technologie nachzubauen, denn für jede einzelne der mehreren tausend Zentrifugen in Kahuta wurden Rotorgehäuse aus superfestem Stahl, Motoren, Konverter, Magneten, Flansche, Ventile und viele andere Teile benötigt. Anfang Juni 1978 konnte A. Q. seinem »Bruder Aziz« den ersten Durchbruch vermelden: »Es war ein historischer Tag für uns«, schrieb er euphorisch, »wie füllten die ›Luft‹ in die Maschine und bekamen zum ersten Mal das richtige Produkt.«[39]

Lange Zeit wurde Khans »Butterfabrik« von den Geheimdiensten in London und Langley falsch bewertet, möglicherweise sogar belächelt. Zwar hatte seine Europareise unter Beobachtung gestanden, sie behielten auch die Aktivitäten seines Netzwerkes im Auge, allein die richtigen Schlußfolgerungen wurden nicht gezogen. Eine »top secret« klassifizierte CIA-Studie über das pakistanische Atomwaffenbegehren befaßte sich im April 1978 auf 32 Seiten ausschließlich mit dem Weg über das Plutonium des Kanupp-Reaktors zur Bombe; die Urananreicherung – als zweite Option – fand mit keinem Wort Erwähnung.[40] Auch in den zwischen der US-Botschaft in Islamabad und dem State Department hin und her gehenden Fernschreiben existierte Kahuta bis Mitte 1978 schlichtweg nicht.[41]

»Carrots and sticks«, Zuckerbrot und Peitsche – nach dem Stopp für die französische Wiederaufbereitungsanlage regte der amerikanische Botschafter in der pakistanischen Hauptstadt, Arthur W. Hummel jr., eine sofortige Kehrtwendung der US-Außenpolitik gegenüber Islamabad an: statt Embargo mehr Militärhilfe. »Nun, da die Paks mit ihrer Fabrik nicht weitermachen, sollten wir ihnen die Sorge vor den angedrohten Sanktionen des

US-Kongreß nehmen«, meldete Hummel nach Hause. Er schlug vor, General Zia die Lieferung »von Kriegsschiffen und modernen Jagdflugzeugen« anzubieten und die finanzielle Hilfe »mindestens um die Inflationsrate zu erhöhen«.[42] Die pakistanische Militärregierung müsse nach Meinung Hummels für den angeblichen »Verzicht« auf die französische Bombenhilfe entschädigt werden. Offensichtlich war ihm entgangen, daß der Atomspion Abdul Qadeer Khan vor den Toren von Islamabad inzwischen den Probebetrieb von Little Almelo aufgenommen hatte.

Die Einschätzung der Geheimdienste sollte sich erst in der zweiten Jahreshälfte 1978 ändern, dann allerdings dramatisch. Ausgangspunkt im Juli war ein Streik bei der Firma *Emerson Electric Industrial Controls Ltd* im englischen Swindon, der Tochter eines amerikanischen Konzerns. Um die Arbeiter seiner Solidarität zu versichern, reiste Frank Allaun, Fraktionsvorsitzender der damals im Unterhaus regierenden Labour Party, in die Provinzstadt westlich von London. Nachdem er zu den streikenden Kollegen gesprochen hatte, zog ihn einer der Arbeiter zur Seite und erzählte über zwei Lieferungen von Konvertern nach Pakistan, angeblich für die Textilindustrie. Allaun reagierte elektrisiert, wußte er doch, daß es sich dabei um unverzichtbare Bestandteile für Hochgeschwindigkeitsantriebe von Zentrifugen handelte und daß *Emerson* diese Konverter auch für die *Urenco*-Dependance im britischen Capenhurst produzierte. Weil Allaun im Unterhaus Auskunft vom damaligen Energieminister Tony Benn über die Lieferungen begehrte, kam die Sache ins Rollen.

Was wußte die Firmenleitung? Welche Informationen besaß der MI6? Waren die zwei Lieferungen nach Pakistan vom Zoll Ihrer Majestät geprüft und genehmigt worden? Die Ausfuhr der Umformer erwies sich sehr schnell als völlig legal: Die elektronischen Bauteile, mochten sie nun für die Textil- oder für die Atomindustrie sein, standen auf keiner Verbotsliste. Bei *Emerson* habe es offenbar keinerlei Zweifel über die Verwendung der Konverter für die Urananreicherung gegeben, wohl aber daran, ob die pakistanischen Techniker mit so hochentwickelter Technik überhaupt umgehen könnten. Würden die Konverter nicht vielmehr bis ans Ende ihrer Tage in ihren Verpackungen verrosten? Die überhebliche, arrogante Einschätzung der pakistanischen Kompetenz sollte sich noch bitter rächen.

Hinter der ersten Bestellung von 31 Umformern im Wert von 1,5 Millionen DM, so stellte sich heraus, stand die walisische Firma *Weargate* eines Peter Griffin, dahinter die Firma *Team Industries* in Leonberg bei Stuttgart, die wiederum ihren Auftrag über Ikram ul-Haq aus Wachtberg-Pech von Abdul Qadeer Khan aus Islamabad erhalten hatte. Es handelte sich offenbar um den ersten Gemeinschaftsdeal seines »Freundeskreises« in Europa. Ernst Piffl kassierte von der Botschaft mehr als 2,1 Millionen DM für die Lieferung, für ihn war es ein unverschämt gutes Geschäft. Das fand auch der verschwiegene Botschaftsrat Ikram ul-Haq und orderte deshalb die nächste Bestellung direkt bei Weargate, was wiederum in Leonberg für reichlich Unmut sorgte, schließlich handelte es sich um leicht zu verdienendes Geld. In einem Brief an »Bruder Aziz« in Montreal beklagte sich Khan Anfang Oktober 1978 verbittert über Ernst Piffl: »Vielleicht hast du in den Zeitungen gelesen, daß die britische Regierung Probleme mit den Konvertern macht«, schrieb A. Q., »der Mann von *Team* in Deutschland war unverantwortlich. Als er diese Bestellung nicht von uns bekam, schrieb er einen Brief an irgendeinen Labour-Abgeordneten, und es wurden Fragen im Parlament gestellt.« Vielleicht verflog Khans Wut später, oder sie erwies sich als ungerechtfertigt, Piffl jedenfalls sollte noch viele Aufträge für die pakistanische »Butterfabrik« erhalten.[43]

Nach Abschluß der britischen Untersuchung ließ Tony Benn die sensiblen Konverter auf die Exportkontrolliste setzen, was es Ikram ul-Haq unmöglich machte, einen dritten Auftrag bei *Emerson Electric Industrial Controls Ltd* in Swindon zu plazieren. Der eifrige Chefeinkäufer aus Wachtberg-Pech wandte sich deshalb kurze Zeit später an Werner Rüegg und dessen IAVG in Bayerisch Gmain, die inzwischen zu einer neuen »Beschaffungsagentur« für Khans Geheimprojekt avanciert war.[44] Rüegg bestellte die Umformer über Gerhard Wisser, einen deutschstämmigen Zwischenhändler in Johannesburg bei der südafrikanischen Niederlassung von AEG-*Telefunken*.[45] Auch diese Verbindung zum Kap sollte zwanzig Jahre später wieder Bedeutung erlangen (siehe S. 256ff.).

Ende des Jahres 1978, nach den Ermittlungen in London, die ihrerseits auch beim MI6 und seinen westlichen Partnern zu hektischen Recherchen über den Stand der pakistanischen Urananreicherung geführt hatten, besaßen die Geheimdienste nicht nur einen ziemlich guten Überblick über Khans Netzwerk in Europa, sondern auch über den Stand des »Projekts 706«. Auf den Bildern der amerikanischen Spionagesatelliten, die inzwischen regelmäßig über Kahuta hinwegzogen, ließen sich umfangreiche Baumaßnahmen erkennen. Das alles gab Anlaß zu großer Besorgnis.[46]

Nur US-Botschafter Hummel wollte davon nichts wissen. Er drängte seine Regierung, General Zia ul-Haq trotz der neuen CIA-Erkenntnisse nicht zu verschrecken. Nach dem Sturz des Schahs im Iran und der Machtübernahme moskautreuer Kommunisten im benachbarten Afghanistan war Pakistan inzwischen die letzte amerikanische Bastion in Südasien – und ein Frontstaat zum Ostblock. Im November 1978 gab die Carter-Administration den Militärmachthabern deshalb ein wenig »Zuckerbrot«, offerierte der pakistanischen Luftwaffe, wie von Hummel gefordert, 50 raketenbestückte Northrop-F-5-Kampfflugzeuge älterer Bauart. General Zia, dem sehr bald der Ruf einer »lächelnden Kobra« vorauseilte, nahm dankend an, ließ aber ebenso eindeutig in Washington mitteilen, das reiche bei weitem nicht, ihn zu veranlassen, »unser friedliches Atomprogramm« einzufrieren.[47]

Mehr noch als MI6 und CIA war der Mossad über die ersten Probeläufe der »Butterfabrik« alarmiert, zumal damit außer Zweifel stand, daß Abdul Qadeer Khan während seiner Beschäftigung bei FDO in Amsterdam offenbar sämtliche Baupläne und Blaupausen der niederländischen *Urenco*-Fabrik kopiert oder abgeschrieben haben mußte. Im Januar 1979 schickte der israelische Premierminister Menachem Begin einen geharnischten Brief an seinen Kollegen in Den Haag, voller böser Vorwürfe gegen die Niederländer: Warum war die verheerende Atomspionage nicht verhindert worden? Weshalb hatten die Behörden nichts gegen die Lieferungen von FDO und *Van Doorne Transmissie* unternommen? Wie war es möglich, daß Khan nach seiner Rückkehr mehrmals die Niederlande bereisen und sich mit seinem Freund Henk Slebos treffen konnte, ohne belangt oder auch nur befragt zu werden? Den Haag versprach umgehende und umfassende Aufklärung.

Die Israelis wurden auch in Washington vorstellig, offenbar sehr massiv. Denn die Regierung des Demokraten Jimmy Carter vollzog, nur drei Monate nach dem Angebot, Islamabad moderne Kampfjets zu liefern, erneut eine 180-Grad-Wende gegenüber Zias Regime. Außerdem schickte die US-Regierung unverzüglich eine Gruppe von Diplomaten auf Reisen, um in jenen europäischen Ländern, in denen Khans Beschaffungsagenten schalten und walten konnten, wie es ihnen gefiel, politischen Druck auszuüben. Anfang Februar 1979 wurde eine amerikanische Delegation unter dem Abrüstungsexperten des Department of State, Robert L. Gallucci, in Bonn vorstellig. »Die Konsultationen waren auf US-Initiative kurzfristig anberaumt worden«, hielt der Protokollant des Auswärtigen Amtes fest. Anlaß der dringlichen Gespräche, so der deutsche Diplomat gestelzt, seien »angebliche pakistanische Bemühungen, Ausrüstungsgegenstände für den Bau einer Anreicherungsanlage nach dem Gasultrazentrifugen-Verfahren auf westlichen Märkten aufzukaufen«. Die amerikanische Delegation habe bereits Gespräche in der Schweiz, in Belgien, in Frankreich und in Großbritannien geführt.

Gallucci und seine Begleiter berichteten, daß sich Pakistan nach CIA-Erkenntnissen vor allem für spezielle Konverter und Vakuumpumpen interessiere, die für die Zentrifugen unerläßlich seien. Dann wurden sie konkret, wie der Protokollant notierte: »US-Gesprächspartner nannten uns zwei deutsche Firmen, die angeblich im Bereich Vakuumpumpen und Umwandler mit Pakistan Geschäfte abwickeln: Leybold-Heraeus, Hanau, mit Niederlassung Köln, und Team Industries.«

Mit beiden Unternehmen führten die Kollegen des Bonner Wirtschaftsministeriums kurz nach der Abreise der Amerikaner klärende Gespräche: *Team-Industries*-Chef Piffl bestätigte, die Konverter völlig legal über eine britische Firma geliefert zu haben, und auch der LH-Manager Gotthard Lerch, der nach Bonn geeilt war, um den Beamten Rede und Antwort zu stehen, räumte ein, sein Unternehmen habe für rund 1,3 Millionen DM nach Pakistan exportiert. Das seien aber Geräte gewesen, die man zwar für die Urananreicherung verwenden könne, die aber nicht speziell dafür konstruiert worden seien. Hoch zufrieden vermerkten die Leute aus dem Wirtschaftsressort in ihrer Aktennotiz, *Leybold-Heraeus* habe volle Kooperation zugesagt: »Nachdem die Ressortseite die Problematik des Aufbaus einer Anreicherungsanlage in Pakistan vorgetragen hatte, erklärten sich die Firmenvertreter bereit, in Zukunft bei der Zusammenarbeit mit Pakistan [...] in Zweifelsfällen mit dem BMWi [Bundesministerium für Wirtschaft] Kontakt aufzunehmen.« Alles gelogen – wie sich noch erweisen sollte.

Was Gotthard Lerch den Beamten bei dieser Besprechung vorenthielt: Zwei Wochen später waren neue Verhandlungen mit den Pakistanis geplant, in Deutschland, zu denen sich auch der Chef angesagt hatte: A. Q. persönlich. Dem BND in Pullach war die Meldung kurz vorher von seinem britischen Partnerdienst MI6 zugegangen und von dort postwendend nach Bonn weitergeleitet worden. Als sie schließlich bei den Beamten des Wirtschaftsministeriums landete, fühlten die sich natürlich einigermaßen düpiert. Wollte *Leybold-Heraeus* sie auf den Arm nehmen? Keine Sorge, schrieb Lerch am 22. März 1979 nach Bonn zurück, es stimme zwar, daß gerade in München mit den Pakistanis über neue Lieferungen beraten worden sei, jedoch habe »ein Herr Dr. Khan nicht an den Gesprächen teilgenommen«.[48] Der BND wußte es besser: »Besuch durch A. Q. Khan u. a. (03/79)«, hieß es später in einem Dossier unter dem Stichwort »*Leybold-Heraeus*«. Vermutlich hatte Pullach das Treffen vor der Haustür heimlich observieren lassen.[49]

Von wem auch immer, die ganz frischen Informationen über Khan und seine deutschen Helfer und Helfershelfer wurden irgendwie an die Presse weitergereicht: Ende März 1979 brachte das ZDF einen Bericht, der von großer Insiderkenntnis zeugte und der nunmehr endlich auch Ermittlungen in den Niederlanden auslöste, von wo aus mehr als vier Jahre zuvor alles seinen Ausgang genommen hatte.[50] Den Haag berief eine Interministerielle Arbeitsgruppe, um herauszufinden, was tatsächlich hinter der »Spionageaffäre Khan« steckte und ob irgendeine Dienststelle oder Behörde dafür Verantwortung trug.[51] Gleich nach den ersten Sitzungen der Kommission begannen die öffentlichen und nicht-öffentlichen Schuldzuweisungen in alle Richtungen: *Urenco* warf FDO vor, Khan überhaupt engagiert zu haben; FDO reichte den Schwarzen Peter an das Wirtschaftsministerium weiter, weil es Khans Hintergrund gar nicht oder zu lässig überprüft habe; das Ministerium wiederum wies mit dem Finger auf *Urenco*, dort hätte man Khans Aufenthalte in der »brain box« von Almelo der Spionageabwehr melden müssen; alle zusammen tadelten den niederländischen Auslandsgeheimdienst als schlafmützig, da Pakistans nukleare Absichten und Khans Mission nicht erkannt worden seien.

Deutliche Kritik kam auch aus London und Bonn von den beiden Partnerländern der Holländer. Nur die Franzosen lachten sich ins Fäustchen. Sie waren nicht eingeladen worden, sich an *Urenco* zu beteiligen, und spielten gerade auf der diplomatischen Bühne die Rolle des einsichtigen und verantwortungsbewußten Mitglieds der westlichen Wertegemeinschaft, das auf den Verkauf der Wiederaufbereitungsanlage nach Pakistan verzichtet hatte.

Und die Amerikaner? Der stellvertretende US-Außenminister Warren Christopher flog angesichts der »Khan-Affäre« im März nach Islamabad, um Klartext mit General Zia ul-Haq zu reden. »Unsere Informationen besagen, daß Pakistan eine Zentrifugenanlage für die Urananreicherung baut«, ließ sein Sprecher nach der Begegnung verlauten. »Das gibt Pakistan auf längere Sicht die Option von Kernwaffen. Gemäß unserer Gesetzeslage haben wir entschieden, unsere Entwicklungshilfe für Pakistan drastisch zu kürzen.« Die Volte war endgültig vollzogen.

Und dann kam der dramatische April 1979. Die pakistanischen Gerichte hatten den früheren Premierminister Zulfikar Ali Bhutto in einem fragwürdigen Verfahren für schuldig befunden, den Mord an einem Oppositionspolitiker in Auftrag gegeben zu haben, und ihn zum Tode verurteilt. Aus der ganzen Welt trafen Telegramme ein, um General Zia um Gnade für Bhutto zu ersuchen, von Jimmy Carter, der sehr persönliche Worte schrieb, bis zu Gaddafi.[52] Selbst Abdul Qadeer Khan »zögerte damals keinen Moment«, so behauptete er Jahre später, sich beim Präsidenten und Militärmachthaber für das Leben Bhuttos einzusetzen, weil das Todesurteil »eine Tragödie für Pakistan« bedeutete.[53] Doch der pakistanische Machthaber ließ sich nicht erweichen, weder von den nationalen noch von den internationalen Stimmen; er senkte den Daumen. Am 4. April 1979 wurde Bhutto gehenkt.

Der charismatische Politiker starb in der festen Überzeugung, sein Sturz sei eine gemeinschaftliche Aktion des pakistanischen Generalstabs mit der CIA gewesen, um das geheime Atomprogramm zu stoppen. In seinem politischen Testament, das er in den letzten Wochen im Gefängnis verfaßt hatte, schrieb Bhutto, sein Leben mache jetzt, da er befürchten müsse, »daß 80 Millionen meiner Landsleute schutzlos unter einer atomaren Wolke stehen«, keinen Sinn mehr. Doch die Einschätzung sollte sich als falsch erweisen. General Zia ul-Haq dachte gar nicht daran, auf das Programm der Urananreicherung zu verzichten, das sich so positiv entwickelt hatte. Zwei Tage nach Bhuttos Hinrichtung kündigte die amerikanische Regierung an, sie habe die Finanzhilfe für Pakistan definitiv um 40 Millionen Dollar für dieses und 45 Millionen Dollar für das folgende Jahr gekürzt.[54]

Über die Anhörungen in Senat und Repräsentantenhaus, die dem Stopp der amerikanischen Finanzhilfe vorausgegangen waren, berichtete »Bruder Aziz« aus Montreal seinem Freund in Islamabad. In den Presseberichten habe er gelesen, Washington sei der Überzeugung, daß das pakistanische Programm wahrscheinlich »kaum noch gestoppt« werden könne. Diese Amerikaner »haben keinen blassen Schimmer, daß auch in Pakistan gute Leute leben, aber sie werden das bald begreifen«, schrieb der Kanadier nach Hause, schloß dann mit einer Eloge auf A. Q.: »Du bist jetzt berühmt in der ganzen Welt!«[55] Berühmt und berüchtigt.

US-Präsident Carter war besonders verärgert, mit welcher Nonchalance sich die europäischen Freunde darüber hinwegzusetzen schienen, daß sie es waren, die mit ihren laschen Ausfuhrbestimmungen und -kontrollen Abdul Qadeer Khans Projekt erst möglich gemacht hatten. Am 9. April, nur wenige Tage nach Bhuttos Tod, schrieb er einen ungewöhnlich deutlichen Brief an »dear Helmut«, den deutschen Bundeskanzler Schmidt. Er sei »sehr besorgt« über das »finanziell gut ausgestattete, heimliche Projekt einer Gaszentrifugen-Anreicherungsfabrik«, das Pakistan schon in wenigen Jahren in die Lage versetzen könnte, »ausreichend Spaltmaterial für eine Atombombe zu produzieren«. Und als hätte er eine böse Vorahnung, sah Carter gefährliche Auswirkungen der Entwicklung für den gesamten Mittleren Osten und den Weltfrieden.[56]

Auch die Schweizer bekamen ihr Fett weg, in Form einer strengen diplomatischen Note: Die beiden Lieferungen von VAT und *Cora Engineering* seien in höchstem Maße beunruhigend, hieß es in der Demarche aus Washington, die Robert L. Gallucci und seine Kollegen aus dem Department of State überbrachten. Sie enthielt zwischen den Zeilen auch die Androhung, die Amerikaner könnten die Lieferung von Nuklearbrennstoff für die Schweizer Reaktoren aussetzen und die Annahme abgebrannter Brennelemente zur Wiederaufbereitung verzögern. Doch Bern wollte sich nicht unter Druck setzen lassen, wies empört jede Verantwortung für die sensiblen Exporte nach Pakistan weit von sich, die vagen internationalen Vereinbarungen erlaubten nun mal Geschäfte auf dem grauen Markt. Man werde jedoch die amerikanische Kritik zum Anlaß nehmen, sich für schärfere Bestimmungen einzusetzen, hieß es in der Antwort. Es sollte auf Jahre hinaus ein bloßes Lippenbekenntnis bleiben. Die Eidgenossen dachten gar nicht daran, ihr Verständnis von freiem Handel einer Überprüfung zu unterziehen.

Bereits wenige Tage nach der Abreise der US-Delegation entrüstete sich die *Neue Zürcher Zeitung* unter dem Titel »Doppelbödige amerikanische Verdächtigungen« darüber, daß die Schweizer Firmen VAT und *Cora Engineering AG* »von den USA beim Politischen Departement in Bern angeschwärzt« worden seien, Pakistan bei der »islamischen Bombe« Hilfestellung zu leisten. Dabei hätten die aus der Schweiz gelieferten Ventile und Geräte »überhaupt nichts mit Nukleartechnik zu tun«. Der amerikanische Vorstoß diene doch nur dazu, »die lästig gewordene, weil in den USA so erfolgreiche Konkurrenz zu diskreditieren«.[57]

Nach Jimmy Carter wurde Mitte Mai 1979 auch der israelische Ministerpräsident Menachem Begin bei Helmut Schmidt vorstellig, und er begnügte sich nicht mit allgemeinen Warnungen, sondern nannte Roß und Reiter: Fünf deutsche Unternehmen seien von israelischen Dienststellen als Lieferanten der pakistanischen Urananreicherung identifiziert worden, *Leybold-Heraeus* falle dabei als einer Art »principal supplier« eine besondere Rolle zu, sowohl was das Know-how als auch die notwendigen Komponenten angehe. Schmidt antwortete höflich, aber nichtsagend, wie schon im Falle des US-Präsidenten, und reichte die Beschwerde aus Jerusalem an Subalterne weiter, von wo aus sie in der Bonner Bürokratie versickerte. Für *Leybold-Heraeus* gab es ebensowenig Konsequenzen wie für Gotthard Lerch, Heinz Mebus, Albrecht Migule und Ernst Piffl.

Konsequenzen gab es auch nicht für Ikram ul-Haq, den eifrigen Gesandten Pakistans im Reihenhaus von Wachtberg-Pech. Über ihn liefen mittlerweile fast sämtliche Beschaffungen für Khans »Butterfabrik«. In Briefen an »Bruder Aziz« in Montreal empfahl A. Q. wiederholt, sich wegen der einen oder anderen Angelegenheit an den Vertrauten in Deutschland zu wenden: »Mr. Ikram wird Dir Geld schicken«, kündigte er am 8. Oktober 1979 an, »er ist zur Zeit hier und geht am 15. des Monats nach Bonn zurück.«[58]

A. Q. blieb in dieser Zeit für die westlichen Geheimdienste oft monatelang unsichtbar. Nach der Veröffentlichung des Berichts der Interministeriellen Arbeitsgruppe in Den Haag, der ihn im Oktober 1979 mehr oder weniger unverhohlen der Atomspionage bezichtigt hatte, verließ er Pakistan nur noch selten, wurde von Sicherheitskräften abgeschirmt, wo immer er sich im Land bewegte. »Es gab damals eine Zeit, in der ich Anschläge und Entführung fürchten mußte«, erklärte er später, ließ dabei aber offen, ob er sich eher von indischer oder israelischer Seite bedroht fühlte.[59] Er traf sich regelmäßig mit dem Präsidenten, um ihn über den Fortschritt des Projekts zu informieren und seinen Widersacher Munir Ahmed Khan zu kritisieren, der es als Chef der PAEC noch immer nicht geschafft habe, die Plutoniumroute als alternativen Weg zur Bombe auszubauen. Das wußten die Auswerter in den angelsächsischen Geheimdiensten aus Berichten ihrer Agenten und abgefangenen Telefongesprächen.[60]

Professor Martin Brabers, sein ehemaliger Förderer von der Universität Leuven, der ihn einige Male in Islamabad besuchte, schildert Khan in dieser Zeit als, neben seiner beruflichen Belastung, »ganz normalen Familienvater«, der im Garten »Tomaten und sogar Erdnüsse züchte«, gerne koche und sich ansonsten um seine »beiden herzigen Töchter« und die Katzen kümmere. »Dr. No« ein Pantoffelheld? Diese Charakterisierung paßte so gar nicht zum Bild, das westliche Medien inzwischen von ihm zeichneten, als Meisterspion des Atomzeitalters. Voller Bitternis schrieb er einen bösen und völlig unerwarteten Leserbrief an die Redaktion des *Spiegel*, der sich kurz zuvor mit der Atom-Affäre in den Niederlanden befaßt hatte, die seinen Namen trug. »Der westliche Journalismus ereifert sich in ganzem Stolz in falschen und gehässigen Berichten [...] ganz besonders wenn es um muslimische Länder geht«, empört sich

Khan. »Was ist mit den Amerikanern und den Briten, diesen von Gott ernannten Wächtern der ganzen Welt, die über Hunderttausende von nuklearen Sprengköpfen und die offenbar von Gott gegebene Autorität verfügen, jeden Monat einen Nukleartest vorzunehmen? Wenn wir dagegen mit einem kleinen Programm beginnen, sind wir Teufel und Satane, und alle Journalisten fühlen sich zum Kreuzzug mit falschen und fabrizierten Berichten aufgerufen.«[61]

»Dr. Khan wurde damals wahlweise als islamischer James Bond, als ›Dr. No‹ oder als Teufel bezeichnet«, schrieb der ihm treu ergebene Journalist und Biograph Zahid Malik später.[62] Dabei hielt sich A. Q. selbst längst für einen »Auserwählten«, der seinem Land, mit Allahs Hilfe, Frieden und seinen Glaubensbrüdern auf der ganzen Welt neues Selbstbewußtsein bringen konnte. Dementsprechend legte er sich in dieser Zeit eine Reihe von Eigenschaften zu, die so gar nicht mehr mit dem Bild des bescheidenen, stets zuvorkommenden Studenten in Europa zusammenpaßten. Nur Professor Brabers schien das nicht aufzufallen.[63]

Brabers war 1976 und 1977 ein paarmal nach Islamabad gereist, hatte sich auch mit Munir Ahmed Khan getroffen, zunächst noch Qadeers Vorgesetzter im jungen pakistanischen Atomestablishment. Der Professor aus Leuven räumte später die Visiten ein, bestand aber darauf, kein Geld für die Beratung angenommen zu haben, allenfalls Freitickets für den Flug, ausgestellt von der pakistanischen Regierung. Er habe es als seine »moralische Verpflichtung« empfunden, einem früheren Studenten zu helfen, natürlich »nicht beim Bau der Atombombe«. Der alte Lehrer als profaner Assistent des neuen Stars am pakistanischen Himmel?

Martin Brabers hatte aber auch versucht, in Pakistan Aufträge für die holländische Firma *Comprimo* an Land zu ziehen, ein Tochterunternehmen der *Siemens AG*, das seinerseits zu den wichtigsten Vertragspartnern von *Urenco* gehörte. Vertrauliche Pläne von *Comprimo* und *Interatom*, einer anderen *Siemens*-Tochter, sollten sich später illegal im Besitz des Khan-Netzwerks befinden. Aber vielleicht hatte Professor Brabers von alledem nichts geahnt.[64]

In den Wochen ernsthafter Konfrontation mit dem Westen kam es zu einem diplomatischen Zwischenfall, als der französische Botschafter in Islamabad und einer seiner Ersten Sekretäre sich angeblich auf dem Weg zu historischen Sehenswürdigkeiten verfahren hatten. Sie wurden auf einer der Zugangsstraßen zur Atomfabrik von Kahuta von einer aufgebrachten Menschenansammlung aus dem Wagen gezerrt und zusammengeschlagen. Zwar entschuldigte sich die pakistanische Regierung hinterher, doch die Botschaft war klar: Ausländer sollten sich besser nicht in die Nähe der Nuklearanlagen des Landes wagen. Einige Tage später traf es einen britischen Journalisten der *Financial Times*, als er versuchte, sich Abdul Qadeer Khan zu nähern, der sich gerade im Garten seines Anwesens aufhielt. Einige seiner Sicherheitsleute warfen sich ohne jede Vorwarnung auf den ungebetenen Eindringling und »übten einen sehr professionellen Job an ihm aus«, wie es der Chefredakteur später mit britischem Understatement formulierte. Der Reporter wurde, als er das Krankenhaus wieder verlassen konnte, des Landes verwiesen.[65]

Unterdessen war Jimmy Carters Druck auf Präsident Zia so stark geworden, daß die Generalität in Islamabad einen amerikanischen Luftangriff auf Kahuta befürchtete. Zwar hatte das State Department nach einem Bericht der *New York Times* vehement bestritten, eine Zerstörung von Little Almelo jemals in Erwägung gezogen zu haben, doch die Pakistanis blieben skeptisch. Was war das Dementi wert?[66] Die pakistanische Armee begann umgehend damit, auf den umliegenden Gebäuden der Uranfabrik Luftabwehrraketen vom französischen Typ Cortale in Stellung zu bringen, um gegen jede Attacke aus der Luft, gleich, welcher Herkunft, gewappnet zu sein. Außerdem wurde das komplette Areal zum militärischen Sperrgebiet erklärt und von zivilen Sicherheitskräften weiträumig abgesperrt.

Und dann kam es zu einem Ereignis, das abermals eine 180-Grad-Wende der US-Politik gegenüber Pakistan nach sich ziehen und den Streit über die »islamische Bombe« weit in den Hintergrund rücken lassen sollte: Weihnachten 1979 marschierten einhunderttausend Soldaten der Roten Armee nach Afghanistan ein, um das Überleben eines kommunistischen Regimes zu sichern, das im Jahr zuvor die Macht in Kabul an sich gerissen hatte. General Zia ul-Haq, die »lächelnde Kobra« im Präsidentenpalast von Islamabad, wußte sofort, was das zu bedeuten hatte: Zwischen einem sowjetisch besetzten Afghanistan, dem jetzt unter islamischer Herrschaft stehenden Iran und, auf der anderen Seite, dem eher moskautreuen Indien bekam Pakistan als strategischer Brückenkopf gleichsam über Nacht eine einzigartige Bedeutung für die amerikanische Sicherheitspolitik.[67]

Die Invasion der Sowjetunion in Afghanistan sollte Pakistan und damit der islamischen Welt letztlich die Atombombe bringen.

Die Beschaffer

Der junge Mann war smart, ohne Frage, schnell von Begriff, mit klarem Verstand – ein analytischer Kopf. Schon nach den ersten Bewerbungsgesprächen mit den Abrüstungsexperten des Department of State, des amerikanischen Außenministeriums, wurde dem 26jährigen frischgebackenen Politikwissenschaftler ein Zeitvertrag angeboten.

Richard M. Barlow kam aus dem Westen. Er hatte in Bellingham studiert, das liegt nördlich von Seattle, direkt an der kanadischen Grenze, hatte nebenbei als Assistent des stellvertretenden Rektors gearbeitet. In seiner Abschlußarbeit war es um einen Konflikt gegangen, dessen Bewältigung für ihn später zu einer Lebensaufgabe werden sollte: Warum gelingt es trotz aller Geheimdienstinformationen nicht, Pakistan auf dem Weg zur Bombe aufzuhalten?

Im Frühjahr 1980 trat Barlow seine Stelle als Intelligence Officer der Arms Control and Disarmament Agency (ACDA) an, als Kollege von Robert L. Gallucci, jenem Diplomaten des Department of State, der ein Jahr zuvor in Bonn wegen der Pakistan-Lieferungen aus Deutschland gehörigen Druck gemacht hatte. Die politische Situation, die Barlow vorfand an seinem neuen Arbeitsplatz, der ACDA-Abteilung für die Nichtweiterverbreitung von Kernwaffen, hätte nicht schwieriger sein können. Eben noch war es eine klare Vorgabe der Carter-Administration gewesen, die nukleare Aufrüstung Pakistans zu verhindern, doch inzwischen hatten sich die Ziele deutlich verschoben. Die sowjetische Invasion in Afghanistan wurde als größte Bedrohung für die freie Welt und als Herausforderung für die amerikanische Außenpolitik gewertet, erinnert sich Barlow, die Atomfrage bekam auf der Pakistan-Agenda fast automatisch »eine zweitrangige Bedeutung«.[1]

In Afghanistan selbst erwies sich die Situation noch immer als sehr unübersichtlich. Auf Betreiben des Kreml und als

Friedensangebot an die aufständischen Mudjahedin war der in Ungnade gefallene Hafizullah Amin, der zuvor eine rücksichtslose Landreform und eine rigide Verhaftungswelle mit Hinrichtungen vieler Oppositioneller veranlaßt hatte, noch im Dezember durch Babrak Karmal ersetzt worden. Doch dessen Angebot an die Bergstämme, der Tradition und dem Islam stärker Rechnung tragen zu wollen, war ohne große Resonanz geblieben. Die Mudjahedin setzten ihren bewaffneten Kampf gegen das kommunistische und antiislamische Regime in Kabul unvermindert fort, auch nach der Invasion der Roten Armee. Hunderttausende von Afghanen flohen vor den sowjetischen Truppen über die Grenze nach Pakistan.[2]

Schon Mitte Januar 1980 reagiete die Regierung in Washington auf die neue Lage in Südasien und führte erste Gespräche auf dem Capitol Hill, um die Zustimmung von Senat und Repräsentantenhaus für ein pakistanisches »Sofortpaket« zu erlangen. 400 Millionen Dollar Finanz- und Militärhilfe sollten in den nächsten zwei Jahren an Islamabad überwiesen werden – dies sei eine Maßnahme, die im sicherheitspolitischen Interesse der Vereinigten Staaten liege, so daß sich der Präsident über die gesetzlichen Beschränkungen hinwegsetzen dürfe.

Am 17. Januar lud General Zia ul-Haq eine Reihe amerikanischer Korrespondenten in seine Residenz, um ihnen seine Sicht der Dinge zu erläutern. Auch über das Atomprogramm wurde gesprochen. »Ich sage Ihnen mit der Autorität des Kommandeurs, daß Pakistan keine Bombe baut«, versicherte der General den amerikanischen Pressevertretern. Es stimme zwar, daß sein Land Uran anreichere, aber das sei ein sehr »bescheidenes, moderates Experiment«. In den letzten Wochen intensiver Gespräche mit »unseren amerikanischen Freunden« habe diese Frage auch überhaupt »keine Rolle gespielt«; er gehe davon aus, daß »wir dieses Problem eine Zeitlang zur Seite schieben können, angesichts der Situation, mit der wir heute konfrontiert sind«.

Auf die Frage, was er von dem angekündigten 400-Millionen-Scheck aus Washington halte, antwortete der Präsident mit einem herzhaften Lachen: Wenn die Zahl stimme, seien das ja wohl »Peanuts«! Er verfiel dann sofort in einen ernsten Ton, so daß die Journalisten aufhorchten: Das sei ein »schrecklich enttäuschendes Angebot«. Mit dieser Summe werde sich »Pakistan seine Sicherheit jedenfalls nicht kaufen« können. Die »lächelnde Kobra«, soviel war klar, wollte die Gunst der Stunde nutzen. Das Signal kam in Washington an.[3]

Anfang Februar reisten der stellvertretende US-Außenminister Warren Christopher und Carters Sicherheitsberater Zbigniew Brzezinski nach Islamabad, um mit Zia und seinen Beratern über die Lage nach der sowjetischen Invasion im Nachbarland zu sprechen. Es war ein Schachern und Feilschen. Die pakistanische Regierung wies die 400-Millionen-Offerte als unzureichend zurück, die amerikanische Seite zeigte wenig Bereitschaft, das Finanzpaket noch einmal aufzuschnüren und aufzustocken. Christopher versprach aber eine diplomatische Initiative, um andere Länder zu veranlassen, sich an einer Finanzhilfe für Pakistan zu beteiligen. Im März 1980 wies die pakistanische Regierung das gesamte Angebot als »völlig unzulänglich« zurück. Mit einer dermaßen lächerlichen Unterstützung würden die Sowjets nur ermutigt, ihre Territorialgelüste nicht nur in Afghanistan, sondern auch in Pakistan selbst zu befriedigen.[4]

Brzezinski unternahm von Islamabad aus in Begleitung einiger Pressevertreter einen Abstecher zum Michni Point, der abgeschiedenen Grenzstation am Khaiberpass, wo er sich, in Richtung Afghanistan weisend, fotografieren ließ, im Hintergrund ein sowjetischer Wachposten mit seiner AK-47 im Anschlag. Es war eine politische Demonstration – und ein Signal, daß sich die Vereinigten Staaten in diesen Konflikt einzumischen gedachten. Auf der Skala der möglichen Gegenmaßnahmen hatte Jimmy Carter bis dahin eher im unteren Bereich angesetzt, eine Reihe von Vertragsverhandlungen mit den Sowjets zum Beispiel über Weizen-Lieferungen ausgesetzt und einen Boykott der Olympischen Sommerspiele in Moskau verkündet; doch nach der Rückkehr seines Sicherheitsberaters unterzeichnete er eine geheime Direktive an die CIA, den afghanischen Widerstand mit Geld, Waffen und militärischen Beratern zu unterstützen.[5]

Richard Barlow, dem neuen Intelligence Officer des Department of State, der für die Spitze des Hauses die Entwicklung des pakistanischen Atomprojekts unter Abdul Qadeer Khan zu beobachten und zu bewerten hatte, war das deutlich reduzierte Interesse an dem Thema nicht verborgen geblieben. Natürlich sahen er und seine Kollegen die Notwendigkeit, Pakistan als neuem Frontstaat des Kalten Krieges den Rücken zu stärken, finanziell und militärisch, aber dabei durfte die offensichtliche nukleare Aufrüstung des Landes nicht in Vergessenheit geraten. Ähnlich dachte man auf dem Capitol Hill, in jenen Ausschüssen beider Kammern, die der Regierung bei deren Pakistan-Politik genau auf die Finger sah. Selbst die sofortige Freigabe einer ersten Tranche von 100 Millionen Dollar stieß auf erbitterten Widerstand in Senat und Repräsentantenhaus.[6]

Barlow ging dennoch mit großem Enthusiasmus und Schwung an seine neue Aufgabe, half, die eingehenden CIA-Dossiers und Informationen anderer Quellen auszuwerten und für die Diplomaten des State Departments in eine nutzbare Form zu bringen. Im Juni 1980 arbeitete er mit an einem sogenannten »Non-Paper«, das der inoffiziellen Unterrichtung einer anderen Regierung dient, in diesem Falle jener in Bonn: »Wir haben Grund zu der Annahme, daß über die letzten dreieinhalb Jahre die *CES Kalthof GmbH* und *Mebus Engineering* an der Planung, Konstruktion und Materialbeschaffung einer UF_6-Fabrik im pakistanischen Dera Ghazi Khan beteiligt waren«, hieß es in dem Hinweis aus Washington, den der amerikanische Botschafter am 16. Juni im Auswärtigen Amt überreichte. Albrecht Migule und vier weitere Ingenieure seien regelmäßig auf der Baustelle anzutreffen. Die US-Regierung besitze außerdem klare Hinweise, »daß der Großteil der insgesamt neun in Verbindung stehenden Anlagen schon Anfang 1979 funktionsbereit gewesen ist […], aber wegen Unstimmigkeiten zwischen CES Kalthof und den Pakistanis über die Bezahlung nicht in Betrieb ging«. Mitte Februar 1980 sei deshalb die Firma *Leybold-Heraeus* von der pakistanischen Seite angesprochen worden, ob sie nicht mindestens zwei der Fabriken anfahren könne.

Die Bonner Diplomaten waren irritiert. Deutsche Aufbauhilfe für das Projekt der »islamischen Bombe«? Sie versprachen eingehende Überprüfung, ließen aber offen, ob sie dem Wunsch der amerikanischen Seite entsprechen würden, »soviel Informationen über die deutschen Firmen wie möglich« nach Washington weiterzuleiten.

Genau vier Wochen später sprach der britische Botschafter im Auswärtigen Amt vor, auch er zog ein Non-Paper aus der Tasche, das den Eindruck erweckte, als hätten sich die Angelsachsen abgesprochen, um auf Bonn verstärkten Druck auszuüben. Die Anlagen der Herren Migule und Mebus stellten eine ganz wesentliche Voraussetzung für eine erfolgreiche Urananreicherung dar, stand da geschrieben. Ob die Deutschen nicht wenigstens beschleunigt zur Aufklärung beitragen könnten, weil die Lieferung selbst ja nicht mehr zurückzuholen sei?[7]

Hans-Dietrich Genschers Außenministerium leitete die beiden Beschwerden auf dem Amtsweg an das Wirtschaftsressort seines Parteifreundes Otto Graf Lambsdorff weiter, wo es auf den verschlungenen Wegen der Ministerialbürokratie schließlich nach Wochen auf dem Schreibtisch des zuständigen Referenten Christoph Haase landete. Ministerialrat Haase hatte schon im Jahr zuvor eine Richtschnur für den Export deutscher Nukleartechnologie nach Pakistan festgelegt: Man könne doch »im Interesse unserer liberalen Außenhandelspolitik« nicht »jeden Artikel« unter Kuratel stellen, »der in irgendeiner Weise beim Bau von Anreicherungsanlagen Verwendung finden könnte«. In diesem Sinne leitete er die Non-Papers an seinen Sachbearbeiter Hans-Jürgen Spies weiter. Der hielt am 12. September 1980 in einem Vermerk fest: »Die mitgeteilten Namen und Daten sind nicht sorgfältig genug recherchiert und daher als Grundlage für weitere Nachforschung unbrauchbar.« Die »genannte Firma Kalthof« sei bislang weder durch Exportanträge »noch durch sonstigen Schriftwechsel […] bekannt geworden«.

Wieder vergingen Wochen. Die Briten waren not amused, lieferten aber schließlich die Fakten auf dem silbernen Tablett nach. Mitte Oktober sah sich Spies endlich in der Lage, Maßnahmen einzuleiten, wovon er das Auswärtige Amt auch sogleich geflissentlich unterrichtete: »Nachdem der britische Nachrichtendienst vor einigen Tagen die bisher unvollständigen Angaben über die angeblich beteiligten Firmen ›CES Kalthof‹ und ›Mebus Engineering‹ mit den Anschriften dieser Unternehmen vervollständigt hat, sind [...] Außenwirtschaftsprüfungen veranlaßt worden.«

Bei der Außenwirtschaftsprüfung handelt es sich um die harmloseste aller möglichen Maßnahmen. Die Beamten der zuständigen Oberfinanzdirektion (OFD) kündigen der betroffenen Firma ihren Besuch an, um deren Bücher mit Blick auf die Exportgeschäfte zu überprüfen. Wer Böses im Schilde führt, hat in der Regel ausreichend Zeit, zu verschleiern und zu verdunkeln – oder sich gleich aus dem Staub zu machen. Doch Albrecht Migule tat nichts von alledem. Als die Kontrolleure der OFD Freiburg kurz vor Weihnachten 1980 an seiner Tür klingelten, ließ er sie bereitwillig ein. Sämtliche Unterlagen lagen zur Inspektion bereit. Ob ihnen denn bekannt sei, daß er die Lieferungen nach Pakistan nicht nur »ordentlich verzollt«, sondern der OFD mit der Bilanz 1978 auch »einen Bericht zugestellt habe, mit Bildern über das Projekt«, fragte Migule. Da schauten sich die Finanzprüfer ungläubig an.[8]

Das Ergebnis der Außenwirtschaftsprüfung sollte Monate später jedoch die Erkenntnisse der Amerikaner und Briten bestätigen: Heinz Mebus hatte seinen Studienfreund Abdul Qadeer Khan, mit Unterstützung von Albrecht Migule in Freiburg, einen entscheidenden Schritt vorangebracht auf dem Weg zur Bombe. Und dabei seien nicht einmal eine »Nacht- und-Nebelaktion«, keine besondere Raffinesse oder »ein hohes Maß an krimineller Energie« notwendig gewesen, würde der Amtsrichter später in das Urteil gegen Migule schreiben, mit deutlichem Seitenhieb auf die »staatlichen Behörden, die ihm die Tat

2

3. Additionally, we believe [redacted] is supplying pumps for radioactive liquid waste to the new labs which are associated with this radwaste evaporation system.

4. We also have reason to believe that over the past three and one-half years, CES Kalthof GMBH and Mebus Engineering have been involved in the design, construction, and material supply of a UF 6 facility in Dera Ghazi Khan, Pakistan, including supply of "anodes" for the plant. We believe that the facility has at least nine interconnecting "plants;" the majority of which were completed by early 1979 and that numerous CES engineers (Migule, Hirschfeld, Riexinger, Zimmara, and Peter) were dispatched to Pakistan in the first half of 1979 to prepare for commissioning of the facility, but, as of mid-April 1980, none of the plants were operational due to disagreements between CES Kalthof and the Pakistanis over schedule of payments.

5. We believe another German firm, Leybold Heraeus, was approached in mid-February 1980 to take over the startup of at least two of the plants.

Finally, as we mentioned to you previously, we continue to be concerned over the activities of the firm IAVG, which is directly involved in Pakistan's unsafeguarded enrichment program.

We appreciate past FRG cooperation in halting certain sensitive exports to Pakistan. We recognize that most of the cooperation currently taking place is not explicitly listed in the suppliers guidelines. However, the equipment and technology concerned is unambiguously intended for unsafeguarded facilities and thus we believe that these transfers would fall within the intent of the guidelines.

My government would appreciate FRG government efforts to investigate thoroughly these activities by German firms and pass as much information as possible to our technical experts. We also hope that you will take appropriate remedial steps to assure that exports from your country do not contribute significantly to Pakistan's realizing its nuclear explosives ambitions.

16-6-80

Non-Paper der amerikanischen Regierung über die illegale Unterstützung des pakistanischen Atomprogramms durch die deutschen Firmen *CES Kalthof GmbH, Mebus Engineering* und *Leybold-Heraeus*.

insofern leicht gemacht haben«. Das sollte Migule schließlich einen ordentlichen Strafnachlaß einbringen: acht Monate auf Bewährung und 30000 DM Geldbuße.[9]

Unterdessen begannen sich für Richard Barlow an seinem neuen Arbeitsplatz in der ACDA in Washington viele Informationen zusammenzufügen. Steinchen um Steinchen gelang es ihm, das Puzzle der pakistanischen Beschaffungsaktionen in der ganzen Welt zusammenzusetzen. Immer wieder stieß er auf die gleichen Namen. »Es war eine faszinierende, spannende Arbeit«, erinnert er sich, »auch wenn Abdul Qadeer Khan uns noch einen Schritt voraus war.«[10] Im internationalen Netzwerk konnten sie inzwischen einige neue »Knoten« erkennen, in den Vereinigten Arabischen Emiraten, vornehmlich im Emirat Dubai, zum Beispiel. Auch waren Meldungen aus Japan eingetroffen, daß zwei Pakistanis versucht hätten, bei der *Mitsubishi Electric Co.* 200 jener Konverter zu bestellen, die Khan so dringend für seine Zentrifugen benötigte. Zum Glück hatte die japanische Regierung Wind von dem geplanten Geschäft bekommen und bei *Mitsubishi* interveniert.[11]

Bei den beiden Einkäufern aus Islamabad, die mit Diplomatenpaß in Japan eingereist waren, so erfuhren die Amerikaner, hatte es sich um Imtiaz Ahmad Bhatty und Anwar Ali gehandelt, zwei enge Mitarbeiter Khans in dessen »Butterfabrik«. Ali sollte ein Jahr später als »Verschwörer« bei seinem Boß in Ungnade fallen und auf einen Posten in der PAEC abgeschoben werden.[12]

Im Juli 1980 tauchten Bhatty und Ali in Montreal auf, erklärten den kanadischen Grenzbeamten am Flughafen Mirabel, als sie ihre Diplomatenpässe präsentierten, sie hätten »interne Angelegenheiten« im pakistanischen Konsulat zu erledigen. Was die Pakistanis nicht ahnten: Sie wurden nach der Paßkontrolle von einem Observationsteam der Royal Canadian Mounted Police (RCMP) in Empfang genommen. Die kanadische Bundespolizei hatte offenbar einen Tip aus Washington bekommen und die Sache als sehr ernst eingestuft.[13]

Ein paar Tage später trafen sich die beiden falschen Diplomaten im *Queen Elisabeth Hotel* unter den Augen der RCMP mit »Bruder Aziz«, jenem Abdul Aziz Khan, mit dem A. Q. seit zwei Jahren in engem Kontakt stand und der inzwischen eine eigene kleine Beschaffungsorganisation im Land aufgebaut hatte. Bei dem konspirativen Gespräch ging es um den Einkauf von einzelnen Komponenten, vor allem bei *General Electric* im US-Staat New York, mit denen die Pakistanis in der Lage sein würden, die fraglichen Konverter selbst zu bauen.[14]

Das Trio brachte in den nächsten Wochen mindestens elf Lieferungen auf den Weg, die an Tarnadressen in Islamabad und im Emirat Dubai gingen. Die »Mounties« ließen die heiße Ware zunächst passieren, um die Pakistanis in Sicherheit zu wiegen und ihre Ermittlungen weiter vorantreiben zu können. Erst am 29. August schlugen sie zu, beschlagnahmten die letzte Sendung und verhafteten die Atomschmuggler. »Bruder Aziz« gab sich in der Untersuchungshaft völlig arglos, ebenso der pakistanische Botschafter in Kanada. Die elektronischen Komponenten könnten in »jedem kleinen Laden« gekauft werden, und die beiden Diplomaten hätten lediglich konsularische Aufgaben in Montreal wahrgenommen.[15]

Für Richard Barlow und seine Kollegen in Washington erwiesen sich die Informationen, die ihnen von der RCMP übermittelt wurden, aber als äußerst wertvoll.[16] Mit ihnen konnte das Bild weiter vervollständigt werden: Hinter der Tarnadresse in Dubai, die von »Bruder Aziz« verwendet worden war, standen zwei Briefkastenfirmen (*Khalid Jassim General Trading* und *Bin Belailah Enterprises*), und dahinter wiederum standen Abdus Salam und Peter Griffin in London.[17] Alles schien plötzlich zusammenzupassen: *Bin Belailah*, soviel wußte Barlow aus anderer Quelle, hatte kurz zuvor eine neue Verknüpfung mit Henk Slebos in den Niederlanden, Heinz Mebus in Erlangen und einer bislang unbekannten *OPAK Intertrade Ltd* in Zürich hergestellt. Mit Hilfe von *OPAK*, offensichtlich ein ziemlich einfallsloses Kürzel für »Organisation Pakistan«, sollten vor allem Lieferungen des *Philips*-Konzerns nach Pakistan verschleiert werden.[18]

In der amerikanischen Außenpolitik jedoch spielten die pakistanischen Bombenpläne im Herbst 1980 eine eher untergeordnete Rolle. Im Januar 1979 waren der Schah von Persien und sein korruptes Regime durch eine islamische Revolution hinweggefegt geworden; im November des Jahres hatten Studenten und Gefolgsleute des klerikalen Führers Ayatollah Khomeini die amerikanische Botschaft in Teheran überfallen und 52 US-Bürger als Geiseln genommen; im April 1980 war ein Befreiungsversuch der Amerikaner gescheitert, weil schlechtes Wetter und technische Probleme einen der eingesetzten Hubschrauber abstürzen ließen. US-Außenminister Cyrus Vance trat daraufhin aus Protest gegen den nicht mit ihm abgestimmten Militäreinsatz zurück.[19]

Im September 1980 dann schickte der irakische Präsident Saddam Hussein seine Truppen über die iranische Grenze, um die ölreiche Provinz Khusistan zu besetzen. Der erste Golfkrieg zwischen Schiiten und Sunniten sollte acht Jahre dauern, zwei Millionen Opfer fordern und Milliarden von US-Dollar kosten. Beide Seiten sollten amerikanische Waffen erhalten, weil dem Weißen Haus durchaus daran gelegen war, die Auseinandersetzungen der muslimischen Bruderstaaten in die Länge zu ziehen, um einerseits den Export der iranischen Revolution zu verzögern und andererseits Saddam und dessen Expansionsgelüste unter Kontrolle zu halten.[20]

Mit Afghanistan unter sowjetischer Knute und dem Iran in den Händen fundamentalistischer Ayatollahs war Pakistans strategische Bedeutung auf der Weltkarte amerikanischer Interessen noch weiter angestiegen – das wußte US-Sicherheitsberater Zbigniew Brzezinski, das wußte dessen Präsident Jimmy Carter, und das wußte auch General Mohammed Zia ul-Haq, der das heimliche Atombombenprogramm, ganz im Gegensatz zu den Befürchtungen seines Vorgängers Bhutto, erheblich forcieren ließ.[21]

Anfang November 1980 wurde US-Präsident Jimmy Carter abgewählt. Trug sein Widersacher Ronald Reagan wegen des Geiseldramas in Teheran den Sieg davon? Hatten gar dessen Wahlkampfmanager in geheimen Verhandlungen den Emissären Khomeinis militärische Aufrüstung versprochen, falls die amerikanischen Botschaftsangehörigen erst nach dem Urnengang freigelassen würden, wie Carters Iran-Experte später behauptete (»October surprise«)? Tatsächlich kamen die Geiseln erst am 20. Januar 1981 nach Hause, dem Tag der Amtseinführung des neuen Präsidenten, und Khomeinis Iran erhielt später auf geheimen Wegen amerikanische Militärausrüstung.[22]

Mit Ronald Reagan hielt eine eher schlichte Denkweise Einzug ins Weiße Haus, in der die Welt aus »West« und »Ost«, »rechts« und »links«, »gut« und »böse« bestand. Es gab klare Anweisungen für die Diplomaten: Der ideologische Feind ist »rot« und sitzt im Kreml, und jeder Feind meines »roten« Feindes ist mein Freund, gleich, welche sonstigen Absichten er hegt. Die schon unter Carter begonnene Aufrüstung der afghanischen Mudjahedin durch die CIA wurde von der neuen Administration noch angekurbelt, mochten deren islamische Vordenker noch so radikal sein. Eine erste Lieferung von einigen tausend britischen Enfield.303-Gewehren, der Standardwaffe afghanischer Gotteskrieger, war bereits auf dem Weg.[23] Und in Pakistan mußte Zia ul-Haq die diplomatischen Signale so verstehen, daß seine nuklearen Ambitionen im Moment nicht so wichtig für die Amerikaner waren.

Gut und böse: Reagans Politik legte in Afghanistan ab 1981 den Grundstein für den späteren Fall des Sowjetimperiums, aber ebenso auch für den islamischen Terrorismus und den Griff Osama bin Ladens nach der pakistanischen Atombombe.[24]

Am 16. Februar 1981, keine vier Wochen nach Reagans Vereidigung, wurde die US-Außenpolitik gegenüber Pakistan in einem geheimen »Action Memorandum« neu justiert: »14 Monate nach der sowjetischen Invasion ist unsere Glaubwürdigkeit niedrig«, hieß es im analytischen Teil des Berichts, der auch auf Richard Barlows Schreibtisch in der ACDA landete, »aber die Pakistanis setzen große Hoffnungen auf die neue Administration.« Allerdings bliebe nicht viel Zeit, die Generäle in Islamabad zu besänftigen, sonst könnte »die Atmosphäre schnell wieder vergiftet« sein. Konkret wurde die Erhöhung der Finanzhilfe auf 750 Millionen Dollar vorgeschlagen, außerdem die Aufrüstung ihrer »hochprofessionell ausgebildeten, aber ärmlich ausgestatteten Armee« mit modernen Boden-Luft-Raketen und Kampfflugzeugen. Kalkulierter Gesamtwert der Militärhilfe: »einige Milliarden Dollar«.[25]

Reagans Politik bedeutete eine völlige Abkehr von »carrots and sticks«. Islamabad erhielt nicht nur Waffen und Dollars, sondern auch so etwas wie einen »Freibrief für die Bombe«. Vorerst jedenfalls. Die neue Administration ignorierte dabei sogar die Warnungen ihrer eigenen Geheimdienste, daß einige der auf die pakistanischen Konten überwiesenen Millionen auf direktem Weg in das geheime Atomprojekt abfließen dürften. Der pakistanische Atomspion Abdul Qadeer Khan konnte eine kräftige Finanzspritze erwarten – für Little Almelo, aber auch für sich persönlich.

Am 1. Mai 1981 schickte General Zia ul-Haq eine Art öffentliche Botschaft ans Weiße Haus zurück, daß er das Angebot verstanden habe und annehme: Er gab »mit großer Genugtuung« die Umbenennung des geheimen Atomzentrums in Kahuta bekannt: Zu Ehren seines Gründers und Leiters solle die Einrichtung fortan unter dem Namen *Dr. A. Q. Khan Research Laboratories* firmieren.[26]

Das war Balsam für dessen Ego. Nun war Khan endlich an der Spitze, dort, wo er hinzugehören glaubte. Er, der vom Allmächtigen Auserkorene, konnte Pakistan und der gesamten muslimischen Welt zur Kernwaffe verhelfen. »Wir haben ein Team von sehr fähigen und patriotischen Ingenieuren und Wissenschaftlern«, ließ A. Q. sich zitieren. Er versuchte nie, seine Genugtuung über das Erreichte zu verbergen. Mochte ihn der Westen als »Atomspion« bezichtigen, mochten CIA und MI6 ihm illegale Beschaffungsaktionen vorwerfen, alle Beschuldigungen dienten doch nur dazu, ihre eigenen Frustrationen zu bekämpfen. »Es liegt jenseits ihrer wildesten Träume und ihres Fassungsvermögens, daß ein unterentwickeltes Land wie unseres dabei war, ihr Monopol zu knacken«, sagte Khan in einem der Interviews.[27] Das empfand auch Zias Außenminister Agha Shahi nicht anders: Zwei Wochen nach seinem Präsidenten ließ er öffentlich verlauten, die *Dr. A. Q. Khan Research Laboratories* seien »eine außergewöhnliche Einrichtung, die unsere Nation mit ehrlichem Stolz erfüllt«.[28]

Die Aufwertung Khans und die Entwicklung der amerikanisch-pakistanischen Beziehungen lösten in Israel wahre Alpträume aus. Wie sollte unter diesen Umständen der Bau einer »islamischen Atombombe« verhindert oder auch nur verzögert werden? Mit diplomatischen Mitteln? Für die Regierung in Jerusalem schien es an der Zeit, die Sache in eigene Hände zu nehmen. Jedenfalls sollte hinterher alles dafür sprechen, daß es sich bei den »Maßnahmen« der folgenden Monate um gezielte Aktionen des Mossad handelte.

Am 20. Februar 1981 explodierte eine Bombe im Garten von Eduard German, dem Direktor der Firma *Cora Engineering AG* in Chur; sie war so deponiert worden, daß sie kein Menschenleben gefährden und möglichst wenig Sachschaden anrichten konnte. Das Unternehmen in der Nordschweiz hatte Pakistan elementare Anlagen für die Urananreicherung geliefert und stand im Begriff, einen zweiten Großauftrag abzuwickeln. Nach dem Anschlag meldete sich ein anonymer Anrufer, um die Firma eindringlich vor weiteren Verkäufen von Nukleartechnologie nach Pakistan zu warnen. Der Mann verfügte offenbar über beste Insiderkenntnisse, denn er meldete sich zwei Monate später nochmals telefonisch bei *Cora*, gab zu verstehen, die Firma solle auch nicht versuchen, Lieferungen »über die Hintertür« vorzunehmen. Das war von der Firmenleitung offenbar erwogen worden.

Im März verkündete *Cora* die Einstellung sämtlicher Geschäftsbeziehungen mit den Pakistanis. Als die Vertragspartner in Islamabad daraufhin ihre Anzahlung von 6,4 Millionen Schweizer Franken zurückforderten, gingen die Manager umgehend zum Konkursrichter. Das Geld war längst irgendwo versickert.

Mitte Mai meldete sich vermutlich derselbe Anonymus telefonisch bei Heinz Mebus: Auch sein Vorgarten werde in die Luft fliegen, »sofern er nicht ablasse, der Republik Pakistan beim Bau einer Atombombe seine Dienste anzutragen«, hieß es in dem Bericht des Erlanger Polizeireviers, auf dem der Khan-Freund vorstellig geworden war. Während es für Mebus zunächst bei einer Drohung blieb (und erst ein halbes Jahr später knallen sollte), flog am 18. Mai einige hundert Kilometer südlich, in Markdorf am Bodensee, ebenfalls eine Bombe in die Luft: Hans Waelischmiller, Inhaber eines Familienunternehmens, hatte auf Vermittlung eines Mr. Zulfikar Ahmed Butt aus der pakistanischen Botschaft in Paris Zubehör für die geplante Wiederaufbereitungsanlage geliefert, aber das lag lange zurück. Der Anschlag »sollte offenbar über die Presse bekannt werden und andere abschrecken«, versuchte Waelischmiller hinterher eine Erklärung, »wir hatten in dem Moment keinen Vertrag laufen mit den Pakistanis«. Dabei erwähnte er allerdings nicht, daß er genau ein Jahr zuvor in Islamabad intensive Gespräche mit hochrangigen Vertretern der Atomenergiekommission PAEC geführt hatte.[29]

Es ließ sich später weder klären, wie viele »Nadelstiche« gegen Khans Beschaffungsagenten in Europa gesetzt wurden, noch ob tatsächlich der israelische Geheimdienst hinter der »Organisation gegen die Weiterverbreitung von Kernwaffen in Südasien« stand, die sich offiziell zu den Anschlägen bekannte.

Noch größere Sorgen bereitete Israel allerdings Saddam Husseins Atomprogramm – und nicht nur Israel. Eine Reihe von Mordanschlägen gegen irakische Nuklearexperten hatte es schon im Vorjahr gegeben, den spektakulärsten am 14. Juni 1980, als der ägyptische Wissenschaftler Dr. Yahya el-Meshad, der für die irakische Atomenergiekommission arbeitete, in Zimmer 9041 des Pariser Hotels *Meridien* erschlagen aufgefunden wurde. El-Meshad weilte in geheimer Mission an der Seine, er sollte die Qualität des Kernbrennstoffs überprüfen, den Frankreich für den irakischen Reaktor Osirak liefern wollte. Ob der Mord an dem Ägypter auf das Konto des Mossad oder iranischer Agenten ging, konnte nie geklärt werden. Möglicherweise hatte el-Meshad bei der Rückkehr von seinen Gesprächen auch nur einen Besucher in seinem Zimmer überrascht, der sich für seine Dokumente interessierte.

Für Abdul Qadeer Khan allerdings hatte es nach dem skrupellosen Anschlag auf den geschätzten Kollegen el-Meshad »am hellichten Tage« nicht den geringsten Zweifel gegeben, daß der israelische Geheimdienst hinter der Tat stehen mußte: »Israel ist nicht nur der Feind Pakistans, sondern der ganzen islamischen Welt«, empörte er sich haßerfüllt. Sollte »es uns gelingen, diese Atomtechnik weiterzuentwickeln«, wozu der Irak jetzt nicht mehr »die Fähigkeit oder das Wissen besitze«, würden »alle muslimischen Länder davon profitieren«.[30] Khans Äußerung stellte rückblickend so etwas wie das erste öffentliche Bekenntnis zur »islamischen Bombe« dar. Aber nur die Insider von CIA und MI6 würden sich zwanzig Jahre später dieser unverhohlenen Drohung erinnern, als sich herausgestellt hatte, daß »Dr. No« tatsächlich mit seinem »Bombenwissen« in muslimischen Bruderstaaten und womöglich bei Al Qaida hausieren gegangen war.[31]

Nach dem Ende des irakischen Projektleiters hatte Israel auch noch für das Ende des irakischen Projekts gesorgt – so sah es jedenfalls Khan.[32] Am 7. Juni 1981, einem Sonntag, legten F-16-Kampfflugzeuge der israelischen Luftwaffe das im Bau befindliche Kernkraftwerk Osirak und damit die Ambitionen des Irak auf die Plutoniumroute in Schutt und Asche. Schon das ganze Jahr 1980 hindurch war der Präventivschlag sehr kontrovers in der israelischen Regierung diskutiert worden. Yitzhak Hofi, der Direktor des Mossad, machte geltend, es fehle der sichere Beweis, daß Saddam schon in der Lage sei, die Atombombe zu bauen, eine Einschätzung, die von den amerikanischen Experten in der CIA und im Department of State weitgehend geteilt wurde. Hochrangige Militärs in Jerusalem hielten es überdies für viel besser, wenn Bagdad viele hundert Millionen Dollar in den Bau des Reaktors und einer Wiederaufbereitungsanlage steckte statt in konventionelle Rüstung wie Panzer, Flugzeuge und Raketen.[33]

Am Ende setzten sich die Falken in Begins Kabinett durch. Die minutiösen Einsatzpläne lagen fertig in der Schublade.

Wegen der zu erwartenden Proteste aus aller Welt, vor allem aus Washington, hatten die Luftwaffengeneräle strenge Vorsichtsmaßnahmen ergriffen und die Kennungen der Bomber entfernen lassen, um es den Irakern unmöglich zu machen, die Herkunft der F-16 sicher zu identifizieren. Doch Begin, vom Erfolg der Mission euphorisiert, bekannte sich nach der sicheren Rückkehr der Maschinen zu ihrer Basis im Sinai völlig unerwartet zu dem Anschlag. Das sei eine Lektion Israels an alle seine Feinde, die sich mit dem Gedanken trügen, eine Atombombe zu entwickeln. »Wenn der irakische Kernreaktor nicht zerstört worden wäre«, rechtfertigte sich der Premier, »wäre es zum zweiten Holocaust in der Geschichte des jüdischen Volkes gekommen. Und es wird nie wieder einen Holocaust geben [...], nie, nie wieder!«[34]

Entgegen der Befürchtungen in Jerusalem und der offiziellen Stellungnahmen aus dem Department of State zeigte sich der amerikanischen Präsident, wie sich später sein Sicherheitsberater Richard V. Allen erinnerte, »entzückt und sehr befriedigt« über den Militärschlag gegen Saddams Reaktor. Der Angriff habe gezeigt, daß die Israelis Zähne zeigen könnten und in der Lage seien, Probleme anzupacken, bevor sie unlösbar würden. Das gefiel Ronald Reagan.[35]

Allerdings ließen die Amerikaner ihre Freunde in Jerusalem auch wissen, daß Israel mit der Osirak-Operation auf längere Zeit sein militärisches Pulver verschossen habe. Noch ein korrigierender Eingriff in die nukleare Aufrüstung eines islamischen Landes könne nicht in Betracht kommen. Die Botschaft war unmißverständlich: Solltet ihr auch nur in Erwägung gezogen haben, Little Almelo in Pakistan zu zerstören, laßt es sein! Angeblich existierten damals durchaus entsprechende Pläne, die allerdings die israelische Luftwaffe wegen der großen Entfernung ohnehin vor nahezu unlösbare Aufgaben gestellt hätten, selbst wenn Indien Überflugrecht eingeräumt hätte. Für viel wahrscheinlicher hielten die US-Geheimdienste deshalb die Möglichkeit eines israelischen Sabotageaktes in Kahuta oder eines Mordanschlags auf Abdul Qadeer Khan.[36]

Für Khan, dessen Sicherheitspersonal nach dem Bombenangriff auf den Osirak-Reaktor noch einmal deutlich aufgestockt wurde, brachte der Sommer 1981 zahlreiche Probleme. Der konstante Zufluß von Nukleartechnik, Apparaten und Anlageteilen für seine »Butterfabrik« stockte, sein europäisches Beschaffungsnetzwerk, das die heiße Ware über Dutzende von Tarnfirmen in Dubai, Kuwait oder in Pakistan verschob, geriet immer häufiger ins Visier von Zollfahndern und Finanzbeamten. Zum Glück gab es wenigstens an der deutschen »Front«, wo einige seiner wichtigsten Lieferanten saßen, bislang keine ernsthaften Schwierigkeiten.

Mehr als ein Jahr nachdem amerikanische Diplomaten ihr Non-Paper mit den Beschwerden über *CES Kalthof* und *Leybold-Heraeus* im Auswärtigen Amt übergeben hatten, lagen die entsprechenden Vorgänge noch immer in einem hohen Aktenstapel des Wirtschaftsministeriums vergraben.[37] Erst nachdem die Presse über die dubiosen Geschäfte von Heinz Mebus und Albrecht Migule berichtet hatte, sahen sich die Bonner Beamten veranlaßt, ihren Minister Otto Graf Lambsdorff über den Skandal zu informieren. Der machte einen Haken an den Bericht und vergaß ihn gleich wieder. Sein Staatssekretär Dieter von Würzen verstieg sich in der Antwort auf eine parlamentarische Anfrage zu der Behauptung, die Bundesregierung habe keinerlei Kenntnisse über Pakistans Urananreicherungsanlagen.[38]

Wochen später fühlte sich das Ministerium dann doch bemüßigt, die Staatsanwaltschaft einzuschalten. Bevor Anklage erhoben werden konnte, mußte die Bundesregierung jedoch ein Gutachten abgeben, daß durch Migules Lieferungen »die auswärtigen Beziehungen der Bundesrepublik erheblich gestört« worden seien. So waren die Vorschriften. Der zuständige Referatsleiter im Auswärtigen Amt stöhnte, »am konkreten Fall« zeige sich, »wie schwierig die erhebliche Störung der Außenbeziehungen […] zu begründen« sei. Immer wieder wurden Expertisen eingeholt, Anläufe unternommen, Ressortbesprechungen anberaumt. Es sollte weitere vier Jahre dauern, bis die illegalen Exporte Albrecht Migules nach Pakistan endlich mit einem Schuldspruch endeten.[39]

Nicht anders verhielt es sich mit der Firma *Leybold-Heraeus*. Zwar hatte das Unternehmen mit Sitz in Hanau und Köln ab 1977 vakuumdichte Spezialventile nach Pakistan geliefert, ein Jahr später *Urenco*-Konstruktionspläne an die Schweizer Firma VAT abgegeben, wo entsprechende Anlagen für Kahuta nachgebaut worden waren. Alles legal? Bei einer Außenwirtschaftsprüfung hatten die Prüfer der Oberfinanzdirektionen jedenfalls keine Erkenntnisse über verbotene Exporte gewonnen.

Am 20. Juli 1981 meldete sich telefonisch ein Redakteur des ZDF, der offenbar über exzellente Informationen verfügte, bei dem LH-Manager Otto Heilingbrunner, der den Anruf in einem Vermerk festhielt. Der Sender »habe Hinweise über LH-Lieferungen, bekannt waren die Namen Dr. Hauff, Dr. Heilingbrunner, Lerch, Petz, ebenso auch ›Morddrohungen‹ gegen Mitarbeiter deutscher Firmen«, diktierte Heilingbrunner seiner Sekretärin, »so daß die Quelle dieser Informationen klar zu sein scheint«.[40] Gemeint waren offensichtlich israelische Kreise.

LH-Chef Alfred Hauff und seine Mitarbeiter beschlossen, auf Tauchstation zu gehen und die ZDF-Berichterstattung auszusitzen.[41] Diese Aktennotiz wird rückblickend als Indiz dafür gewertet, daß die Chefetage des Unternehmens schon damals über die zwielichtigen Geschäfte mit Khans Little Almelo informiert oder sogar persönlich an ihnen beteiligt war. Wie Gotthard Lerch und Heilingbrunner mit Methoden der organisierten Kriminalität ihre Aktivitäten zu verschleiern suchten, sollte den Ermittlungsbehörden allerdings erst ein paar Jahre später aufgehen.

Ähnlich konspirativ angelegt waren die Beziehungsgeflechte zwischen Pakistans Atomfabrik und dem niederländischen Konzern *Philips* in Eindhoven, dessen früherer Forschungschef Professor Hendrik Casimir seit den Studienzeiten in Delft zu Khans väterlichen Freunden zählte.[42] *Philips* verkaufte an die Schweizer *OPAK Intertrade Ltd*, die Khans Freund Henk Slebos mit Hilfe seines Landsmanns Dr. Leonard Stolk gegründet hatte, der in Zürich als »internationaler Steuerberater« tätig war; OPAK verkaufte dann weiter an *PAK Chemical Co.* in Islamabad, eine der unzähligen Tarnorganisationen für Kahuta.[43]

Für Slebos war es ein einträgliches Geschäft: Bei einem der zahllosen Umwegsgeschäfte, Anfang Juni 1981, schlug seine Züricher Briefkastenfirma zum Beispiel auf die *Philips*-Rechnung von rund 800000 Gulden zehn Prozent drauf. Außerdem zahlte *Philips* zum Jahresende noch eine Kommission von 76000 Gulden, so daß zum Jahreswechsel 1981/82 für den Niederländer ein Gewinn von 450000 Gulden zu Buche stand, noch dazu in der Schweiz.[44]

Für Slebos diente die Schweizer Deckadresse aber wohl auch dazu, die holländischen Ermittlungsbehörden an der Nase herumzuführen. Im September 1980 hatte ihn der Economische Kontroledienst in seinem Haus in Den Helder aufgesucht und dringend vor dem Export »strategischer Güter« nach Pakistan gewarnt. Nach dem Bericht der Untersuchungskommission über die Atomspionage bei *Urenco* in Almelo, die dem Ansehen der Niederlande im Jahr zuvor schweren Schaden zugefügt hatte, waren die Ermittlungsbehörden angehalten worden, dem Khan-Freund bei dessen Geschäften genau auf die Finger zu schauen. Noch so eine Pleite wollte und konnte sich die Regierung in Den Haag nicht erlauben.[45]

Deshalb schien Slebos, *Philips* und den Pakistanis selbst der Schweizer »Briefkasten« für manche Deals womöglich nicht mehr sicher genug. Stolk besorgte deshalb im August 1981 zusätzlich einen Londoner »Firmenmantel« namens *Oatenfield Ltd*, um das Geflecht noch etwas undurchsichtiger zu machen.[46] Ab Frühjahr 1982 wurden einige Bestellungen, die von Ikram ul-Haq aus der pakistanischen Botschaft in Bonn bei *Philips* in Eindhoven eingegangen waren, später über *Oatenfield* in London an *PAK Chemicals Co.* in Islamabad ausgeliefert, wobei die entsprechenden Akkreditive weiterhin über die Handelsbank in Zürich abgewickelt wurden.[47] Als Ermittlungsbeamte des Economische Kontroledienst in Den Haag und von Customs & Excise in London später das Firmengeflecht endlich entwirrt hatten, blieb ihnen gleichwohl durchschlagender Erfolg versagt: Gegen *Philips* wurde wegen der verwinkelten Geschäftsbeziehungen niemals Anklage erhoben. Ein öffentliches Verfahren gegen einen der größten niederländischen Konzerne wegen der Atomhilfe für Pakistan wäre in dieser Zeit einem diplomatischen Super-GAU gleichgekommen.[48]

Das Khan-Netzwerk (1981)

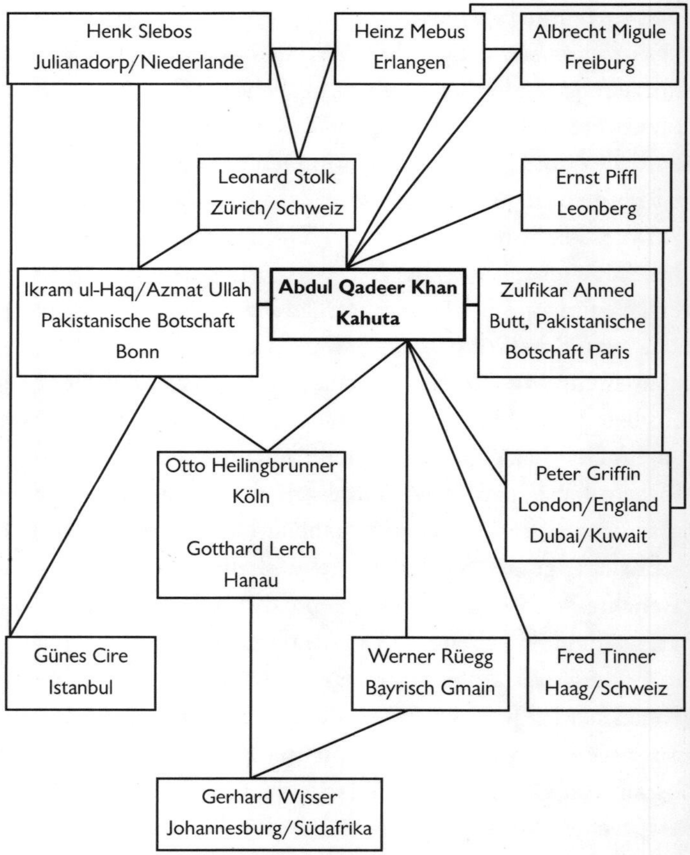

Quellen: Bundesnachrichtendienst, Februar 1981; Abschlußbericht des Atom-Untersuchungsausschusses, Bonn 1989

Bei der CIA in Langley und der Abrüstungsbehörde ACDA des Department of State in Washington rieben sich die Proliferations-Spezialisten verwundert die Augen über das Laisser-faire der Deutschen und Holländer. Aber mußten sie nicht inzwischen vor der eigenen Tür kehren? Durften sie wegen der duldsamen und unkritischen Pakistan-Politik des Weißen Hauses mit dem Finger auf die Regierungen in Bonn und Den Haag zeigen? Die Unterstützung der afghanischen Mudjahedin in ihrem erbitterten Kampf gegen die Rote Armee genoß weiterhin absolute Priorität für Präsident Reagan. Und um den Nachschub an Waffen zu gewährleisten, brauchte er Pakistan. »Kahuta« war inzwischen fast zu einem Unwort im amerikanischen Außenministerium geworden.[49]

Im September 1982 setzte die Regierung den Kongreß darüber in Kenntnis, sie beabsichtige, die Ausfuhr von Nukleartechnologie für 63 Länder zu erschweren, darunter auch für Pakistan. Für solche Exporte bedürfe es in Zukunft einer offiziellen Regierungsgenehmigung. Eine darüber hinausgehende Verschärfung sei allerdings nicht geplant, weil das die »amerikanische Industrie daran hindern könnte, sich im Rahmen friedlicher Atomprojekte des Auslands zu engagieren«, wie es ein Mitglied der Reagan-Administration formulierte.[50]

Tatsächlich weigerte sich der Präsident, der Nichtweiterverbreitung von Kernwaffen irgendeine Priorität zuzubilligen. Statt dessen höhlte er die ACDA systematisch aus, degradierte sie zu einer machtlosen Behörde. »Die Administration feuerte damals einen Großteil der Abrüstungsexperten«, erinnert sich Richard Barlow. Ende 1982 mußte, vorläufiger Höhepunkt, die gesamte ACDA-Abteilung für Pakistans Atomprogramm aufgelöst werden. Richard, der gerade geheiratet hatte, stand wenige Wochen später auf der Straße. Zwar wollten seine Vorgesetzten ihn unbedingt fest engagieren, doch ein Einstellungsstopp der Regierung machte ihnen einen Strich durch die Rechnung.[51]

In Little Almelo, 30 Kilometer außerhalb der Hauptstadt Islamabad, liefen die Zentrifugen derweil auf Hochtouren. In jeder der zu Hunderten oder gar Tausenden hintereinander geschalteten Maschinen wurde der Anteil des gasförmigen Uran-235-Hexafluorids um wenige Promille (im Verhältnis zum Uran-238-Hexafluorid) erhöht, bis er schließlich bei einer Größenordnung von drei bis fünf Prozent lag, der notwendigen Konzentration des spaltbaren Atoms im Brennstoff für Kernkraftwerke. »Das angereicherte Uran aus Kahuta brauchen wir für unseren Leichtwasserreaktor, um das Energiedefizit unseres Landes zu überwinden«, erklärte Abdul Qadeer Khan in einem Interview, eine Sprachregelung, auf die sich die pakistanischen Militärs geeinigt hatten, obwohl es gar keinen Leichtwasserreaktor im Land gab.[52]

Tatsächlich stoppte die Anreicherung in Kahuta keineswegs bei fünf Prozent. Immer weiter wurde das schon angereicherte Gas in die Kaskaden von Zentrifugen eingespeist, Prozentpunkt um Prozentpunkt kletterte der Uran-235-Gehalt, wobei auch der Energieaufwand immer weiter in die Höhe ging. Im Herbst 1982 sollte Khans »Butterfabrik« nach den damaligen Geheimdienst-Informationen einen Anreicherungsgrad von etwa zwanzig Prozent erreicht haben.[53]

Doch immer wieder kam es zu gravierenden Störungen in der Zentrifugenhalle, dem Herz der Anlage. Bereits kleinste Unwuchten in den aus gehärtetem Spezialstahl produzierten Rotoren konnten dazu führen, daß sie »unrund« liefen und, wegen der höllischen Umdrehungsgeschwindigkeit, mit einem ohrenbetäubenden Lärm wie Schrapnells auseinanderflogen. Bestenfalls nahmen dann nur eine Handvoll anderer Zentrifugen in der unmittelbaren Umgebung des Desasters Schaden, schlimmstenfalls ganze Sektionen, weil die umherfliegenden Stahlteile in einer Art Dominoeffekt andere Rotorgehäuse aus ihrer stabilen Lage brachten und kollabieren ließen.[54]

In den ersten Jahren soll es in Kahuta regelmäßig zu solchen Zusammenbrüchen gekommen sein, die mitunter den Eindruck hinterließen, als habe eine Bombe in der Halle eingeschlagen. Es gab einen ständigen Bedarf an martensit-gehärtetem Stahl (maraging steel), der nicht in Pakistan gedeckt werden konnte, um einerseits die zerstörten Zentrifugen auszutauschen, andererseits deren Anzahl kontinuierlich zu erhöhen und dadurch die Zeitspanne bis zur Produktion von neunzigprozentigem Uran-235 zu verkürzen. Zwei größere Partien des superharten Stahls aus Röchlingen im Saarland (1975) und aus den Niederlanden (1976) waren natürlich längst verbraucht. Maraging steel stand deshalb ganz oben auf der Liste aller pakistanischen Beschaffungsagenten weltweit; und die Watchdogs der CIA und des MI6 setzten alles daran, den Nachschub zu erschweren oder gar zu verhindern.[55]

Im Dezember 1982 kam General Zia ul-Haq nach Washington. Bei den offiziellen und privaten Gesprächen im Weißen Haus versicherte der pakistanische Präsident seinem amerikanischen Kollegen erneut, sein Land habe nicht die Absicht, eine nukleare Testexplosion vorzunehmen. Das war viel weniger gewesen, als die unverbesserlichen Abrüstungsexperten des Department of State gehofft hatten. Pakistan würde sein militärisches Atomprogramm also nicht auf unbestimmte Zeit einfrieren. Warum sollte Zia auch irgendwelche Zugeständnisse machen?[56]

Anfang 1983 unterrichtete das Weiße Haus den US-Kongreß in einer Expertise (»secret«) über den tatsächlichen Stand der pakistanischen Aufrüstung; seit zwei Jahren war die Regierung dazu verpflichtet.[57] Pakistan setze seine Beschaffungsbemühungen für die Urananreicherung, die Wiederaufbereitung von Plutonium und für den Bau von Kernsprengköpfen »unvermindert fort«, hieß es in der Analyse. Die UN-Atomenergiebehörde IAEA in Wien, zu deren Aufgabe die Überwachung des Kernkraftwerks Kanupp in Karatschi gehörte, habe zwar nicht feststellen können, »ob ausgebrannter Plutoniumbrennstoff aus Kanupp abgezweigt wurde«, PAEC-Chef Munir Ahmed Khan lasse aber eine kleine Wiederaufbereitungsanlage bauen (»new labs«), die fast betriebsbereit sei. »Wir werden das Nuklearprogramm Pakistans sehr sorgfältig überwachen«, schloß der Geheimbericht, »und Präsident Zia weiß das genau.«[58]

Etwa zur gleichen Zeit, als die US-Regierung das Parlament informierte, hielt sich Professor Cornelius Keller vom Kernforschungszentrum Karlsruhe im pakistanischen Rawalpindi auf, um dort ein Referat über »Chemistry and Technology of the Nuclear Fuel Cycle« zu halten. Keller traf eine ganze Reihe alter Bekannter wieder, die sich zu mehrmonatigen Fortbildungskursen in Karlsruhe aufgehalten hatten: Dr. Nyamat Ali Javed zum Beispiel, der im Dezember 1974 an »heißen Zellen« ausgebildet worden war, diente inzwischen im Hauptquartier der PAEC als Direktor der Abteilung »Nuclear Fuels & Materials« als einer der engsten Mitarbeiter Munir Khans; und Abdul Majeed, der damals zusammen mit Javed nach Karlsruhe gekommen war, fungierte als Abteilungsleiter der »new labs«, also der kleinen pakistanischen Wiederaufbereitungsanlage.[59]

Dr. Javed galt bei den Geheimdiensten inzwischen als wichtiger Mann der pakistanischen Beschaffungsmaschinerie. Schon bei Albrecht Migules Geschäften hatte er über die berüchtigte Tarnfirma »triple A«, *Arshad Amjad & Abid Ltd*, eine halbe Tonne Calciumgranulat (»nuclear grade«) geordert.[60] Abdul Majeed würde dagegen erst viel später zweifelhafte Bedeutung erlangen, als er sich im Sommer 2001 mehrfach mit Osama bin Laden und dessen Vertrauten in Kabul traf.[61]

Schon wenige Wochen vor Kellers Vortrag beim *Pakistan Institute of Nuclear Science and Technology* (*Pinstech*), das auch für die Forschungsprojekte des Kernwaffenprogramms zuständig war, hatte das Auswärtige Amt die Kooperation der Karlsruher mit Pakistan unter die Lupe genommen. Das Ergebnis barg reichlich außenpolitischen Zündstoff: Es sei festzuhalten, »daß *Pinstech* langfristig entscheidende Impulse durch die Zusammenarbeit mit Deutschland« erhalten habe, hieß es da, und das könne, bei der »bekannt gründlichen Aufklärungstätigkeit« der Freunde in Washington und London, dort »nicht verborgen bleiben«. Es drohten wieder unliebsame Non-Paper. Selbst den Beamten des Wirtschaftsressorts blieb die Spucke weg: »Während einerseits ständig Bemühungen im Gange sind, den Erfolg des pakistanischen Nuklearprogramms zu inhibieren, steht das Kernforschungszentrum Karlsruhe offensichtlich in engstem Kontakt mit einschlägigen pakistanischen Dienststellen, um das Wissen für eben dieses Nuklearprogramm zu vermitteln.«[62]

Vielleicht lag es an den verschlungen Wegen der Bürokratie, vielleicht aber auch am fehlenden politischen Willen der neuen Regierung unter Bundeskanzler Helmut Kohl: In Karlsruhe blieben die Türen für die Wissenschaftler des *Pinstech* sperrangelweit offen; sie erhielten sogar Zugang zu dem mit Stacheldraht und Starkstrom bewehrten Hochsicherheitstrakt des KfK, in dem mit Plutonium umgegangen wird. Wenige Monate später sollte die nächste Delegation aus Pakistan eintreffen.

Anfang April 1983, fast sieben Jahre nach Beginn des Projekts, wurde in Little Almelo der erste Bombenstoff produziert, auf etwa 90 Prozent angereichertes Uran-235, allerdings erst in winzigen Gramm-Mengen – für einen Sprengkopf werden rund 15 bis 20 Kilogramm benötigt.[63] Es war ein Freudentag in Kahuta. Abdul Qadeer Khan empfand, wie er später einräumte, »unendliche Genugtuung und großen Stolz«, der Welt endlich gezeigt zu haben, zu welchen Leistungen sein Land in der Lage sei. Und natürlich auch er selbst. Selbstverständlich galt in Islamabad weiterhin strengste Geheimhaltung, auch wenn sich Khan keinen Illusionen über die intensiven Aufklärungsbemühungen der CIA hingab.[64]

Das Mitteilungsbedürfnis des mittlerweile 47jährigen Kahuta-Chefs erwies sich als großes Problem. Sein Ego lechzte nach nationaler Bestätigung und Anerkennung, das Schulterklopfen der Kollegen, Generäle und Politiker reichte ihm schon lange nicht mehr. Was nützte der Sieg über den arroganten Westen, wenn im Westen niemand davon erfahren durfte? Ein Dilemma, wie sich noch erweisen sollte. Immerhin erhielt er von der Regierung, verklausuliert zwar, aber für Insider durchaus erkennbar, die eine oder andere Ehrung: Ghulam Ishaq Khan, Finanzminister in Zias Kabinett und zuständig für das klandestine Atomprojekt, bekundete A. Q. und dessen Mitarbeitern am 11. April 1983 in einer öffentlichen Stellungnahme »meine aufrichtigsten

Glückwünsche für das, was in kurzer Zeit, gegen große Widerstände, vollendet werden konnte«.[65]

Zur gleichen Zeit, da das Land einen riesigen Schritt auf dem Weg zur »islamischen Bombe« vorangekommen war, verkaufte der nicht einmal 30jährige Richard Barlow, bis vor wenigen Monaten Pakistan-Experte der US-Abrüstungsbehörde ACDA, Kaviar, Lachs und Wildschweinpastete im Gourmetgeschäft eines Freundes in New York. Ein Gelegenheitsjob. Die Entscheidung des Department of State, »meinen Vertrag wegen des Stellenabbaus nicht zu verlängern, hatte mich und Cindy, meine Frau, völlig unvorbereitet getroffen«, erinnert er sich, »wir mußten gleichsam über Nacht lernen, von der Hand in den Mund zu leben«. Die Arbeitslosigkeit kletterte damals in für amerikanische Verhältnisse ungewohnte Höhen. »Akademiker standen bei McDonalds Schlange, um eine Anstellung zu ergattern, selbst für einen ehemaligen Mitarbeiter der Regierung wie mich gab es wenig Hoffnung«, denkt Barlow an die schwierige Zeit zurück. Neben seiner Beschäftigung in einem Feinkostladen von Manhattan versuchte er damals Investoren für die »Unterhaltungsindustrie« zu ködern (näher will er darauf nicht eingehen). Damit mußte sich der zwischenzeitlich wahrscheinlich beste Kenner Abdul Qadeer Khans außerhalb von Pakistan vorläufig mehr recht als schlecht über Wasser halten.[66]

Dr. Kotari und Mr. Tritium

Am 29. Juni 1983 schickte Rudolf M. Ortmayer, Inhaber der kleinen Firma *NTG Nukleartechnik GmbH & Co. KG* im hessischen Gelnhausen, einen kurzen Brief an Munir Ahmed Khan, den Vorsitzenden der pakistanischen Atomenergiekommission und Intimfeind des Kahuta-Chefs Abdul Qadeer Khan. Die beiden Namensvettern wurden wegen ihrer Präferenzen für den Uran- bzw. Plutoniumweg zur »islamischen Bombe« und zur besseren Unterscheidung hinter den Kulissen der Geheimdienste gelegentlich auch »U-Khan« und »Pu-Khan« genannt. Ortmayer bezog sich in seinem Schreiben an Pu-Khan auf ein Gespräch mit dessen Mitarbeiter Dr. Nyamat Ali Javed, den gern gesehenen Gast im Karlsruher Kernforschungszentrum, und kündigte die Übersendung eines Angebots an, als »Grundlage der Diskussion bei unserem kommenden Besuch«.[1]

Der NTG-Chef, früher Mitarbeiter der Firma *Leybold-Heraeus*, hatte in jenem Jahr schon große Mengen von Hüllrohren aus Zirkaloy, die für die Herstellung von Brennelementen benötigt werden, nach Pakistan geliefert, am Zoll vorbei. Doch die neuen Lieferungen sollten alle bisherigen Geschäfte in den Schatten stellen. Für Ortmayer bot sich eine glänzende Perspektive, denn seine pakistanischen Freunde waren offenbar wild entschlossen, sich in Deutschland mit teurer Gerätschaft einzudecken – und bereit, jeden Preis zu zahlen.

Ebenfalls am 29. Juni 1983 flogen Gotthard Lerch und Otto Heilingbrunner, die zwei Direktoren von *Leybold-Heraeus*, dessen Stammsitz Hanau keine 20 Kilometer von Gelnhausen entfernt liegt, nach Zürich. Von dort ging es weiter nach Buchs in der Ostschweiz.[2] Auch sie befanden sich auf einer neuen »Pakistan-Mission«, allerdings für U-Khan, und deshalb durften die deutschen Beschaffungsagenten nichts voneinander wissen. Abschottung gilt als oberstes Gebot – der Mafia wie der

Geheimdienste. Und Lerchs Operation, die später den Beinamen »Kotari« erhalten sollte, trug Elemente von beidem: von organisierter Kriminalität und von Spionage. Lerchs Freund A.Q. in Kahuta plante den Bau einer zweiten »Butterfabrik« und benötigte dafür jene Uranhexafluorid-Anlagen, die fünf Jahre zuvor von *Cora Engineering AG* aus Chur für die erste Ausbaustufe produziert worden waren. Aber es sollte schon die moderne *Urenco*-Technologie sein.

Während Ortmayers Ansprechpartner, Zulfikar Ahmed Butt, immer noch in der pakistanischen Botschaft in Paris saß, schaltete und waltete Lerchs Kontaktmann von der Botschaft in Bonn beziehungsweise von deren Außenstelle, dem Reihenhaus in Wachtberg-Pech: Azmat Ullah, Nachfolger von Ikram ul-Haq, der im Jahr zuvor nach Pakistan zurückbeordert und mit einem Posten betraut worden war, dem später noch einige Bedeutung zukommen sollte.[3] Auch Butt kehrte kurze Zeit später aus Frankreich in die Heimat zurück, trat in die Dienste der PAEC, sollte aber als »Director of Procurement« unter seinem Aliasnamen »Shef« wichtigster Ansprechpartner für Ortmayer und viele andere Helfer und Helfershelfer bleiben.[4]

Hinter den verstärkten Beschaffungsbemühungen der deutschen Mittelsmänner im Sommer 1983 stand ganz offensichtlich eine deutliche Forcierung des gesamten Projekts »islamische Bombe«. Pakistans Machthaber General Zia ul-Haq glaubte keine große Rücksicht mehr auf die Regierung in Washington nehmen zu müssen, solange die Rote Armee Afghanistan besetzt hielt. Anfang Juli bekannte der US-Botschafter in Islamabad nach einem Treffen der beiden Außenminister noch einmal öffentlich, der pakistanische Präsident »habe wieder und wieder betont, daß es nicht seine Absicht sei, [...] mit dem angereicherten Uran aus Kahuta [...] Kernwaffen zu entwickeln [...], und ich habe keinerlei Informationen, daß diese Erklärung nicht den Tatsachen entspricht«.[5]

Das Gegenteil war der Fall: »Hinter Kahuta steht eindeutig die Atombombe!« Sowohl das Directorate of Intelligence der

CIA (»top secret«) als auch das Department of State («secret«) waren Wochen zuvor zu diesem klaren Ergebnis gekommen. Damit nicht genug: Die Analysten der US-Geheimdienste hatten herausgefunden, daß Pakistan sowohl in Little Almelo als auch im Kanupp-Reaktor alles daransetzte, die Herstellung von Spaltmaterial zu beschleunigen, egal ob »U« oder »Pu«.[6] Die kleine Wiederaufbereitungsanlage der »new labs« werde demnächst in Betrieb gehen und könne dann geringe Plutoniummengen aus den Brennelementen von Kanupp auswaschen, wobei die Pakistanis dies mit einer Ausnahmegenehmigung der UN-Überwachungsbehörde IAEA oder hinter deren Rücken tun könnten. Und in Kahuta stehe zwar noch nicht in ausreichender Menge hochangereichertes Bombenuran zur Verfügung, Abdul Qadeer Khan versuche aber, die Produktion trotz weiterhin »beachtlicher technischer Probleme« anzukurbeln, und plane überdies den Bau einer neuen Anlage.

Geradezu alarmierend fanden die Nachrichtendienste, daß Pakistan sich verstärkt mit Hardware für die Bombe selbst einzudecken begonnen hatte, mit den notwendigen elektronischen Zündschaltern zum Beispiel. »Seit dem Besuch von Präsident Zia in den Vereinigten Staaten im Dezember 1982 beobachten wir [...] den Einkauf von Komponenten für die erste Kernwaffe«, wobei U-Khan »das Design für die Bombe [...] höchstwahrscheinlich von China« erhalten habe, hieß es in der streng geheimen CIA-Analyse. Diese Befürchtung sollte sich zwanzig Jahre später auf so groteske Weise bestätigen, als eben diese chinesischen Baupläne auch in Libyen gefunden wurden, verschachert und geliefert von Abdul Qadeer Khan – in zwei Plastiktüten einer Chemischen Reinigung aus Islamabad.

Die Chinesen hatten schon in den Jahren zuvor ihre Hilfe angeboten, weil sie strategisches Interesse an einer militärischen Stärkung Pakistans gegenüber dessen Erzfeind Indien besaßen, ihrem eigenen Rivalen. Peking schickte seine Spezialisten durchaus nicht ohne Eigennutz nach Kahuta und Karatschi (Kanupp): Sie sollten die pakistanischen Freunde nicht nur bei der Bewältigung ihrer Probleme unterstützen, sondern bei der Gelegenheit

Einblicke in die Blaupausen des deutschen *Urenco*-Konsortiums nehmen, die Abdul Qadeer Khan in Almelo gestohlen hatte.[7]

Im September 1983 entsandte Zulfikar Ahmed Butt alias »Shef« seinen 33jährigen Landsmann Nazir Ahmed Vaid, den Chef einer kleinen Frachtfirma in Karatschi, für einen streng geheimen Auftrag nach Houston/Texas. Es handelte sich um die erste zielgerichtete Operation dieser Art, denn bis dahin hatten die pakistanischen Agenten amerikanischen Boden tunlichst gemieden, um den Freund und Gönner nicht in Bedrängnis zu bringen, falls irgend etwas schiefgehen sollte. Doch inzwischen galt diese Regel offenbar nicht mehr.[8]

Vaid war vor allem deshalb ausgewählt worden, weil sein Unternehmen über eine offizielle Niederlassung am William P. Hobby International Airport in Houston verfügte, was eine exzellente Tarnung bot und ihm eine problemlose Ein- und Ausreise ermöglichte. Mitte Oktober sprach der Pakistani aus Texas bei der Firma *E. G. & G.* in Wellesley/Massachusetts vor, um 50 KN-22-Krytrons zu bestellen. Krytrons sind elektronische Hochgeschwindigkeitsschalter, die in Zündern für Atombomben benötigt werden und deshalb unter strenger Ausfuhrkontrolle stehen. Und *E. G. & G.* war einer der wenigen Hersteller weltweit. Die Verantwortlichen lehnten den Verkauf ab, weil Vaid, der merkwürdigerweise in pakistanischer Landestracht auftrat, weder eine Erklärung über seinen Kunden abgeben wollte, noch entsprechende Ausfuhrpapiere vorlegen konnte. *E. G. & G.* setzte daraufhin die US-Zollfahndung in Kenntnis.

Zwei Wochen später versuchte Vaid erneut, die begehrten Krytrons zu ordern, diesmal, nach Rücksprache mit Mr. Butt in Islamabad, über einen Elektronikshop in Houston. Jetzt gingen die Verantwortlichen von *E. G. & G.* zum Schein auf das Geschäft ein und ermöglichten es den Ermittlungsbehörden, den weiteren Weg der Lieferung genau im Auge zu behalten. Als der PAEC-Agent Monate später die Komponenten für den Versand nach Pakistan abfertigen ließ, ohne eine Exportgenehmigung beantragt zu haben, schnappte die Falle zu.[9]

Bei den CIA-Auswertern lösten die ersten Informationen über das pakistanische Interesse an Atombombenzündern Ende Oktober 1983 Alarmstimmung aus: Die PAEC unter Pu-Khan bereitete offenbar erste Kernsprengsätze vor, soviel stand fest. War Islamabad womöglich schon viel weiter auf dem Weg zur »islamischen Bombe« als gedacht? Hatte Pakistan Spaltmaterial aus China erhalten? Stand eine unterirdisch gezündete nukleare Testexplosion unmittelbar bevor? Die Kobra lächelte, würde sie auch zubeißen?[10]

Ein halbes Jahr zuvor, im März des Jahres, hatte die »Wah Group«, jene Gruppe von Spezialisten des pakistanischen Militärs, die mit dem Bau der Bomben-Hardware befaßt war, zwei »kalte Tests« vorgenommen, in einem Tunnel unter den Kirana-Bergen in der Nähe des zentralen Munitionsdepots der pakistanischen Armee bei Sargodha. Die Leitung lag in den Händen von Dr. Ishfaq Ahmed von der PAEC; auch er war 1977 als Gastwissenschaftler zur Weiterbildung in Karlsruhe gewesen.

Bei den seinerzeit getesteten Bomben handelte es sich um einen Implosionstyp, wobei nicht klar ist, ob dabei schon das chinesische Design verwendet wurde. Dabei drückt die Explosion eines Mantels aus herkömmlichem Sprengstoff (in diesem Fall Hexogen) den nuklearen Uran- oder Plutoniumkern so stark zusammen, daß die kritische Masse des Spaltmaterials überschritten wird und die Kettenreaktion in Gang kommt. Der Kern besteht bei einem »kalten Test« aus atomar nicht »zündfähigem« Natururan. Unter den Augen von General Zias Finanzminister Ghulam Ishaq Khan und PAEC-Chef Munir Ahmed Khan hatte es zwar einige Komplikationen bei den beiden Kirana-Tests gegeben, die prinzipielle Funktionsfähigkeit der getesteten Modelle war aber unter Beweis gestellt worden.[11]

Offenbar waren einige der hochempfindlichen Geräte, die bei den Tests zum Einsatz kamen, erst kurz zuvor über Hongkong aus den Vereinigten Staaten eingetroffen. Der kalifornische Geschäftsmann Arnold I. Mandel hatte über seine Firma *Tirrco* seit

Juli 1982 Spezialcomputer, Oszilloskope und sensible elektronische Meßinstrumente an einen Geschäftspartner in Hongkong geschickt, ohne die erforderliche Exportgenehmigung einzuholen. Von Hongkong aus war die Ware dann postwendend zur Tarnfirma *Aftab Brothers* in Islamabad weitergeleitet worden. Die Hightech aus den USA landete schließlich bei der PAEC, wo sie wegen der bevorstehenden »kalten Tests« sehnsüchtig erwartet wurde.[12] Die Finanzierung des Mandel-Deals über Hongkong lief ebenso wie jene für Vaids geplanten Krytron-Einkauf über die berüchtigte *Bank of Credit and Commerce International* (BCCI), an der einige pakistanische Investoren beteiligt waren.[13]

Im Oktober 1983 ging bei einer kleinen Firma in Coesfeld, die zu den Lieferanten für die *Urenco*-Uranfabrik zählte, eine Anfrage aus Buchs in der Ostschweiz ein, die den Chef des Unternehmens stutzig machte. Die *Metallwerke Buchs AG* (MWB) wünschten ein Angebot für bestimmte Bauteile (»Verschlußdeckel komplett«), die laut der beigefügten Zeichnungen und Maßgaben ziemlich genau jenen entsprachen, die von den Coesfeldern nach Gronau geliefert worden waren. Dort betrieb *Urenco* inzwischen eine weitere Anreicherungsanlage. Ein detaillierter Vergleich bestätigte den ersten Eindruck: Das von MWB mit Firmenlogo eingereichte »Auslegungsblatt« für einen »Misch-Autoklaven« war offensichtlich von *Urenco*s neuen Gronau-Unterlagen abgekupfert worden.[14]

Den Fachleuten beim deutschen *Urenco*-Partner *Uranit* in Jülich schwante Böses, als sie Tage später die suspekten Vorlagen in Händen hielten. Stand der Diebstahl möglicherweise in irgendeinem Zusammenhang mit Abdul Qadeer Khan, der fast zehn Jahre zuvor Blaupausen aus Almelo gestohlen und nach Pakistan mitgenommen hatte? *Uranit* setzte das Bonner Forschungsministerium in Kenntnis, das sich sofort um eine Aufklärung bemühte. Immerhin drohte ein ähnlicher Skandal wie damals den Niederländern, da schien eine gewisse Eilbedürftigkeit gegeben, bevor die Amerikaner wieder mit einem Non-Paper im Auswärtigen Amt vorstellig wurden.[15] Die Bonner

Ministerialbeamten und die zuständigen Auswerter der CIA, auf deren Schreibtischen in Langley schon bald erste Hinweise eingingen, ahnten jedoch, daß sie es wieder einmal mit U-Khan und dessen »skrupellosen Agenten« von *Leybold-Heraeus* zu tun bekämen. Denn es war LH gewesen, die den Auftrag gehabt hatten, die Anlagen für Gronau zu bauen. Die zuständige Abteilung war also in den Besitz der vertraulichen Pläne gekommen.[16]

Der damals 41jährige Gotthard Lerch und sein gerade 60 Jahre alt gewordener Kollege Otto Heilingbrunner standen seit mindestens zwei Jahren unter verstärkter Beobachtung der Amerikaner. Der CIA war zum Beispiel nicht verborgen geblieben, daß Heilingbrunner, der offiziell für die LH-Büros im Nahen Osten und in Afrika verantwortlich war, bei seinen Reisen nach Pakistan Kontakt mit der hinlänglich bekannten Tarnfirma »triple-A« hielt und für dessen Manager auch schon mal Medikamente aus Deutschland mitbrachte. Im Vorjahr hatte das Gespann eine spezielle Schweißmaschine im Wert von rund sechs Millionen DM geliefert.

»For better cover«, zur besseren Verschleierung, kam Heilingbrunner seinerzeit mit seinen Geschäftspartnern in Karatschi überein, die Summe aufzuteilen: 2,2 Millionen sollten an *Leybold-Heraeus* in Belgien und einen dort tätigen Manager gehen, der Rest an eine Briefkastenfirma in Liechtenstein namens *Fernsehelektronik-Anstalt.* »Um Briefe abfassen zu können, mit denen sich die Transaktionen verschleiern lassen, brauchen wir Blanko-Briefpapier von Ihrer Seite«, schrieb Heilingbrunner, so wie man das schon erfolgreich mit der Firma *Bin Belailah Enterprises* in Dubai praktiziert habe. Als den CIA-Analysten später die Dokumente des LH-Direktors in die Hände fielen, konnten sie wieder eine neue Verbindung in ihrem Netzwerk zeichnen: *Bin Belailah Enterprises* gehörte zur Gruppe von Abdus Salam, Peter Griffin und Henk Slebos (siehe S.107).

Heilingbrunner bestätigte dem nicht genannten Adressaten seines Briefes überdies, daß ein Angebot für Spezialpumpen im April »an Ihre Botschaft« abgeschickt worden sei. Schließlich kündigte er noch seinen nächsten »Routinebesuch an, [...] zusammen mit unserem Fachmann für die technische Ausbildung«. In den geheimen Unterlagen stolperten die Fachleute des amerikanischen Geheimdienstes später noch über eine »P2-Anlage« im Gesamtwert von 33 Millionen DM. »P2« für »Pakistan 2«? Da war ihnen endgültig klar, daß U-Khan in Kahuta seine Uranfabrik in erheblichem Umfang erweitern wollte, womöglich mit einem neuen Zentrifugentyp, der sich an der deutschen G2-Maschine orientierte.[17]

Nach ihrem Kurzbesuch am 29. Juni 1983 bei den *Metallwerken Buchs* hatten sich Lerch und Heilingbrunner »sehr beeindruckt über die [...] Möglichkeiten der MWB« gezeigt, wie dort in einem Protokoll festgehalten wurde, die Katze aber noch nicht aus dem Sack gelassen. Zum Schluß war den Schweizern jedoch ein Großauftrag in Aussicht gestellt worden. Die LH-Manager versprachen, in einigen Wochen Pläne und technische Spezifikationen nach Buchs zu schicken.[18]

Mitte September trafen die Unterlagen ein. Das Projekt stehe unter strengster Geheimhaltung, vor allem dürften keine Zeichnungen das Haus verlassen, erfuhr MWB-Manager Anton Schöb. Als er vorsichtig nachzufragen wagte, ob es sich womöglich um »Peripherieanlagen« zur Urananreicherung handele, raunzte ihn sein Boß Helmut Eder an, es stehe schlecht um den Betrieb, im Großapparatebau herrsche Flaute, und zudem gehe es vorläufig nur um ein Angebot. Eder war Geschäftsführer der Liechtensteiner *Präsidialanstalt*, der die *Metallwerke Buchs* gehörten. Schöb schwieg und gab Tage später eine Anfrage an eine Firma in Coesfeld auf den Weg, um Preise für die »Verschlußdeckel« einzuholen.

Schöb, der den Braten roch, ließ *Leybold-Heraeus* ein völlig überteuertes Angebot zukommen, »mit dem Hintergedanken, daß das Projekt bereits in der ersten Preisrunde sterben würde«, wie er später aussagte. Doch Gotthard Lerch empfand selbst das überteuerte Zahlenwerk noch als zu niedrig kalkuliert und verlangte, die Preise noch einmal »um zwanzig Prozent anzuheben«. Am Ende wurde für Stahlbehälter (Typ 48-X), Autoklaven, Vakuumpumpen und Desublimatoren (das sind Aufheizkammern, in denen das Uranhexafluorid gasförmig gemacht und dann in die Zentrifugen eingespeist wird) ein Kaufpreis von zwei Millionen Schweizer Franken vereinbart. Die Anzahlung, man möge sich nicht darüber wundern, werde aus London, Hongkong oder Dubai auf das Konto der MWB eingehen, gab sich Lerch konspirativ.[19]

Urenco kam die Geschichte ausgesprochen ungelegen, denn in Amsterdam sollte zwei Wochen später, Mitte Oktober, der Spionageprozeß gegen Abdul Qadeer Khan beginnen. Das Medieninteresse war schon jetzt gewaltig. Nicht auszudenken, wenn in dieser Zeit bekannt würde, daß Khans Agenten inzwischen auch den deutschen *Urenco*-Gesellschafter *Uranit* dreist bestohlen hätten. Angesichts des drohenden Skandals entschlossen sich die Jülicher, die Geschichte zunächst einmal tief zu hängen und vorläufig keine Strafanzeige zu erstatten.[20]

Nach jahrelangen Ermittlungen war von der Staatsanwaltschaft Anklage gegen U-Khan erhoben und danach vom Gericht die Verhandlung für den 31. Oktober anberaumt worden. Auf diplomatischem Weg hatte Den Haag eine Vorladung ans pakistanische Außenministerium geleitet, dort aber eine Abfuhr erhalten, weil es keine entsprechenden bilateralen Vereinbarungen zwischen Pakistan und den Niederlanden gab. Das Verfahren mußte also in Abwesenheit des Beschuldigten stattfinden, was nach niederländischem Recht möglich und keineswegs ungewöhnlich ist. Voraussetzung: Die Klageschrift muß dem Betroffenen zugestellt worden sein, damit er entscheiden kann, ob er sich vor Gericht verteidigen lassen will oder nicht.

Während der Anhörung kamen auch jene Briefe zur Sprache, in denen Khan frühere Kollegen 1976/77 aufgefordert hatte, ihm »sehr vertraulich« wichtige Details über die Zentrifugentechnik nach Pakistan zu schicken. Sie waren ein wichtiges Beweismittel der Anklage, daß Khan spioniert hatte. Nach tumultartigen Ausschreitungen holländischer Nachrüstungsgegner, die lautstark gegen ihre Regierung in Den Haag protestierten, weil sie einerseits die Lagerung amerikanischer Kernwaffen im Lande erlaube, andererseits Pakistan illegaler Atomrüstung anklage, ließ der Richter den Saal räumen und kündigte schließlich das Urteil für den 14. November an.[21]

Einen Tag vor der Verkündung, so behauptete Abdul Qadeer Khan später, habe er erstmals von dem Prozeß erfahren: »Ich schickte ein Telegramm an die Presseagentur UPI in Amsterdam und bat jemanden, meine Nachricht sofort dem Richter zu überbringen«, erinnert er sich, »aber der Vorsitzende kam meiner Bitte um Aufschub nicht nach.«[22] Die Kammer war von der Schuld des Pakistani überzeugt: Bei den gestohlenen Blaupausen von *Urenco* habe es sich um »streng klassifizierte Dokumente« gehandelt, Abdul Qadeer Khan sei folglich der Spionage überführt. Das Urteil aber, vier Jahre Haft, sollte eineinhalb Jahre später von der Berufungsinstanz wieder kassiert werden – aus formalen Gründen, weil dem Beschuldigten die Klageschrift nicht rechtzeitig zugestellt worden war.[23] »Ich hatte volles Vertrauen in die holländische Justiz«, gab sich U-Kahn danach jovial, »und ich wurde nicht enttäuscht.«[24]

Nach dem Amsterdamer Urteilsspruch vom November 1983 ließ *Uranit* in Jülich weitere zwei Monate verstreichen, ehe sich der Justitiar in einem Schreiben an die *Metallwerke Buchs* wandte: Es könne keine Zweifel geben, daß sich »technische Unterlagen, [...] die von uns für unsere Anlage in Deutschland erstellt worden sind [...], im Besitz der MWB befinden«, hieß es in dem Brief. Sicherlich gebe es auch in Buchs ein Bedürfnis, die Herkunft der Dokumente aufzuklären.[25] Jetzt wußte auch MWB-Manager Anton Schöb, daß »definitiv etwas faul an der Sache war«.[26]

Beim MWB-Eigentümer *Präsidialanstalt* in Liechtenstein brachen nach Eingang des Schreibens aus Jülich große Nervosität und hektische Aktivität aus: Sämtliche Schriftstücke, Zeichnungen und Pläne wurden noch am selben Vormittag von Helmut Eder persönlich eingesammelt und aus Buchs über die Grenze ins Fürstentum geschafft, sämtliche Mitarbeiter zu absolutem Stillschweigen verdonnert, erinnert sich Schöb.[27]

Am nächsten Tag, es war der 27. Januar 1984, trafen Lerch und Heilingbrunner gegen 14.00 Uhr zu einer Krisensitzung auf dem Zürcher Flughafen Kloten ein; aus Buchs kamen Schöb und sein Chef Eder. Die vier zogen sich sofort in einen angemieteten Konferenzraum zurück. »Vertretergespräch Zürich« schrieb Gotthard Lerch später auf seine Reisekostenabrechnung von *Leybold-Heraeus*.[28]

Eder händigte den beiden Deutschen die geheimen Papiere aus, die Lerch sofort in seinem Aktenkoffer verschwinden ließ. »Der Auftrag ist definitiv gestorben«, herrschte Heilingbrunner die beiden Schweizer an, die Weitergabe der Zeichnungen an einen Subunternehmer sei »grob fahrlässig gewesen«.[29] »Wir müssen jemanden erfinden, um Uranit zu beruhigen«, murmelte er, kramte dabei einen Schreibblock hervor und begann einen Brief in englischer Sprache abzufassen, mit Datum 28.9.1983: »Dear Sir, ich bin Teilhaber eines Ingenieurbüros, das sich mit Hightech-Projekten im Mittleren Osten beschäftigt. Vielleicht können wir bei der Herstellung des als Zeichnung beigefügten Tanks ins Geschäft kommen. Die Sache ist selbstverständlich höchst vertraulich.«

»Einen Namen, wir brauchen einen Namen!« meldete sich Helmut Eder zu Wort, der lange geschwiegen hatte. Auch darüber schien sich LH-Direktor Heilingbrunner schon Gedanken gemacht zu haben: »Nennen wir ihn einfach Dr. Aswani, nein, noch besser, Kotari, Dr. Kotari!«[30]

Helmut Eder schritt fortwährend auf und ab, »seine Nerven lagen praktisch blank«, erinnerte sich Schöb später. Doch Heilingbrunner blieb ganz ruhig: »Sie haben uns das eingebrockt, jetzt stehen Sie es auch durch!« Die Deutschen schienen so abgebrüht, daß Schöb den Eindruck gewann, »die machten so etwas nicht zum ersten Mal!«.[31]

Auf dem Rückweg nach Buchs fuhren Eder und Schöb im Züricher *Hilton* vorbei, um Blankobriefpapier zu besorgen. Darauf, so war ihnen von Heilingbrunner aufgetragen worden, sollten sie die getürkte Anfrage von »Dr. Kotari« tippen und die Schreibmaschine hinterher verschwinden lassen. Das klang

Schöb alles »sehr nach Mafia«, aber er mußte wohl oder übel mitspielen. Seine Sekretärin schrieb den Brief auf dem *Hilton*-Papier, und Helmut Eder kritzelte eine fingierte Unterschrift darunter: »Very truly yours, Dr. M. Kotari.« Danach baten sie einen MWB-Mitarbeiter, die schon etwas betagte Hermes-Standard zu entsorgen; doch der nahm sie mit nach Hause und schenkte sie seinem Sohn.[32]

Uranit in Jülich schluckte Anfang Februar 1984 die Erklärung aus Buchs, MWB habe die fraglichen Unterlagen von einem offenbar arabischen Geschäftsmann erhalten, der auf der Durchreise im Züricher *Hilton* abgestiegen sei. Wahrscheinlich lag es durchaus im Interesse des deutschen *Urenco*-Partners, die Sache einschlafen zu lassen. Ein geklautes »Auslegungsblatt für einen Misch-Autoklaven« stand in keinem Verhältnis zu dem möglichen Imageschaden durch eine Berichterstattung, die einen Zusammenhang mit dem pakistanischen Atomprogramm herstellen würde. Ihrer Pflicht waren sie in Jülich jedenfalls nachgekommen, hatten inzwischen doch noch Anzeige erstattet, gegen Unbekannt, wegen Diebstahls geistigen Eigentums. Doch das Verfahren wurde von der Staatsanwaltschaft erwartungsgemäß schnell zu den Akten gelegt: Ein Täter namens Dr. Kotari war nirgendwo aufzutreiben.

Während sich U-Khans hessische Mittelsmänner aus Hanau noch um Schadensbegrenzung bemühten, traf sich Pu-Khans hessischer Agent im *Holiday Inn* in Islamabad mit seinen Auftraggebern Mr. Butt und Dr. Javed, zwischendurch auch mal kurz mit dem PAEC-Chef persönlich. Rudolf Ortmayers Geschäftsbeziehungen zu den Pakistanis hatten 1982 begonnen, er schirmte sie sorgfältig vor den meisten anderen Mitarbeitern seiner Firma *NTK Nukleartechnik GmbH & Co. KG* ab – und natürlich vor den Ermittlungsbehörden.

Wenn er nach Pakistan flog, führte Ortmayer meist größere Geldbündel in seinem Reisegepäck mit sich, denn insbesondere Nyamat Ali Javed, der seit seiner Zeit am Kernforschungszentrum Karlsruhe die deutsche Währung zu schätzen wußte,

Zurich Hilton

28/9/83

Metallwerk [illegible]
Geschaeftsfuehrung
CH 9470 Buchs Switzerland

30. Sep. 1983

Dear Sir

I am partner in an engineering group handling high technology projects in the Middle East area.

The intention for all projects is to manufacture and assemble the equipment or parts thereof in the customer country. There is nevertheless a certain amount of parts which for quality reason or non availability of some machines and tools should be purchased abroad.

To check the capability of your company I have attached a documentation about a vessel.

Should you be able to quote at a reasonable price there is a good chance for business now and possibly in the future. For the moment I have to ask you for competitive reasons to treat this matter as confidential.

A rough quotation could be sufficient for a first evaluation.

As I am travelling through Europe without a permanent address I wish phone you in January to arrange a meeting for discussions of more details.

Very truly yours,

Dr. [illegible] Kotari

8058 Zurich, Switzerland - Tel.: 01 810 31 31 - Cable: HILTELS, Zurich - Telex 55135

Hilton Hotels in: Basel – Düsseldorf – Mainz – München – Wien and around the world

Um den deutschen *Urenco*-Partner *Uranit* hinters Licht zu führen, erfanden Khans Beschaffungsagenten Heilingbrunner und Lerch einen »Dr. Kotari« und fingierten ein Schreiben auf Briefpapier des Züricher *Hilton*-Hotels.

wollte am Gewinn aus den gemeinsamen Geschäften mit NTG partizipieren. Ortmayer behauptete später, über die Jahre rund eine Million DM zu seinen Geschäftsfreunden nach Pakistan getragen oder auch schon mal dezent in der Herrentoilette des Frankfurter Flughafens übergeben zu haben.

»Ich war als Chairman der Pakistanischen Atomenergie-Kommission nie persönlich in die Geschäfte mit Ortmayer oder anderen involviert«, stellte Munir Ahmed Khan viele Jahre später klar. Dabei muß ihn die Erinnerung allerdings getrogen haben, denn er saß nicht nur oft mit dem NTG-Chef zusammen, um technische Details abzuklären, sondern mischte sich auch ein, um die sichersten Tarnungen für die illegalen Lieferungen auszuhecken. »Wir waren nicht dazu da, die deutschen Exportbestimmungen zu überwachen«, blickte Pu-Khan zurück, »wenn sich unsere Lieferanten nicht an die Gesetze hielten, war das ihre Sache!«[33]

Bei den Gesprächen im *Holiday Inn* von Islamabad ging es um eine Anlage zur Reinigung des radioaktiven Gases Tritium, das Pu-Khan als Verstärker für seine zukünftigen Kernwaffen begehrte. Ortmayer, der von den Pakistanis intern »Mr. Tritium« genannt wurde, verständigte sich mit seinen Auftraggebern darauf, die Ausfuhrgenehmigung für eine »Schwerwasser-Reinigungsanlage« zu beantragen. Das klinge ganz ähnlich wie »Trinkwasser-Reinigungsanlage«, jubelte der Deutsche über die geniale Idee, wie die Beamten des Auswärtigen Amtes am besten hinters Licht geführt werden konnten.[34]

Die PAEC unter Munir Ahmad Khan ging mit der gleichen Skrupellosigkeit auf Einkaufstour in Europa, Asien und den Vereinigten Staaten wie dessen großer Widersacher in Kahuta. Der erbitterte Konkurrenzkampf der beiden Wissenschaftler wurde von den Militärs keineswegs gebremst, weil der Ehrgeiz als treibende Kraft letztendlich den Weg zur Bombe nur verkürzen konnte. Daß dabei finanzielle Ressourcen verschwendet wurden, nahmen die Generäle und Politiker der militärischen wie zivilen Regierungen offenbar in Kauf. Das Atomprogramm Pakistans litt nie an ernsthaftem Geldmangel und dürfte insgesamt einen zweistelligen Milliarden-Dollar-Betrag verschlungen haben. Das konnte nur bedeuten: Die »islamische Bombe« wurde ebenso mit zweckentfremdeter Finanzhilfe aus Washington wie mit kräftiger Unterstützung islamischer Bruderstaaten, vor allem Libyens und Saudi-Arabiens, gebaut.[35]

Die Rivalität der beiden Gegner nahm im Februar 1984 geradezu groteske Formen an, als U-Kahn entschied, ein eigenes Bomben-Design zu testen, das er entwickelt hatte und das sich von dem PAEC-Design unterschied. In einem Tunnel ganz in der Nähe von Kahuta begann ein umfassendes Testprogramm, obwohl Munir Khans Leute inzwischen erfolgreich eine Vielzahl von »kalten Tests« in den Kirana-Bergen durchgeführt hatten. In den westlichen Geheimdiensten wurde das als klarer Affront gegen Munir gewertet, mit dem A. Q. seine eigene Eitelkeit zu befriedigen trachtete.[36]

Im Frühjahr 1984 glaubte der inzwischen offenbar extrem überheblich gewordene A. Q., er allein halte den Schlüssel für eine sichere Zukunft seines Landes in Händen. Er begann damals mit seiner eigenen Medienpolitik, meldete sich, wenn es ihm sinnvoll erschien, in der Presse zu Wort, pflegte enge Kontakte zu Journalisten, die ihm ergeben waren, korrumpierte Medienvertreter mit »Stipendien« seines Atomzentrums. Er schuf damit das Fundament, auf dem später sein Heldenstatus zementiert werden sollte.[37]

In einem Interview mit der pakistanischen Tageszeitung *Nawa-I-Waqt* bestätigte der Kahuta-Chef am 9. Februar, ja, es sei seinem Team gelungen, Uran anzureichern, und wenn nötig, könnten sie die Bombe bauen.[38] Zwei Wochen später sah sich sein Präsident, General Zia ul-Haq, veranlaßt, Khans öffentliche Äußerung zu bestätigen, obwohl er, wegen der sensiblen Behandlung des Themas in Washington, zu dieser Zeit wohl besser geschwiegen hätte. Khans Gespräch mit *Nawa-I-Waqt*, so hieß es später in der Zeitschrift *Weekly Hurmat*, »richtete großen Schaden an«. Zia sei empört gewesen, fürchtete um »die amerikanischen Wirtschaftshilfen und die versprochenen F-16-Kampfjets«. Der Kahuta-Chef habe daraufhin sofort seinen Rücktritt angeboten. »Aber der Präsident hat ihn zurückgehalten und gesagt, du sollst deine Arbeit forführen!«[39]

In den ersten Jahren des Afghanistan-Konflikts beschränkte sich die CIA in Pakistan weitgehend auf Informationsgewinnung und logistische Unterstützung der Mudjahedin, es sollte keine Beweise für eine direkte Beteiligung am blutigen Kampf gegen die sowjetischen Besatzer geben. Auch bei den nach Afghanistan geschmuggelten Waffen handelte es sich, mit Ausnahme der britischen Enfields, um Gewehre und Geschütze des Warschauer Pakts. Das bot zudem den Vorteil, daß die islamischen Kämpfer erbeutete, oder von korrupten Versorgungsoffizieren der Roten Armee gegen amerikanische Dollars verscherbelte, sowjetische Munition verwenden konnten.[40]

Die Liaison mit den Kollegen des mächtigen pakistanischen Geheimdienstes ISI klappte prächtig. Viele der älteren Offiziere hatten auf US-Militärakademien studiert, galten als sehr amerikafreundlich. Durch die enge Zusammenarbeit gewannen die CIA-Leute auch beste Einblicke in den Stand des Atomprogramms. Die Agenten aus Langley konnten sich überdies relativ frei im Land bewegen, was die Rekrutierung neuer Informanten und Kontaktleute erleichterte. So gelang es den Amerikanern offenbar irgendwann 1984, unbemerkt Bodenproben aus der näheren Umgebung von Kahuta zu nehmen, nach Washington auszufliegen und dann im Hauptquartier mit hochempfindlichen Meßgeräten überprüfen zu lassen.

Geborstene Zentrifugen, undichte Ventile und Lecks in den kilometerlangen Rohrleitungen verursachten in Little Almelo einen gewissen Schwund an Uranhexafluorid, das in die Luft entwich und auf der anderen Seite der hohen Mauer, von der das Herz der Anlage umgeben war, wieder herabregnete. Die Produktion hinterließ also Spuren im Sand oder im Humus des angrenzenden Waldes, und die konnten chemisch »gelesen« werden. Die Werte gaben zwar keine Auskunft über die produzierte Menge, wohl aber über den Grad der Anreicherung von Uran-235. Und die Analysen ließen keinen Zweifel: Es gab in U-Khans verschlossenem Reich auf etwa 90 Prozent angereichertes Uran. Pakistan konnte nicht mehr weit von der ersten Bombe entfernt sein.[41]

Die Information sei noch immer »ein bißchen geheim«, plauderte Abdul Qadeer Khan Jahre später aus, »aber 1984 hatten wir schon genügend HEU für die erste Bombe«.[42] Khans Aussage ließ offen, ob es sich um selbstproduziertes Spaltmaterial handelte oder um HEU aus anderer Quelle – aus China.

Den ganzen Sommer des Jahres 1984 über gingen bei der CIA und beim MI6 Berichte ein, in denen von mindestens zwei chinesischen Technikern in Kahuta die Rede war, von der Weitergabe des chinesischen Bombendesigns und eben von waffenfähigem Uran-235 in der »Butterfabrik«.[43] Diese Informationen hielt Ronald Reagan, als er darüber in Kenntnis gesetzt wurde, für sehr alarmierend. Damit stand auch für ihn fest: Zia ul-Haq hatte die letzten drei Jahre, in denen durch das Veto des US-Präsidenten die gesetzlichen Beschränkungen von Senat und Repräsentantenhaus außer Kraft gesetzt waren, genutzt, um sich das nötige Spaltmaterial zu verschaffen, vielleicht nicht in Kahuta, sondern in Peking. Zwölf Jahre nach der legendären Konferenz von Multan und fünf Jahre nach Bhuttos Hinrichtung schien der Zeitpunkt verpaßt, die Mission noch zu verhindern.[44]

Alles kam zusammen in diesen Wochen: Am 22. Juni 1984 wurde in Houston/Texas Nazir Ahmed Vaid, Pu-Khans junger Atomdealer, bei dem Versuch erwischt, 50 hochempfindliche Krytronschalter für die Bombenzünder außer Landes zu schmuggeln. Es gab einen Aufschrei im politischen Washington, insbesondere hinter den Kulissen des Capitols, das mit dem Weißen Haus wegen dessen Pakistan-Politik im Dauerclinch lag. General Zia verhöhne das ganze Land, hieß es auf den Fluren des Senats, wenn er seine Agenten jetzt sogar unter Verletzung amerikanischer Gesetze zum Einkaufen nach Amerika schicke. Bei seinen Vernehmungen beteuerte Vaid, es habe sich bei den Krytrons doch lediglich um »simple Schalter« gehandelt, die er für eine Forschungseinrichtung der Universität Islamabad besorgen sollte. Es war ein halbherziger Versuch, zu leugnen, was nicht zu leugnen war, ergab sich aus den bei ihm konfiszierten Unterlagen doch seine direkte Anbindung an Mr. Butt und die

PAEC. Der pakistanische Botschafter in Washington wies jeden Verdacht, es könnte sich bei Vaid um einen Spion in Regierungsauftrag gehandelt haben, mit größter moralischer Empörung von sich: »Dieser Mann ist ein privater Geschäftsmann, und das ist auch schon alles, was wir über ihn wissen.« Von einer langjährigen Haftstrafe bedroht, willigte Vaid schließlich in einen »Handel« ein und bekannte sich in einem der Anklagepunkte für schuldig; er erhielt eine zweijährige Haftstrafe und sollte Wochen später nach Pakistan abgeschoben werden. Die Reagan-Administration wollte den Skandal nicht überkochen lassen.[45]

Gleichwohl verlangte die Anhäufung von eindeutigen Informationen und Ereignissen nach einer Reaktion des Weißen Hauses. Und Reagan entschloß sich, deutlich zu reagieren: Zunächst legte er ein bereits ausgehandeltes Abkommen über die Lieferung mehrerer amerikanischer Kernkraftwerke nach China auf Eis. Dafür schlug ihm heftiger Protest entgegen, von den Chinesen, die jede Verstrickung in das pakistanische Projekt kategorisch zurückwiesen, und – mehr noch – von der eigenen Atomlobby, die ein 20-Milliarden-Dollar-Geschäft den Bach hinuntergehen sah. Peking ließ die Regierung in Washington allerdings schon bald wissen, man habe inzwischen jede Form der Unterstützung des pakistanischen Nuklearprogramms eingestellt. Da war auch die amerikanische Atomindustrie wieder guten Mutes.[46]

Im September 1984 schrieb Ronald Reagan einen, wie er durchsickern ließ, unmißverständlichen Brief an seinen Verbündeten in Islamabad. Tenor: Afghanistan hin oder her, wenn Pakistan Uran höher als fünf Prozent anreichern sollte, werde das »ernsthafte Konsequenzen« für die bilateralen Beziehungen haben. Natürlich konnte der Präsident nicht die Erkenntnisse der CIA verwerten, daß die besagte Schwelle von der zivilen zur militärischen Nutzung in Kahuta längst überschritten worden war. Er hätte sonst Agenten und Methoden seines Geheimdienstes gefährdet. Aber mehr als ein freundlicher Rat in diplomatischer Unverbindlichkeit war es allemal. Und General Zia schien das Ultimatum zu verstehen. Schließlich wollte er weder die vielen Dollar-Millionen noch die 40 modernen amerikanischen F-16 aufs Spiel setzen, die seine Luftwaffe so dringend benötigte, um dem wachsenden Druck sowjetischer MIGs entlang der afghanischen Grenze zu begegnen.[47]

Die CIA-Agenten in Pakistan vermeldeten schon bald danach, nicht zuletzt dank der Hinweise ihrer mitunter recht gesprächigen Kollegen der ISI, es gebe Anzeichen für einen Produktionsstopp in Kahuta: Etwa 200 Arbeiter seien entlassen, Abdul Qadeer Khan mit einer neuen Aufgabe, der Produktion konventioneller Waffen, betraut worden.[48] Stand Little Almelo tatsächlich vor der Schließung? Weil Zia dem amerikanischen Druck nachgegeben hatte? Oder handelte es sich um ein Ablenkungsmanöver?

Am 16. November überreichte der pakistanische Außenminister Yaqub Ali Khan in Washington Zias offizielle Antwort auf Reagans Brief: Sein Land habe die Fünfprozentgrenze bei der Urananreicherung immer beachtet, hieß es da, und werde sie auch weiterhin beachten! Da wußte die amerikanische Regierung, daß sie keinen Heller auf die Zusicherungen der »lächelnden Kobra« setzen durfte.[49]

Ende des Jahres 1984 sprach »Mr. Tritium«, der hessische Nuklearhändler Rudolf Ortmayer, im Bundeswirtschaftsministerium beim zuständigen Referenten Hans-Jürgen Spies vor, um auszuloten, welche Voraussetzungen für die geplante Lieferung einer Tritium-Reinigungsanlage an die PAEC erfüllt sein müßten. Das radioaktive Gas war als »Verstärker« (»Neutronengenerator«) in Thermonuklearbomben gedacht, aber das sollten die Bonner Beamten natürlich nicht erfahren. Weil Tritium eine relativ kurze Halbwertzeit besitzt, pro Jahr zerfallen etwa fünf Prozent der Moleküle zu Helium, und die daraus resultierende Verunreinigung den sogenannten »Booster-Effekt« in der Kernwaffe um 50 Prozent herabsetzen würde, muß das Tritium gewissermaßen fortwährend gereinigt werden. Und dafür brauchte Pu-Khan eine spezielle »Waschanlage«.

Er habe da ein reizvolles Geschäft in Aussicht, legte Ortmayer los. Die Pakistanis hätten doch diesen schon sehr betagten Reaktor Kanupp in Karatschi, da tropfe mit Tritium verseuchtes Schwerwasser aus allen Rohren und gefährde die Gesundheit der Ingenieure und Techniker. »Aus Gründen des Arbeitsschutzes und des Umweltschutzes« wollen die Pakistanis eine Schwerwasser-Reinigungsanlage bestellen, säuselte er, ob das denn wohl in Ordnung gehe?[50] Würde der Etikettenschwindel funktionieren?

Eine solche Anlage, erfuhr Ortmayer von Spies, sei ganz sicherlich nicht genehmigungspflichtig, schließlich müsse ja auch in Entwicklungsländern etwas für den Umweltschutz getan werden. Allerdings gebe es fortwährend die Probleme mit den Amerikanern und dem Auswärtigen Amt, die am liebsten jedes Exportgeschäft verhinderten. Dort könne man eventuell über den Begriff Tritium stolpern, weil das irgendwie gefährlich klinge. Gemeinsam wurde überlegt, wie man die Sache am geschicktesten über die Bühne bringen könnte. Am besten wäre, wenn das Wort Tritium in den offiziellen Anträgen nur am Rande erwähnt würde, schlug Spies nach Rücksprache mit seinem Vorgesetzten vor. Und in der Beschreibung der Anlage, im Kleingedruckten gewissermaßen, sollte darauf abgehoben werden, daß pro Jahr nur etwa 15 Gramm Tritium anfielen, was atomtechnisch völlig unproblematisch sei. Sicherheitshalber pendelte der Antragsentwurf erst ein paarmal per Fax zwischen Ministerium und *NTG Nukleartechnik* hin und her, ehe er von Ortmayer schließlich offiziell eingereicht wurde.

Dem Hessen kam noch ein andere Idee: Er schickte vorsorglich eine Kopie an den damaligen Bundesforschungsminister Heinz Riesenhuber, neben dem er auf einigen CDU-Parteitagen als Delegierter gesessen hatte. Auch sein Partner Peter Finke kannte den Minister von früher, war von ihm als Chemie-Student an der Universität Frankfurt geprüft worden: »Ich habe den Riesenhuber eingeschaltet«, prahlte Ortmayer, »und der hat dann einen Blutsfreund eingeschaltet.« Tatsächlich ging über die CDU-Connection alles im Eiltempo: Riesenhubers

Referent wandte sich noch kurz an das Kernforschungszentrum Jülich und schickte dann den »Persilschein« per Eilbrief ans Wirtschaftsministerium und ans Auswärtige Amt: »Sowohl die anfallenden Mengen als auch der Reinheitsgrad des abgetrennten Tritiums sind nicht strategisch verwendbar.« Doch die Nörgler vom Außenministerium gaben noch immer nicht klein bei.[51]

Unterdessen blieben auch U-Khans hessische Beschaffer, Lerch und Heilingbrunner, nicht untätig, was den westlichen Geheimdiensten, als sie später davon erfuhren, zu verstehen gab, daß von General Zia ul-Haq allenfalls ein Zwischenstopp auf dem Weg zur Bombe eingelegt worden war. Wenn überhaupt. Genau ein Jahr hatte *Leybold-Heraeus* Gras über den gescheiterten Versuch wachsen lassen, die komplette Anlagenperipherie für eine zweite Urananreicherungsfabrik in Kahuta in der Schweiz zu produzieren und nach Pakistan ausliefern zu lassen. Nur Heilingbrunners »Dr. Kotari« war es zu verdanken gewesen, daß in der Firmenzentrale in Hanau überhaupt noch Chancen für einen Erfolg gesehen wurden.

Dementsprechend wurden das 33-Millionen-Dollar-Geschäft unter dem Decknamen »Argonanlage Australien« strategisch geplant, die Produktion bei den *Metallwerken* in Buchs komplett abgeschottet und sämtliche Geschäftbeziehungen »spionagefest« getarnt. Die CIA hätte eine Undercover-Operation nicht besser vorbereiten können. Erster Schritt: Helmut Eders Liechtensteiner *Präsidialanstalt* verlegte die ihr gehörende Firma *Apparate, Verfahren und Engineering AG* (AVE) von Winterthur nach Buchs, Gotthard Lerch avancierte zu deren Geschäftsführer und schlug seine Zelte direkt neben den *Metallwerken* auf. Lerch blieb nominell Direktor und Prokurist bei *Leybold-Heraeus* in Hanau, siedelte tatsächlich aber in die Schweiz über, auch privat.

Zweiter Schritt: Der MWB-Manager Anton Schöb, der sich ein Jahr zuvor wegen seiner fortwährenden Bedenken als unzuverlässig erwiesen hatte, wurde vor die Tür gesetzt. Sämtliche

Mitarbeiter bekamen fälschungssichere Hausausweise und mußten Erklärungen unterschreiben, die sie zu strikter Verschwiegenheit verpflichteten. Besucher der MWB wurden nur nach schriftlicher Anmeldung und vorheriger Überprüfung auf das Gelände gelassen.

Dritter Schritt: Die geheimen Pläne und Blaupausen von *Uranit* wurden bei Nacht und Nebel zurück in die Schweiz gebracht. Wenn die MWB-Techniker Rückfragen bei jenen LH-Kollegen in Hanau hatten, von denen ein paar Jahre zuvor die Anlagen für *Urenco* in Gronau gebaut worden waren, mußten sie am Telefon bestimmte Codewörter verwenden, falls jemand in der Leitung sitzen sollte.

Vierter Schritt: Für »offizielle Bestellungen« wurden Tarnfirmen ausfindig gemacht oder gegründet, für die Lieferungen verschleiernde Umwege durchgespielt, über Frankreich und Belgien, über Dubai und Kuwait und über die winzigen karibischen Grand Turk Islands oder die Caicos Islands. Und so konnte im Frühjahr 1985 in Buchs endlich die konspirative Produktion für Abdul Qader Khan anlaufen.

Etwa zur gleichen Zeit stand Albrecht Migule, U-Khans Großlieferant der ersten Stunde, in Freiburg vor Gericht.[52] Der Anlagenbauer hatte über seine Firma *CES Kalthof GmbH* zwischen 1978 und 1980 eine als »Zahnpastafabrik« deklarierte Urankonversion ins pakistanische Dera Ghazi Khan geliefert, in der das Uranerz zu Uranhexafluorid umgewandelt werden konnte. Pakistan habe durch Migules illegalen Export »eine wesentliche Lücke beim Aufbau eines nicht-kontrollierten nuklearen Brennstoffkreislaufes mit der Möglichkeit der Kernwaffenherstellung schließen können«, hatte der BND im Vorfeld des Prozesses geurteilt.[53]

Der Deutsche war aus Pakistan allerdings im Zorn geschieden. Die Verantwortlichen der PAEC hatten ihm vorgeworfen, eine nicht funktionstüchtige Anlage geliefert zu haben. Vom »Schrott aus dem Breisgau« war die Rede gewesen. Vielleicht hatten die Vorwürfe damals aber auch nur dazu dienen sollen, den Preis noch ein bißchen zu drücken.[54] Deshalb auch zeigten sich die Analysten der CIA nicht sehr überrascht, als sie kurz vor Beginn des Freiburger Verfahrens von ihren pakistanischen Informanten erfuhren, Migule sei in Pakistan aufgetaucht. Munir Ahmed Khan persönlich habe den Deutschen am Flughafen in Islamabad abgeholt und sei dann mit ihm zusammen nach Dera Ghazi Khan geflogen.[55] Pu-Khan, dessen PAEC auch die Urankonversion unterstand, machte offenbar einen Gewährleistungsanspruch geltend, weil der »Schrott aus dem Breisgau« nicht zuverlässig funktionierte. Und da die letzte Rate noch immer ausstand, hatte Migule sich entschlossen, der »Einladung« noch kurz vor Prozeßbeginn und einer danach drohenden Haftstrafe nachzukommen. Verurteilt wurde der Anlagenbauer dann zwar, ins Gefängnis mußte er allerdings nicht.[56]

In zwei Interviews mit der westlichen Presse stieß General Zia ul-Haq Ende Februar und Anfang März 1985 die Amerikaner vor den Kopf, ganz besonders Ronald Reagan. Der war gerade für eine zweite Amtszeit gewählt worden, hatte sein Kabinett aber kaum verändert: George P. Shultz stand inzwischen seit 1982 dem Department of State vor, Caspar W. Weinberger befehligte seit 1981 das Pentagon, William J. Casey führte ebenso lange die CIA und die anderen US-Geheimdienste.[57]

Zia wählte den Weg über die Öffentlichkeit, um den alten Rekken in Washington nur unzureichend diplomatisch verklausuliert mitzuteilen, daß Pakistan gar nicht daran denke, sein militärisches Atomprogramm einzufrieren. Zunächst lamentierte er darüber, das in Kahuta produzierte Uran sei »LEU (low enriched uranium) und als Brennstoff für einen Leichtwasserreaktor gedacht«, den Pakistan irgendwann zu kaufen gedenke. »Uran für die Bombe dagegen muß auf 90 Prozent angereichert werden«, fügte er hinzu, was technisch allerdings kein allzu großes Problem sei. Sein Fingerschnipsen reiche, so die Botschaft, aus LEU im Handumdrehen HEU zu produzieren. Tatsächlich war es weit aufwendiger, den Gehalt von Uran-235 von 0,7 Prozent im Uranerz auf fünf Prozent zu erhöhen als von fünf auf 90 Prozent.[58]

Einige Tage später tischte General Zia den Amerikanern sogar eine dreiste Lüge auf, als er gefragt wurde, warum die PAEC, eine Regierungsbehörde, den Agenten Nazir Ahmed Vaid in die Vereinigten Staaten geschickt habe, um Krytrons, Bombenzünder, zu beschaffen. Alles Unsinn, giftete die »lächelnde Kobra«, »wir haben nur versucht, Zeitschalter für Warnblinkanlagen zu finden, solche Dinger, die auf Krankenwagen installiert werden oder auf hohen Gebäuden, um Flugzeuge zu warnen«. Außerdem: Sei der Mann nicht in Houston längst wieder auf freiem Fuß und zurück in Pakistan? Man könne angesichts dessen ja wohl kaum von einem Spion sprechen, »der irgend etwas stehlen wollte«.[59]

Und dann entsandte der pakistanische Präsident auch noch seinen Vetter Abdul Waheed als neuen Botschafter nach Deutschland.[60] Auch das blieb Washington natürlich nicht verborgen. Waheed war vorher bereits einige Zeit als Wirtschaftsattaché in Bonn gewesen und dabei unliebsam aufgefallen, weil er Ikram ul-Haq, den damaligen Organisator des Technologieschmuggels aus Europa, tatkräftig unterstützt hatte. Jetzt sollte er offenbar die Rolle des inzwischen legendären Mr. Butt übernehmen, des vormaligen Gesandten an der Vertretung in Paris – allerdings auf höherer Ebene. Nur wenige Monate später sollte sich Seine Exzellenz, der Botschafter, in die schnöden Beschaffungsmaßnahmen für das pakistanische Atomprogramm einklinken, unter Ausnutzung der vollen diplomatischen Immunität – und unter den Augen des Auswärtigen Amtes.

Die Reagan-Administration fand das alles wenig amüsant. Aber sie brauchte den pakistanischen Militärmachthaber mehr denn je: Seit Ende 1984 standen weitere 40 000 Rotarmisten in Afghanistan, die meisten in unmittelbarer Nähe der pakistanischen Grenze. Sowjetische MIGs bombardierten afghanische Flüchtlingslager in Pakistan. Immer häufiger malten die Generäle in Islamabad das Szenario an die Wand, Moskaus Truppen könnten eine Invasion ihres Landes erwägen.[61] Und von dem frisch ernannten neuen Generalsekretär der KPdSU, Michail Gorbatschow, gab es bislang keinerlei Äußerungen, ob er die Afghanistan-Politik seiner Vorgänger ändern wolle. Am 13. März, nur zwei Tage nach Gorbatschows Wahl ins Politbüro, willigte Reagan deshalb ein, Zia mit modernen amerikanischen Luft-Luft-Raketen auszustatten. Seine Airforce sollte in die Lage versetzt werden, fortwährende Verletzungen des pakistanischen Luftraums durch sowjetische Bomber effektiver zu bekämpfen.[62] Das wiederum fand der neue Hausherr im Kreml nicht amüsant.[63]

Richard M. Barlow, der ehemalige Analyst und Pakistan-Experte der ACDA, hatte sich in den letzten zwei Jahren in New York als Verkäufer in einem Gourmetladen und als freier Mitarbeiter in der »Unterhaltungsbranche« durchgeschlagen. »Ehrlich gesagt, war ich die meiste Zeit arbeitslos«, blickt Barlow voller Bitternis auf die damalige Zeit zurück, »wir hatten das Ende meiner Tätigkeit für die ACDA überhaupt nicht auf der Rechnung gehabt, weil mir von meinen Vorgesetzten immer wieder bestätigten worden war, wie zufrieden sie mit meiner Arbeit sind.« Anfang 1985 ging Barlow mit seiner jungen Frau Cindy zurück an die Westküste, nach Bellingham, wo er Jahre zuvor studiert hatte. Er fand auch bald einen Job als Mitarbeiter einer kleinen Werbeagentur, die kanadische Computer- und Software-Firmen beim Einstieg in den amerikanischen Markt unterstützte. »Wir blickten endlich wieder ein wenig optimistischer in die Zukunft«, erinnert sich Barlow, »und dann kam eines Tages ein Anruf aus Washington.« Besser gesagt: aus Langley/Virginia.

Zias Katz-und-Maus-Spiel hatten der Reagan-Administration und nicht zuletzt CIA-Chef Bill Casey drastisch vor Augen geführt, daß Pakistan unbeirrbar an seinem militärischen Atomprogramm festhalten würde. Die strategische Notwendigkeit schien den Fachleuten der US-Geheimdienste auch allzu verständlich: Eingekesselt zwischen dem übermächtigen, mit Kernwaffen gerüsteten Indien auf der einen und der Atomweltmacht Sowjetunion in Afghanistan auf der anderen Seite, gequält vom Trauma mehrerer verlustreicher Kriege, in steter Sorge um die eigene, islamische Identität, gab es, nüchtern betrachtet, keine Alternative für Islamabad dazu, den Weg zu Kernwaffen zu beschreiten – um jeden Preis.[64]

Aber war die »pakistanische Bombe« nicht längst fundamentalistischen Bruderstaaten wie dem Iran oder Libyen versprochen worden? Als Rückzahlung der Kredite gewissermaßen? Und konnte sie von dort nicht in die Hände von Terroristen gelangen? »Gemessen an dieser Bedrohung waren Kahuta und Khan vor 1985, als noch einiges zu verhindern oder wenigstens zu verzögern gewesen wäre, viel zuwenig auf unserer Agenda«, bekennt Walter Andersen rückblickend. Andersen war viele Jahre lang Chef der Südasien-Abteilung des Department of State.[65] Nicht wenige Fachleute in den Washingtoner Regierungsbehörden und Think Tanks wie Andersen trauten Abdul Qadeer Khan nicht über den Weg, unterstellten ihm eine Art »Korruptionspotential«, vielleicht auch nur aus dem Bauch heraus. Sie sahen jene Zeit später rückblickend als die Geburtsstunde von »Dr. No«. Würde der irgendwann mit seinem Wissen hausieren gehen? Zum persönlichen Nutzen oder zur Refinanzierung des milliardenteuren Projekts?

Fest stand jedenfalls im Frühjahr 1985: Es gab deutliche Anzeichen eines wachsenden Personenkults. U-Khan wirkte nach allem, was die Agenten aus seinem Umfeld berichteten, kräftig an seiner eigenen Glorifizierung mit. Gerade erst war ihm die hohe Auszeichnung *Idara-e-tamir e Millat* verliehen worden, weil er »der Nation Ehre gebracht und die Moral in Pakistan gefördert« habe. Aus Anlaß der Zeremonie richtete er eine deutliche Warnung an Indien und den Westen: »Wenn der Feind seine Augen auf Kahuta richten und diese für Pakistan so wichtige Einrichtung angreifen und zerstören sollte«, verkündete er mit Zorn in den Augen, »dann werden an anderen Stellen im Land neue Anlagen entstehen.« Pakistan werde diesen Kampf gewinnen.[66] Die Hydra besaß mehrere Köpfe. Der ehemals so sanftmütige und freundliche Student der Katholieke Universiteit Leuven schien zehn Jahre nach seiner Rückkehr zu einem unkalkulierbaren Fanatiker geworden zu sein. Und damit zu einem womöglich gefährlichen Mann.

Darüber war sich auch die amerikanische Geheimdienstgemeinde mittlerweile im klaren. Der Anrufer am anderen Ende von Barlows Leitung kam schnell zur Sache, als sei in dieser Angelegenheit ohnehin schon zuviel Zeit verloren worden. Noch ehe der 30jährige eine Chance hatte, seine Überraschung zu überspielen, kam die entscheidende Frage: »Rich, können Sie sich vorstellen, für die Agency zu arbeiten?« Die CIA suche dringend jemanden, der sich speziell um das pakistanische Atomprogramm und um Abdul Qadeer Khan kümmere. Und da ihm seit seiner Tätigkeit für das Department of State der Ruf vorauseile, nicht nur ein gewitzter, sondern auch ein engagierter Analyst zu sein, stehe sein Name ganz oben auf der Liste. »Wann können Sie nach Washington kommen?«[67]

Kalte Krieger

Der silbergraue Saab 9000 turbo mit dem niederländischen Kennzeichen NS-26-FS, der am 4. Dezember 1985 um die Mittagszeit in die Rheinallee in Bonn-Bad Godesberg einbiegt, wird bereits erwartet. Aus sicherer Entfernung beobachten zwei Männer das Auto. Sie sitzen im Kleinlaster einer Fensterreinigungsfirma, den sie so zwischen den Bäumen auf dem Fußweg geparkt haben, daß er möglichst wenig auffällt. Auf der Suche nach einer Parklücke fährt der Holländer dicht an dem Observationsfahrzeug vorbei, scheint aber keine Notiz davon zu nehmen. Kurze Zeit später taucht er zu Fuß vor der Gründerzeitvilla auf, der das Interesse der zwei Beobachter gilt. Er hat seinen PKW offenbar in einer der Nebenstraßen abgestellt.

Als der Mann das Gebäude der Pakistanischen Botschaft betritt, surrt im Kleinlaster der Motor einer Kamera mit Teleobjektiv. Sie haben ihn erwischt: Henk Slebos, 42 Jahre alt, wohnhaft in Julianadorp in der Nähe der Nordseeküste, einer der engsten Freunde Abdul Qadeer Khans und der Drahtzieher seines Netzwerkes in Europa, ist wahrscheinlich zu einem Gespräch mit Seiner Exzellenz Dr. Abdul Waheed verabredet, dem neuen Botschafter Pakistans in der Bundesrepublik.[1]

Tags darauf observieren die beiden Männer eines westlichen Nachrichtendienstes Slebos erneut, wie er sein Hotel verläßt und eine Filiale der Commerzbank in Bonn aufsucht, um dort, wie sich später herausstellt, ein Konto zu eröffnen (Kunden-Nummer: 1285741). Zwei Wochen später wird von Botschaftsrat Azmat Ullah in zwei Tranchen die Summe von rund 250000 Gulden auf das Konto eingezahlt, weitere zwei Wochen später noch einmal derselbe Betrag.[2]

13. Dezember, weitere acht Tage später: Diesmal sind es zwei Kollegen der Bonner Fensterreiniger, die das Einfamilienhaus Nr. 5 in der Henderikxstraat von Julianadorp im Visier haben. Seit Stunden schon. Die Tarnung ist in dieser privaten Wohn-

gegend allerdings ungleich schwerer und soll deshalb auch nicht verraten werden. Henk Slebos, so wissen die Beobachter, erwartet einen Gast aus der Türkei, einen Studienfreund aus der Zeit vor mehr als 15 Jahren an der Universität Delft: Günes Cire. Damals waren Henk, Günes und Qadeer eine verschworene Clique, heute sind der Holländer und der Türke die wichtigsten Beschaffungsagenten ihres pakistanischen Kumpels.[3]

Dann trifft Cire mit Slebos ein, der ihn offenbar vom Flughafen abgeholt hat. Und wieder läuft der Kameramotor. Das Treffen, davon sind die heimlichen Beobachter überzeugt, ist kein vorweihnachtlicher Anstandsbesuch, sondern dient neuen Geschäften: Ihr gemeinsamer Freund in Pakistan plant den Bau einer zweiten Uranfabrik, und sie sollen wieder ihren Teil dazu beitragen.

Das Observationsteam leistet in Julianadorp gute Arbeit, sammelt wichtige Informationen über das neue Projekt, allerdings auch ein paar weniger wichtige. Einmal zum Beispiel verfolgt einer der beiden Geheimdienstleute Slebos bis zum Bloemenhuis van Kuijeren in Julianadorp, wo der Holländer, wie offenbar in jedem Jahr, im Auftrag von A. Q. verschiedene Fleurop-Blumengestecke in Auftrag gibt. Eines davon ist für Professor Hendrik Casimir bestimmt, den früheren Forschungschef von *Philips* in Eindhoven: mit »prettige feestdagen« zu Weihnachten von »Khan en fam.«.[4]

Der pakistanische Militärmachthaber Zia ul-Haq hatte in seltener Dreistigkeit seinen Vetter Abdul Waheed als neuen Botschafter nach Bonn entsandt, damit dieser sich um die Organisation des Nachschubs für P2 kümmerte, die zweite pakistanische Anreicherungsanlage in Kahuta.[5] Deshalb war Slebos Anfang Dezember höchstpersönlich in Bonn empfangen worden. Aber es gab noch einen anderen Grund: Der Holländer war fünf Monate zuvor vom Gericht in Alkmaar wegen eines illegalen Exports nach Pakistan zu einem Jahr Gefängnis ohne Bewährung verurteilt worden und nur deshalb auf freiem Fuß, weil er Berufung eingelegt hatte. Die Strafe wurde zwar später von der höheren

Instanz in eine Geldbuße umgewandelt, aber alle Beteiligten wußten, Slebos durfte sich keinen weiteren Fehler leisten, wenn er nicht hinter Gitter kommen wollte.[6]

Etwa acht Jahre zuvor habe ihn Abdul Qadeer Khan »zu Hause besucht« und um Unterstützung gebeten, bekannte Slebos vor dem Gericht in Alkmaar. Seitdem sei er »regelmäßig als Lieferant für das Projekt Khan tätig geworden [...], weil es mir finanziell schlecht ging«. Ihm sei klar gewesen, daß er »einem erhöhten Risiko einer Geldbuße ausgesetzt war«, schließlich ging es um »die Anreicherung von Uran«.[7] Die meisten der von ihm gelieferten Komponenten, Geräte und Stahlrohre standen nicht auf der niederländischen Exportkontrolliste, durften also ausgeführt werden. So weit, so gut. Andere Lieferungen waren schlichtweg vom Zoll nicht entdeckt worden. Oft genug hatte Slebos aber auch va banque gespielt und sämtliche Warnungen der holländischen Aufsichtsbehörden, keine »strategischen Güter« zu exportieren, in den Wind geschlagen.[8]

Erst ging es um Zubehör von *Philips* in Eindhoven (siehe S. 116 f.), Ende 1983 dann um drei Spezialmaschinen des Schweizer Unternehmens *Schaublin*. Die genehmigungspflichtige Ware wurde über einen niederländischen Zwischenhändler weitergeleitet, im Hamburger Hafen auf einen polnischen Frachter verladen, nach Karatschi verschifft und war schon an die bekannte Tarnfirma *Technical Equipment* in Islamabad ausgeliefert worden, als der Economische Kontroledienst von der Sache erfuhr.[9] Zur selben Zeit versuchte Slebos, ein Hochgeschwindigkeits-Oszilloskop an einen Importeur in Sharjah in den Emiraten zu schicken, ohne die notwendige Ausfuhrlizenz zu beantragen; auch Sharjah, so stellte sich später heraus, war nur als Zwischenstation auf dem Weg nach Little Almelo gedacht.[10]

Bei der Sharjah-Lieferung hatte ihn sein Glück verlassen: Holländische Zöllner machten während eines Arbeitskampfes Dienst nach Vorschrift und öffneten systematisch jedes Paket, das ins nichteuropäische Ausland gehen sollte. So waren sie ganz zufällig auf das falsch deklarierte Oszilloskop gestoßen. Drei Wochen später war Slebos verhaftet worden.[11]

In seinem Büro im CIA-Hauptquartier in Langley/Virginia staunte Richard Barlow nicht schlecht, als die klassifizierten Berichte aus Europa eintrudelten, darunter auch ein paar Ergebnisse der Operation gegen Henk Slebos im Dezember, an der Dienststellen mehrerer Länder beteiligt gewesen waren. Vieles deutete auf verstärkte Aktivitäten der pakistanischen Agenten in den letzten Monaten hin. Zusammen mit den Berichten, die von der Residentur in Islamabad auf seinem Schreibtisch landeten, ergab sich eine neue Situation, über die er seine Vorgesetzten in Kenntnis setzen würde: Nach dem vermeintlichen Produktionsstopp in der Urananreicherung im Frühjahr 1985, nach Zias Entscheidung, in Kahuta konventionelle Waffen zu produzieren, lief das Bombenprojekt inzwischen wieder auf vollen Touren. Womöglich hatte der General die Amerikaner auch nur durch gezielte Desinformationen an der Nase herumgeführt.[12]

Richard Barlow arbeitete inzwischen seit mehr als sechs Monaten als Scientific Intelligence Officer jener Abteilung der »Firma«, die sich mit heimlichen militärischen Atomprogrammen auf der ganzen Welt befaßte. Nach seinem Vorstellungsgespräch im Juli 1985 war alles relativ schnell gegangen. Er wurde auf Herz und Nieren gecheckt, seine Vergangenheit wurde durchleuchtet, seine Frau, seine Verwandten, sein Freundeskreis abgeklärt – das übliche Verfahren bei jemandem, der für die CIA arbeiten und Zugang zu Informationen höchster Geheimhaltungsstufen erhalten sollte. Sein Aufgabengebiet beschrieb Barlow später einmal so: Er mußte sämtliche verfügbaren Informationen – von Presseartikeln bis zu streng geheimen Rapports aus US-Botschaften oder von Spionen im »Feld« – analysieren, bewerten und zu schriftlichen »Lagebildern« verarbeiten. Seine Dossiers waren für hochrangige Beamte im Department of State, im Justizministerium und im Weißen Haus bestimmt. Manchmal wurde er zur mündlichen Berichterstattung eingeladen. Kurzum: Wenn jemand in der Regierung damals etwas über die Atomprogramme Israels, Südafrikas oder Pakistans, über Kahuta, Khan oder die Kaskaden der

Uranzentrifugen wissen wollte, wandte er sich an Richard Barlow. Der Job gefiel ihm.[13]

Gleich zu Beginn seiner neuen Tätigkeit im Sommer 1985 hatte Barlow von einer Lieferung »maraging steel« von *Arbed Saarstahl* in Völklingen nach Islamabad erfahren, zur Firma *Technical Equipment*, die kurz zuvor auch als Tarnadresse für die *Schaublin*-Spezialmaschinen von Henk Slebos gedient hatte. Hinter dem Deal mit den Saarländern stand ein orientalischer Teppichladen in der Londoner Innenstadt, deren Besitzer pakistanischer Abstammung waren und offenbar in U-Khans Auftrag handelten; zur selben Zeit versuchten sie auch, vom französischen Unternehmen *Aubert et Duval* den superharten Stahl für neue Zentrifugen zu beziehen. In die konspirative Abwicklung des Geschäfts hatte sich, wieder einmal, Botschaftsrat Azmat Ullah aus Bonn eingeschaltet.[14]

Es überraschte damals nicht nur Richard Barlow, sondern auch seine Kollegen in der anderen Geheimdiensten, daß die Pakistanis immer wieder mit den gleichen, leicht zu durchschauenden Tricks, Manövern und Adressen versuchten, an ihr Material zu kommen, als stünde das Ausmaß der notwendigen Beschaffungen jedweder Kreativität im Wege.[15] Als ziemlich unverschämt empfanden die Regierungen ebendieser Geheimdienste vor allem, daß Zias Vetter Abdul Waheed, Pakistans Botschafter in der Bundesrepublik, sich offenbar immer häufiger in die illegalen Aktivitäten des Agentenrings einschaltete. Hätte nicht das Auswärtige Amt in Bonn Seine Exzellenz längst einbestellen müssen, um ihn dezent, aber bestimmt darauf hinzuweisen, daß eine Mitwirkung an kriminellen Geschäften gemeinhin nicht den diplomatischen Gepflogenheiten entspricht? »Als Botschaft haben wir diplomatische Aufgaben, wobei wir die jeweiligen Gesetze streng beachten. Wir haben nichts zu tun mit Leuten, die solche Schmuggelgeschäfte tätigen«, leugnete Waheed damals, was spätestens seit den jüngsten Verhandlungen des Atomschiebers Rudolf Ortmayer in Pakistan nicht mehr zu leugnen war.

Am 23. Oktober 1985 hatte sich Ortmayer, Pu-Khans »Mr. Tritium«, im Sheraton-Hotel in Karatschi mit Zulfikar Ali Butt und dessen Entourage getroffen. Mr. Butt nannte sich inzwischen offiziell »Dr. S. A. Shef«. Nach der Besprechung legte der Gelnhausener NTG-Chef in einem Aktenvermerk neue Verhaltensregeln für die Kommunikation mit dem Kunden fest. Die bisherige Verfahrensweise »gibt Anlaß zur Sorge«, Briefe aus Deutschland seien »schon zum wiederholten Male nachweisbar geöffnet und provisorisch wieder verschlossen worden«.[16] Lasen etwa die deutsche Zollfahndung, der BND oder, noch schlimmer, die CIA mit?

»Um absolute Vertraulichkeit zu gewährleisten«, so wies Ortmayer, der sich offenbar in der Rolle des Geheimagenten für eine gute Besetzung hielt, die eingeweihten Mitarbeiter an, »erfolgt der Austausch von Schriftstücken nur noch über Diplomatenpost.« Er habe, ganz Profi, »mit Shef« das genaue Prozedere festgelegt: »Das zweimal verpackte Schriftstück kommt in ein Cover mit der Anschrift des Botschafters von Pakistan – Seiner Exzellenz Dr. Waheed« und werde dann von Herrn Richter, einem Taxifahrer aus dem Nachbarort, »der uns eine Vertraulichkeitserklärung zu unterschreiben hat«, dem Botschafter persönlich in dessen Residenz in Königswinter in die Hand gedrückt.

Die Post aus Pakistan werde in Zukunft nicht an die Firma, sondern an seine Privatanschrift, an seine Sekretärin oder an seine Schwiegermutter adressiert. Angst hatte »Mr. Tritium« auch vor einem großen Lauschangriff: »Als weitere Vorsichtsmaßnahme wird von beiden Seiten ein spezielles Telefon, das abhörsicher ist, installiert«, heißt es im Protokoll der Sheraton-Besprechung.[17] Willkommen im Kindergarten der Spione. Manchmal, sagte Richard Barlow einmal in anderem Zusammenhang, »kann Aufklärung ganz schön erheiternd sein«.[18]

Munir Ahmad Khan, der sich mit Ortmayers Tritium-Anlage die Möglichkeit verschaffen wollte, seine Plutoniumbombe effektiver zu machen, versuchte später, Ortmayers Bedeutung für das Projekt herunterzuspielen: »Was ich am Rande mitbekam, war, daß er nicht viel von der Materie verstand und sich die Dinge deswegen ewig hinzogen.« Auch den Einwand, daß es dabei doch um sehr viel Geld ging, ließ Pu-Khan nicht gelten: »Er mußte ja einen Vorteil davon haben.« Ein Embargo führe nun einmal zu »höheren Risiken und höheren Preisen«.[19] Für Rudolf Ortmayer sollte sich das erst noch erweisen.

B E R I C H T

6.11.85
Ort/Hn

Besprechungsort: Karachi - Sheraton
am 23.10.1985

Teilnehmer : Dr. S.A. Shef
Dr. Javed
Dr. Mubarakmand
Dr. Kraechi
R. M. Ortmayer - NTG

1. ALLGEMEINES

Die bisher gemachten Erfahrungen mit Austausch der Korrespondenz von und nach dem Kunden gibt Anlaß zur Sorge. Dies deshalb, da Schriftstücke, die RMO vom Kunden erhalten hat, schon zum wiederholten Male nachweisbar geöffnet und provisorisch wieder verschlossen wurden.
Um derartige Vorkommnisse zu unterbinden und um absolute Vertraulichkeit zu gewährleisten, erfolgt ab sofort der Austausch von Schriftstücken nur noch über die Diplomatenpost. Dies ist zwar teurer aber entschieden sicherer und somit auch der beste Weg, vor allen Dingen auch im Hinblick darauf, daß man NTG in die Langzeitplanung mit einbezogen hat, mit erneutem Angebot an RMO für den einschlägigen Diplomatischen Dienst. Der Postweg wird von unserer Seite über Herrn Richter abgewickelt, der uns eine Vertraulichkeitserklärung zu unterschreiben hat, die die TGL noch anzusagen hat. D.h. wir geben z.B. ein NTG Angebot oder ein NTG Schriftstück in ein Couvert, das an S.A. Shef adressiert ist. Dieses wird wiederum an eine von Shef noch bekanntzugebende Anschrift adressiert. Das so zweimal verpackte Schriftstück kommt dann in ein cover mit der Anschrift des Botschafters von Pakistan - Seiner Exzellenz Dr. E. Waheed.

- 2 -

Aktenvermerk von Rudolf M. Ortmayer über eine Besprechung mit Vertretern der PAEC in Karatschi, bei der beschlossen wurde, Schriftstücke nur noch als Diplomatenpost über den pakistanischen Botschafter in Bonn zu versenden.

Mitte Dezember 1985, genau zur selben Zeit, als Henk Slebos mit Günes Cire in Julianadorp über neue Lieferungen für den gemeinsamen Freund A. Q. beriet und Rudolf Ortmayer die ersten Geheimbriefe mit Taxikurier zum Botschafter nach Königswinter fahren ließ, ging bei der Firma *Uranit* in Jülich ein Tip ein, vermutlich telefonisch, wahrscheinlich vom BND, direkt oder auf dem Umweg über eine andere Ermittlungsbehörde. Die Neuigkeit klang nicht gut: Die »Operation Kotari« in Buchs sei Anfang des Jahres wiederaufgenommen worden und stehe jetzt unmittelbar vor dem Abschluß. Der deutsche *Urenco*-Gesellschafter unterrichtete sofort die Regierung in Bonn und die wenig später die Regierung in Bern. Wenn die Ausfuhr der Anlage für Kahuta noch verhindert werden sollte, durfte keine Zeit verloren werden.

Tatsächlich revidierte am 19. Dezember der Schweizer Nationalrat in ungewohnter Eile das Atomgesetz. »Im Interesse unserer Glaubwürdigkeit«, so begründete einer der Bundesräte den Antrag, »dürfen wir nicht länger das multilateral vereinbarte Niveau unterschreiten.« Gotthard Lerch, der zwischenzeitlich bei *Leybold-Heraeus* ausgeschieden war, muß die Bedeutung der Gesetzesänderung zum 1. Januar 1986 sehr schnell erkannt haben: Alle Lieferungen von *Nukleartechnik* aus der Schweiz nach Pakistan wären danach illegal gewesen.[20]

Bei den *Metallwerken* begann große Hektik. Kurz vor Weihnachten wurden Sonderschichten gefahren. Dann kam der Auftrag aus Liechtenstein, alles zusammenzupacken. Zwei Kisten mit neun Tonnen »Kesselteilen« gingen am Tag vor Weihnachten über die Grenze nach Frankreich, kurz vor dem Jahreswechsel zwei weitere LKW-Ladungen mit zehn »Kesseln aus Stahl« und zusätzlicher Gerätschaft, insgesamt 35 Tonnen. Die heiße Ware wurde in einem Zollfreilager in der Nähe von Lyon eingelagert und im Januar 1986 vom Flughafen Paris-Roissy aus über Dubai und Kuwait nach Pakistan ausgeflogen.[21]

Drei Großgeräte (»Autoklaven«) allerdings, von Lerch in den Frachtpapieren als »Druckbehälter aus Stahl« getarnt, nahm der Schweizer Zoll unter Beschlag. Im Februar konfiszierte die

Berner Bundesanwaltschaft in Lerchs Büro die *Uranit*-Blaupausen sowie verschiedene Aktenordner, die mit »Urananreicherung« und »Wiederaufbereitung« beschriftet waren, und leitete Ermittlungen ein.[22] Als die Fachleute von *Uranit* Wochen später die Zeichnungen zur Analyse erhielten, kamen ihnen die meisten Dinge bekannt vor: Der »prinzipielle Aufbau« der in den Dokumenten beschriebenen Uranfabrik entspreche dem der modernen *Urenco*-Anlagen »in Almelo und Gronau«.[23]

Dennoch sollte die ganze Affäre für die Beteiligten äußerst glimpflich ausgehen: Das zuständige Bezirksgericht verurteilte die beteiligten Manager später zu einer Geldstrafe von jeweils 4000 Franken, die Kölner Staatsanwaltschaft ermittelte zunächst nur wegen »unlauteren Wettbewerbs«, und als dann das Verfahren wegen Verstoßes gegen das Außenwirtschaftsgesetz nachgeschoben wurde, mußte auch ein neues Rechtshilfeersuchen an die Schweiz in Gang gesetzt werden. Am Ende kamen Gotthard Lerch und Otto Heilingbrunner ungeschoren davon. Lerch sollte allerdings 15 Jahre später wieder von sich reden machen, als er, zusammen mit Henk Slebos, Peter Griffin und Günes Cire, der Mitwirkung an »Dr. No's« Nuklearshopping beschuldigt wurde.

Im Frühjahr 1986 verdichteten sich bei CIA und MI6 immer mehr die Anzeichen, daß in Kahuta inzwischen genügend Uran-235 für mindestens eine oder zwei Bomben angereichert worden war. Es lagerte aber wohl noch immer als gasförmiges Uranhexafluorid in Stahlkesseln jenes Typs, die gerade von den *Metallwerken Buchs* aus der Schweiz eingetroffen waren. Um einen nuklearen Sprengkopf zu produzieren, mußte das UF_6 in metallisches Uran umgewandelt werden, eine Aufgabe, die offensichtlich unter Federführung der PAEC und der Wah Group vorgenommen werden sollte.[24] Die nochmalige Überprüfung einer Bodenprobe aus der Umgebung der Anlage erhöhte die Gewißheit weiter: Der Anreicherungsgrad lag bei maximal 93,5 Prozent. Ein paar Monate später sollte die Zahl mit Verweis auf eine Geheimdienst-Information erstmals in einem Artikel der *Washington Post* auftauchen.[25]

»Little Almelo«: Diese Aufnahme des Satelliten »Ikonos« aus dem Oktober 2002 zeigt den nördlichen Teil des Kahuta-Areals. In den beiden großen Hallen links und rechts sollen sich zwei Urananreicherungsanlagen mit Tausenden Zentrifugen befinden, in den beiden Hallen in der Mitte der Maschinenpark für die Herstellung der Zentrifugen. (Mit freundlicher Genehmigung von *SpaceImaging*)

Tierfreund »Dr. No«: Abdul Qadeer Khan umgibt sich gerne mit Katzen, Affen, Goldfischen und Papageien.

Lonesome Cowboy: Richard Barlow, Khans langjähriger Gegenspieler in den amerikanischen Geheimdiensten, mit seinen Hunden Sassy und Skye auf der Jagd nach Enten, Fasanen und Moorhühnern.

Abdul Qadeer Khan heiratet 1963 die 21jährige, in Südafrika geborene Hendrina (»Hennie«). Die Aufnahme entstand vermutlich ein paar Jahre später, während seiner Studienzeit in Delft.

In der deutschen Pilotanlage auf dem *Urenco*-Gelände im niederländischen Almelo, in der Mitte der siebziger Jahre mehr als eintausend Anreicherungszentrifugen laufen, geht Abdul Qadeer Khan damals ein und aus. Er nutzt die sich ihm zufällig bietende Gelegenheit, um die geheime Uranfabrik auszuspähen.

Der Holländer Henk Slebos steht seit Ende der siebziger Jahre als Khans Freund und Beschaffer unter Beobachtung von Agenten aus mehreren Ländern. Um den Ort dieser Aufnahme und damit den für die Observierung verantwortlichen Geheimdienst zu verschleiern, wurde der Hintergrund von den Auswertern geweißt.

Im Alter von 26 Jahren arbeitet Richard Barlow bereits als Analyst der Abrüstungsbehörde im amerikanischen Außenministerium, verfolgt die Spuren eines weltweit operierenden Netzwerkes, mit dessen Hilfe Abdul Qadeer Khan sich die nötige Technik für den Aufbau seiner Uranfabrik in Kahuta beschafft.

Der pakistanische Präsident General Mohammed Zia ul-Haq, der sich 1977 an die Macht geputscht hat, kurbelt in den achtziger Jahren das geheime Atomprogramm seines Landes kräftig an. Die Reagan-Administration läßt ihn gewähren, weil sie »die lächelnde Kobra« als Verbündeten im Kampf gegen die Rote Armee in Afghanistan benötigt.

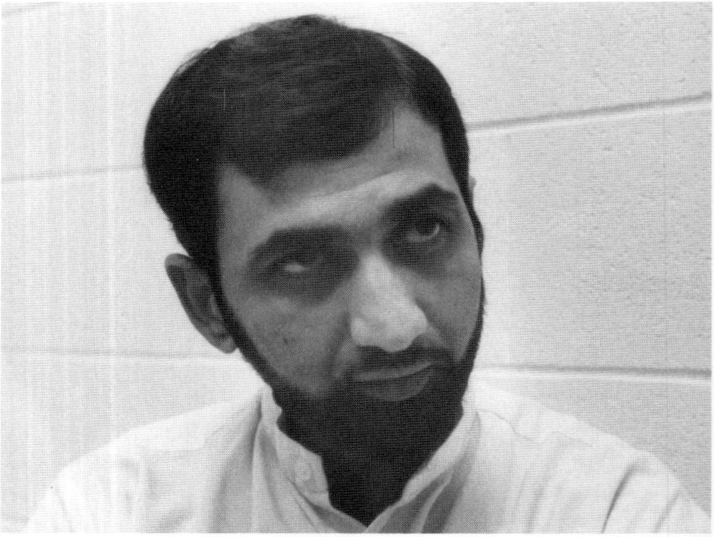

Der pakistanische Beschaffungsagent Nazir Ahmed Vaid wurde im Juni 1984 in Houston/Texas bei dem Versuch erwischt, Zünder für Atombomben außer Landes zu schmuggeln.

Zwischen 1986 und 1989 leitet Milton Bearden als CIA-Stationschef in Pakistan die heimliche Unterstützung der Mudjahedin in Afghanistan mit Dollars und Waffen, damit sie die sowjetischen Invasoren bekämpfen können. Mehrfach reist er »undercover« in die einsamen Bergtäler des Hindukusch.

Im Februar 1989 übernimmt die pakistanische Armeeführung die erste tragbare, von der Schulter abzuschießende Boden-Luft-Rakete (Anza MK-1), die aus der konventionellen Waffenschmiede von Abdul Qadeer Khan in Kahuta stammt und in Serie gebaut werden soll.

Der Holländer Henk Slebos (oben links) und der Brite Peter Griffin (oben rechts) sind Männer der ersten Stunde in Khans internationalem Beschaffungsnetzwerk; der Deutsche Gotthard Lerch, langjähriger Manager der Firma *Leybold-Heraeus*, verlegt 1985 seinen Wohnsitz in die Schweiz, um besser nach Kahuta liefern zu können.

Zum 50. Geburtstag von »Dr. No« erscheint in Islamabad eine Ausgabe der Zeitschrift *Weekly Hurmat*, die sich fast ausschließlich mit dem Jubiliar beschäftigt. Neben das Konterfei Khans läßt der Redakteur einen Atompilz montieren, damit auch dem letzten Leser klar wird, daß Pakistan dank seiner Hilfe längst Kernwaffen besitzt.

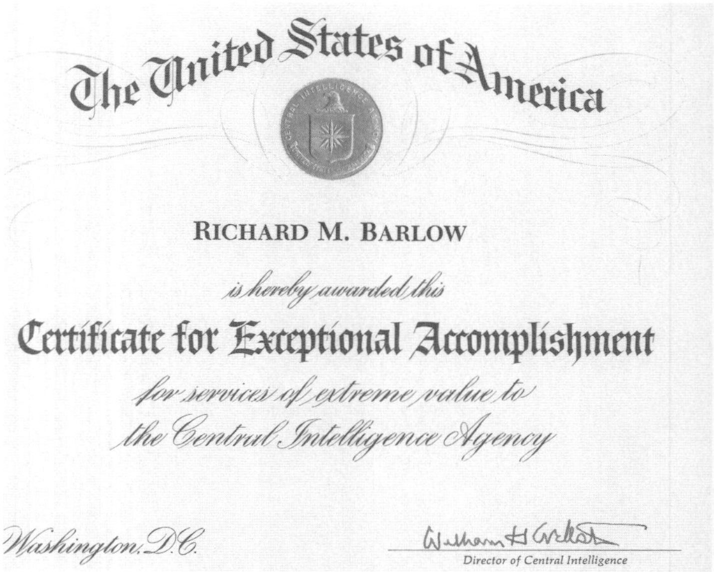
The United States of America

RICHARD M. BARLOW

is hereby awarded this

Certificate for Exceptional Accomplishment

for services of extreme value to
the Central Intelligence Agency

Washington, D.C.

Director of Central Intelligence

Für seine »außergewöhnlichen Verdienste« erhält Richard M. Barlow 1987 diese Ehrung aus der Hand des CIA-Direktors, kurz bevor die »Kalten Krieger« damit beginnen, ihn zu mobben.

Im März 1990 erhält Dr. Abdul Qadeer Khan für seine »epochemachenden Verdienste« den *Hilal-i-Imtiaz*, eine der höchsten Auszeichnungen des Landes, aus der Hand des Präsidenten Ghulam Ishaq Khan. Später sollen unzählige Ehrungen und Orden folgen.

Einige Tage nach dem 11. September 2001 treffen sich in Lahore die fundamentalistischen Kleriker Pakistans, um über den befürchteten Angriff der Amerikaner auf Afghanistan zu beraten. Unter den islamischen Führern sind auch die Khan-Vertrauten Qazi Hussain Ahmad (ganz links) und Hafiz Mohammed Saaed (ganz rechts). Saeed wird verdächtigt, mit Osama bin Laden in Verbindung zu stehen und den Terrorismus in Kaschmir zu organisieren.

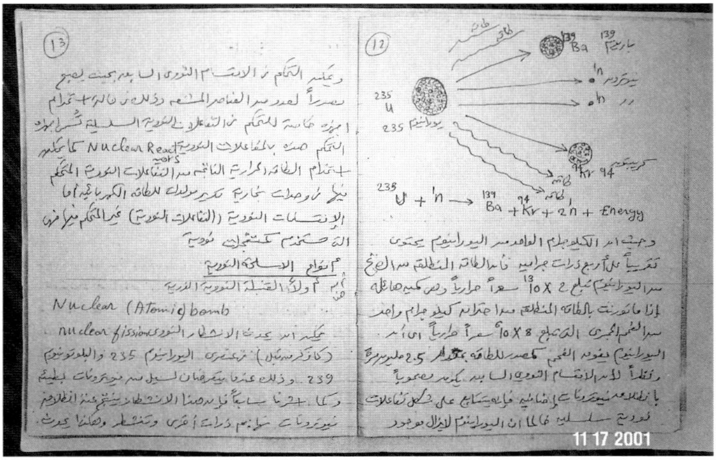

Nach der Besetzung Kabuls durch amerikanische Truppen im November 2001 werden in Häusern der Terror-Organisation Al Qaida Unterlagen von Mitarbeitern Abdul Qadeer Khans aus Kahuta gefunden, darunter eine Einführung in die Kernphysik und in den Bau von Atombomben. (Mit freundlicher Genehmigung von ISIS/CNN)

Auf geheimer Mission: »Dr. No« (rechts mit Mütze) und seine Entourage in einem kleinen Flugzeug unterwegs in Afrika. Von links nach rechts: Dr. Nazeer Ahmad, Henk Slebos, Generalleutnant a. D. Riaz Ahmad Chowhan und Brigadier a. D. Sajawal Khan Malik.

Auf dem deutschen Schiff *BBC China* werden Anfang Oktober 2003 im süditalienischen Hafen Taranto Aluminiumzentrifugen und anderes Zubehör für eine libysche Anreicherungsfabrik beschlagnahmt und später in die USA gebracht.

Demonstration für den Nationalhelden Dr. Abdul Qadeer Khan am 5. Februar 2004, nachdem dieser seine Schwarzmarktgeschäfte mit Libyen, Iran und Nordkorea öffentlich eingestanden hat und von Präsident Musharraf begnadigt worden ist.

Diese Aufnahme des Satelliten »Ikonos« aus dem November 2000 zeigt einen Ausschnitt des weitläufigen Munitionsdepots Sargodha am Fuße der Kirana-Berge. In den beiden höheren Hallen werden startklare Mittelstreckenraketen vom Typ Ghauri vermutet, in den flacheren Gebäuden daneben die dazugehörigen Kernwaffen. (Mit freundlicher Genehmigung von *SpaceImaging*)

Richard Barlow lehnt es auch heute noch kategorisch ab, sich zu solchen Details und Methoden zu äußern. Das unterliege weiterhin der Geheimhaltung. Nur soviel: »Als ich den Job bei der Agency übernahm, gab es genügend Informationen im System, die danach verlangten, analysiert, bewertet und operationell oder strafrechtlich umgesetzt zu werden.« Das Ergebnis der Analyse schien jenen Konflikt zu bestätigen, den er 1980 in seiner Abschlußarbeit in Bellingham thematisiert hatte: Warum schaute Washington, schaute die ganze westliche Welt zu, obwohl klar war, daß Pakistan an der Schwelle zur Atommacht stand? Und Terrorstaaten in der islamischen Welt wie Libyen oder der Iran womöglich folgen würden?[26]

Mitte des Jahres nahm Barlow als Vertreter der CIA am ersten Treffen einer neu gegründeten, streng geheimen Ermittlungsgruppe teil, der Nuclear Export Violations Working Group (NEVWG), in der Fachleute aus Polizei, Zoll, Justiz und Geheimdiensten zusammenarbeiten und den Schmuggel amerikanischer Nukleartechnologie nach Pakistan oder in andere Staaten verhindern sollten. Dabei handelte es sich um eine, wie Barlow fand, zwingende Konsequenz aus den Fällen des Ehepaars Mandel und des pakistanischen Atomspions Nazir Ahmed Vaid (siehe S. 128 u. 141 f.). Und Barlow lagen längst verläßliche Hinweise vor auf eine von Kahuta aus gesteuerte neue Beschaffungsaktion auf amerikanischem Boden. Es wurde eine Undercover-Operation gegen die Agenten geplant, von der sogar die zuständige Nahost-Abteilung des Department of State nichts erfahren durfte. Das Team befürchtete, über die Abteilung könnten deren Kollegen in Islamabad einen Tip erhalten, versteckt in einer offizielle Demarche, und das wäre gleichbedeutend mit dem Scheitern des Vorhabens. Das war schließlich schon häufiger geschehen.[27]

Während Barlow und seine Mitstreiter also ihre Gegenoffensive im Kampf gegen Schieber und Schmuggler planten, traf ein paar Häuserblocks weiter der pakistanische Premierminister Mohammad Khan Junejo, seit einem Jahr Präsident Zias ziviles Feigenblatt, zu einem ersten Besuch im Weißen Haus ein. In einem als »secret/sensitive« eingestuften Dossier des Department of State wurden hinterher die wichtigsten Gesprächspunkte festgehalten.[28] Sie klingen, als habe Ronald Reagan seinem Gast die unausgesprochene Versicherung gegeben, er könne beides haben: ihr Geld *und* seine Bombe. Die Regierung sei fortan gezwungen, zu Beginn jedes Jahres dem amerikanischen Kongreß zu bestätigen, daß Pakistan nicht im Besitz von Atomwaffen sei, heißt es in dem Memorandum – das stelle die Regierung »vor große Probleme«. Pakistan setze nämlich »trotz schwerer Bedenken« sein militärisches Nuklearprogramm unbeirrt fort. »Falls Kahuta weiterhin mit normaler Kapazität« operiere, könne »die Fabrik genug waffenfähiges Spaltmaterial für mehrere Atomsprengsätze pro Jahr ausstoßen«. Es bleibe jedoch bei der offiziellen Einschätzung, »daß Pakistan keine Kernwaffe besitzt«.[29]

Mit diesem Papier sei Mitte 1986 eine politische Marschrichtung vorgegeben worden, blickt Richard Barlow zurück, die ihn fatal an die These seiner Studienarbeit erinnerte: »Gleichgültig, was die Geheimdienste [über Pakistans nukleare Ambitionen] herausfinden, ihre Erkenntnisse haben sich, verdammt noch mal, der politischen Willensbildung in der Regierung unterzuordnen.« Daraus sollte in den nächsten Jahren ein schwerer Konflikt zwischen Weißem Haus und Kongreß erwachsen und viel später die größte Krise in der Geschichte der CIA.[30]

Im August 1986, wenige Wochen nach dem 50. Geburtstag Abdul Qadeer Khans, erschien eine Sonderausgabe der in der Landessprache Urdu verfaßten Zeitschrift *Weekly Hurmat*: auf der Titelseite das Konterfei des Kahuta-Chefs, daneben ein Atompilz mit der Jahreszahl 1986 in großen Lettern. Das verstand jeder Klippschüler. A. Q. sei die »Persönlichkeit des Jahres«, schrieb dessen Biograph Zahid Malik, gleichzeitig Herausgeber und Redakteur des *Hurmat*, im »Editorial« – eigentlich hätte ihm der Titel »schon 1984« zugestanden. »Aufgrund einiger nationaler Gesichtspunkte«, so Malik sibyllinisch, »konnte es damals nicht geschehen.« Dann eben jetzt: »Lang lebe Dr. Abdul Qadeer Khan!« Das allerdings verstand nur, wer die

Entwicklung des Projekts über die Jahre genau beobachtet hatte, Richard Barlow zum Beispiel: 1984 war in Little Almelo offenbar das erst Bombenuran hergestellt worden, aber eine öffentliche Ehrung hätte das weitere Projekt gefährdet; mittlerweile jedoch gab es ausreichend Bombenuran für die ersten Kernwaffen, nun brauchte keine übertriebene Rücksicht mehr genommen zu werden.

Die *Hurmat*-Veröffentlichung war noch aus anderen Gründen bemerkenswert, das empfand auch Barlow so, als er sie irgendwann in Händen hielt. Malik hatte eine Handvoll Personen befragt, die in Khans Leben eine wichtige Rolle spielten und spielen und die offenbar allesamt bei seinem runden Geburtstag dabeigewesen waren: seine Frau Hennie natürlich, seine beiden Töchter Aisha und Dina, sein Mentor von der Katholieke Universiteit Leuven, Professor Martin Brabers, sein holländischer Freund Henk Slebos, der seinetwegen immer mit einem Bein im Gefängnis stand, sein britischer Spezi Peter Griffin, der wahrscheinlich durchtriebenste seiner europäischen Beschaffungsagenten, und sein Anwalt aus Den Haag, der ihn nach der Verurteilung als Atomspion vor Gericht rausgeboxt hatte.

Alle huldigten dem Jubilar, gaben kleine Anekdoten zum besten, vergaßen nicht, daraufhin hinzuweisen, daß es selbstverständlich das unabdingbare Recht jedes Landes sei, die Bombe zu bauen, wenn es dessen Sicherheitslage verlange. Am Ende ging Khans Lieblingsjournalist noch auf die erbitterte Feindschaft zwischen U-Khan und Pu-Khan ein: »Munir hat die Entwicklung der Atomenergie kaputtgemacht und nur Geld geschluckt«, sprach des Meisters Stimme, »sogar Zia ul-Haq hat gesagt, Munir ist ein CIA-Agent und darf nichts von dem Kahuta-Projekt wissen.«[31] Kurze Zeit später jedoch wurde »der CIA-Agent« als Vorsitzender der PAEC vom Präsidenten bestätigt.[32]

Der Sommer 1986 brachte zwei Ereignisse, die in den folgenden Monaten zu einer dramatischen Beschleunigung des pakistanischen Atomprogramms führen sollten: Ende Juli hatte die indische Armee unter dem Decknamen »Exercise Brass Tacks« mit dem größten Militärmanöver in der Geschichte des Landes begonnen. »Brass Tacks« bedeutet soviel wie »zur Sache kommen«, und das genau war der Plan der Generäle in Neu-Delhi. Und zwei Wochen später entschied die US-Regierung auf Empfehlung von CIA-Boß William Casey, daß sich seine Abteilung für verdeckte Operationen viel stärker auf der Seite des afghanischen Widerstands gegen die sowjetischen Besatzer engagieren solle. Langley schickte daraufhin einen neuen Stationschef nach Islamabad, einen in vielen Schlachten verdeckter Kriegsführung bewährten Haudegen namens Milton Bearden.

Die sowjetische Luftwaffe hatte schon im Vorjahr ihre Taktik geändert, setzte seitdem verstärkt schwerbewaffnete Kampfhubschrauber vom Typ MI-24 gegen die Mudjahedin ein, die nichts in ihren Arsenalen hatten, um sich gegen die Angriffe zu wehren. Die Verluste auf seiten des afghanischen Widerstands waren danach erheblich in die Höhe gegangen. Im Frühjahr dann hatte Gorbatschow seine bisherige Marionette in Kabul, Babrak Karmal, durch den brutalen und sadistischen Chef der Geheimpolizei, Mohammed Najibullah, ersetzt und dadurch die Kampfmoral der Freischärler eher noch angestachelt. Wenn sie nur eine Chance hätten, sich zu wehren.

Milton Bearden brachte die Entscheidung seiner Regierung mit nach Islamabad, die Mudjahedin mit Boden-Luft-Raketen (Stinger) auszustatten und auf diese Weise ihren Widerstand zu stärken. Um die amerikanischen Waffen über die hoch gelegenen Pässe von Pakistan nach Afghanistan zu schmuggeln, brauchte der CIA-Mann die bedingungslose Unterstützung Zias und seiner Generäle, vor allem des mächtigen ISI. Binnen weniger Wochen brachten die Stinger eine Wende im Krieg: Am 26. September, nur Tage nachdem die ersten Lieferungen auf verschlungenen Wegen bei den islamischen Kämpfern eingetroffen waren, gelang es einem Kommandeur der Mudjahedin, die ersten drei sowjetischen Helikopter vom Himmel zu holen.[33]

Die gemeinsame Sache bei der Schleusung amerikanischer Raketen nach Afghanistan erhöhte noch einmal den Spielraum für die pakistanischen Militärs, ihr hochangereichertes Uran nun auch zu konfektionieren und in Bomben und Sprengköpfe einzubauen. Viel entscheidender war allerdings, was sich im Osten des Landes zusammenbraute. Rajiv Gandhi hatte am 31. Oktober 1984, nach der Ermordung seiner Mutter, die Regierungsgeschäfte in Neu-Delhi übernommen und mit General Krishnaswami Sundarji einen neuen, sehr aggressiven Chef der Streitkräfte berufen. Und der zog nunmehr 400000 Soldaten aller Truppenteile in Rajasthan zusammen, um für einen Krieg mit Pakistan zu üben. Das Gelände liegt keine 150 Kilometer von der Grenze entfernt und stellt einen idealen Ausgangspunkt für einen Angriff auf pakistanisches Territorium dar. General Sundarji bezog zudem spezielle Waffengattungen wie taktische Atomwaffen in das Manöver ein, ließ riesige Versorgungslager mit Munition und Treibstoff anlegen. Die Inder, keine Frage, rasselten kräftig mit den Säbeln.[34]

Zia ul-Haq sah darin natürlich eine unmittelbare Bedrohung, befürchtete, der eigentliche Zweck hinter »Brass Tacks« könnte eine Invasion Pakistans sein. Er setzte also seine eigenen Truppen in Bewegung. Und er gab wahrscheinlich den Befehl, so schnell wie möglich ein, zwei atomare Sprengköpfe aus dem Kahuta-Uran fertigzustellen, für den Fall, daß die Inder tatsächlich einmarschieren sollten. Dafür sollte es später klare Anzeichen geben.[35]

Auch den amerikanischen Aufklärungssatelliten entging der Aufmarsch beiderseits der Grenze nicht. Für die CIA und ihre Schwesterbehörde NSA mit ihren riesigen, auf dem ganzen Globus verteilten Antennen galt »high alert«, größte Aufmerksamkeit. Gleichzeitig erhielten Milton Bearden und seine Agenten vom Headquarter den Auftrag für eine äußerst sensible Operation im Land. Sie sollten die Frage klären, ob die Wah Group, die nukleare Spezialeinheit der pakistanischen Armee, tatsächlich in der Lage sei, aus dem hochangereicherten Uranhexafluorid von Kahuta bombenfähiges Uranmetall zu produzieren und in einen Sprengsatz einzubauen, der unter die Flügel eines F-16-Kampfflugzeuges passen würde. Die Antwort war alarmierend:

Die Spezialisten in Wah konnten es nicht nur, sie taten es längst![36]

Damit war nicht nur für Richard Barlow, sondern für alle Insider in Washington klar, daß ein Atomkrieg zwischen Indien und Pakistan drohte, falls sich »Brass Tacks« weiter zuspitzen sollte.

Auf der Seite der Zulieferer für U-Khan oder Pu-Khan bereitete den Amerikanern vor allem die deutsche Firma NTG von Rudolf Ortmayer große Sorgen. Das Tritium seiner Anlage ließe sich unmittelbar in den pakistanischen Kernwaffen verwenden. Das radioaktive Gas setzt zusätzliche Neutronen frei und verstärkt so die Kettenreaktion. Trotz allergrößter Vorsichtsmaßnahmen von seiten des Hessen hörten und lasen die Amerikaner offenbar weiter mit, was »Mr. Tritium« und »Dr. Shef« von der PAEC verabredeten.

Barlows Erkenntnisse über die NTG fanden Eingang in ein neuerliches Non-Paper, mit dem das Department of State kurze Zeit später in Bonn vorstellig wurde: »Von H. Percival, US-Botschaft, am 1.12. übergeben«, notierte der Empfänger an den Rand des Dokuments, das in unmißverständlicher Sprache ohne jede diplomatische Floskel abgefaßt war: »Da Tritium direkt in Atomwaffen verwendbar ist, möchten wir die Bundesrepublik auffordern, alles zu tun, um sicherzustellen, daß keine deutsche Firma Trititumreinigungstechnologie nach Pakistan exportiert.«[37]

Es handelte sich um die dritte Intervention der US-Dienste in Sachen NTG, schon im März und im Mai des Jahres hatte sich der amerikanische Botschafter in Bonn über die geplante Lieferung beklagt, doch die Beschwerden waren von den zuständigen Beamten des Bundeswirtschaftsministerium ignoriert worden. In einem Aktenvermerk des Auswärtigen Amtes hieß es später, mehrere Anschreiben »wurden vom BMWi ausweichend oder unzulänglich beantwortet«, trotz einer »langen Reihe von Mahnungen«. Vier Wochen nach Übergabe des letzten Non-Papers, am 30. und 31. Dezember 1986, verließen die wesentlichen Teile von Ortmayers Tritiumanlage die Bundesrepublik.[38]

In May, we discussed with you the possible export of a tritium recovery facility from the German firm Linde to the Pakistan Atomic Energy Commission (PAEC).

At that time, your investigation had revealed that Linde had no plans to sell a tritium recovery facility to Pakistan, but that there was another FRG firm that might do so. However, you said that this firm's technology would not yield pure tritium. You also said that the FRG had no legal authority to control tritiu… recovery technology.

Notwithstanding Linde's assertions, we continue to believe that the information we provided you previously is correct, and that Linde submitted a proposal to the Pakistan Atomic Energy Commission for installation of a tritium recovery facility.

Our technical information indicates that such a facility could esult in a pure form of tritium.

With respect to the matter of the other FRG firm you mentioned and w technology you believe could not yield pure tritium, we believe that any heavy water cleaning facility would significantly increase the concentration of tritium in the product stream, thereby making it easier for Pakistan to obtain pure tritium.

Our information also indicates that the German firm NTG Nukleartech submitted a proposal to the PAEC for installation of a tritium recovery facility. However, we are uncertain whether these two Gen firms submitted one joint proposal or two competitive proposals.

Finally, it is our understanding that, in light of the agreement reached at the Spring 1986 COCOM Meeting, the FRG should now have th legal authority to control the export of a tritium recovery facility.

Insofar as tritium is directly usable in nuclear weapons, we wish to request that FRG take whatever steps are possible to ensure that no Vest German firm exports tritium recovery technology to Pakistan until our two governments have an opportunity to consult further on this matter.

Von [illegible]. Percival, US-Botsch.
am 1. XII. übergeben.

December 1, 1986

43,
44,
OA
PAK-#
585

Im Dezember 1986 forderte das amerikanische Department of State deutliche Schritte von der Bundesregierung, die Lieferung von Tritiumtechnologie nach Pakistan zu verhindern – wieder einmal vergeblich.

Unterdessen hatte sich die Situation an der indischen Grenze weiter zugespitzt. In Schußweite standen sich auf beiden Seiten jeweils viele Divisionen gegenüber. Im Department of State und bei der CIA gingen alarmierende Meldungen aus Neu-Delhi ein, einige Falken in seiner eigenen Regierung könnten

Rajiv Gandhi ermutigen, tatsächlich in Pakistan einzufallen, bis zum Arabischen Meer durchzustoßen und sowohl Hyderabad als auch Karatschi vom Rest des Landes abzuschneiden. »Brass Tacks« drohte völlig außer Kontrolle zu geraten.[39]

Am 20. Januar 1987 eskalierte der Konflikt noch weiter. Gandhi spielte mit dem Feuer. Seine Entscheidung, Luftlandetruppen ins Pandschab, bei Lahore, direkt an die Grenze zu Pakistan, zu verlegen, mußte Zia als untrügliches Zeichen deuten, daß der Einmarsch unmittelbar bevorstand. Was sich in diesen Tagen in Islamabad abspielte, ließ sich auch später nicht genau rekonstruieren. Pakistan stand mit dem Rücken zur Wand. Bei einer Invasion der indischen Truppen sah das Land keine andere militärische Option als einen nuklearen Erstschlag. Hing die Bombe also womöglich bereits unter einer F-16?

Nach Ermittlungen des indischen Kargil Committee, das eigentlich pakistanische Aggressionen im Kaschmir-Distrikt Kargil im Mai 1999 zu untersuchen hatte, bestellte der pakistanische Außenminister den indischen Botschafter in der letzten Januarwoche 1987 ein und setzte ihm ein Ultimatum: Entweder ziehen sich die indischen Truppen innerhalb weniger Tage zurück, oder seine Land werde sein atomares Potential nutzen. Die Drohung, so das indische Gremium mehr als ein Jahrzehnt später, sei unmißverständlich gewesen und habe Neu-Delhi damals veranlaßt einzulenken.[40]

Eine zweite Botschaft wollte Abdul Qadeer Khan auf dem Umweg über die Öffentlichkeit an Gandhi adressieren, um auf diesem Wege auch die amerikanischen Freunde und die ganze Welt an ihr teilhaben zu lassen. Khan, Vater der ersten und bislang offenbar einzigen pakistanischen Atombombe, empfing am 28. Januar den indischen Journalisten Kuldip Nayar zu einem Interview. Der Kahuta-Chef besaß nicht viel Zeit, er war verabredet, verwies den Reporter auf ein Stück, das er Monate zuvor für die pakistanische Zeitung *Dawn* geschrieben hatte. Ein pakistanischer Kollege, der Nayar begleitete, bestätigte später, was Khan dem Inder dann in den Stenoblock diktierte: »Wenn die CIA behauptet, wir hätten die Bombe, dann stimmt das [...], sie haben uns gesagt, Pakistan werde nie in der Lage dazu sein, sie zweifelten vor allem meine Fähigkeiten an, aber jetzt haben wir sie!« Seine Regierung habe nicht die Absicht, Kernwaffen einzusetzen. Aber wenn sie angegriffen würden, hätten sie »keine andere Option«.[41]

Vielleicht wollte Nayar den Preis für seine Exklusivgeschichte in die Höhe treiben, jedenfalls vergingen mehr als vier Wochen bis zur Veröffentlichung des Interviews. Als sein Artikel dann am 1. März gleichzeitig in London, Neu-Delhi und Islamabad erschien, hatte sich die militärische Lage längst entspannt. Die Deeskalation begann mit einem Gespräch über das »rote Telefon«, eine Standleitung, die beide Seiten Jahre vorher eingerichtet hatten, um kriegerische Akte als Folge von Mißverständnissen zu vermeiden. Dann reiste Präsident Zia im Februar aus Anlaß eines Cricketspiels kurzfristig nach Indien und traf mit indischen Politikern zusammen. Danach zogen sich die Truppen beider Länder schrittweise von der Grenze zurück.[42]

Khans Interview, das auf dem Höhepunkt der »Brass Tacks«-Krise offenbar als subtiles Signal für die Regierung in Neu-Delhi gedacht war, drohte durch die verspätete Veröffentlichung jetzt eine völlig überflüssige Diskussion in Washington in Gang zu setzen. Hatte nicht die Reagan-Administration noch vor Monaten dem Kongreß mitgeteilt, es gebe keinerlei Anzeichen für eine pakistanische Bombe? Die pakistanische Botschaft in London veröffentlichte ein Dementi Khans, das offenbar schon ein paar Tage vor der Veröffentlichung vorbereitet worden war.[43]

Nach dem Erscheinen des Interviews überschlugen sich die Ereignisse: Erst kritisierte Gandhi die amerikanische Regierung öffentlich, weil sie es nicht verstanden habe, das pakistanische Programm zu stoppen, dann schrieb Senator John Glenn, der frühere Astronaut und sehr respektierte Politiker, einen Brief an Präsident Reagan und forderte ihn auf, »die militärische Unterstützung Islamabads einzufrieren«. Noch am selben Tag trat der stellvertretende US-Verteidigungsminister Richard N. Perle vor einem Gremium des US-Senats der Forderung mit dem Argument entgegen, es sei kontraproduktiv, den Pakistanis jetzt die Finanz- und Militärhilfe zu entziehen, weil das sie veranlassen könnte, ihr Waffenprogramm nur noch energischer voranzutreiben.[44]

Abdul Qadeer Khan bemühte sich, das Interview mit Kuldip Nayar als reines Phantasieprodukt des indischen Journalisten hinzustellen. »Der Mann ist ein Lügner und eine Schande für seinen Berufsstand«, schimpfte er in einem Brief an den britischen Journalisten Simon Henderson, mit dem er seit längerem in Kontakt stand. Das ganze Interview sei fabriziert, abgeschrieben aus seinem früheren Artikel für *Dawn*. Es diene ausschließlich dazu, die öffentliche Meinung in Amerika und den Kongreß zu manipulieren.

Dann führte Khan noch ein anderes Argument ins Feld: An dem besagten Abend des 28. Januar, an dem Nayar angeblich mit ihm gesprochen habe, sei er zum einem Dinner eingeladen gewesen, das hochrangige Offiziere zu Ehren von Heinz Mebus gegeben hätten. »Es waren mindestens 20 Leute inklusive Herrn Mebus anwesend.« Der Freund aus Erlangen, so schrieb A. Q. an Henderson, sei zu »allgemeinen Gesprächen« nach Islamabad gekommen, »Mebus (0049-9131-42088) wird Ihnen das sicher bestätigen«.[45]

Allgemeine Gespräche? Seit mehr als zwei Jahren lieferte das Ingenieurbüro Mebus kontinuierlich »EDV-Anlagen mit peripheren Geräten« für Khans Bombenprojekt, mit Genehmigung der deutschen Behörden, obwohl die Amerikaner schon mehrfach interveniert hatten, weil die hochwertigen Computer in der Regel aus amerikanischer Produktion stammten. Mebus bedürfe daher einer Re-Exportgenehmigung, so das Department of State. Das Non-Paper war, wie üblich auf dem Dienstweg, vom Auswärtigen Amt ins Bundeswirtschaftsministerium gegangen, an den zuständigen Referenten Hans-Jürgen Spies. Die Antwort ließ diesmal nicht lange auf sich warten: »Ich habe Herrn Mebus über die US-Re-Exporterfordernis und auf die Tatsache, daß unter den gegebenen Umständen kaum mit einer Ausfuhrgenehmigung zu rechnen sei, hingewiesen«, schrieb Spies. Tatsächlich waren sämtliche Hightech-Geräte schon Wochen vorher mit dem Segen des Ministeriums auf den Weg gegangen und längst in Islamabad eingetroffen, wie das Auswärtige Amt später zufällig über drei Ecken erfuhr. Es könne doch wohl nicht angehen, beschwerten sich dessen Beamten daraufhin erbost, daß »wir angesichts der bekannten Aktivitäten der Firma Mebus […] nicht unverzüglich von diesem Sachverhalt unterrichtet« wurden. Fazit: Entweder hatte das Wirtschaftsressort geschlampt – oder es hatte gelogen.[46]

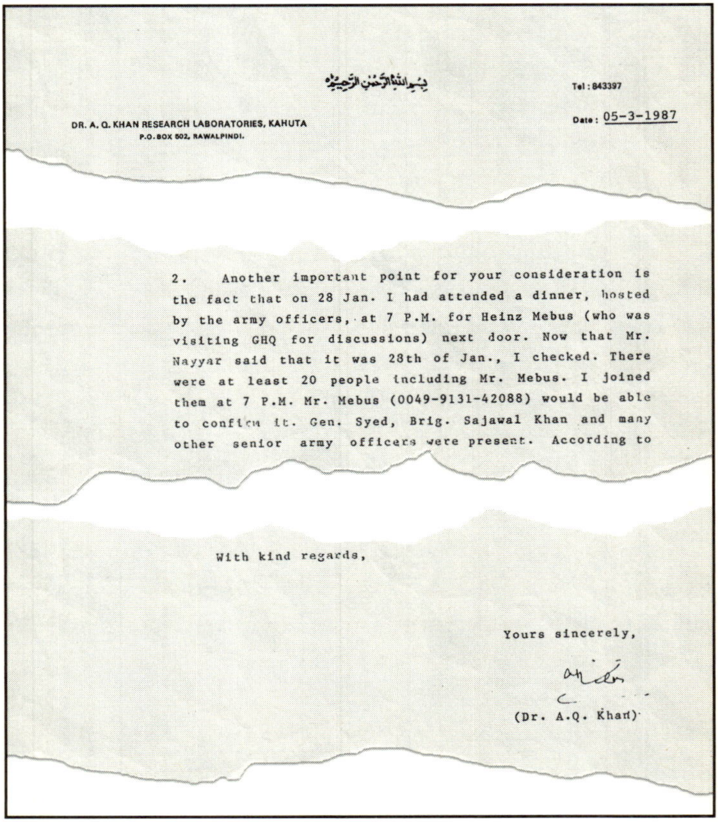

بسم الله الرحمن الرحيم

Tel: 843397

DR. A. Q. KHAN RESEARCH LABORATORIES, KAHUTA
P.O. BOX 502, RAWALPINDI.

Date: 05-3-1987

2. Another important point for your consideration is the fact that on 28 Jan. I had attended a dinner, hosted by the army officers, at 7 P.M. for Heinz Mebus (who was visiting GHQ for discussions) next door. Now that Mr. Nayyar said that it was 28th of Jan., I checked. There were at least 20 people including Mr. Mebus. I joined them at 7 P.M. Mr. Mebus (0049-9131-42088) would be able to confirm it. Gen. Syed, Brig. Sajawal Khan and many other senior army officers were present. According to

With kind regards,

Yours sincerely,

(Dr. A.Q. Khan)

In einem Schreiben bestätigte Abdul Qadeer Khan, sein Studienfreund Heinz Mebus habe ihn besucht und an einem Dinner mit hohen Militärs, u. a. mit Brigadier Sajawal Khan, teilgenommen.

Richard Barlow muß noch heute süffisant lächeln, wenn er an Mebus, Lerch und Ortmayer zurückdenkt und an die deutsche Wirtschaftspolitik dieser Jahre. Bei fast allen Exportwarnungen an die Deutschen, die größtenteils auf seinem Schreibtisch entworfen, vom Department of State in diplomatische Non-Papers umgesetzt, nach Bonn telegrafiert, im Auswärtigen Amt übergeben und von dort ans Wirtschaftsministerium weitergeleitet worden seien, habe er die Rückmeldung gleichsam aus der anderen Richtung bekommen, aus Pakistan: »Diese und diese Anlage, der und der Apparat, das und das Gerät, hieß es immer wieder von verschiedenen Quellen, sind hier gerade wohlbehalten aus Deutschland eingetroffen.«[47]

Im Rückblick besitzt der Besuch von Heinz Mebus Ende Januar 1987 aber noch einen ganz anderen Stellenwert: Hatte er seinen Studienfreund Qadeer nach Teheran begleitet? Der Kahuta-Chef war in jenem Monat Teilnehmer eines Treffens hochrangiger iranischer Kernphysiker am Amir Kabir College gewesen.[48] Die Einrichtung betreibt auf ihrem Gelände einen 5-Megawatt-Reaktor, den die Amerikaner Mitte der sechziger Jahre dem Schah verkauft hatten.[49] Sogar der damalige iranische Präsident Ayatollah Ali Khamenei soll zeitweilig an den Besprechungen teilgenommen haben.[50] Und Heinz Mebus aus Erlangen?

Hinweise, daß Mebus damals eine wesentliche Rolle bei den Kontakten mit dem Iran spielte, sollten erst 17 Jahre später auftauchen, als das ganze Ausmaß der geheimen Zusammenarbeit zwischen Abdul Qadeer Khan und den Mullahs in Teheran sichtbar wurde: Nach Aussagen des Hauptverdächtigen, heißt es im Ermittlungsbericht der Royal Malaysia Police vom Februar 2004, habe der »Ingenieur Heinz Mebus schon 1984/85 an Gesprächen mit dem Iran teilgenommen«, bei denen es um »die Lieferung von Blaupausen für die Uran-Zentrifugen« gegangen sei.[51] Im Jahre 1985 hatte die Firma *Leifeld* aus Ahlen eine Fließbrückmaschine nach Teheran geliefert, auf der sich Zentrifugenrohlinge herstellen ließen. Bei einem Treffen zwischen iranischen Atomtechnikern, Mebus und dem Geschäftsmann Mohamed Farouq aus Sri Lanka, einem Onkel des späteren Khan-Helfers BFA Tahir, soll ein kompletter Satz Baupläne an das Mullah-Regime weitergegeben worden sein.

Zia ul-Haq begann im Frühjahr 1987, die Kontakte mit dem Iran zu intensivieren, auch eine Folge des ersten atomaren Konflikts mit Indien. Er schickte General Mirza Aslam Beg, den Chef seines Generalstabs, zu mehreren Gesprächen nach Teheran. Dahinter steckte der Plan, Pakistan, den Iran, Afghanistan und die Türkei zu einem strategischen islamischen Bündnis zusammenzuschmieden, das stark genug sein würde, dem hinduistischen Indien Paroli zu bieten. »Zias Traum war, die Fähigkeiten des pakistanischen Militärs mit dem Öl des Iran und der Industrialisierung der Türkei zu verknüpfen«, erinnert sich Milton Bearden, damals CIA-Stationschef in Islamabad. Die Militärs hätten ihnen sogar immer wieder angeboten, »einen geheimen Gesprächskanal für uns zu den Mullahs aufzubauen, wo wir seit der Geiselnahme in unserer Botschaft 1979 ja keinerlei Beziehungen mehr besaßen«. »Durch Mirza« nahmen damals die fundamentalistischen iranischen Koranschulen in Pakistan »einen deutlichen Aufschwung«, sagt Bearden.[52] Begs Affinität zu dem klerikalen Iran sollte ein paar Jahre später zu schweren Spannungen mit den Amerikanern führen.[53]

Irgendwann im Frühjahr 1987 schloß das pakistanische Militär ein geheimes Abkommen mit Teheran über die technische und personelle Zusammenarbeit bei militärischen Atomprojekten. Innerhalb eines Jahres wechselten 33 Atomwissenschaftler und Ingenieure nach Kahuta oder zum *Pinstech* über, um in allen Aspekten des U- und des Pu-Wegs zur Bombe geschult zu werden. Die Anfänge der heimlichen Kooperation zwischen Pakistan und dem Iran, zwischen Abdul Qadeer Khan und den Mullahs, die später für so großes Erstaunen sorgen sollte, liegen tatsächlich also sehr weit zurück.[54]

Und was wußten die Amerikaner damals davon? »Gehen Sie mal davon aus, daß wir alles über ihre Bombe wußten«, blickt Milton Bearden zurück, »wir waren fast in real time auf dem laufenden«, und das, obwohl das Atomprogramm nur an zweiter Stelle der Aufklärung gestanden habe, nach Afghanistan. Bearden arbeitete seinerzeit nicht nur in der verhältnismäßig ruhigen CIA-Residentur in Islamabad, sondern ging auch dorthin, wo es brenzlig werden konnte, zu den Mudjahedin in die afghanischen Bergtäler.[55]

Auch Richard Barlow, der damals Beardens Berichte auf den Tisch bekam, läßt keinerlei Zweifel aufkommen, daß die CIA die engen Kontakte mit dem Iran und die Abwanderung des sensiblen Know-hows aus Kahuta auf dem Schirm hatte. »Wir waren darüber wenig überrascht, die meisten Verantwortlichen in der intelligence community gingen seit Jahren davon aus, daß Pakistan irgendwann beginnen würde, seine Technik weiterzuverbreiten.«[56]

Und so stellte sich die Situation in Little Almelo dem amerikanischen Geheimdienst im April 1987 dar: In der von einer Mauer umgebenen, im Wald gelegenen Anlage arbeiteten in zwei großen Hallen rund 6000 bis 7000 Zentrifugen. Das alte Modell vom Typ P1, etwa einen Meter hoch, hergestellt aus Aluminium und den holländischen Almelo-Typen CNOR und SNOR nachempfunden, wurde nach und nach ausgetauscht. Beim überwiegenden Teil handelte es sich um Rotoren vom Typ P2 aus martensitgehärtetem Stahl, fast zwei Meter hoch, abgekupfert von den deutschen *Urenco*-Maschinen G2. Die Trennungseffektivität der mit mehr als eintausend Umdrehungen pro Sekunde laufenden Stahlzentrifugen lag rund doppelt so hoch wie bei den G1-Schleudern (aus Aluminium).[57]

Aber U-Khan hatte längst mit dem Bau einer zweiten Anlage begonnen, in Golra, zehn Kilometer westlich von Islamabad. Es sollte sein »Little Gronau« werden, eine Kopie der modernen deutschen *Urenco*-Uranfabrik. Die Aufnahmen der amerikanischen Spionagesatelliten ließen daran ebensowenig Zweifel wie die Berichte der Agenten. Der Gedanke lag nahe, daß für die zweite, modernere Uranfabrik auch ein Teil jener Dollars verwendet werden sollte, die Washington mittlerweile regelmäßig an Pakistan überwies. Und dann stellte sich auch noch heraus, daß ein alter Bekannter das Projekt Little Gronau leitete: Ikram ul-Haq, jener Botschaftsrat der pakistanischen Botschaft in Bonn, der dort bis 1982 als oberster pakistanischer Beschaffungsagent gedient hatte.[58] Man kann sich vorstellen, daß Richard Barlow und seine Kollegen sich veralbert vorkamen. Aber sie waren nach den ersten Informationen auch gewarnt: Für die Zentrifugen in Golra benötigte Pakistan erhebliche Mengen des »maraging steel«, der nicht im Lande hergestellt werden konnte. Und hier wenigstens wollten sie Abdul Qadeer Khan in die Suppe spucken. Sie wußten auch schon, wie.

Toronto, *Hilton Harbour Hotel,* 8. Juni 1987: Arshad Pervez ist spät dran. Der 43jährige, in Pakistan geborene Geschäftsmann, der seit einigen Jahren im kanadischen Willowdale lebt, stürzt in die Lobby, blickt sich suchend um, erblickt dann seine Verabredung an der Bar, Johnny Walker nippend. Da sie sich bislang nicht persönlich kennen, verbringen sie einige Zeit mit Smalltalk, ehe Pervez zur Sache kommt, einem äußerst sensiblen, aber eben auch äußerst lukrativen Geschäft. John New, der Mann gegenüber, der gerade einen weiteren Whiskey bestellt, soll ihm »das Zeug« liefern. Als amerikanischer Stahlhändler verfüge er über den nötigen Zugang zur Ware »350«, hat Johnny am Telefon behauptet. Und Archie Pervez hat es nur zu gern geglaubt.[59]

Tatsächlich ist John New ein Undercoveragent des amerikanischen Zolls, und das Treffen an der Bar des *Hilton* eine »sting operation« des NEVWG-Teams. Dabei handelt es sich um jene Spezialeinheit aus Beamten verschiedener US-Ermittlungsbehörden, in der Richard Barlow die CIA vertritt. Er steuert die Operation in Toronto aus dem Hintergrund. Ende 1986 hat sich Pervez aus Kanada bei einer Stahlfirma in Reading/ Pennsylvania gemeldet und ein Angebot über 25 Tonnen »Maraging Steel C-350« verlangt, für einen Kunden in Pakistan. Auf die Rückfrage, wofür er denn Stahl dieser Härte benötige, sind von ihm nacheinander verschiedene, ziemlich unsinnige Antworten gegeben worden: Einmal soll der Stahl in Lahore eingeschmolzen, ein anderes Mal für Forschungszwecke an die Universität Karatschi weitergeleitet, wieder ein anderes Mal im pakistanischen Raumfahrtprogramm verwendet werden. Das alles kommt den Leuten in Reading dubios vor, und so informieren sie die Zollfahndung. Ein klarer Fall für das NEVWG-Team. Pervez ist offenbar von Abdul Qadeer Khan geschickt worden, um Rohstoff für neue Zentrifugen einzukaufen.

Nach einem weiteren Scotch bittet John New den Geschäftsfreund auf sein Zimmer, denn über gewisse Dinge, da sind sich beide einig, darf man nicht an der Bar eines belebten Hotels sprechen, zum Beispiel über die »kickbacks«, die Arshad Pervez erwartet. Dessen Idee ist, seinem pakistanischen Kunden einen überhöhten Betrag in Rechnung zu stellen und sich die Differenz von New auszahlen zu lassen, cash, versteht sich. Armer Archie.

Während Pervez und New über die Abwicklung des Deals sprechen, auch über die Bürgschaften der *Bank of Credit and Commerce International*, sitzt nebenan Frank J. Rovello, ein anderer Undercoveragent, vor einem Fernsehmonitor und zeichnet das Gespräch über eine heimlich installierte Videokamera auf.

Plötzlich beginnt Pervez eine Shoppingliste hervorzuholen. Wenn das erste Geschäft über die Bühne sei, würde er gern elf weitere Lieferungen von »350« abwickeln; außerdem brauche er Beryllium »für die Ölindustrie«. John New kann seine Mimik kaum unter Kontrolle halten, auch sein Kollege im Nachbarzimmer prustet fast los: Beryllium wird als Umkleidung des Spaltmaterials in Atombomben benötigt, um die Kettenreaktion zu beschleunigen. Pervez läßt erkennen, daß er für das Produkt wohl eine Ausfuhrgenehmigung benötige, aber könnte die Ware nicht auch, versteckt zwischen den Stahlbarren, ohne Papiere nach Karatschi geschleust werden? Er nennt das »bypass the Commerce Department«.

Als sie bei den letzten Feinheiten ihrer neuen Geschäftsbeziehung angelangt sind, wird Pervez plötzlich von einer Eingebung heimgesucht. Er blickt New in die Augen: »Sie könnten ein Agent sein!« Frank Rovello, der drei Meter entfernt hinter der Zimmerwand auf den Monitor starrt, stockt der Atem. Doch sein Kollege behält die Nerven: »Sie heuern keine Glatzköpfe mit Brille wie mich an«, grinst Johnny, »sie nehmen nur James-Bond-Typen!« Da muß auch Pervez lachen. Dann tritt er einen Schritt vor, um New etwas zu stecken, etwas, das garantiert nur für seine Ohren bestimmt ist: »Der Kunde in Kahuta wartet schon, es soll alles nach Kahuta gehen!«

Am 10. Juli, vier Wochen nach dem Treffen in Toronto, reist Pervez mit seiner Frau und zwei Kindern nach Philadelphia, um die Ware zu prüfen und seine »kickback«-Dollars einzusammeln. Er hat einen Truck bestellt, mit dem der Stahl abtransportiert werden soll. Die Familie will sich danach mit dem Bargeld ein paar Tage Urlaub in New York gönnen. Aber als das Geld in seiner Tasche steckt, klicken die Handschellen, Arshad Pervez wird von John New und dessen Kollegen verhaftet. New York muß warten.[60]

Pervez' Hintermann, der pensionierte pakistanische Brigade-General Inam ul-Haq (weder mit dem Präsidenten Zia ul-Haq noch mit dem Golra-Chef Ikram ul-Haq verwandt), kann sich noch rechtzeitig absetzen. Nach Deutschland. Erst vier Jahre später wird er an die Vereinigten Staaten ausgeliefert, dort angeklagt und verurteilt, aber schon im Oktober 1992, nach kurzem Gefängnisaufenthalt, entlassen und nach Pakistan abgeschoben. Danach taucht er wieder auf im internen Telefonverzeichnis der *Dr. A. Q. Khan Research Laboratories* (Anschlußnummer: 290728); alle »Kundschafter«, die aus dem Ausland zurückkehren, werden offenbar mit einem Posten belohnt.[61]

Nach der Verhaftung von Pervez brach ein Sturm los auf dem Capitol Hill, einige Abgeordnete und Senatoren verlangten vom Präsidenten den sofortigen Stopp der Finanz- und Militärhilfe für Pakistan. Die Regierung in Islamabad stritt sofort jede Beteiligung kategorisch ab.[62] Doch Barlow hatte bei der Aufarbeitung Hunderter von Dokumenten und Unterlagen, die von den Kanadiern bei Pervez gefunden und weitergeleitet worden waren, längst andere Schlüsse gezogen. In einem Brief von

Brigadegeneral Inam ul-Haq an Pervez beispielsweise hatte es geheißen, er solle immer »das nationale Interesse« an dem Deal im Auge behalten.[63]

Richard Barlow erhielt höchstes Lob für den erfolgreichen Abschluß des spektakulären Falls, doch hinter den Kulissen formierte sich schon der Widerstand. »Der Fall Pervez paßte nicht in die politische Landschaft des Jahres 1987«, erinnert er sich, »es gab in der Regierung wie im Kongreß einen heftigen Kampf zwischen den Abrüstern, die Pakistans Nuklearprogramm als gefährlich für die amerikanische Sicherheit ansahen, und den ›Kalten Kriegern‹, die erst einmal mit pakistanischer Hilfe die Rote Armee aus Afghanistan vertreiben wollten.«[64]

Erst im April war ein neues umfangreiches Finanzpaket für Zia geschnürt worden, vier Milliarden Dollar für die nächsten sechs Jahre. Im militärischen Bereich stand nach der Modernisierung der pakistanischen Luftwaffe nunmehr eine Aufrüstung der Bodentruppen an. Senat und Repräsentantenhaus hatten bislang keine Einwände erhoben.[65] Aber jetzt drohte die Meinung im Kongreß zu kippen.

Richard Barlow saß plötzlich zwischen allen Stühlen. Unterstützung fand seine Position vor allem bei Senator John Glenn und dem Abgeordneten Stephen J. Solarz, beide Demokraten. Die Bedrohung durch die Weiterverbreitung von Atomwaffen sei langfristig »ein viel größeres Problem als die Sorge, unsere Afghanistan-Hilfe könnte zum Erliegen kommen«, warnte Glenn.[66] Dessen Kollege Solarz hatte im August 1985, ein Jahr nach der Verhaftung des pakistanischen Beschaffungsagenten Nazir Ahmed Vaid, ein Gesetz eingebracht, das solche Operationen zukünftig sanktionieren sollte (»Solarz Amendment«). Es verbot jede Art finanzieller Unterstützung für ein Land, das sich illegal amerikanische Technik für ein militärisches Atomprogramm beschafft hatte oder auch nur beschaffen wollte. Pakistan und Pervez waren genau so ein Fall.[67]

In dieser aufgeheizten Atmosphäre wandte sich Solarz an das Department of State und die CIA und erbat für sich und sein Subcommittee on Asia and Pacific Affairs ein streng geheimes

Informationsgespräch mit den zuständigen Analysten und Sachverständigen, um sich ein Bild machen zu können, ob sein Gesetz verletzt worden war. Als Tage später Richard Barlow den Anruf seines Abteilungsleiters erhielt, er solle vor dem Ausschuß über Pervez, Abdul Qadeer Khan und Pakistans Bombenprojekt aussagen, ahnte er nicht, daß im selben Moment für ihn ein langer Alptraum begann, aus dem er erst Jahre später aufwachen sollte, zugrunde gerichtet, krank und ruiniert.

Ein paar Tage vor der Anhörung auf dem Capitol Hill, die für den 22. Juli anberaumt worden war, listete Barlow die Punkte auf, über die er Solarz und sein Komitee in Kenntnis zu setzen gedachte, und ließ sich das Papier von seinem Vorgesetzten absegnen. Der gab ihm noch mit auf den Weg, er solle den Abgeordneten unbedingt die Wahrheit sagen, es gebe keinen Anlaß, mit irgendeiner Information über das Khan-Netzwerk hinter dem Berg zu halten. Obwohl er nie zuvor von einem Ausschuß des Repräsentantenhauses gesessen hatte, »war ich überhaupt nicht nervös«, sagt er rückblickend. Er sei davon ausgegangen, daß Solarz und seine Kollegen ohnehin regelmäßig vom State Department, von seiner alten Behörde ACDA, gebrieft wurden, er ihnen also nicht viel Neues erzählen könnte. Ein folgenschwerer Irrtum – wie sich sehr bald erweisen sollte.[68]

Mit Rücksicht auf die anstehenden Diskussionen um das neue Pakistan-Paket waren die Regierungsbeamten nämlich sehr zurückhaltend mit Informationen gewesen. Im März des Jahres hatte Robert Peck, stellvertretender Staatssekretär des Department of State, vor dem Solarz-Komitee ausgeführt, Pakistan scheine »alles zu haben, was es für den Bau von Kernwaffen braucht. Aber es bleibt unsere Einschätzung, daß es bislang noch keine Bombe gebaut hat.«[69] Das war nach dem Stand der Dinge und der Eskalation mit Indien während der »Brass Tacks-Manöver« bestenfalls die halbe Wahrheit gewesen.

Richard Barlow erschien zur Anhörung auf dem Capitol Hill mit seinem Abteilungschef David W. Einsel, einem pensionierten Armee-Generalmajor, der zwei Jahre zuvor von CIA-Chef Casey auf dem Posten installiert worden war und mit dem er eng zusammenarbeitete. »Ich wußte, was er wußte, wir hatten die gleichen Berichte und Memos gelesen«, sagt Barlow, aber dessen Ausführungen vor den Abgeordneten »waren ausweichend und diffus«. Dann wandte sich Stephen Solarz direkt an ihn, begann ein Verhör im Stile eines Staatsanwalts: »Gibt es andere Fälle? Mir ist egal, ob amerikanische Technologie von den Pakistanis mit der Post bestellt oder in Deutschland eingekauft wurde! Also, gibt es andere Fälle?«

»Ich stutzte«, erzählt Barlow, »wußte er nichts? Hatte ihn Peck im unklaren gelassen?« Er suchte vorsichtig Blickkontakt mit dem Mann vom Department of State, der nicht weit von ihm entfernt saß, doch der schaute demonstrativ in eine andere Richtung. Wenn Solarz seine Definition dessen, was eine illegale Beschaffung amerikanischer Gerätschaft sei, so weit faßte, dann fielen eine ganze Reihe von Lieferungen unter sein Gesetz, sämtliche VAX-Computer zum Beispiel, die Heinz Mebus in den Vereinigten Staaten bestellt und an seinen Freund Khan weitergeleitet hatte.[70]

Richard Barlow wünschte, er hätte sich krank gemeldet an jenem Morgen. Aber er mußte die Wahrheit sagen. Und so begann er, über seine Erkenntnisse zu referieren, berichtete auch über die direkte Verbindung zwischen Inam ul-Haq, dem Hintermann im Fall Pervez, und der pakistanischen Regierung. Einsel, der neben ihm saß, versuchte seine Ausführungen zu unterbinden. Erst mit Körpersprache, dann mit zugeraunten Befehlen: »Sie sind nicht befugt, in die Details zu gehen!«

Doch die Abgeordneten wollten mehr hören. Stephen Solarz bekannte später, er sei »entsetzt« über Umfang und Tiefe der Geheimdienstinformationen gewesen. Irgendwann verließ Robert Peck den Saal und wandte sich an einen dort wartenden Regierungsbeamten, der zunächst nicht die Freigabe erhalten hatte, an der Sitzung teilzunehmen. »Sie müssen jetzt rein und die Dinge richtig stellen, dieser Armleuchter Barlow erzählt denen allen möglichen Scheiß!«

Aber die Mitglieder des Solarz-Komitees wollten keine Beschwichtigungen, der CIA-Analyst schien ihnen bestens informiert, seriös und glaubhaft; und sie hatten schon begonnen, ihre Schlüsse zu ziehen: Sie waren von der Regierung seit Jahren in die Irre geführt, wenn nicht gar belogen worden. Einsel, Barlows Chef, wies den Verdacht später nachdrücklich zurück. »Es gab immer Informationen, die noch nicht bestätigt waren, aber der junge Mann schien wie besessen davon, alle möglichen Gerüchte als harte Fakten zu präsentieren.«

Als Richard Barlow an seinen Arbeitsplatz in Langley zurückkehrte, hagelte es böse Blicke und noch bösere Anrufe. Einsel spielte verrückt, »er warf mir vor, mein Verhalten sei nicht professionell, unpatriotisch und nicht loyal gewesen, ich hätte dadurch das komplette Afghanistan-Programm gefährdet«. Er habe für die Kollegen aus dem Directorate of Operations, die mit den Mudjahedin einen geheimen Krieg gegen die sowjetischen Besatzer führten, damals durchaus Verständnis gehabt, räumt Barlow rückblickend ein, sei aber über die Gehässigkeit der Vorwürfe »sehr, sehr überrascht gewesen«.

Innerhalb weniger Tage forderten Robert Peck und andere »Kalte Krieger« aus der Reagan-Administration, Barlow zu feuern oder wenigstens die Arbeit über Pakistans Nuklearprojekt zu entziehen. Doch seine Vorgesetzten bis hinauf zum stellvertretenden CIA-Chef lehnten das Ansinnen ab. Er blieb in der Verantwortung, wenn auch als gezeichneter Mann. Viele Kollegen in der »Firma« mieden den Kontakt zu ihm, er spürte vereinzelt sogar so etwas wie Haß, daß er es gewagt hatte, die volle Wahrheit zu offenbaren. Sein Enthusiasmus, seine Begeisterung schienen von einem Tag auf den anderen wie weggeblasen. Und doch sollte es noch schlimmer kommen. Viel schlimmer sogar.[71]

Anfang Dezember 1987, zwei Wochen vor der endgültigen Abstimmung über das Hilfsprogramm im Kongreß, meldete sich noch einmal Zia ul-Haq in der US-Presse zu Wort. Er sei sehr verärgert über die Behandlung des Falles Pervez in der amerikanischen Öffentlichkeit und auf dem Capitol Hill, denn seine Regierung habe nichts mit diesem Schieber aus Kanada zu tun. »Wir brauchten seinen Stahl nicht!«[72]

Am 17. Dezember, am selben Tage, als Arshad Pervez in Philadelphia wegen versuchter Ausfuhr von Spezialstahl und Beryllium für das pakistanische Atomprogramm angeklagt wurde, gab US-Präsident Ronald Reagan eine Erklärung ab. Er war dazu in jährlichem Turnus durch ein neues Gesetz (»Pressler Amendment«) verpflichtet: »Ich bestätige hiermit, daß Pakistan keine Atombombe besitzt.« Außerdem diene das geplante Hilfsprogramm dazu, »das Risiko erheblich zu reduzieren, daß Pakistan jemals eine Atombombe besitzen wird«.[73] Einen Tag später billigten beide Häuser auf dem Capitol Hill endgültig die erste Rate einer massiven amerikanischen Finanzspritze für Pakistan.[74]

Damit blieb noch eine letzte Hürde für die Regierung zu nehmen. Sollten die Rechtsexperten der Reagan-Administration zu der Entscheidung gelangen, daß der Pervez-Fall das »Solarz-Amendment« verletzt hatte, müßte das automatisch einen Stopp der Dollar-Infusion zur Folge haben. Es sei denn, der Präsident würde seinen Einspruch aus Gründen eines übergeordneten »nationalen Interesses« erklären. Und genauso sollte es am 15. Januar 1988 geschehen: Zwar hätte Pervez' Stahl ohne Frage »Pakistans Möglichkeiten erhöht, Spaltmaterial zu produzieren«, ließ das Weiße Haus verlauten, andererseits sei die Fortsetzung der Zahlungen zwingend geboten, um Pakistans »couragierte Unterstützung des afghanischen Widerstandes zu unterfüttern«.[75]

Die »Kalten Krieger« in Washington hatten endgültig obsiegt. Und mit ihnen »Dr. No« in Kahuta und dessen Helfer, darunter Henk Slebos in Julianadorp, der noch immer zu regelmäßigen Besprechungen in die pakistanische Botschaft nach Bonn kam.[76]

Am 10. Februar 1988 wurde Arshad Pervez zu fünf Jahren Gefängnis und weiteren fünf Jahren auf Bewährung verurteilt, die härteste Strafe, die je ein Atomschmuggler erhalten hatte.[77] Für Richard Barlow bedeutete das Urteil keine Genugtuung. Zu der Demütigung nach seiner Aussage vor dem Kongreßaus-

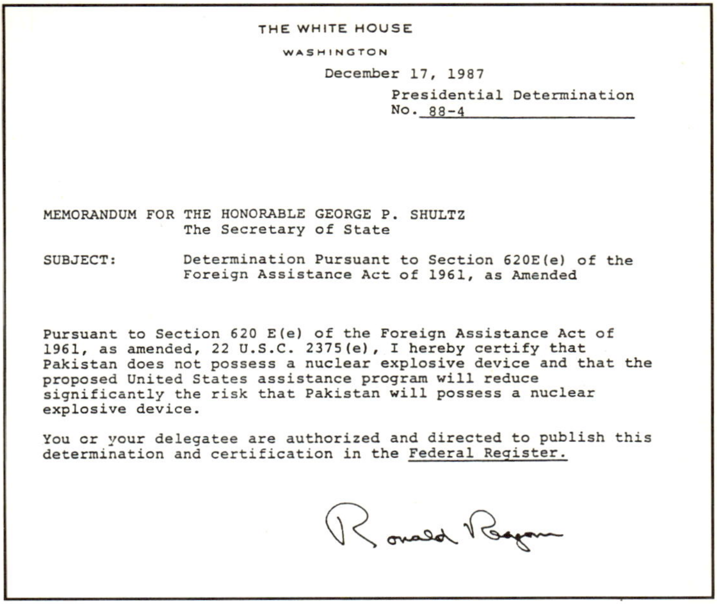

THE WHITE HOUSE

WASHINGTON

December 17, 1987

Presidential Determination
No. 88-4

MEMORANDUM FOR THE HONORABLE GEORGE P. SHULTZ
The Secretary of State

SUBJECT: Determination Pursuant to Section 620E(e) of the Foreign Assistance Act of 1961, as Amended

Pursuant to Section 620 E(e) of the Foreign Assistance Act of 1961, as amended, 22 U.S.C. 2375(e), I hereby certify that Pakistan does not possess a nuclear explosive device and that the proposed United States assistance program will reduce significantly the risk that Pakistan will possess a nuclear explosive device.

You or your delegatee are authorized and directed to publish this determination and certification in the Federal Register.

Ronald Reagan

Um die Regierung in Islamabad weiterhin finanziell und militärisch unterstützen zu können, bestätigte gegen besseres Wissen US-Präsident Ronald Reagan im Dezember 1987 dem amerikanischen Kongreß, daß Pakistan noch über keine Atombombe verfüge.

schuß gesellte sich inzwischen auch Frustration darüber, daß in Kahuta nichts mehr zu verhindern war.[78]

Denn für die CIA galt Pakistan Anfang 1988 ein De-facto-Atomstaat: In Wah bei Islamabad lagerte die Armee etwa 100 Kilogramm hochangereichertes Uranmetall für vier bis sechs Atombomben ein. Wahrscheinlich war das Spaltmaterial schon so weit »konfektioniert« worden, daß es nur weniger Handgriffe bedurfte, um die fertigen Kernwaffen herzustellen, die auf dem chinesischen Design basierten. Unklar blieb, ob die während »Brass Tacks« zusammengebaute Bombe wieder demontiert worden war. Reagans Versicherung, Pakistan besitze keine Atomwaffen, entsprach also offensichtlich nicht den Tatsachen.[79]

An der Schwelle

Als im Frühjahr 1988 die Schneeschmelze auf den Pässen des Hindukusch einsetzte und ein neues Jahr des Kampfes um Afghanistan begann, waren die Verhandlungen über ein Ende des Krieges schon weit fortgeschritten. Am 14. April wurde der Vertrag schließlich in Genf unterzeichnet. Gorbatschow und seine Generäle wußten, daß nach zehn Jahren Blutvergießen, nach fünfzehntausend gefallenen und mehreren hunderttausend verwundeten Rotarmisten, die Zeit für einen Rückzug gekommen war. Bis zum 15. Februar 1989, so die Vereinbarung, würde auch der letzte sowjetische Soldat das Land verlassen haben.[1]

Es war auch ein Sieg für die »Kalten Krieger« in Washington, zumindest im Rückblick, denn das Ende des sowjetischen Afghanistan-Abenteuers hatte auch das Ende des sowjetischen Imperiums eingeläutet. »Es gab zu unseren verdeckten Operationen an der Seite der Mudjahedin keine Alternative«, ist Milton Bearden auch heute noch überzeugt. Die viel entscheidendere Frage sei damals gewesen, »wie wollen wir mit der neuen Situation umgehen, die sich aus dem sowjetischen Rückzug für Pakistan ergibt? Wollen wir Zia und seine Offiziere fallenlassen?«[2]

Am 17. August 1988 starb Präsident Mohammed Zia ul-Haq bei einem Flugzeugabsturz, auf dem Rückweg von einer Vorführung des amerikanischen M1-Abrams-Panzers. Mit ihm kamen 28 Menschen ums Leben, meist hochrangige Generäle, aber auch der amerikanische Botschafter Arnold Raphel. Die Ursache des Unglücks wurde nie restlos geklärt, so daß die Stimmen bis heute nicht verstummten, es habe sich um ein Attentat gehandelt. Indien lehnte sofort jede Verantwortung ab, was in Islamabad auch akzeptiert wurde.[3]

Ghulam Ishaq Khan, ein enger Verbündeter und Protegé von Abdul Qadeer Khan, vormals Finanzminister, übernahm nach Zias Tod das Amt des Präsidenten und sollte in dieser Funktion die Verantwortung für das militärische Atomprogramm Pakistans auf Jahre hinaus nicht mehr hergeben. Das Land schien, zehn Jahre nach der letzten Machtergreifung der Generäle, bereit für einen demokratischen Neuanfang. Im November wählten die Pakistanis Benazir Bhutto, die Tochter des zehn Jahre zuvor hingerichteten Zulfikar Ali Bhutto, zur neuen Premierministerin. Sie hatte in den vorangegangenen Monaten mehrfach erkennen lassen, daß sie das Atomprogramm ihres Landes zügeln und zurückfahren werde, sobald sie die Macht übernommen habe.[4]

Ihre Amtseinführung fiel in die Zeit des Interregnums in Washington: George Bush, Vize unter Reagan, war gewählt, aber noch nicht vereidigt worden. Da der scheidende Präsident erneut die (nach dem »Pressler Amendment« verlangte) Erklärung abgeben mußte, daß Pakistan nicht im Besitz von Atomwaffen sei, saß die Bhutto-Tochter in der Zwickmühle: Sollte sie Farbe bekennen oder Zias Lüge aufrechterhalten? Hätte sie die Wahrheit eingeräumt und Pakistan offiziell zur Atommacht erklärt, wäre Reagan keine Wahl geblieben, als die amerikanische Finanzhilfe sofort einzustellen. So jedoch konnte er der jungen Premierministerin quasi als eine seiner letzten Amtshandlungen ein Geschenk zur Regierungsübernahme machen, mit einer »Presidential Determination«, die nun schon zum zweiten Mal allen Erkenntnissen der Geheimdienste eklatant widersprach.[5]

»Von Anfang an wurde versucht, mich aus dem ganzen Atomkram herauszuhalten«, erinnert sich Benazir Bhutto. Sie weiß noch, daß ihr damals Präsident Ghulam Ishaq Khan und der Chef der Streitkräfte, General Mirza Aslam Beg, gesagt hatten, darüber könne nicht verhandelt werden. Sie will das seinerzeit schroff zurückgewiesen haben. Erst Jahre später war sie einzuräumen bereit, sie sei tatsächlich niemals in ihrer ersten Amtszeit detailliert über das nukleare Projekt informiert worden.

Abdul Qadeer Khan habe sie damals als einen sehr »moderaten Mann« kennengelernt. Als er, zusammen mit Munir, zum Antrittsbesuch bei ihr erschienen sei, machten beide den Eindruck von »zurückhaltenden Regierungsbeamten, die bereit waren, Regierungsbefehle auszuführen«. Natürlich habe Khan

Wert auf seinen Status gelegt, aber sein »huge ego«, seine Selbstverliebtheit und Selbstherrlichkeit, seien für sie erst viel später sichtbar geworden.[6]

Ein paar Tage vor Weihnachten 1988, die neue Premierministerin ist gerade zwei Wochen im Amt, reist ein arabisch aussehender 48jähriger Mann namens Omar Hayat, von Belgien kommend, in die Niederlande ein. Grenzkontrollen zwischen den beiden Staaten sind so gut wie nicht vorhanden. Deshalb bleibt unentdeckt, daß weder der Name noch das Alter im Paß stimmen. Hinter der falschen Identität verbirgt sich »Dr. No« persönlich. Vielleicht kommt er aus Leuven und hat da kurz bei seinem Freund und Förderer, Professor Martin Brabers, Station gemacht.

Er ist schon einmal, am 6. Juli des Jahres, über den Flughafen von Schiphol eingereist, ohne Familie, hat bei seinem alten Kollegen Frits Veerman vorbeigeschaut, der das Ende September den Sicherheitsorganen in Den Haag meldet. Khan sei mit falschem Paß in einem Hotel in Scheveningen abgestiegen, so Veerman damals.

Jetzt jedoch, kurz vor dem Christfest, plant er offenbar einen Besuch bei seinen Schwiegereltern, die in Bergen op Zoom wohnen. Am Heiligabend in aller Frühe wird Khan im Industriegebiet De lage Mergen festgenommen. Am Steuer sitzt sein alter Kumpel und »Hauslieferant« Henk Slebos. Eine routinemäßige Fahrzeugkontrolle. Unter dem Namen »Omar Hayat«, so stellen die Beamten fest, ist ein pakistanischer Terrorist im holländischen Fahndungscomputer registriert. Sie bringen ihn deshalb aufs Revier.

»Sind Sie Herr Hayat?« fragen die Polizisten immer wieder, »oder reisen Sie mit einem gefälschten Paß?« Khan schweigt. Slebos versucht im Nebenzimmer unterdessen einen Anwalt zu erreichen, der seinem Freund zur Hilfe kommen soll. Als der ein paar Minuten später zurückruft und sich verplappert, er möchte »Herrn Dr. Khan« sprechen, wissen die Beamten, wen sie vor sich haben. Der Mann ist in den Niederlanden wahrlich kein

Unbekannter. Doch Khan bleibt dabei, nicht Khan zu heißen. Daraufhin wird die Schwiegermutter mit einem Streifenwagen ins Revier geholt, wo sie Qadeer nichtsahnend um den Hals fällt und ihn so identifiziert.

Nach diversen Telefonaten und mehreren Stunden des Wartens erklären die holländischen Behörden Abdul Qadeer Khan alias Omar Hayat wegen der alten Spionagegeschichte zur »unerwünschten Person«, bringen ihn nach Schiphol und schieben ihn mit der nächsten Maschine nach Pakistan ab.[7]

Warum ließen die Holländer ihn laufen? Nach der sogenannten Spionageaffäre ein paar Jahre zuvor sei er »viele Male in Holland gewesen, mit offiziellem Visum, zwei, drei Male, um meinen Schwiegervater zu sehen, beim letzten Mal, 1992, kam ich leider zu spät, weil er kurz zuvor gestorben war«, behauptet Khan. Tatsächlich soll die CIA damals in Den Haag gebeten haben, ihn nicht festzunehmen. Sie wollte ihn lieber in Freiheit im Auge behalten.[8]

Um so mehr drängt sich die Frage auf, was er und Slebos an jenem Heiligabend 1988 in Bergen op Zoom wollten? Seine Schwiegereltern besuchen? Angeblich sollte später auch Günes Cire aus Istanbul dazustoßen.[9] Erst 15 Jahre danach, als das ganze Ausmaß des von Khan weltweit organisierten Schwarzmarktes sichtbar geworden war, sollte man sich in den Niederlanden wieder des damaligen Besuchs in Bergen op Zoom erinnern.

Zur gleichen Zeit mußten in Bonn Verantwortliche der deutschen Behörden in den Zeugenstand des 2. Untersuchungsausschusses treten. Anfang 1988 hatte der Deutsche Bundestag ein parlamentarisches Gremium mit der Überprüfung der Atomexporte aus Deutschland beauftragt, nachdem eine Reihe von Skandalen ans Tageslicht gekommen waren.[10] Warum hatten Atomdealer wie Heinz Mebus, Gotthard Lerch und Rudolf Ortmayer jahrelang U-Khans und Pu-Khans Bombenprogramme aufrüsten können, obwohl die Aufsichtsbehörden immer wieder gewarnt worden waren? Von den Amerikanern, vom

Auswärtigen Amt, aber auch vom eigenen Geheimdienst BND? Nahm man alle Lieferungen aus Deutschland zusammen, von *CES Kalthof* 1978 über *Leybold-Heraeus* bis NTG 1986/87, dann waren zehn Jahre lang die größten pakistanischen Wünsche von deutschen Firmen erfüllt worden.

Als dann die zuständigen Sacharbeiter, Referenten, Abteilungsleiter und Behördenchefs auf dem Zeugenstuhl des Untersuchungsausschusses Platz nehmen mußten, drängte sich ausländischen Beobachtern der Eindruck einer Bananenrepublik auf. Zu Inkompetenz gesellte sich vorauseilender Gehorsam gegenüber der politischen Spitze des Bundesministeriums für Wirtschaft. Deren Credo, der Handel sei frei und Nukleartechnologie könne nichts anderem dienen als friedlichen Zwecken, stand in eklatantem Widerspruch zu den verschärften Exportkontrollen.[11]

Auf Jahre hinaus in Erinnerung blieb den Bundestagsabgeordneten die Vernehmung von Dr. Hans Rummer, dem Präsidenten des Bundesamtes für Wirtschaft (BAW), jener Behörde des BMWi, die für die Ausfuhrgenehmigungen zuständig war. Bei seinen oft »in etwas frivolem Ton« gehaltenen Ausführungen, so hieß es danach im Sitzungsprotokoll, lagen einige der Ausschußmitglieder oft genug mit Lachanfällen unter ihren Tischen. Die SPD-Leute hielten die unfreiwillige Komik Rummers in Zwischenrufen für »vergnügungssteuerpflichtig«. Dabei war ihnen allerdings angesichts der Unbedarftheit des Präsidenten eher zum Heulen zumute. Für das »kleine exotische Gebiet« der Ausfuhr von Atomtechnik »gebe es nur einen einzigen Mann« im Hause, führte Rummer aus. Und wenn der krank wird? »Angenommen, der kommt unter die Straßenbahn, dann ist bei uns nicht Stillstand der Rechtspflege, dann lassen wir uns etwas einfallen«, meinte der Präsident, ohne eine Miene zu verziehen. Er sei ja nur Jurist und »sehe dem Schrank nicht an, wieviel tausend Byte oder Bit oder Dingsbums er drinhat«. Grundsätzlich gelte aber: »Wir geben uns Mühe, immer sorgfältig zu arbeiten«, aber natürlich könne bei Exportanträgen nicht so lange geprüft werden, bis der Auftrag für die Firma »kaputt« sei.[12]

Als der Abschlußbericht des Ausschusses ein paar Monate später vorlag, sollte sein Fazit dem internationalen Ansehen der Bundesrepublik schweren Schaden zufügen. Auf einen kurzen Nenner gebracht, stand da, daß die deutschen Überwachungsbehörden fachlich und personell überfordert gewesen waren. Der Ruf, in Deutschland gelte »open door« für alles, was zum Bau einer Atombombe gebraucht werde, hatte sich längst unter Schiebern, Schmugglern und Beschaffungsagenten herumgesprochen.

Um den Jahreswechsel 1988/89 sah sich die amerikanische Botschaft in Bonn gezwungen, regelmäßig umfassende Berichte über die deutschen Atomskandale nach Washington zu schikken. Meldungen über Anhörungen und Vernehmungen im Untersuchungsausschuß lagen im Wettstreit mit den neuesten Erkenntnissen aus den Akten der Staatsanwaltschaften in Hanau und Köln, wo inzwischen Ermittlungen gegen Ortmayer/NTG sowie gegen Lerch und Heilingbrunner liefen. Mit einer gewissen Genugtuung mögen die Amerikaner dabei registriert haben, daß in den Medien auch die unzähligen Non-Papers zur Sprache kamen, die vom Department of State seit Jahren im Auswärtigen Amt abgeliefert worden waren, ohne daß die konkreten Informationen der CIA irgend etwas bewirkt hatten.[13] In Deutschland war endlich mit der Aufarbeitung der Nuklearhilfe für Islamabad begonnen worden, leider zu spät, um noch etwas verhindern zu können: Die Bombe lag in Pakistan längst im Bunker.

Am 11. Februar 1989 gab General Mirza Aslam Beg bekannt, die Armee habe erfolgreich zwei ballistische Raketentypen getestet, die »Hatf 1« (Reichweite 80 km) und die »Hatf 2« (Reichweite 300 km). »Hatf« heißt »tödlich« und ist der Name des Schwertes, das den Propheten in vielen Heiligen Schlachten zum Sieg geführt hatte. Beide Geschosse konnten eine Nutzlast von etwa 500 Kilogramm tragen, ausreichend für einen nuklearen Sprengkopf. Die Hatf 2 wäre außerdem in der Lage, eine ganze Reihe indischer Städte zu erreichen, sogar die Außenbereiche Neu-Delhis.[14]

Ein paar Tage später stattete Beg den *Dr. A. Q. Khan Research Laboratories* einen Besuch ab, um die erste »Anza MK-1« in Augenschein zu nehmen, eine tragbare, von der Schulter abzuschießende Boden-Luft-Rakete, die seit kurzem von Khans Waffenschmiede in Serie gebaut wurde.[15] Seit 1985 stellte der Bereich konventioneller militärischer Ausrüstung einen erheblichen Teil der Aktivitäten in Kahuta dar, es war das zweite Eisen im Feuer, mit dem »Dr. No« seine einzigartige Position weiter absicherte. Das Kahuta-Gelände war nach Süden hin um einen großen Komplex erweitert und in direkter Nachbarschaft waren recht komfortable Siedlungen für die Arbeiter errichtet worden. Das hatten auch die Spionage-Satelliten der CIA registriert. Außerdem gab es noch eine zweite »Produktionsstrecke« in Rawalpindi.[16]

Die Zeremonie des Generalstabschefs bei Übernahme der ersten Anza MK-1 und sein anschließender Rundgang durch die Fertigungshalle fand ebenso ohne Premierministerin Benazir Bhutto statt wie die Pressekonferenz nach den erfolgreichen Raketentests. Das war kein Zufall. Die Frau an der Spitze der Regierung mußte ihre Macht mit dem Präsidenten Ghulam Ishaq Khan und mit Beg teilen.[17] Die Entscheidung für weitere Mittelstreckenraketen jedoch sei 1989 von ihr getroffen worden. »Ich sah, daß wir in der Lage sind, Raketen zu entwickeln«, entsinnt sich Bhutto. Wir konnten »uns nicht von den amerikanischen F-16 abhängig« machen, denn die »wären womöglich abgeschossen worden, bevor sie ihre Mission erfüllt hätten«.[18] Offenbar ahnte sie zumindest, daß schon ein paar »little boys« im Arsenal ihrer Armee lagen, zumindest halbfertige Uranbomben jenes Typs, mit dem die Amerikaner am 6. August 1945 Hiroshima vernichtet hatten.[19]

Wie und durch wen auch immer die Entscheidung für das pakistanische Raketenprogramm fiel, die Militärs blieben gleichwohl am Ankauf weiterer 60 F-16-Jagdflugzeuge moderner Bauart interessiert, die ihnen im laufenden Sechsjahresprogramm versprochen worden waren. 40 Stück hatten sie bereits zwischen 1981 und 1987 erhalten. Damals allerdings war die sowjetische Besetzung Afghanistans treibendes Motiv für die Reagan-Administration gewesen, Pakistan militärisch aufzurüsten. Aber jetzt? Mitte Februar hatten alle Truppen der Roten Armee das Nachbarland verlassen. General Beg, Präsident Khan und Premierministerin Bhutto bemühten sich deshalb nach Kräften, dem neuen Herrn im Weißen Haus, George Bush, keinen Vorwand für eine Rücknahme der Zusage zu liefern. Da die F-16-Maschinen mit Atombomben bestückt werden konnten, würde das bedeuten, sie fielen unter das »Solarz-Amendment«.[20]

Anfang 1989 hatte Richard Barlow einen neuen Job als Geheimdienstoffizier im Department of Defense (DOD) übernommen, und zwar in jener Abteilung, die sich mit den nuklearen Ambitionen anderer Staaten und der Nichtweiterverbreitung von Kernwaffen befaßte. Er war zurück im Pakistan-Geschäft. Als die persönlichen Angriffe in der CIA nach seinem Auftritt vor dem Solarz-Komitee immer boshafter geworden waren – »ein klassischer Fall von mobbing«, sagt er heute –, hatte er Anfang 1988 ein Angebot der Zollfahndung angenommen, als Special Agent zu arbeiten. Die Aufgabe war spannend, aber nicht vergleichbar mit der reizvollen Tätigkeit, als Auswerter eingehende Informationen zu einem Lagebild zusammenzusetzen. Keine Frage, er trauerte der Zeit in »der Firma« nach. Als dann das Angebot des Pentagons kam, etwas Ähnliches zu machen wie in der CIA, mußte er daher nicht lange überlegen. Er knüpfte Kontakte mit seinen früheren Kollegen des NEVWG-Teams, das nach der Undercover-Ermittlung gegen Arshad Pervez keine spannenden Fälle mehr zu bearbeiten gehabt hatte, schrieb Berichte und Studien für die Spitze des Pentagon und nahm als Vertreter des DOD an internationalen Abrüstungsgesprächen teil, auch an den Sitzungen der Atomenergiebehörde IAEA in Wien.

Das DOD wurde 1989 von Richard (Dick) Cheney geleitet, Paul Wolfowitz war dessen Stellvertreter; und in der Ebene darunter führte Stephen Hadley das Kommando, ein Karrierejurist. »Cheney, Wolfowitz, Hadley – das war meine Befehlskette in der Administration von George Bush dem Älteren«, sagt Barlow und weist darauf hin, daß die drei später auch unter dessen Sohn, George W. Bush, wichtige Rollen einnehmen sollten: Cheney als Vizepräsident, Wolfowitz wiederum als stellvertretender Verteidigungsminister und Hadley als Sicherheitsberater des Weißen Hauses.[21]

Barlows direkter Vorgesetzter Gerald G. Oplinger, ein alter Hase unter den »Nichtweiterverbreitern«, sagte später, sein neuer Mitarbeiter, dessen CIA-Geschichte er damals natürlich gekannt habe, sei »ein aufgeweckter Kerl [...] mit einem fotografischen Gedächtnis« gewesen. Und ein unbequemer Typ, der – eher ungewöhnlich im Pentagon – »nicht sofort die Hakken zusammengeschlagen« habe. Bevor Oplinger im April in den Ruhestand ging, empfahl er ihn noch für eine Höherstufung.[22]

An seinem neuen Arbeitsplatz im Pentagon saß Barlow wieder an den Informationskanälen. Er besaß die höchste Sicherheitseinstufung. Alle Agentenberichte der CIA, Analysen der Satellitenbildspezialisten, und Abhörerkenntnisse der *National Security Agency* in Fort Meade landeten auf seinem Schreibtisch, sofern sie mit militärischen Atomprogrammen und besonders jenem in Pakistan in irgendeinem Zusammenhang standen. In dieser Zeit hatten sich die Hinweise auf enge Kontakte des iranischen Nuklear-Establishments mit den Militärs in Islamabad weiter verdichtet. Noch ließ sich allerdings nicht abschätzen, ob es dabei lediglich um die vertraglich verabredete Ausbildung iranischer Kerntechniker ging und um den Erfahrungsaustausch über die Arbeit der IAEA. Irans Atomanlagen, die beiden von der *Kraftwerks Union* (KWU) gelieferten Bushehr-AKWs am persischen Golf und der kleine Forschungsreaktor auf dem Gelände des Amir Kabir College in Teheran, standen unter IAEA-Kontrolle, in Pakistan nur der Kanupp-Atommeiler in Karatschi. Abgefangene Telefonate zwischen Teheran und Islamabad legten den Verdacht nahe, daß die Iraner wissen wollten, ob und gegebenenfalls wie man die Inspektoren der Atomenergiebehörde hinters Licht führen könnte.[23]

Im Mai begann Barlow mit einer umfassenden Studie, »top secret«, über Pakistans Kernwaffenprogramm, das für Dick Cheney, den Secretary of Defense, und die hohen Militärs im Pentagon bestimmt sein sollte. Einer der Aspekte, der ihn besonders interessierte: Hatte die pakistanische Luftwaffe die bereits ausgelieferten 40 amerikanischen F-16 Maschinen so umgerüstet, daß die Atombomben diesen unter die Flügel gehängt und sicher über einem Zielgebiet abgeworfen werden konnten?[24]

Zwei Wochen später kam Benazir Bhutto zu ihrem Antrittsbesuch nach Washington. Schon im Vorfeld wurden große Erwartungen in die Gespräche gesetzt, genoß die Premierministerin doch, nicht zuletzt wegen ihres Studiums an der Harvard University in Boston, sehr große Popularität in den Vereinigten Staaten. Die Vorberichte der US-Botschaft in Pakistan ließen allerdings auch erkennen, daß in Islamabad vieles hinter ihrem Rücken ablief. Insbesondere der eher fundamentalistisch religiöse Geheimdienst ISI bekämpfte offenbar die Frau an der Spitze der Regierung mit allen verfügbaren Mitteln.[25]

Präsident Bush und sein Außenminister James Baker waren sich längst einig, daß die amerikanische Regierung nach dem Rückzug der Roten Armee aus Afghanistan Pakistans Kernwaffen nicht länger ignorieren konnte. Aber da die Amerikaner nicht wußten, wieviel Benazir Bhutto wußte, beschlossen sie, ihr und ihrem Außenminister Sahabzada Yaqub Khan ein Briefing durch CIA-Direktor Webster zu ermöglichen, gewissermaßen als Nachhilfestunde. Auch Milton Bearden, der Stationschef in Islamabad, nahm an dem denkwürdigen Treffen teil. Um das Gespräch noch ein bißchen zu dramatisieren, hatte Webster ein genaues Modell der pakistanischen Atombombe anfertigen lassen, nach einem Entwurf »made in the People's Republic of China«. Bhutto bekam »das Ding« nicht zu Gesicht, rücksichtsvoll, wie die CIA-Agenten nun einmal sind, wollten sie die pakistanische Premierministerin nicht beunruhigen. »Für Yaqub war es ein schwerer Schock, man kann sich das vorstellen«, erinnert sich Bearden. Er habe ziemlich gequält geantwortet: »Sie wissen ja mehr über unsere Bombe als ich!«[26]

Einen Tag später, bei einem privaten Treffen im Weißen Haus, nahm George Bush die 36 Jahre junge Benazir zur Seite. Seine Regierung werde für 1989 noch einmal die nach dem »Pressler Amendment« geforderte Versicherung abgeben, daß Pakistan keine Bombe besitze, erklärte ihr der amerikanische Präsident. Für 1990 sei das dann nicht mehr möglich. Um sie zu beschwichtigen und ihr ein Geschenk für die Generäle mitzugeben, vertraute ihr Bush dann noch an, er werde den Verkauf der versprochenen F-16-Maschinen an die pakistanische Luftwaffe nunmehr autorisieren.

Die Bush-Administration, daran gab es für Richard Barlow »nicht den geringsten Zweifel«, verdrehte erneut alle geheimdienstlichen Erkenntnisse. In seinem Bericht für Dick Cheney hielt er fest, daß nach allen vorliegenden Daten und Informationen einige der in den Vorjahren gelieferten Maschinen von der pakistanischen Luftwaffe umgerüstet worden waren, um sie atomwaffentauglich zu machen. Auch eine Analyse des Militärgeheimdienstes DIA sei zeitgleich zu demselben Ergebnis gekommen. Es lagen überdies Hinweise des BND vor, daß Pakistan Windkanalversuche mit den Bombengehäusen unter den F-16-Flügeln durchführe.[27] Wenn seine Expertise dem Abgeordneten Stephen Solarz bekannt würde, bekäme die Regierung große Probleme, den vom Pentagon wie von General Beg so dringend gewünschten Verkauf im Wert von 1,6 Milliarden Dollar über die Bühne zu bringen.

»Es war, als sollte sich alles wiederholen«, das wird Barlow nie vergessen. Er sah sich neuerlich in Solarz' Subcommittee sitzen, mit bohrenden Fragen konfrontiert. Würde er diesmal einknikken und in vorauseilendem Gehorsam sein Dossier umschreiben? Seine geheimdienstlichen Bewertungen den politischen Entscheidungen unterordnen? Wer das ernsthaft glaubte, der kannte Richard Barlow schlecht.[28]

Am 2. August 1989 wurde Arthur Hughes, stellvertretender Assistant Secretary im Pentagon, vor den Ausschuß zitiert.

Seine Stellungnahme zur F-16 war nicht nur objektiv falsch, sondern zeichnete sich auch durch bodenlose Überheblichkeit aus, jene verheerende Arroganz, die der Westen seit Abdul Qadeer Khans Atomspionage in Almelo 1975 immer wieder hatte erkennen lassen: Nehmt den Pakistanis doch nicht ihr Spielzeug weg, sie können ohnehin nichts damit anfangen! Um »den Vogel« atomwaffentauglich zu machen, so ließ Hughes die Abgeordneten wissen, müßten »der fire control computer und das komplette management system für die Bombenausklinkung umgebaut, zudem die mission computer software umprogrammiert« werden. »Wir glauben, daß dies die Fähigkeiten der Pakistanis bei weitem überfordern würde!«

Solarz hakte nach: »Wenn ich richtig verstanden habe, Mr. Hughes, dann wollen sie sagen, daß die F-16-Maschinen, die wir ihnen schon verkauft haben, für die Beförderung von Atombomben nicht geeignet sind?«

»Das stimmt, Sir!«

Das Komitee erhob danach keinen Einspruch mehr gegen den Waffenexport.[29]

»Aber wer sagt denn, daß den Pakistanis, bildlich gesprochen, nicht ein simpler Haken unter den Tragflächen reicht, ohne viel elektronischen Firlefanz, um die Bomben mit ausreichender Genauigkeit und Sicherheit ins Ziel zu bringen«, wandte sich Richard Barlow nach dem Statement von Hughes an seinen direkten Vorgesetzten Gerald Brubaker und verlangte eine Korrektur der Aussage. Brubaker schäumte vor Wut. Was nahm sich dieser kleine Auswerter eigentlich heraus? Zwei Tage später rief er Barlow zu sich und kündigte die Zusammenarbeit auf, alle seine Sicherheitseinstufungen seien aufgehoben, innerhalb von drei Wochen habe er sein Büro zu räumen. Keine weiteren Erklärungen. Was danach begann, sollte Richard Barlow später im Rückblick als »Gang durch die Hölle« bezeichnen, »eine kafkaeske Hölle«.[30]

Zurück von ihrer Amerikareise, sah sich Benazir Bhutto wachsenden politischen Schwierigkeiten ausgesetzt, mit Präsident Ghulam Ishaq Khan und Generalstabschef Mirza Aslam Beg auf der einen und mit dem Oppositionsführer Nawaz Sharif auf der anderen Seite. Die Grabenkämpfe waren sehr häßlich und schmutzig: Gerüchte von Korruption und Vetternwirtschaft kamen auf und verdichteten sich sehr schnell zur Gewißheit. Auch der öffentliche Zuspruch sank rapide, man traute ihr nicht zu, das Land zu regieren. Sollte es Benazir verwehrt bleiben, das Werk ihres Vaters zu vollenden?[31]

Der größte Widerstand gegen ihre Person kam aus den Reihen des allmächtigen ISI, der zunehmend mit den religiösen Ansichten der Mudjahedin in Afghanistan sympathisierte, mit denen man jahrelang Seite an Seite gekämpft hatte und der die muslimischen Fundamentalisten und Terroristen in Kaschmir unterstützte. In der CIA-Residentur in Islamabad galt es als offenes Geheimnis, daß die Räumlichkeiten, in denen Bhutto ihre Besprechungen abhielt, vom ISI verwanzt worden waren. Angeblich zirkulierten unter den amerikanischen Agenten sogar heimlich aufgenommene Videos von Benazir und ihrem Mann in deren Privaträumen, die dann die Runde unter Kollegen in der ganzen Welt gemacht haben sollen. Viele sahen die Premierministerin als »Babydoll« und hatten danach Schwierigkeiten, sich eine Politikerin mit Visionen vorzustellen, die Indien die Stirn bieten oder wenigstens Pakistan einen Übergang zur Demokratie ermöglichen konnte.

Die Nuklearpolitik des Landes wurde ausschließlich von General Beg bestimmt, und der wandte sich Stück für Stück von den Amerikanern ab, vielleicht aus Überzeugung, vielleicht aus politischer Weitsicht, Washington werde sich nach dem Ende des Kalten Krieges über kurz oder lang wieder von seinem südasiatischen Brückenkopf zurückziehen. Mitte Oktober, eine Woche nachdem Präsident Bush noch einmal, wie Bhutto versprochen, die Erklärung an den Kongreß unterzeichnet hatte, Pakistan besitze keine Atomwaffen, äußerte der Generalstabschef in einem Interview: »Sowohl die nukleare Option als auch die Raketen dienen als Abschreckung und tragen so zur Schlagkraft der gesamten Armee bei.«[32] Diese Doktrin setzte allerdings voraus, daß die Waffen auch einsetzbar waren.

Im November 1989, als in Berlin die Mauer fiel und das Ende einer Epoche eingeleitet wurde, überlebte Benazir Bhutto nur knapp ein Mißtrauensvotum. In Neu-Delhi unterlag zur selben Zeit die Kongreßpartei bei der Parlamentswahlen, der 45jährige Rajiv Gandhi mußte sein Amt an Vishwanath Pratap Singh abgeben, der die Wahl mit Hilfe der fundamentalistischen Hindu-Partei BJP gewonnen hatte. Auch Gandhi und seinen Vertrauten wurden millionenschwere »kickbacks« aus Waffengeschäften mit dem schwedischen Rüstungskonzern *Bofors* und der Kieler *Howaldtswerft Deutsche Werft* (HDW) nachgesagt. Er und Bhutto, die beiden jungen Hoffnungsträger zweier alter Politdynastien, denen noch Monate zuvor große Schritte zu einem dauerhaften Frieden auf dem Subkontinent zugetraut worden waren, standen vor einem Scherbenhaufen.

Kurz nach dem Amtsantritt des neuen Regierungschefs Singh, Anfang Januar 1990, tauchten plötzlich Spekulationen in der indischen Presse auf, Pakistan könnte einen Atomwaffentest vornehmen. Benazir Bhutto schickte den langjährigen Außenminister Sahabzada Yaqub Khan nach Neu-Delhi, um eine Art Ultimatum zu überbringen: Indien solle die ständigen militärischen Aggressionen im Kaschmir sofort beenden. Nach Khans Abreise rief der indische Premierminister sofort seine engsten Berater zusammen. Bestand die Gefahr eines pakistanischen Erstschlags? War die indische Luftwaffe in der Lage, einen für möglich gehaltenen Atomangriff zu vergelten? So begann die zweite nukleare Krise zwischen Indien und Pakistan.[33]

Von alldem bekam Richard Barlow nur noch das mit, was er morgens in der *Washington Post* oder in der *New York Times* las. Mit dem Entzug seiner Sicherheitseinstufung im Pentagon war ihm der Zugang zu allen geheimen oder auch nur vertraulichen Informationskanälen verwehrt. Nachdem ihn sein Vorgesetzter, Gerald Brubaker, als »inkompetent und unbelehrbar« charakterisiert hatte – ein Urteil, an dem der auch Jahre später noch festhalten sollte –, war er einer Gruppe von angeblich subversiven Pentagon-Mitarbeitern zugewiesen worden, die unter besonderer Beobachtung standen. »Als ich fragte, warum gebt ihr mir keine Chance, mich zu rechtfertigen, bekam ich nur zu hören, sie dürften nicht mit mir darüber reden«, sagt Barlow, und der Zorn darüber steht ihm auch heute noch ins Gesicht geschrieben.

Was der kaltgestellte Analyst für Pakistans Atomprogramm damals nicht ahnte: Das Pentagon hatte ihn zu einem »nationalen Sicherheitsrisiko« erklärt. Und das alles nur, weil sie im DOD befürchteten, er würde sonst mit seiner F-16-Analyse zum Capitol Hill laufen und Stephen Solarz die Wahrheit erzählen. Hätte er das getan? »Bei Gott, nein«, sagt er, »ich war ein loyaler Regierungsbeamter und hatte gelernt, im System zu arbeiten.«

Die Weitergabe von Regierungsinterna an das Parlament war zwar gesetzlich geschützt, aber dem »whistle blower«, der aus Überzeugung im Kongreß Mißstände offenlegte, wurde kein rechtlicher Schutz zuteil: Seine Behörde konnte ihn versetzen, feuern oder sogar zum »Freiwild« erklären. Das Gesetz billigte dem Betroffenen lediglich die Möglichkeit zu, eine interne Überprüfung der Vorwürfe zu verlangen. Dahinter stand das verfassungsmäßige Recht des Präsidenten, klassifizierte Informationen zu kontrollieren, auch gegenüber dem Capitol Hill.

Für Gerald Brubaker, dessen Abneigung gegen Barlow auf den Fluren des Pentagon weithin bekannt war, reichte der reine Verdacht aus, um die ganze Maschinerie des mächtigen DOD in Gang zu setzen. Agenten schwärmten aus, um Barlows Leben zu durchforsten, und »die kamen mit immer neuen Behauptungen zurück: ich sei Alkoholiker, ich hätte meine Steuern nicht bezahlt, die ganze Palette falscher Verdächtigungen, die man auftischt, wenn man sonst nichts in der Hand hat«, empört sich Barlow. Monat für Monat ging das so.[34]

Ende Januar nahmen die Unruhen in Kaschmir weiter zu: Die indische Polizei hatte ein paar Tage zuvor das Feuer gegen eine Ansammlung von Demonstranten eröffnet und 50 von ihnen erschossen. Daraufhin drangen Hunderte von muslimischen

Kämpfern, die in Lagern auf pakistanischem Territorium ausgebildet worden waren, in den indischen Teil Kaschmirs ein, um den Widerstand zu organisieren und Anschläge auszuführen. Reaktion und Gegenreaktion: Indien erhöhte danach seine Militärpräsenz massiv, ließ 150 000 Soldaten in Kaschmir und weiter südlich, in Rajasthan, aufmarschieren, nur 80 Kilometer von der pakistanischen Grenze entfernt. Die Militärs in Islamabad fürchteten, wie schon 1987, einen Überraschungsangriff, um den Süden ihres Landes um Hyderabad und Karatschi vom Norden abzuschneiden.[35]

Immer mehr Öl wurde ins Feuer gegossen, von beiden Seiten: Benazir Bhutto besuchte demonstrativ ein vom ISI betriebenes Ausbildungscamp der muslimischen Freischärler, überbrachte fünf Millionen Dollar Soforthilfe, sprach von einem »tausendjährigen Krieg um Kaschmir«. V. P. Singh beantwortete die Provokation mit der öffentlichen Warnung, Indien solle »sich psychologisch auf einen Krieg mit Pakistan vorbereiten«.[36]

In dieser extrem angespannten Lage brach General Mirza Aslam Beg, der sich laut Persönlichkeitsprofil der CIA inzwischen vom »muslimischen Aristokraten« zum »sehr religiösen« Fundamentalisten gewandelt hatte, nach Teheran auf. Als er Tage später von den Mullahs zurückkehrte und den neuen amerikanischen Botschafter Robert B. Oakley traf, schien Beg eine deutliche Hinwendung zum Iran vollzogen zu haben. Er sagte mir, er sei »jetzt sehr beruhigt«, erinnerte sich Oakley später, »mit der Unterstützung, die mir in Teheran versprochen wurde, werden wir im Falle eines Krieges um Kaschmir gewinnen«.[37]

In einer an symbolischen Handlungen nicht gerade armen Welt lag es nahe, in dieser angespannten Lage auch öffentliche Zeichen zu setzen, für die eigene Nation, aber auch für den Feind: Am 23. März nahm Dr. Abdul Qadeer Khan für seine »epochemachenden Verdienste« den *Hilal-i-Imtiaz*, eine der höchsten Auszeichnungen des Landes, aus der Hand des Präsidenten entgegen. Sein Name, so hieß es in der Verleihungsurkunde, werde »mit goldenen Buchstaben in den Annalen der nationalen Geschichte verewigt«, als der des Mannes, der Pakistan

»eine einzigartige und monumentale Entwicklung auf dem Gebiet der Atomwissenschaften ermöglicht« habe.[38]

Nur Tage nach der demonstrativen Ehrung landeten beunruhigendere Informationen bei den Auswertern der CIA in Langley. Vielleicht stammte die neue Meldung aus einem von der NSA oder der Unit 8200, dem israelischen Pendant, abgefangenen und entschlüsselten Telefonat; beide hatten nicht nur den Kahuta-Chef, sondern auch Generalstabschef Beg unter ständiger Beobachtung. Die Nachricht wurde auf der üblichen Skala der Geheimdienste jedenfalls als »einhundertprozentig zuverlässig« eingestuft, was dagegen sprach, daß sie von menschlichen Quellen stammte. Sie besagte, Generalstabschef Beg habe die Techniker der PAEC angewiesen, Kernwaffen für den Einsatz vorzubereiten. Das Kaliber dieser Neuigkeit wog zu schwer, als daß man sie im Weißen Haus hätte ignorieren können. Hinter Begs Befehl konnte die Vorbereitung für einen nuklearen Erstschlag stehen. »Wir entnahmen daraus, daß, sollten die Inder die Grenze überqueren, Pakistan Neu-Delhi auslöschen würde«, erinnert sich Oakley. Und hatte nicht Abdul Qadeer Khan selbst immer wieder gedroht, irgendwann gebe es kein Zurück mehr, »dann gibt es keine Wahl, auch wenn es das eigene Ende bedeutet«? Oakley sagt: »Wir mußten etwas unternehmen, bevor es zu spät war.«[39]

Das amerikanische Krisenmanagement begann umgehend: Die Spionagesatelliten wurden so justiert, daß sie ihre Aufklärungsfotos im Abstand weniger Stunden liefern konnten, die Lauschantennen des NSA-Horchpostens auf Diego Garcia im Indischen Ozean, gen Islamabad und Neu-Delhi ausgerichtet, die CIA-Agenten in Pakistan angewiesen, ihre immer noch guten Kontakte zum ISI zu aktivieren. Irgendwann im Mai ließen die hochauflösenden Bilder aus dem Orbit erkennen, daß Tausende von Arbeitern aus Kahuta evakuiert wurden, als fürchteten Beg und seine Generalität einen Gegenschlag auf das Atomzentrum.

Angeblich registrierten die CIA-Auswerter auf den Bildern ihrer Weltraumspäher große Trucks, die von den Bunkern in den Bergen von Belutschistan, nahe der iranischen Grenze, in denen die Atombomben vermutet wurden, zu einer nahe gelegenen Airbase unterwegs waren, mit beweglichen Sicherheitszonen um den Konvoi. Dann wollten sie mehrere F-16-Maschinen auf den Fotos entdeckt haben, »startklar, mit den Piloten im Cockpit, auf der Rollbahn stehend« und beladen mit der tödlichen Fracht. Ex-Botschafter Oakley wiegelte später ab, daß alles sei womöglich dramatisiert worden, weil man sich zu sehr auf die Interpretationen der Satellitenbildauswerter in Langley verlassen habe. Richard Kerr, seinerzeit Stellvertreter des CIA-Direktors William Webster, sollte jedoch energisch dagegenhalten: »Wir standen an der Schwelle zu einem Atomkrieg, die Situation war gefährlicher als die Kuba-Krise.«[40]

Auf dem Höhepunkt des drohenden nuklearen Schlagabtauschs sprach Botschafter Oakley bei Benazir Bhutto vor. »Er kam und sagte, die ihm vorliegenden Geheimdienstberichte zeigten, daß wir die Linie überschritten hätten«, erinnert sich die damalige Premierministerin, »er definierte nicht genauer, was er damit meinte.« Sie habe dann Ghulam Ishaq Khan und Mirza Aslam Beg informiert und eine Sitzung des »nuklearen Rates« verlangt. »Doch Ishaq sagte zu mir, ›Sie gehen doch auf eine Reise, wir machen das Treffen, sobald Sie zurück sind‹.«[41] Und so verließ die Premierministerin, die offenbar ahnungslos war, daß Oakley von der Bereitstellung der Bomben gesprochen hatte, Islamabad für eine längere Tour durch verschiedene muslimische Länder. Beg und Khan konnten sie während des Konflikts nicht in ihrer Nähe gebrauchen. Schon gar nicht bei einem möglichen Krieg.

Präsident Bush schickte unterdessen eine Sondermaschine des Weißen Hauses nach Moskau, um dort Robert Gates, seinen Berater in Fragen der nuklearen Sicherheit, abzuholen und sofort nach Islamabad und Neu-Delhi fliegen zu lassen; Gates weilte gerade zur Vorbereitung eines Gipfeltreffens zwischen Bush und Gorbatschow im Kreml. Am 20. Mai traf der amerikanische Krisenmanager mit Generalstabschef Beg zusammen, er hatte sich entschlossen, eine direkte, militärische Sprache zu wählen, ohne diplomatische Floskeln. »General, wir haben jedes denkbare Szenario durchgespielt zwischen Ihnen und den Indern, es gibt nicht einen einzigen Weg, wie sie Ihren Arsch retten können!«[42] Das sei eine »harte Wahrheit« für den stolzen und kriegslustigen Truppenchef gewesen, erinnerte sich Gates später. Beg indes zeigte keinerlei Reaktion, hatte sich völlig unter Kontrolle. Und dann gab Gates dem General noch einen Rat mit auf den Weg: »Erwarten Sie keine Hilfe von uns!« Die Begegnung blieb nicht nur dem Amerikaner später in denkwürdiger Erinnerung. Sie sollte ein Wendepunkt in den amerikanisch-pakistanischen Beziehungen werden.

Präsident Ishaq Khan reagierte verbittert auf die Vorwürfe von Gates, die Pakistanis hätten die Linie überschritten: »Jetzt, da der Krieg in Afghanistan vorbei ist, setzen Sie uns unter Druck«, empörte er sich nach Erinnerung von Oakley, der an dem Treffen mit dem pakistanischen Präsidenten teilnahm. »Was ist mit Indien, was ist mit Israel? Sie messen mit zweierlei Maß!« Doch am Ende willigten sowohl Beg als auch Khan ein, die Ausbildungscamps für muslimische Terroristen im pakistanischen Teil Kaschmirs zu schließen. Am nächsten Tag überbrachte Gates die Botschaft V. P. Singh in Neu-Delhi und rang ihm, wie schon zuvor Mirza Beg, die Zusage ab, die Militärattachés an den US-Botschaften in beiden Hauptstädten dürften den Rückzug der Truppen in Kaschmir und Rajasthan vor Ort kontrollieren. Die Krise war vorüber.[43]

Benazir Bhutto blieb eine politische Figur von trauriger Gestalt. Entweder war sie von Robert Gates mit allerlei Winkelzügen ausmanövriert worden, oder sie »wurde das Opfer einer Konspiration« ihrer Widersacher Khan und Beg. Sie selbst hatte keine Anstalten gemacht, ihre Reise abzubrechen und nach Pakistan zurückzukehren. Im Juni ließ sie sich von einem Mitarbeiter des amerikanischen Senats minutiös über den Nuklearkonflikt in ihrem eigenen Land unterrichten. Als Bhutto endlich nach Haus geflogen war, erbat sie von Ishaq Khan noch einmal nachdrücklich das vor ihrer Abreise abgesagte Treffen des »nuklearen Rates«. Zweimal setzte der Präsident einen Termin an, zweimal strich er ihn wieder. »Das war Sabotage«, echauffiert sich Bhutto noch heute. Als sie ihn schließlich ein drittes Mal um ein Treffen des Gremiums ersuchte, hatte Ishaq Khan genug: Nach nur eineinhalb Jahren entließ er seine Premierministerin und deren Regierung aus der politischen Verantwortung und setzte Neuwahlen an.[44]

Auch für Richard Barlow schien zur gleichen Zeit eine monatelange Demütigung endlich zu Ende zu gehen. Nach den internen Ermittlungen des Pentagon hatten sich alle Beschuldigungen seines Vorgesetzten Brubaker als falsch herausgestellt. In einem Schreiben teilte ihm die zuständige Stelle des DOD lakonisch mit, seine »Vertrauenswürdigkeit im Umgang mit sensitiven Informationen« stünde nicht mehr in Frage. Er bekam seine Sicherheitseinstufung für »top secret« zurück. »Wären mir nur fünf Minuten gegeben worden, um die Vorwürfe aus der Welt zu schaffen, sie hätten sich die ganzen Nachforschungen sparen können«, kommentiert Barlow die Sache heute. Aber das sollte noch lange nicht das Ende seines Albtraums gewesen sein. Er hatte im Grunde genommen gerade erst begonnen.[45]

Im September 1990, kurz vor dem Termin für die Neuwahlen in Pakistan, übergaben in Washington hochrangige Beamte der Abrüstungsbehörde ACDA dem noch amtierenden pakistanischen Außenminister Sahabzada Yaqub Khan ein Schreiben. In ihm wurde er aufgefordert, Pakistan möge sein Atomwaffenarsenal, man ging inzwischen von etwa einem Dutzend »littly boys« aus, verschrotten. Andernfalls bliebe der US-Regierung keine andere Wahl, als jegliche finanzielle und militärische Hilfe zu stoppen. Der Ton war rauher, das Klima frostiger geworden zwischen den ehemaligen Freunden. Die diplomatische Note mußte den Pakistani verletzen. Es handelte sich um einen leicht durchschaubaren Versuch, jetzt plötzlich jenen Geist zurück in die Flasche beordern zu wollen, dem die Außenpolitik republikanischer Administrationen soviel Freiheit verschafft hatte.

Am 1. Oktober informierte George Bush Capitol Hill, er könne die nach dem »Pressler Amendment« geforderte Erklärung, Pakistan besitze keine Kernwaffen, nicht mehr abgeben. Die F-16 blieben im Hangar, sämtliche Zahlungen an Islamabad wurden eingestellt. Das Blatt hatte sich endgültig gewendet. Dem Entzug der Waffen- und Finanzhilfe folgte aber auch der Entzug der Gewogenheit und der Solidarität.[46]

»Die Selbstverständlichkeit, mit der wir damals fallengelassen wurden, überraschte uns«, schimpfte Abdul Qadeer Khan noch Jahre später, »wenn man den Amerikanern nützlich war, galt man als ihr bester Freund, wenn man nicht mehr nützlich war, wurde Freundschaft plötzlich zu einem Fremdwort.«[47]

»Als wir von Pakistan erhalten hatten, was wir wollten, nämlich eine sichere Basis, von der aus wir in Afghanistan operieren konnten, verloren wir völlig das Interesse an dem Land«, kritisiert auch Milton Bearden den dramatischen Kurswechsel. Er war 1989, nach dem Abzug der Sowjets aus Afghanistan, aus der Residentur der CIA in Islamabad ins Hauptquartier nach Langley zurückgekehrt. Die Abkehr damals, Ende des Jahres 1990, hinterließ »viele Verletzungen und Wunden«. Und Rachegelüste: Es habe seinerzeit Leute in Pakistan gegeben, zu denen er auch General Beg zähle, die das ganz offen ausgesprochen hätten: »Okay, Uncle Sam, wenn du das Spiel so spielen willst, dann sollst du es haben!«[48]

In den Augen der CIA-Analysten hatte sich das Persönlichkeitsprofil von Mirza Aslam Beg im Laufe des Jahres 1990 durch die Neuorientierung der amerikanischen Politik weiter verschoben, von einem gläubigen Soldaten hin zu einem religiösen Fanatiker. Immer häufiger nannte der Generalstabschef jetzt »Indien« und »Israel« in einem Atemzug. Aus seinen Worten sprach zudem unverhohlener Haß gegen die »indo-israelische Lobby im amerikanischen Kongreß, mit den Senatoren John Glenn und Larry Pressler an der Spitze«. Der Republikaner Pressler aus South Dakota war Urheber jenes Gesetzes, das den US-Präsidenten zwang, jedes Jahr aufs neue über das pakistanische Atomprogramm Farbe zu bekennen.

Auch Richard Barlow durfte sich später zu General Begs speziellen Feinden in Washington zählen. Dessen Geheimdienstanalyse aus dem Jahr 1987, daß sein Land bereits alles für den Bau einer Atombombe besitze, »war willkommener Anlaß, mit dem Finger auf uns zu zeigen, seht, sie sind über eine rote Ampel gefahren!«. Es stimme zweifellos, »daß wir 1987 volle nukleare Fähigkeiten besaßen«, aber »Mr. Barlows Report« habe doch nur Munition liefern sollen »für unablässige Propaganda-Attacken gegen Pakistan«.[49]

Barlow selbst quälten im Herbst 1990 andere Sorgen als die »pakistanische Bombe« – persönliche Sorgen. Nach seiner Rehabilitierung durch das Pentagon war er zwar wieder »top secret« eingestuft worden, nicht aber für höhere Klassifizierungen. Das hatte eine Rückkehr an seinen alten Arbeitsplatz unmöglich gemacht. Er arbeitete daher weiterhin in einem Pool von DOD-Mitarbeitern, die aus unterschiedlichsten Gründen in Ungnade gefallen oder kaltgestellt worden waren. Seine Aufgabe: Gästeessen zu organisieren und ausrangierte Computer an Schulen in Washington auszuliefern.

Versuche, außerhalb der Administration einen neuen Job zu finden, scheiterten, »weil alle Rückfragen irgendwann bei jemandem vom Pentagon oder von der CIA landeten«, erinnert sich Barlow, »und das war's dann!«. Sie hatten mit ihrer Schnüffelei in der Privatsphäre, »mit dem ganzen Arsenal ihrer Möglichkeiten und mit dem Mißbrauch ihrer Macht [...] meine Karriere, meine Ehe und mein Leben ruiniert«. Er wisse nicht, ob sich Dick Cheney, Paul Wolfowitz oder Stephen Hadley persönlich in seinen Fall eingeschaltet hätten, sagt er mit Blick auf die Tatsache, daß die drei auch heute noch in hohen und höchsten Ämtern tätig sind, er wisse aber, »daß die drei Verantwortung trugen für ihre Untergebenen, die diese Kampagne gegen mich angezettelt hatten«.[50]

Nach Monaten fand Barlow endlich prominente Unterstützung: Sherman Funk, sehr respektierter und altgedienter Inspector General des Department of State, eine Art behördeninterner

Generalstaatsanwalt, nahm sich seiner Sache an, ebenso der über jeden Zweifel erhabene Inspector General der CIA, Frederick P. Hitz. Sie sollten später, zusammen mit dem Inspector General des Pentagon, zu einem eindeutigem Ergebnis kommen: Alle Vorwürfe gegen Barlow seien fabriziert worden, um ihn dafür zu bestrafen, daß er es gewagt hatte, vor Pakistans militärischem Atomprojekt zu warnen. »Wie sie mit Rich umgingen, war im höchsten Maße unfair, ehrabschneidend und entwürdigend«, blickt Sherman Funk noch heute wütend zurück, und Fred Hitz pflichtet dem bei: »Das System vernichtete damals einen unbequemen, aber loyalen Bediensteten.«[51]

Dennoch: Niemand sollte Richard Barlow je entschädigen für das, was ihm widerfahren war. Es gab keine Entschuldigung, keinen finanziellen Ausgleich, weder für verlorene Jahre noch für verlorene Ehre und verlorenes Selbstwertgefühl. Er sollte noch zwei Jahre als Special Agent für das DOD arbeiten, sich danach aus Washington zurückziehen. Einige Monate später, als er am Boden lag, vermittelten ihm ein paar alte Freunde aus der CIA, zu denen auch Fred Hitz zählte, einen Beratervertrag und halfen ihm wieder auf die Beine. Und so begann er, ein Team aufzubauen gegen die Gefahren des Nuklearterrorismus, ohne zu ahnen, daß sich zehn Jahre später ein Kreis zum pakistanischen Atomprogramm und zu Abdul Qadeer Khan schließen sollte.

Und der Weg dahin nahm in Pakistan just seinen Anfang: In dem sehr schmutzigen Wahlkampf des Spätsommers 1990 setzten General Beg und Präsident Khan, die beiden Machthaber im Lande, auf einen Regierungswechsel. Mohammad Nawaz Sharif, Chef des Parteienbündnisses Islamic Democratic Alliance, der bisherige Oppositionsführer, siegte schließlich über Bhuttos PPP. Sharif drängte sofort auf ökonomische Reformen und eine Abkühlung des Konflikts mit Indien. Den Eintritt in den exklusiven Klub der Atommächte hatte Pakistan teuer bezahlt, ein nukleares Wettrüsten mit dem großen Nachbarn lag außerhalb aller finanziellen Möglichkeiten. Ohne die regelmäßigen Überweisungen aus Washington würde sich das Land ohnehin keine aufwendigen Waffenprogramme mehr erlauben können.

Pakistan zählte zu den 40 unterentwickeltsten Ländern der Welt. 30 Prozent aller Bewohner lebten unterhalb der Armutsgrenze, 45 Prozent besaßen keine medizinische Versorgung oder sauberes Trinkwasser, 52 Prozent aller Kinder waren mangelernährt. Und dennoch war in den letzten 15 Jahren der überwiegende Teil ausländischer Entwicklungshilfe auf dunklen Kanälen in das militärische Atomprogramm geflossen, dazu vermutlich auch größere Batzen der eigentlich für die afghanischen Mudjahedin gedachten Unterstützung aus der CIA-Kasse für verdeckte Operationen.[52]

Allerdings: Die Militärs verfügten zwar inzwischen über rund ein Dutzend Kernwaffen in ihrem Arsenal, aber »um alle indischen Städte von der Landkarte auszuradieren«, wie Abdul Qadeer Khan es später formulierte, brauchten sie auch entsprechende Trägersysteme, um diese Städte zu erreichen: Mittelstreckenraketen. Und die sollten die Pakistanis schon bald aus Nordkorea erhalten.[53]

Womit aber sollte die kommunistische Unterstützung bezahlt werden? Mit Krediten aus China? Mit Sachleistungen? Mit dem Tafelsilber?

Am 6. Oktober 1990, genau am Tag der Wahl in Islamabad und fünf Tage nach der Entscheidung von US-Präsident George Bush, jegliche Unterstützung für Pakistan einzufrieren, traf in Bagdad ein Mann mit Offizieren des irakischen Geheimdienstes Mukhabarat zusammen. Er nannte sich »Malik«, aber das konnte auch sein Deckname sein. Er sei ein Abgesandter des pakistanischen Atomwissenschaftlers Dr. Abdul Qadeer Khan, behauptete der Fremde. Khan biete dem Irak geheime Pläne für die Urananreicherung und den Bau einer Atombombe an. Er könne außerdem alle Beschaffungsmaßnahmen der notwendigen Technik über eine Firma in Dubai organisieren, die ihm gehöre. Ein interessantes Angebot.

Zwei Monate zuvor hatte Saddam Hussein seinen Truppen befohlen, in Kuwait einzufallen und den kleinen Ölstaat am persischen Golf in Besitz zu nehmen. Die weltweite Empörung war groß, das Pentagon begann umgehend mit der Entsendung von Soldaten nach Saudi-Arabien, weil auch das Königreich eine Invasion befürchtete. In dieser angespannten internationalen Lage, so bat »Malik« um Verständnis, könne Dr. Khan vorläufig nicht persönlich in Erscheinung treten. Um den irakischen Experten eine Überprüfung der Unterlagen zu ermöglichen, schlage er deshalb das Treffen mit einem von Khans Vertrauten vor. Die Geheimdienstoffiziere brachten für eine solche Begegnung sogleich Griechenland ins Spiel.

Noch am selben Tag unterrichtete der Mukhabarat die Fachleute aus dem klandestinen Atomprogramm des Irak, das unter der Tarnbezeichnung »PC-3« firmierte. Dieser Dr. Khan wolle offenbar Kapital aus seinem Wissen schlagen, heißt es im Memo des Geheimdienstes (»top secret personal«), das Jahre später den UN-Waffeninspekteuren in die Hände fallen sollte. Er habe für seine Unterstützung eine Anzahlung von fünf Millionen Dollar verlangt, überdies zehn Prozent Kommission für alle Anlagen und Geräte, die durch seine Vermittlung über Dubai in den Irak geliefert würden.

Im Umfeld von PC-3 mochte kaum jemand die Offerte glauben. Natürlich wußten Saddams Kerntechniker und Atomwissenschaftler, wer Abdul Qadeer Khan war und daß er in Pakistan längst als »Vater der islamischen Bombe« galt. Aber könnte es sich nicht auch, so kurz nach der Besetzung Kuwaits, um eine »sting operation« der CIA handeln, eine fingierte Maßnahme, um das irakische Nuklearprojekt auszuspähen? »Malik« möge doch ein Beispiel der in Rede stehenden Unterlagen liefern, antwortete man dem Mukhabarat Tage später. Dann könne man weitersehen.[54]

Nur fünf Tage nach der Wende der amerikanischen Politik hatte »Dr. No's« Rachefeldzug offenbar begonnen. Er sollte lang und bitter werden für die Vereinigten Staaten. Du wolltest es so haben, Uncle Sam!

Verkaufsschlager

Es ist eine seltsame Gruppe, die sich für den 19. Februar 1998 in Dubai, dem glitzernden Scheichtum am Persischen Golf, verabredet hat: drei Leute aus Islamabad, je einer aus London, Amsterdam und Kuala Lumpur. Sie wollen sich in »Dr. No's« Penthouse treffen, das einen spektakulären Blick auf das legendäre, in Form eines Dhau-Segels gebaute Siebensternehotel *Burj Al Arab* gewährt. Das Luxusapartement hat er schon vor ein paar Jahren gekauft, um sich heimlich mit dem einen oder anderen Geschäftspartner treffen zu können – und mit seiner Geliebten.[1] Außerdem kann er mit Hilfe der Goldhändler in Dubai gut seine gigantischen Profite waschen.

Mehr als sieben Jahre sind inzwischen vergangen, seit ein von »Dr. No« geschickter Mittelsmann in Bagdad vorstellig wurde, um pakistanische Atomgeheimnisse an Saddam Hussein zu verschachern. Das Geschäft kam letztlich nicht zustande, weil kurz danach die alliierten Truppen im Irak einzogen und später die Inspektoren der Vereinten Nationen. Dann beschloß die pakistanische Regierung unter Nawaz Sharif 1991, die Fabrikation des Bombenstoffes in Kahuta für einige Zeit bei einem Anreicherungsgrad von 20 Prozent einzufrieren, in der Hoffnung, die Amerikaner würden sich doch noch die zugesagten F-16-Kampfjets ausliefern. Das Arsenal stieg danach nur geringfügig auf inzwischen vielleicht 25 Kernwaffen an.[2] Für neue Projekte fehlte das Geld. Also begann sich Abdul Qadeer Khan damals um die Refinanzierung zu kümmern, für Kahuta – und auch für sich selbst.[3]

Inzwischen ist Generalleutnant a. D. Dr. med. Riaz Ahmad Chowhan in dem Penthouse eingetroffen. Früher war der 62jährige Stabsarzt der pakistanischen Armee, inzwischen wirkt er als Chef des medizinischen Zentrums und Krankenhauses der *Dr. A. Q. Khan Research Laboratories* und als SEIN Leibarzt. In Chowhans Begleitung befindet sich Brigadier Sajawal

Khan Malik, Abteilungsdirektor in Kahuta, wobei auch den Diensten später nicht klar sein wird, ob es sich möglicherweise um jenen »Malik« handelte, der im Oktober 1990 dem irakischen Geheimdienst die Offerte unterbreitete.[4]

Aus Amsterdam stößt Henk Slebos dazu, er ist gerade 55 Jahre alt geworden und hat in mehr als zwanzig Jahren mit Lieferungen für das pakistanische Atomprogramm gutes Geld verdient.[5] Weiterhin dabei: Buhary Syed Abu Tahir, ein sehr smarter 39jähriger Geschäftsmann aus Sri Lanka, der in Kuala Lumpur/Malaysia lebt und gut geschnittene Anzüge ebenso liebt wie schnittige Sportwagen. Er betreibt im Emirat Dubai die Firma *S. M. B. Computers*, kennt »Dr. No« seit zehn Jahren, hat ihm damals Klimaanlagen für Kahuta verkauft.[6] Dann stößt noch ein Wirtschaftsprüfer aus London hinzu: Abdul Ma'bood Siddiqui, ein guter Bekannter von Tahir. Siddiquis Sohn hat in den letzten Jahren ein paar »atomare Sachen« in Europa und in den Vereinigten Staaten für »Dr. No« besorgt; ein britischer Richter sollte den jungen Mann später zu einer milden Bewährungsstrafe verurteilen, weil er offenbar nicht geahnt habe, daß sein Kunde Chef des pakistanischen Nuklearprojekts gewesen sei. Der Vater jedenfalls darf die Gruppe begleiten und den anderen auf der Reise ein wenig zur Hand gehen. Und er soll eine Art Tagebuch schreiben, das später sogar in Islamabad in der Landessprache Urdu veröffentlicht, danach aber aus dem Verkehr gezogen werden wird.[7]

Schließlich trifft ER selbst ein, der Mann, der seit Jahren weiß, was gut ist für sein Vaterland und für sich selbst, der sich Politiker und Journalisten gekauft hat, damit sie helfen, seinen Ruhm zu mehren, der inzwischen einen Lebensstil pflegt, den ein pakistanischer Diplomat hinter vorgehaltener Hand als »flamboyant« beschreiben sollte: Er läßt sich in eigener Karosse durch die Straßen Islamabads kutschieren, gewährt Audienzen, zeigt sich mit den Schönen und Reichen, genießt den Luxus des schnöden Mammons.[8] Nur wenn es ihm zweckmäßig erscheint, spielt er die Rolle des Bescheidenen, aber manchmal gelingt das nicht mehr so richtig: »Natürlich bin ich eine sehr wichtige Person geworden in den beiden letzten Jahrzehnten«, wird er dem britischen Journalisten Simon Henderson ein paar Monate später anvertrauen, »ich hatte und habe engste Beziehungen zu allen Premierministern, Präsidenten und Generalstabschefs.«[9] Es ist deshalb davon auszugehen, daß Abdul Qadeer Khan die Spitze des Staates auch vorab von dem geplanten Afrikatrip unterrichtet hat, zumal in den Botschaften und Missionen entlang der Reisestrecke Vorbereitungen getroffen werden mußten.[10]

Einen Tag später, am 20. Februar, fliegen »Dr. No« und seine Entourage von Dubai nach Casablanca in Marokko. »Wir werden vom ersten Sekretär der Botschaft empfangen, der Honorarkonsul gibt ein Dinner zu Ehren von Dr. Khan, an dem auch unser Botschafter teilnimmt«, notiert Siddiqui in seinen Aufzeichnungen. Er verschweigt seinem Tagebuch allerdings, daß Khan und sein Begleiter Tahir in Casablanca noch mit zwei Ausländern zusammenkommen. Vielleicht hat Khan ihn gebeten, davon einfach keine Notiz zu nehmen, oder sie haben ihn und die anderen zum Einkaufen auf den Basar geschickt.[11]

Die Fremden, derentwegen die gemischte Delegation aus Dubai nach Casablanca gekommen ist, sind kurz zuvor aus Tripolis eingetroffen: Es handelt sich um Emissäre von Colonel Muammar Gaddafi. Das Wort führt ein Mann namens Mohamad Matuq Mohamad aus der Chefetage des lybischen Atomprogramms; außerdem scheint ein »Karim« eine gewisse Bedeutung zu besitzen, da er sich offenbar nicht mit seinem kompletten Namen vorstellt. »Dr. No« und Tahir haben Matuq und Karim schon vor einem Jahr getroffen, in Istanbul als Gäste von Günes Cire. Danach haben die Libyer zwanzig komplette P1-Zentrifugen aus Aluminium und die meisten Komponenten für 200 weitere Uranmaschinen erhalten.[12]

Da Abdul Qadeer Khan seit Jahren unter ständiger Überwachung verschiedener Geheimdienste stand, blieb auch sein Aufenthalt in Marokko nicht lange verborgen. Auch mit *wem* er sich traf und *was* er zu besprechen hatte, wußten die Auswerter der CIA schon bald. Denn vieles sollte später dafür sprechen, daß einen der Gesprächsteilnehmer in Casablanca »verwanzt« worden war – und eine übersetzte Abschrift der konspirativen Verhandlungen in Langley landete.

Die Analysten anderer Geheimdienste rätselten unterdessen über den Reisegrund von »Dr. No«: War es ein touristisches Vergnügen, womöglich als Belohnung für verdiente Mitarbeiter? Ging es um Verkäufe konventioneller Waffen, die inzwischen in Kahuta am Fließband produziert wurden? Um Raketen? Erst nach einiger Zeit sei es ihnen »wie Schuppen von den Augen gefallen«, räumt der Auswerter eines der Nachrichtendienste ein: Zwanzig Jahre nach Gaddafis Anschubfinanzierung hatte »Dr. No« offenbar begonnen, dem libyschen Revolutionsführer die Bombe zu liefern oder zumindest die Technik, sie sich selbst zu bauen. Allerdings nur gegen weitere Millionen. »Khan auf dem nuklearen Schwarzmarkt«, das habe, sagt der Geheimdienstler, »jenseits unseres sonst nicht sehr beschränkten Vorstellungsvermögens gelegen«.[13]

Sightseeing gab es dann auch noch: »Am nächsten Tag flogen wir mit der Royal Morocco Airline nach Bamako«, der Hauptstadt von Mali. Dort »charterte Dr. Khan für 4000 US-Dollar eine Maschine nach Timbuktu, wo wir nur einige Stunden für ein kurzes Besichtigungsprogramm hatten«, hielt Reisebegleiter Siddiqui fest. »Danach ging es auf dem gleichen Weg zurück nach Dubai.«[14] Was, in aller Welt, wollte »Dr. No« in der legendären Oasenstadt Timbuktu?

Während »Dr. No« in Casablanca mit den Gesandten Gaddafis verhandelte, waren seine Techniker in Kahuta emsig mit den Vorbereitungen eines Jungfernfluges beschäftigt. Die Mittelstreckenrakete Ghauri, benannt nach einem glorreichen muslimischen Kämpfer des zwölften Jahrhunderts, der den damaligen indischen Regenten niedergerungen hatte, sollte erstmals getestet werden. Das Geschoß konnte eine Nutzlast von 700 Kilogramm tragen, mehr als genug für einen Atomsprengkopf; mit einer Reichweite von 1500 Kilometern erreiche die Rakete »in fünf Minuten Delhi oder Bombay, in zwölf Minuten Madras und Kalkutta«, pries Khan Monate später seine neuste Errungenschaft.[15] Was er nicht sagte: Die Ghauri basierte auf der nordkoreanischen, mit Flüssigtreibstoff betriebenen »No dong«, die wesentlichen Komponenten waren seit 1996 aus Pjöngjang geliefert und auf einem Gelände am Rande von Little Almelo montiert und getestet worden. Auf den Bildern amerikanischer Aufklärungssatelliten ließen sich die Montagehallen und die in den Boden gegrabenen Teststände für die Raketenmotoren deutlich erkennen.[16]

Der Raketendeal mit den Nordkoreanern war schon 1992 eingefädelt worden. Damals hatte eine pakistanische Delegation erstmals die Factory 125 der *Changgwang Sinyong Corporation* besucht, in der unter anderem die russischen R-19-Raketen zu No dongs umgerüstet wurden, denn die Nordkoreaner fungierten offenbar als Großhändler der Russen. Der internationale Waffenhandel stellte für das isolierte Land die einzige lukrative Devisenquelle dar.[17]

Als Benazir Bhutto nach ihrem Wahlsieg im Oktober 1993 wieder die Regierungsgeschäfte übernahm, forcierte sie die Kontakte zu den nordkoreanischen Kommunisten, reiste im Dezember für einen Tag nach Pjöngjang, um die Verhandlungen zu einem schnellen Ende zu bringen. Es dauerte noch einmal zwei Jahre, bis Verteidigungsminister Marshall Choe Kwang im November 1995 nach Islamabad kam und den Vertrag über zwölf bis fünfzehn No dongs und eine mobile Abschußrampe besiegelte.[18] Abdul Qadeer Khan bestritt später vehement, daß die Ghauri auf nordkoreanischer oder sogar russischer Raketentechnik basiere, solche Behauptungen seien »schiere Propaganda« – sein Ego ließ offenbar nichts anderes zu.[19]

Obwohl Pakistan damals bankrott war, leistete es sich nicht nur ein, sondern sogar zwei vergleichbare Raketenprojekte. Und wieder war es die alte Rivalität – ehemals mit Munir Ahmad Khan, und nachdem der alte Widersacher 1991 in Pension gegangen war, mit dessen Nachfolger, Dr. Ishfaq Ahmed: Sollte doch in Kahuta die Ghauri montiert werden, die PAEC-Techniker setzten auf die chinesische »Shaheen« und deren Feststofftriebwerk.

Wegen der klammen Staatskassen hatte »Dr. No« eine besondere Bezahlung für die No dongs mit den Nordkoreanern ausgehandelt, natürlich mit Rückendeckung seiner Regierung, die seit Anfang 1997 wieder von Nawaz Sharif geführt wurde: Raketentechnik gegen Urananreicherungstechnik. Das Regime in Pjöngjang zeigte sich noch 1994 sehr an der Uranoption interessiert, nachdem ihm der Weg zur Bombe über Plutonium versperrt worden war. Seinerzeit hatten die Nordkoreaner, obwohl als Mitglied des Atomwaffensperrvertrags dazu verpflichtet, Inspektionen ihrer Anlagen durch die IAEA verweigert; offenbar waren heimlich erhebliche Mengen Plutonium aus dem Reaktor abgezweigt worden. Gegen die Zusage der Clinton-Regierung, das unter einem erheblichen Energiedefizit leidende Land mit Schweröl und zu gegebener Zeit mit zwei neuen Kernkraftwerken zu beliefern, hatten die Kommunisten ihr Projekt eingefroren.[20]

Ein »Little Kahuta« aber, mit Tausenden von Uranzentrifugen, tief versteckt in einem Bergmassiv, das entsprach genau den Wunschvorstellungen der nordkoreanischen Militärs. Mehrfach war Abdul Qadeer Khan in den letzten Jahren nach Pjöngjang gereist, um den Kollegen jene Blaupausen und Unterlagen zu übergeben, die er mehr als zwanzig Jahre zuvor im holländischen Almelo gestohlen hatte.[21] »Dr. No« schien ohnehin fast ständig auf Reisen. Ende Februar, kurz nach der Rückkehr aus Casablanca, mit Abstecher nach Timbuktu, war er wieder einmal nach Pjöngjang aufgebrochen. Die Abwesenheit hatte sein Gegenspieler von der PAEC, Ishfaq Ahmed, genutzt, um Regierungschef Nawaz Sharif die Genehmigung für einen Teststart der Shaheen schmackhaft zu machen. Als »Dr. No« aus Nordkorea zurückkehrte und davon erfuhr, ließ er sich sofort einen Termin beim Premierminister geben, um zu zeigen, wer Herr im Hause war. Tatsächlich setzte er den sehr prestigeträchtigen Erstversuch mit seiner Ghauri durch.[22] Doch Ahmed sollte schon bald Gelegenheit bekommen, sich zu revanchieren.

Was die Satellitenbildauswerter im CIA-Hauptquartier in Langley auf ihren hochauflösenden Spezialbildschirmen sahen, gefiel ihnen jedenfalls gar nicht. Seit Ende 1997 beobachteten sie regelmäßig C-130-Transportmaschinen der pakistanischen Luftwaffe auf einer Airbase in Nordkorea, in den letzten Monaten hatte die Zahl der Flüge deutlich zugenommen.[23] Bisher waren die Analysten des amerikanischen Geheimdienstes davon ausgegangen, daß die Luftbrücke der Lieferung von Nodong-Bauteilen diente, aber jetzt schien es ihnen, als würden die Cargo-Flugzeuge vor dem Beladen erst einmal entladen. Was brachten sie nach Nordkorea? Sollte »Dr. No« mit den skrupellosen Nordkoreanern ein Tauschgeschäft betreiben? Quid pro quo?[24]

Für die Frage gab es gute Gründe: Seit Anfang der neunziger Jahre bestellte »Dr. No« mehr Zentrifugentechnik im Ausland, als er eigentlich benötigte. Den Großteil des Zubehörs für die Uranschleudern wie spezielle Vakuumpumpen, Ventile und Verschlüsse, die er früher heimlich aus Europa bezogen hatte, konnte sein *Directorate of Vacuum Sciences and Technology* inzwischen selbst herstellen. Kahuta bot diese Geräte sogar in einem Verkaufsprospekt auf Messen im Ausland an – mit einem Porträt des ordenbehangenen Chefs auf dem Deckblatt.[25] Andere Komponenten aber mußte er nach wie vor im Ausland beschaffen.

Bereits im März 1991, unmittelbar nach dem Beschluß der ersten Regierung Nawaz Sharif, in Kahuta auf deutlich kleinerer Flamme zu kochen, hatte Khan versucht, spezielle Ringmagneten für die Lauflager der Zentrifugenrotoren in Deutschland zu bestellen, über seinen Beschaffer Azmat Ullah von der Bonner Botschaft. Alles wie gehabt: Der Diplomat wurde bei der Herstellerfirma vorstellig, angeblich im Auftrag der pakistanischen Telefongesellschaft PTT, die delikaterweise in einem Jointventure mit der *Siemens AG* verbandelt war. Die Lieferung kam aber nicht zustande, weil irgend jemand in der Magnetfabrik Verdacht geschöpft hatte.[26] Zwei Jahre später, im März 1993, ging bei der Firma *Team Industries GmbH* von Ernst Piffl in Leonberg die Order über zehn- bis zwanzigtausend derselben Ringmagneten ein, wiederum von Azmat Ullah. Eine erste kleinere Partie von 200 Stück schickte der Schwabe im September nach Karatschi, ohne die erforderliche Ausfuhrgenehmigung.[27] Attaché Ullah übrigens wurde danach vom pakistanischen Außenministerium aus Bonn abgezogen. Er kam damit seiner Ausweisung zuvor, denn die Geduld des Auswärtigen Amtes kannte ihre Grenzen; Ullah sollte später als Mitarbeiter der PAEC ins Blickfeld der Geheimdienste zurückkehren.[28] Man fragte sich, warum »Dr. No« dermaßen große Mengen an Ringmagneten benötigte, obwohl das gesamte Programm in Kahuta doch angeblich zurückgefahren worden war. Zehn- bis zwanzigtausend Stück reichten für fünf- bis zehntausend Zentrifugen – der Besatz von zwei bis drei kompletten Anreicherungsfabriken. Wollte Khan die Komponenten weiterverkaufen?[29]

Zwischen Ende 1994 und Mitte 1995 bekam der Kahuta-Chef im dritten Anlauf endlich 5000 Ringmagneten von der staatlichen *National Nuclear Corporation* in China. Peking war wieder einmal in die Bresche gesprungen, wie schon so häufig, wenn Pakistan Atomhilfe benötigte.[30] Da aber auch die Chinesen zählen konnten, mußte ihnen klar sein: »Dr. No« plante oder war längst dabei, seine Anreicherungstechnik zu verkaufen. An Pjöngjang? Brachten die C-130-Herkules fertige Zentrifugen nach Nordkorea? Weil ihnen die Schlußfolgerung so ungeheuerlich erschien, hatten die Auswerter der Dienste den Gedanken erst einmal beiseite geschoben.

Der Jungfernflug der Ghauri am 6. April 1998 erwies sich als voller Erfolg, technisch gesehen. Alles was Dr. Khan, »der große Magiker« des Landes, anfaßte, schien ihm zu gelingen. Der Start sollte eigentlich direkt von Kahuta aus erfolgen, doch das Spektakel hatten die Fachleute ihrem Boß ausreden können. Statt dessen wurde der Abschuß in den Pandschab, im Nordosten des Landes, verlegt. Die Ghauri erreichte planmäßig die Höhe von 350 Kilometern, ehe sie, nach acht Minuten, mehr als eintausend Kilometer entfernt, im Zielgebiet bei Quetta im Südwesten Pakistans niederging.[31]

Der Raketentest überraschte und schockierte die indische Regierung, aber auch die Clinton-Administration in Washington. Voller Empörung schrieb Madeleine Albright, die amerikanische Außenministerin, einen persönlichen Brief an Nawaz Sharif, legte ihm eindringlich nahe, auf weitere Versuche zu verzichten. Der Konflikt mit Indien könne sich sonst erneut zu einer nuklearen Konfrontation aufschaukeln. Albright sollte nie eine Antwort auf ihren Brief erhalten.

»Dr. No«, von seinem neuerlichen Erfolg euphorisiert, zündelte unterdessen weiter am »Pulverfaß Südasien«. Zehn Tage nach der Ghauri-Demonstration erklärte er öffentlich, er und sein Team könnten sofort einen unterirdischen Kernwaffentest durchführen, »wenn wir dazu die Genehmigung der Regierung erhalten«. Sein Zentrum in Kahuta sei überdies das einzige weltweit, das es geschafft habe, »sowohl nukleare als auch Raketen-Systeme zu entwickeln«.[32] Auch wenn die Botschaft vornehmlich interne Adressaten besaß, weil Khan und die PAEC gerade wieder einmal um finanzielle Ressourcen stritten – ein pakistanischer Atomversuch würde natürlich für alle weiteren Verkaufsgespräche eine prächtige Werbemaßnahme darstellen und den Preis für seine Beratung und Technik erheblich in die Höhe treiben.

Eine wichtige Rolle bei »Dr. No's« Überlegungen spielten die Mullahs in Teheran. Nach Abschluß des Kooperationsvertrages 1987 und der Ausbildung iranischer Kerntechniker in Kahuta und beim *Pinstech* in Rawalpindi hatte er Anfang der neunziger Jahre, nach dem Ende der amerikanischen Finanz- und Militärhilfe, die alten Pläne für die G1-Zentrifugen aus Almelo als moderne P1-Technik nach Teheran verschachert, dazu eine Liste jener Firmen, bei denen man gehärtetes Aluminium und sonstiges Zubehör beschaffen konnte. Die Mullahs waren bei ihren Einkaufstouren allerdings nicht sonderlich erfolgreich gewesen.

Ein erster Versuch, Ringmagneten unter dem Deckmantel der Teheraner Sharif University of Technology in Deutschland zu organisieren, war jedenfalls ebenso gescheitert wie ein zweiter über einen europäischen Zwischenhändler.[33]

Dann hatte er seinen Partner Tahir Ende 1994 beauftragt, zwei Container mit gebrauchten Komponenten für einige hundert P1-Zentrifugen, für ihn eigentlich mehr oder weniger Schrott, von Kahuta erst nach Dubai und dann über den Golf in den Iran zu schaffen. Außerdem die Baupläne für die moderneren P2.[34] Möglicherweise waren auch einige hundert der chinesischen Ringmagneten (Stückpreis: 15 US-Dollar) beigepackt worden, um die iranischen Kerntechniker bei Laune zu halten. Sie sollten jedenfalls später gegenüber den IAEA-Inspektoren einräumen, etwa um diese Zeit »einige Magneten für die P2-Zentrifugen von einem asiatischen Lieferanten« bezogen zu haben.[35] Die beiden Container wurden bar bezahlt, mit drei Millionen US-Dollar in Dirham, der Währung der Emirate. Tahir holte das Geld in zwei Aktenkoffern in Teheran ab, brachte es nach Dubai und versteckte es dort in »Dr. No's« verschwiegenem Apartment.[36]

In Neu-Delhi regierte nach den Parlamentswahlen im März eine Koalition unter der Bharatiya Janata Party (BJP) mit dem neuen Premierminister Atal Bihari Vajpayee an der Spitze. Gleich nach der Übernahme der Macht hatte Vajpayee, in striktem Gegensatz zu dem eher moderaten Ton seiner ersten Reden, seiner atomwissenschaftlichen Elite die streng geheime Anweisung erteilt, Vorbereitungen für einen Atomwaffentest zu treffen. Am 10. April, nur vier Tage nach dem erfolgreichen Versuch mit der pakistanischen Ghauri, setzte der Premier die Frist fest: Innerhalb der nächsten 30 Tage sollte in der Wüste von Rajasthan die Erde beben.

Fast 25 Jahre nach dem ersten »friedlichen nuklearen Explosionsexperiment« sollte der Buddha zum zweiten Mal lächeln. Durch den Test würde Indien weltweit Reputation einbüßen, ohne Frage, und durch die anschließenden Sanktionen vermutlich auch mehrere Milliarden Dollar Devisen. Aber Vajpayee und seine engsten Berater glaubten angesichts der pakistanischen Bedrohung keine andere Wahl zu haben. Die Militärs und der indische Präsident wurden erst 24 Stunden vor dem Ereignis informiert: Am 11. Mai, nachmittags um 15.45 Uhr, zündeten die Atomphysiker bei Pokhran drei verschiedene Kernwaffentypen gleichzeitig. Die Schockwellen breiteten sich explosionsartig aus. In nahe gelegenen Dörfern wackelten die Wände, Hütten brachen zusammen, und weiter entfernt, bei der IAEA in Wien, schien sogar der gesamte Atomwaffensperrvertrag in seinen Fundamenten erschüttert.[37]

Das Weiße Haus in Washington erfuhr von dem unterirdischen Test in der indischen Wüste durch die Verlautbarung der Regierung in Neu-Delhi. Nicht die Spionagesatelliten der CIA hatten das Ereignis verschlafen, sondern deren Auswerter in den Geheimdiensten. Sie lagen zu Hause in ihren Betten, weil es in den Tagen zuvor keinerlei Warnung gegeben hatte, daß eine Versuchsexplosion bevorstehen könnte.[38]

Die Clinton-Administration zeigte sich zwei Tage lang nahezu paralysiert. Dabei waren den »Nichtweiterverbreitern« in Department of State und CIA die Folgen sofort klar: Pakistan könnte sich gezwungen sehen, einen eigenen Test vorzunehmen, und sich nunmehr auch offiziell zur Atommacht aufschwingen. Und das wiederum würde unter Umständen eine Kettenreaktion in Gang setzen. Es wäre der schlagende Beweis, daß sich fast jeder Habenichts die teuflische Waffe aneignen könnte. Dann läge die gesamte Nonproliferationspolitik in Schutt und Asche.[39] Aus der Sicht »Dr. No's« würden genau jene Begehrlichkeiten geweckt, die er sich ausgemalt hatte.

Auf dem Capitol Hill gab es jetzt starken Druck auf die Clinton-Administration. Mehrere Senatoren forderten auf Sondersitzungen, entschieden gegen Vajpayee und seine Regierung vorzugehen.[40] Mittlerweile hatte Indien einen weiteren Test mit zwei kleineren Bomben im sogenannten Sub-Kilotonnenbereich durchgeführt, um »zusätzliche Daten für bessere Computersimulationen« von späteren Nuklearwaffenexperimenten zu erhalten.[41]

Wieder sah sich eine US-Regierung gezwungen, eine Kehrtwende ihrer Pakistan-Politik vorzunehmen. Hatte sich Außenministerin Albright noch vor wenigen Wochen bei Nawaz Sharif über den Jungfernflug der Ghauri beschwert und danach Sanktionen gegen die *Dr. A. Q. Khan Research Laboratories* und die nordkoreanische *Changgwang Sinyong Corporation* verhängt, galt es jetzt, mit allem, was diplomatisch zu Gebote stand, mäßigend auf die Regierung und die Militärs in Islamabad einzuwirken. Ein hoffnungsloses Unterfangen.[42]

Am 15. Mai traf sich Sharifs Kabinett, um die Lage zu analysieren. Dr. Abdul Qadeer Khan nahm für Kahuta und Dr. Samar Mubarakmand für das PAEC-*Directorate of Technical Development* (DTD) teil, das war die geheimste aller Einheiten im Labyrinth des pakistanischen Atomprogramms. PAEC-Vorsitzender Ishfaq Ahmed weilte im Ausland und mußte erst zurückgerufen werden. Es gab, wie erwartet, heftigen Streit, wer von den beiden Organisationen den Auftrag erhalten solle. Khan machte deutlich, daß er es als persönliche Kränkung empfände, falls die Regierung ihm die ehrenvolle Aufgabe entzöge. Ohne Entscheidung ging man auseinander.

Sofort nach der Rückkehr Ishfaq Ahmeds rief der Premierminister ihn zu sich, ob er bereit sei, die Verantwortung zu übernehmen. Einen Fehlschlag dürfe es nicht geben, warnte Sharif, sonst wäre die Nation international der Lächerlichkeit preisgegeben. »Mr. Prime Minister«, antwortete Ahmed, ohne zu zögern, »entscheiden Sie, und ich garantiere Ihnen den Erfolg, insha'Allah!«

Noch zauderte Sharif. Konnte er sich leisten, den Kahuta-Chef zu brüskieren?

Alle Argumente sprachen dafür, daß die PAEC viel besser vorbereitet war, den Kernwaffenversuch in einem tiefen Tunnel unter dem Berg Ras Koh nahe der Stadt Chagai in der Provinz Belutschistan durchzuführen. Fast alle bisherigen »kalten Tests« waren von Mubarakmand und dessen Kollegen im DTD vorgenommen worden, sie hatten das Design der Bomben entwickelt, wenn auch nach chinesischen Vorlagen. Jetzt standen ihnen auch die Lorbeeren zu.

Am 18. Mai bittet Sharif den PAEC-Vorsitzenden nochmals zu sich. »Dhamaka kar dein!« sagt der Premierminister, »nehmen Sie die Explosion vor!« Er gibt Ishfaq Ahmed zehn Tage Zeit. Doch Abdul Qadeer Khan will die Schmach nicht akzeptieren. Er wirft seinen ganzen Einfluß in die Waagschale, ruft den Chef des Generalstabs an, General Jehangir Karamat, protestiert lautstark gegen die Entscheidung. Doch mehr als die Zusage, ein paar Mann aus seinem Kahuta-Team dürften an der Vorbereitung mitwirken, kann er der Führungsspitze des Landes nicht abringen.

Insgesamt fünf Bomben sollen am 28. Mai gezündet werden und 48 Stunden später noch eine weitere an anderer Stelle, exakt so, wie es die Inder vorgemacht haben. Pakistan will dem Feind endlich auf Augenhöhe gegenüberstehen. Unter größten Sicherheitsvorkehrungen bringen zwei C-130-Herkules der pakistanischen Luftwaffe die Bombenkomponenten von Rawalpindi nach Dalbandin, einem Flugplatz in der Nähe des Testareals. Die Kernwaffen sind vollständig auseinandergenommen worden. Die herkömmlichen Sprengsätze aus Hexogen-Explosivstoff für die Initialzündung gehen in der einen Maschine auf Reisen, die Kerne aus hochangereichertem Uran in der anderen. Mubarakmand will nicht alle nuklearen Eier in einem Nest haben, falls irgend etwas schiefgehen sollte.

In fünf sogenannten »Zero Rooms« des etwa einen Kilometer in den Berg getriebenen Stollens werden die Bomben wieder zusammengesetzt und für den Test vorbereitet. Projektleiter Mubarakmand beobachtet jeden Schritt mit Argusaugen. Schließlich läßt er den Tunneleingang mit Beton versiegeln. In der zehn Kilometer entfernten Kommandozentrale beginnen die letzten Vorbereitungen. Eine halbe Stunde vor der geplanten Zündung schwebt ein Mi-8-Helikopter ein und bringt die nukleare Führungsspitze des Landes: »Dr. No« kommt in Begleitung seines Vertrauten Dr. Hashmi und drei weiterer Mitarbeiter seines

Stabs, außerdem erscheinen Dr. Ishfaq Ahmed sowie der zuständige General aus dem Oberkommando.

Insgesamt zwanzig Personen stehen jetzt andächtig auf dem Kommandostand. Sie richten ein gemeinsames Stoßgebet gen Himmel, bitten den Allmächtigen um Beistand. Dann drückt einer der jüngeren Kernphysiker den Knopf. Es herrscht absolute Stille. Zwanzig Augenpaare sind in größter Erwartung auf den Berg gerichtet. Nach etwa dreißig Sekunden hören sie, wie geplant, ein tiefes, unterirdisches Grummeln. Dann zittert die Erde, die Kommandozentrale vibriert, die Zeiger der Meßinstrumente schlagen heftig aus. Über dem Berg steigt eine weiße Wolke auf, der Staub von Tausenden von Jahren. »Allah-o-Akbar« – »Gott ist groß«![43]

»Heute haben wir einen großen Erfolg erzielt, der unser Land stolz macht«, erklärt Premierminister Nawaz Sharif wenige Stunden später über das nationale Fernsehen, dankt seinen Wissenschaftlern für ihre aufopferungsvolle Arbeit, aber auch China für die Hilfe der letzen Jahre und Jahrzehnte. Abdul Qadeer Khan wird nicht besonders herausgehoben. Überall im Land strömen die Menschen auf die Straßen, skandieren Sprechchöre zu Ehren Allahs und ihrer Regierung; viele haben Tränen in den Augen.[44] Bei einer von allen Kanälen ausgestrahlten Begehung des Testareals ein paar Tage später geht Projektleiter Mubarakmand direkt neben Nawaz Sharif, während Khan eher am Rande der Gruppe mitläuft. Sinkt sein Stern? Und wird sein Ego das ertragen?

»Dr. No« kannte die Spielregeln, die es in dieser Situation zu beachten galt. Er hatte sie längst verinnerlicht. Ohne Abstimmung mit der Regierung oder der PAEC lud er die internationalen Medienvertreter zu einer Pressekonferenz ein, informierte sie über die Hintergründe des Erfolgs, seines Erfolgs. Sie fraßen ihm aus der Hand. Schließlich waren sie es gewesen, die ihm den Titel »Vater der pakistanischen Atombombe« verliehen hatten. *Er* habe damals, nach seiner Rückkehr aus Europa, die Entscheidung herbeigeführt, daß der Weg zur Bombe nur über

Uran führe; *er* habe Kahuta zu einer Hochburg für Nuklearforschung und -entwicklung gemacht; *er* habe seiner Regierung geraten, nach den indischen Tests Stärke zu zeigen.[45]

»Aber könnte das Herrschaftswissen nicht zu vagabundieren beginnen, Dr. Khan?« Keine unberechtigte Frage, immerhin zählte Pakistan zu den korruptesten Ländern der ganzen Welt. Alle Journalisten, die ihn in den folgenden Wochen und Monaten mit diesem Verdacht konfrontierten, bekamen von ihm mit inbrünstiger Überzeugung, aber hochrotem Kopf zu hören, es werde keinen Verrat geben, »keiner kann einen Beweis dafür liefern, daß wir jemals versucht hätten, irgendeine sensible Information weiterzugeben, gleich, ob an ein muslimisches oder ein nicht-muslimisches Land!«.[46] Der Beweis sollte nicht lange auf sich warten lassen.

In den späten Abendstunden des 7. Juni 1998, rund eine Woche nach den pakistanischen Atomwaffentests, wird auf dem schwerbewachten Gelände von Khans Residenz, im exklusiven und besonders gesicherten Planquadrat »E-7« von Islamabad, ein Mensch ermordet. Augenzeugen gibt es nicht. Das von mehreren Gewehrkugeln getroffene Opfer, eine Frau namens Kim Sa Nae, wohnt, zusammen mit einigen Kollegen, in »Dr. No's« komfortablem Gästehaus. Sie gehört zu einer zwanzigköpfigen nordkoreanischen Delegation, die in Kahuta Einblick in die Urananreicherung erhält. Kim ist verheiratet mit Kang Thae Yun, offiziell Wirtschaftsattaché der koreanischen Botschaft in Islamabad, tatsächlich einer der größten Waffenhändler des kommunistischen Regimes. Der Mitarbeiter der *Changgwang Sinyong Corporation* beaufsichtigt, wie CIA und MI6 schnell herausfinden, die Lieferung der No-dong-Bauteile aus Nordkorea nach Kahuta, seine Frau die Lieferung der Uranzentrifugen aus Kahuta nach Pjöngjang.

Die Polizei beginnt gar nicht erst mit Ermittlungen, denn Kim und Kang gelten als enge Vertraute Abdul Qadeer Khans. Wenig sickert durch, dafür werden gezielt Desinformationen gestreut wie jene, die Nordkoreanerin sei zufällig erschossen worden, weil ein Koch im Nachbarhaus mit einer Schußwaffe gespielt habe, die ihm von einem Mann des Wachpersonals ausgeliehen worden sei. Es wird keine Autopsie vorgenommen, Kims Sarg ein paar Tage später mit einer der regelmäßig fliegenden C-130-Herkules ausgeflogen, offenbar in Begleitung weiterer P1- und P2-Zentrifugen und eines Containers mit Uranhexafluoridgas für Übungszwecke.[47]

Die CIA- und MI6-Residenten in Islamabad gingen sehr bald davon aus, daß Kim von ihren eigenen Landsleuten erschossen worden war, denn entweder stand sie bereits mit den Geheimdiensten in Verbindung, oder sie hatte versucht, Verbindung mit ihnen aufzunehmen, um überzulaufen. Drei Tage nach dem Mord verließen die nordkoreanischen Spezialisten, darunter der oder die Mörder, das Land mit einem Charterflug der nordkoreanischen Staatslinie *Air Koryo*. Kims Mann, der Waffenhändler, wurde einen Monat später von seinem Posten an der Botschaft in Islamabad abgezogen.[48]

»Dr. No« flog kurze Zeit später wieder nach Pjöngjang, als sei nichts geschehen. Er mußte offenbar die Fortschritte in Nordkoreas unterirdischer Urananreicherungsanlage begutachten. Vielleicht wurde auch die Liquidierung in seinem Vorgarten aufgearbeitet. Hatte Kim bereits etwas verraten? Gab es andere Verdächtige unter den Technikern und Wissenschaftlern? Was würde mit Kang Thae Yun geschehen? Möglicherweise gab es auch andere Dinge zu bereden, weil sich »Dr. No« als Verkaufsagent für *Changgwang Sinyong Corporation* verpflichtet hatte. Er kannte viele potentielle Kunden für militärisches Schießzeug aus der Demokratischen Volksrepublik Nordkorea.[49]

Auf dem Rückflug von Pjöngjang machte Khan in Kuala Lumpur Station, wo er als Trauzeuge zur Hochzeit seines Freundes Buhary Syed Abu Tahir eingeladen war, wo es aber auch einige Dinge wegen der Geschäfte mit Libyen zu besprechen gab. Wahrscheinlich hatten sich die Afrikareisenden zwischenzeitlich noch einmal mit Gaddafis Leuten in Dubai getroffen, in Khans Apartment.[50] Am 28. Juni 1998 heiratete Tahir die 29jährige Nazimah, bildhübsche Tochter eines früheren malaysischen Diplomaten mit exzellenten Beziehungen in die besseren Kreise. Auf dem Fest lernte »Dr. No« auch Nazimahs Geschäftspartner kennen, Kamaluddin Abdullah, Sohn des stellvertretenden malaysischen Premierministers. Alles das sollte sich noch als nützlich erweisen, denn Malaysia schien ihm bestens geeignet, einen Teil des Geschäfts mit den Libyern abzuwickeln, falls es zustande kommen sollte.[51]

Im Weißen Haus sah sich Bill Clinton im Sommer 1998 mit einer ähnlichen Frage konfrontiert wie seine Vorgänger Ronald Reagan und George Bush während des Afghanistan-Konflikts: Müssen die Gesichtspunkte der Nichtweiterverbreitung von Atomwaffen zurückstehen hinter wichtigeren politischen oder wirtschaftlichen Gesichtspunkten? Damals hatten die Kalten Krieger auf ihr letztes antikommunistisches Bollwerk Pakistan Rücksicht genommen, jetzt fürchteten die Bosse amerikanischer Großunternehmen um ihren Absatzmarkt in China. Denn trotz gegenteiliger Beteuerungen und bindender Zusagen unterstützte Peking nach wie vor Pakistan und auch den Iran bei deren militärischen Atomprogrammen. Die Analysen der CIA und des Department of State ließen daran keine Zweifel.[52]

Alles also wie gehabt: Auch Clinton versicherte dem US-Kongreß wider besseres Wissen, seine Regierung habe »keine direkten Anhaltspunkte, daß China Technik oder Material an Pakistans Kernwaffenprojekt geliefert« habe. Diese Bestätigung war notwendig, damit vor allem die amerikanische Atomindustrie weitere Kernkraftwerke nach China verkaufen konnte.[53]

Dabei war Sharifs öffentlicher Dank an China nach den Kernwaffentests nicht zu überhören gewesen. Und für den Dank gab es, auch aus amerikanischer Sicht, sehr gute Gründe: Nicht nur stammte das Design der pakistanischen Bomben aus dem Land der Mitte, nicht nur lieferte China der PAEC die Shaheen-Raketen, chinesische Techniker hatten darüber hinaus auch beim Bau eines neuen »Forschungsreaktors« (Kushab) Hilfestellung geleistet. Er war im April 1998 in Betrieb gegangen.

Und da Kushab nicht unter internationaler Überwachung stand, konnten die pakistanischen Atomtechniker nun auch Plutonium produzieren und militärisch nutzen.[54] Damit besaß das Land zwei nukleare Optionen.

Mit aller Macht versuchte Abdul Qadeer Khan, den Kushab-Reaktor und Ishfaq Ahmeds neue Alternative schlechtzureden: Hochangereichertes Uran sei »viel besser zu handhaben, Plutonium wird es nie ersetzen können«. Auf den Einwand, Pu-Bomben seien viel kleiner und leichter als U-Bomben, herrschte er alle Zweifler an, »es macht keinen Unterschied, ob sieben Kilogramm Plutonium oder fünfzehn bis zwanzig Kilogramm Uran in der Bombe stecken, das seien höchstens ein paar Zentimeter weniger oder mehr im Design«.[55]

Der Streit wurde weiterhin erbittert geführt, aber es ging Khan inzwischen nicht mehr nur um die knappen Finanzmittel, sondern um den eigenen Status. Noch immer schmerzte ihn, daß er bei der Vorbereitung der Kernwaffenversuche übergangen worden war. Sein Selbstverständnis duldete keine Konkurrenz und keinen Widerspruch, eine Eigenschaft, die in den letzten Jahren immer deutlicher zutage getreten war. Und da Ishfaq Ahmed sich, ähnlich wie sein Vorgänger Munir Ahmad Khan, in der Rolle des zurückhaltenden Wissenschaftlers wohler fühlte als in der des Lautsprechers, hatte Abdul Qadeer Khan die öffentliche Bühne für sich allein. Längst waren Straßen, Schulen und Fußballstadien nach ihm benannt worden, es gab »A. Q. Khan«-Einkaufszentren, »A. Q. Khan«-Universitätsinstitute und ein »A. Q. Khan Hospital«; Goldmedaillen, Ehrenabzeichen und alle wichtigen Orden des Landes waren ihm verliehen worden, der höchste, *Nishan-i-Imtiaz*, gleich zweimal, als erstem Bürger des Landes überhaupt; er war Professor gleich an mehreren Universitäten, Präsident der pakistanischen Academy of Sciences und Ehrenmitglied der nordkoreanischen Schwesterorganisation; in seiner über die Jahre ständig erweiterten Forschungsstadt Kahuta mit ihren verschiedenen Dependancen arbeiteten inzwischen geschätzte sechstausend Mitarbeiter, sie schmiedeten Waffen, entwickelten elektronische Geräte, betrieben sogar Genforschung.[56] Das Land lag ihm zu Füßen. Wäre »Dr. No« angetreten, seine Mitbürger hätten ihn mit überwältigender Mehrheit zum Präsidenten des Landes gewählt, wie später die Inder seinen Kollegen A. P. J. Abdul Kalam, der maßgeblich an den indischen Kernwaffentests im Mai des Jahres beteiligt gewesen war.[57]

Am 28. September 1998, als Khan erneut eine Goldmedaille überreicht und »eine pizzagroße Rosette angeheftet« bekam, wie eine Kommentatorin später süffisant anmerkte – diesmal von einer Art Industrie- und Handelskammer in Lahore –, sprach er pakistanischen Privatfirmen in seiner Dankesrede ein besonderes Lob aus. Ohne die Mithilfe von Männern »wie Herrn Farooq wäre es niemals möglich gewesen, den Erfolg zu erzielen, den wir erzielt haben«. Als damals im Westen »durchsickerte, daß wir an dem Atomprojekt arbeiten, wurde es schwieriger für uns, die Technik zu beschaffen«. Leute wie Farooq seien dann eingesprungen und hätten sich zur Verfügung gestellt. Gleich mehrere Firmen dieses »Herrn Farooq« dienten seinerzeit als Tarnadressen für die illegalen Einfuhren, auch aus Deutschland; eines seiner Unternehmen erlangte in den Geheimdienstberichten sogar eine gewisse Berühmtheit: *Arshad, Amjad & Abid Ltd* – kurz »triple A«.[58]

Für Khans Freunde in Europa ging das Jahr 1998 eher betrüblich zu Ende: Henk Slebos und seine Frau hatten fünf an pakistanische Tarnfirmen adressierte Lieferungen »verloren«, drei waren am Flughafen Schiphol beschlagnahmt worden, je eine in Belgien und Österreich; um einen Hochdruckkompressor, der angeblich für das Ghauri-Projekt bestimmt war, stritt er sich seit Monaten mit den Behörden.[59]

In Erlangen waren alle Pakistan-Geschäfte zum Erliegen gekommen, seit das Landgericht Nürnberg im Vorjahr den Schwiegersohn von Heinz Mebus zu einer Bewährungsstrafe von zwei Jahren und 60 000 DM Geldbuße verurteilt hatte. Als »Heinz im Jahr 1992 starb«, sei er »gutgläubig und aus familiären Gründen«

in die Sache geschlittert, bekannte der 36jährige Angeklagte vor Gericht. Insgesamt zehn Lieferungen für Khans »Uranschmiede«, darunter die heißbegehrten Ringmagneten, seien von ihm 1992 und 1993 über Briefkastenfirmen in Dubai, in der Schweiz und in Panama auf den Weg gebracht worden. Er habe jeweils rote Punkte auf die Kisten kleben müssen, damit sie vom Militär auf dem Flughafen in Rawalpindi gleich aussortiert werden konnten.[60]

Am schlimmsten traf es Ernst Piffl. Der 68jährige Schwabe zählte gewissermaßen zu den Urgesteinen von Khans Schiebern und Schmugglern. Seit 1977 waren regelmäßig Lieferungen nach Islamabad abgewickelt worden, viele hatten ein gewisses »Gschmäckle« besessen. Im pakistanischen *Defence Journal* warb Piffls Firma mit klaren Vorsätzen: »Seit mehr als 18 Jahren [...] ist Service unser wichtigstes Produkt.«[61] Außerdem war der Leonberger Geschäftsmann dem BND zu Diensten. Weil Piffl »über Zugang zu den höchsten Kreisen der pakistanischen Rüstungsindustrie« verfügt habe, sei er im Januar 1985 als Informant angeworben worden, erklärten zwei »Beschaffer« des Bundesnachrichtendienstes bei einer Befragung durch die Stuttgarter Staatsanwaltschaft. Erst 1994, nach Beginn der Ermittlungen durch die Zollfahndung, beklagte sich Piffl während des Verfahrens, hätten sie ihn »fallengelassen«.[62]

Im Juli 1998 verurteilte ihn das Landgericht Stuttgart zu drei Jahren und neun Monaten Haft. Er sei überführt, Komponenten für Uranzentrifugen, getarnt als Kugelschreiberhülsen, nach Kahuta geliefert zu haben, außerdem Ringmagneten und jede Menge »Kleinkram« für die Raketenfabrikation, befand die Kammer.[63] »Der BND benutzte ihn, schickte ihn zu uns, um unser Projekt auszuspionieren, und als etwas schiefging, warf man ihn weg, steckte ihn ins Gefängnis«, wunderte sich »Dr. No« nach dem Urteil.[64]

Natürlich waren alle Geheimdienste auf solche Informationsquellen angewiesen, der BND ganz besonders. Unangenehm für Pullach blieb das Stuttgarter Verfahren gleichwohl – vor allem weil Piffl immer wieder den Eindruck zu erwecken versuchte, die illegalen Exporte seien von seinen Kontaktleuten geduldet worden, gleichsam als bargeldlose Form des Agentensolds.[65] Erstaunlich genug: Piffl und *Team Industries* sollten Jahre später erneut mit Lieferungen für Khan ins Visier der deutschen Zollfahnder geraten.

Von Piffl erfuhren die Auswerter des BND auch etwas über einen gewissen Dr. Hashmi, ein hohes Tier in Kahuta, der Khan im Mai 1998 bei dem Kernwaffentest hatte begleiten dürfen. Fakhrul Hasan Hashmi, geboren am Neujahrstag 1935, war vielleicht »Dr. No's« ältester Weggenosse. Er diente ihm schon um 1980, als die *Dr. A. Q. Khan Research Laboratories* noch *Engineering Research Laboratories* hießen, zeichnete damals als Direktor der *Vacuum & Chemical Division* verantwortlich für die Einspeisung des Uranhexafluoridgases in die vorher luftleer gepumpten Zentrifugen.[66]

Anfang Februar 1999 bekam Abdul Ma'bood Siddiqui, der Wirtschaftsprüfer in London, der genau ein Jahr zuvor »Dr. No« und dessen Delegation nach Casablanca und Timbuktu hatte begleiten dürfen, einen neuerlichen Anruf aus Islamabad: Ob er Zeit und Lust auf eine neue Afrikareise habe, Dauer etwa zehn Tage, alle Kosten würden auch diesmal übernommen. Treffpunkt: wieder am 19. Februar, wieder in dem ihm schon bekannten Apartment in Dubai.

»Als ich ankam, war Dr. Khan schon eingetroffen«, hielt Siddiqui später für die Nachwelt fest, »in seiner Begleitung befanden sich neben den Männern aus dem Jahr zuvor noch Dr. Fakhrul Hasan Hashmi, Brigadier Iqbal Tajwar und Dr. Nazeer Ahmad«. Ziel der angewachsenen Reisegruppe war wiederum Timbuktu, allerdings sollte es »auf einer anderen Route dorthin gehen, über den Sudan und Nigeria«.

Hashmi galt als Khan-Intimus, Tajwar gehörte einem Beratergremium der *Islamic Development Bank* in Saudi-Arabien an. Siddiqui beschrieb ihn als »Sicherheitschef«, offiziell wurde er später als »Leiter der Sportabteilung« in Kahuta dargestellt.[67]

Keine Unklarheit bestand dagegen über den dritten Mann und dessen Funktion: Bei Dr. Nazeer Ahmad, dem etwas fülligen Abteilungsdirektor für wissenschaftliche und technische Zusammenarbeit, handelt es sich um Kahutas »Außenminister« und »Dr. No's« rechte Hand.[68]

»Wir verließen am 21. Februar Dubai in Richtung Khartum und wurden auf dem Flughafen vom sudanesischen Erziehungsminister empfangen, der uns in ein Gästehaus der Regierung begleitete«, schrieb Siddiqui, der Protokollführer. Schon bald ging es weiter, westwärts, quer durch Afrika: »Am 24. Februar erreichten wir Timbuktu, und nach ein paar Tagen Aufenthalt flogen wir über Niamey, die Hauptstadt von Niger, und N'Djamena, die Hauptstadt des Tschad, wo es ein offizielles Protokoll gab, zurück nach Khartum.«[69]

Keine dieser Städte entlang der Route darf als Nabel der Welt gelten, Attraktionen sind eher rar. Was aber wollten »Dr. No« und seine Begleiter im Niger und im Tschad? Ging es um die Uranvorkommen dieser Länder? Brauchte er Rohstoff für die Atomprojekte in Nordkorea oder im Iran? Mit seiner zweiten Afrikareise gab Abdul Qadeer Khan den Analysten der Geheimdienste harte Nüsse zu knacken. Eigentlich blieben mehr Fragen offen, als beantwortet werden konnten. Nicht zuletzt jene, was, in Allahs Namen, er in Timbuktu wollte. Konspirative Treffen mit den Libyern konnte er besser in seinem Apartment in Dubai abhalten als am staubigen Ende der Welt.

Ohne Frage besitzt Timbuktu pittoreske Reize, die farbenfrohen Gewänder der Einheimischen, die mit den Brauntönen der Wüste und der Lehmbauten kontrastieren, das laute Treiben in den Moscheen und auf den Märkten, die bibliographischen Schätze vergangener Epochen – aber an ausschließlich touristische Gründe der Reisegruppe aus Dubai mochte bei den Nachrichtendiensten niemand so recht glauben. Wilde Spekulationen schossen ins Kraut: Interessierte sich der durchaus belesene »Dr. No« für die Kulturgeschichte der Region? Oder, viel banaler, bunkerte er dort seine Millionen? Oder trat er gar als Wohltäter auf, der den weltweit ärmsten Muslimen Millionen aus seiner Privatschatulle zukommen ließ? Zur Beruhigung seines Gewissens?[70]

Auf dem Rückweg, in Khartum, soviel immerhin ist sicher, stand wieder Busineß auf dem Programm. Die sudanesische Hauptstadt galt seit Jahrzehnten als Zentrum des nuklearen Schwarzmarktes. Von Uran- und Plutoniumtransfers war immer wieder mal die Rede und von israelischen Agenten, die das Spaltmaterial aufkauften, damit es nicht in die falschen Hände geriet.[71] Oft handelte es sich dabei um Märchen oder Betrügereien, aber was am Ende übrigblieb, klang alarmierend genug. Was also wollte »Dr. No« in Khartum?

»Nachdem Dr. Khan einige geschäftliche Besprechungen hatte, besuchten wir die Fabrik al-Shifa, die ein halbes Jahr zuvor von amerikanischen Cruise-Missiles zerstört worden war«, notierte Siddiqui in sein Tagebuch. Mit der Attacke hatte die Clinton-Regierung am 20. August 1998 zwei Terroranschläge vergolten, bei denen – 14 Tage zuvor – Teile der US-Botschaften in Kenia und Tansania in die Luft gesprengt worden waren. 234 Menschen hatten damals ihr Leben verloren, darunter auch zwölf Amerikaner.[72] Die CIA war sicher, daß in al-Shifa von Al Qaida ein Zwischenprodukt für das tödliche Nervengas VX produziert werde. Sie stützte sich dabei offenbar auf die Analyse einer Bodenprobe aus der Umgebung der angeblichen Medikamentenfabrik. Die Operation blieb sehr umstritten, weil sich das Weiße Haus hinterher strikt weigerte, Roß und Reiter zu nennen, um nicht die Quellen und Methoden seines Geheimdienstes offenbaren zu müssen.[73]

Khan habe in Khartum den sudanesischen Staatschef Omar Hassan al-Bashir getroffen, schrieb Siddiqui. Der überzeugte arabische Nationalist und islamische Fundamentalist al-Bashir verfügte seit seiner Zeit auf einer pakistanischen Militärakademie über gute Kontakte zur Generalität, aber auch zu Osama bin Laden, der sich uneingeschränkt im Sudan bewegen konnte, ehe er 1996 seine Basis nach Afghanistan verlegte.[74]

Das Treffen zwischen al-Bashir und »Dr. No«, so mutmaßen die Geheimdienste, sei der eigentliche Grund für dessen

Afrikatrip Anfang 1999 gewesen. »Khartum war wichtig, alles andere war Durchreise«, gibt sich einer der Auswerter überzeugt, räumt aber ein, daß vieles »aus dem Bauch« heraus komme und »ziemlich weich« sei.[75] Wenn seine These stimmt, dann wollte Abdul Qadeer Khan zum einen konventionelle Waffen aus der Kahuta-Fabrikation verkaufen und trat zum anderen als Händler für die nordkoreanische *Changgwang Sinyong Corporation* auf. Der Sudan bezog ohnehin schon allerlei Militärgerät aus Pjöngjang.[76] Darüber hinaus wollte der Pakistani mit seinem Gastgeber vielleicht auch eine Möglichkeit erörtern, wie sie später zwischen Pakistan, Nordkorea und Libyen verwirklicht wurde. Drei Partner – ein Ziel: die Bombe.

Am 20. Februar, einen Tag bevor »Dr. No« und seine Begleiter aus Dubai nach Afrika aufgebrochen waren, hatte der indische Premierminister Atal Bihari Vajpayee in Neu-Delhi einen Bus bestiegen, der ihn und seinen Außenminister nach Lahore in Pakistan bringen sollte. Neun Monate nach den unterirdischen Testexplosionen der beiden verfeindeten Nachbarn schien Tauwetter einzusetzen.

Nach zwei Tagen »intensiver und ermutigender Gespräche« zwischen den Regierungschefs und ihren Außenministern wurde die »Lahore Declaration« verabschiedet. Sie sah regelmäßige Konsultationen vor. Außerdem unterzeichneten beide Seiten ein Memorandum, in dem sie sich verpflichteten, die andere Regierung vorab von geplanten Raketentests zu unterrichten. Auch kamen sie überein, weitere Maßnahmen einzuleiten, um den versehentlichen Einsatz von Kernwaffen zu verhindern; und schließlich verzichteten sie auf weitere Atomtests, es sei denn, »außergewöhnliche Ereignisse« berührten »grundlegende Interessen« des jeweiligen Landes. Beiden Regierungen sei bewußt, so hieß es in der Erklärung, daß »die nukleare Dimension ihnen zusätzliche Verantwortung aufbürde, jeden Konflikt ihrer Länder zu vermeiden«. Am Rande sprachen die Delegationen auch kurz über Kaschmir.[77]

Sechs Wochen später galt zwar noch der Text der Verabredung, aber schon nicht mehr deren Geist: Am 11. April testete Indien seine Mittelstreckenrakete »Agni-2«, die Regierung in Islamabad war darüber zwei Tage zuvor in Kenntnis gesetzt worden. So weit, so gut. Es dauerte nur drei Tage, bis Pakistan antwortete: Erst schossen »Dr. No's« Techniker eine Ghauri-2 auf einen ballistischen Flug von mehr als 2300 Kilometern, einen Tag später schickte die PAEC noch eine Shaheen hinterher. Die pakistanische Botschaft war unmißverständlich: Alles, was Indien kann, können wir besser![78]

Im Oberkommando der pakistanischen Streitkräfte, das Monate zuvor General Pervez Musharraf übernommen hatte, war die Deklaration von Lahore ohnehin auf wenig Gegenliebe gestoßen. Es fehle jeder Hinweis auf die pakistanischen Ansprüche in Kaschmir, hatte Musharraf immer wieder bemängelt. Er glaubte vielmehr, daß es an der Zeit sei, Signale zu setzen. Die Pläne für eine militärische Operation im sogenannten »Kargil-Sektor« von Kaschmir, einer abgeschiedenen Himalaya-Region unter indischer Verwaltung, lagen längst in der Schublade, waren von Musharrafs Vorgänger, General Jehangir Karamat, aber nicht umgesetzt worden. Ziel der Maßnahme: reguläre Truppen und muslimische Widerstandskämpfer während des Winters in den Kargil-Sektor zu schleusen, um dort strategische Positionen auf den Bergen zu besetzen, bevor sie von den indischen Einheiten entdeckt werden konnten. Traditionell zogen sich nämlich beide Armeen im Herbst aus der unwirtlichen Region zurück und nahmen erst im Frühjahr wieder ihre alten Stellungen ein. Doch diesmal sollte das anders sein. Nawaz Sharif kannte den Plan, hatte ihm wohl auch zugestimmt. Ob er dessen Tragweite durchschaute, mußte sich erst noch erweisen.[79]

Etwa 1700 Soldaten und Mudjahedin sickerten Ende April in das indisch kontrollierte Gebiet ein, die ersten wurden Anfang Mai zufällig von Hirten in den Himalaya-Tälern entdeckt. Es dauerte nicht lange, bis die indische Infanterie zurückschlug, brutal, grausam und blutig, oft im Kampf Mann gegen Mann.

Der Krieg um ein paar Gipfel des Himalaya zog sich Woche um Woche hin. Schon sehr bald begann die politische Lage außer Kontrolle zu geraten. Allen war klar: Die Inder würden erst dann aufgeben, wenn die pakistanischen Aggressoren hinter die Waffenstillstandslinie zurückgedrängt worden wären. Um das zu vermeiden, so das Szenario in Washington, könnte sich General Musharraf veranlaßt sehen, auch gegen Sharifs Widerstand, die Atomwaffen in die Schlacht zu werfen.

»Ende Juni dramatisierte sich die Lage rapide«, erinnert sich Bruce Riedel, Bill Clintons Berater für Südasien im Sicherheitsrat des Weißen Hauses, »beide Seiten mobilisierten ihre Armeen für einen größeren Krieg.« Nawaz Sharif fühlte sich zunehmend unwohl, politisch eingepfercht zwischen der Position seines wild entschlossenen Generalstabschefs, Indien endlich einmal eine Lektion zu erteilen, und dem wachsenden Druck aus Washington und dem Rest der Welt, sich schnellstens aus dem Kargil-Sektor zurückzuziehen.[80]

Krisendiplomatie begann, Botschafter wurden einbestellt, Demarchen ausgetauscht. Dabei schlug sich die Clinton-Administration erstmals auf die Seite der Inder, weil das pakistanische Militär die Waffenstillstandslinie als De-facto-Grenze zu Indien überschritten hatte. Was Islamabads Gesandter im Department of State von Madeleine Albright zu hören bekam, muß so ungewöhnlich schroff und böse gewesen sein, daß Seine Exzellenz sehr geknickt in seine Mission zurückkehrte, um neue Anweisungen aus der Heimat einzuholen. Er sprach ein paar Tage später nochmals vor und wies die amerikanische Note in Ton und Inhalt scharf, aber eben sehr verspätet, zurück.[81] Nawaz Sharif stand mit dem Rücken zur Wand.

Am 2. Juli trifft eine alarmierende Analyse der CIA bei Bruce Riedel im Nationalen Sicherheitsrat ein: In einem der mutmaßlichen Atomwaffendepots der pakistanischen Armee, in der Nähe des Luftwaffenstützpunktes Sargodha, haben Aufklärungssatelliten ungewöhnliche Aktivitäten beobachtet. Musharraf läßt offenbar Ghauri-Raketen mit nuklearen Sprengköpfen bestücken und startklar machen. »Es waren schrecklich konkrete Informationen«, wird Riedel später in einem Rückblick der Ereignisse schreiben. Die Frage ist: Hatte Sharif die Lage überhaupt noch im Griff, »weiß er, was seine Militärs da treiben«?[82]

Am gleichen Tag läßt sich der pakistanische Premier »dringlich« mit Präsident Clinton im Weißen Haus verbinden, ersucht ihn inständig, auf die Regierung in Neu-Delhi einzuwirken. Die Kampfhandlungen müßten eingestellt und der Kaschmir-Konflikt in Angriff genommen werden. Sharif, das ist zu spüren, hat Angst, große Angst, sowohl vor einer atomaren Eskalation als auch vor einem Putsch Musharrafs. Doch Clinton bleibt hart: Seine Soldaten stünden auf der falschen Seite der Waffenstillstandslinie, beharrt er, erst wenn sie sich zurückgezogen hätten, würde er sich engagieren.

Sharif reagiert hysterisch. Er will sich sofort in die nächste Maschine nach Washington setzen, um den Präsidenten persönlich um Hilfe zu ersuchen. Am 4. Juli, dem amerikanischen Nationalfeiertag, trifft er mit einem Linienflug der pakistanischen Gesellschaft PIA auf dem Flughafen Dulles ein. Er hat nicht nur seinen Außenminister dabei, sondern seine ganze Familie, fürchtet offenbar einen Militärcoup während seiner Abwesenheit. Bill Clinton sitzt unterdessen mit seinen Beratern zusammen, um das Treffen vorzubereiten. Es wird ein langes Gespräch, immer wieder unterbrochen durch interne Konsultationen beider Seiten. Um nicht gleich mit der Tür ins Haus zu fallen, spricht Sharif zunächst die immer noch nicht ausgelieferten F-16-Kampfjets an, Clinton kontert mit einer Klage über die engen Beziehungen des Geheimdienstes ISI zu Osama bin Laden. Dann kommt er zur Sache: Hat Sharif Anweisung gegeben, die Atomraketen schußbereit zu machen? Weiß er, wie verrückt das ist? Will Pakistan in einen Nuklearkrieg schlittern?

Der Pakistani ist schockiert und tief verunsichert. Jeder in der Runde kann das sehen. Das Entsetzen steht ihm ins Gesicht geschrieben. Nein, er habe den Befehl nicht erteilt. Aber er müsse um sein Leben fürchten, wenn er nach Pakistan zurückkehre.

Er hat die Wahl zwischen zwei Übeln. Nach Stunden gibt er endlich nach. Es wird eine Erklärung vorbereitet, mit der Sharif ansatzweise sein Gesicht wahren kann: »Der Premierminister hat sich bereit erklärt, konkrete und sofortige Schritte einzuleiten, um die Unantastbarkeit der Waffenstillstandslinie zu gewährleisten.«

Natürlich war der Mann hinterher erleichtert, weil er »wußte, daß er richtig gehandelt hatte, für Pakistan und die Welt«, blickt Bruce Riedel zurück, der damals als einziger Berater Clintons an den »Vier Augen«-Gesprächen mit dem pakistanischen Regierungschef teilnehmen durfte, »aber er war sich absolut nicht sicher, ob es sein Militär ebenso sehen würde«. Auf seinem Rückflug nach Islamabad macht Sharif in London und Riad Station, als hoffe er, General Musharrafs Groll könne ein bißchen abklingen, bevor er nach Hause kommt.[83]

Als Mitte Juli 1999 mit dem Rückzug von Musharrafs Truppen die dritte nukleare Krise in Südasien einen glücklichen Ausgang nahm, waren rund 500 indische und 700 pakistanische Soldaten bei Gefechten im Kargil-Sektor gefallen, außerdem mehr als 240 muslimische Freischärler. Bei einem Atomangriff auf Bombay und einem Gegenschlag auf Karatschi wäre der Blutzoll ungleich höher gewesen. Das hätte für viele Hunderttausende, vielleicht mehrere Millionen Menschen Tod oder Siechtum bedeutet.[84]

»Dr. No« war in jener Zeit fast ständig unterwegs. Kaum hatte er sich mit Tahir und Gaddafis Unterhändlern in Dubai getroffen –, die Verhandlungen mit den Libyern schienen auf einem guten Weg –, da schwebte er auch schon wieder in einer klapperigen Iljuschin oder Tupolew der nordkoreanischen Staatslinie *Air Koryo* auf dem internationalen Flughafen Pjöngjang-Sunnan ein. Zweimal im Monat verkehrte eine Maschine direkt zwischen Islamabad und der nordkoreanischen Hauptstadt.[85]

Dieser Besuch sollte eine große Überraschung für ihn parat halten. Jedenfalls würde er Jahre später davon berichten, daß seine nordkoreanischen Freunde damals mit ihm zu einer geheimen Anlage gefahren seien und dort mit einem Fahrstuhl tief unter die Erde. Hier lagerten ihre drei »fat men«. Als »fette Jungs« waren die ersten Plutoniumbomben der Amerikaner bezeichnet worden, eine von ihnen hatten sie am 9. August 1945 über der japanischen Stadt Nagasaki ausklinken lassen. Die nordkoreanischen Kernwaffen waren ganz offensichtlich aus Reaktorplutonium hergestellt, abgezweigt Anfang der neunziger Jahre, bevor die Vereinbarung mit Washington getroffen worden war.[86] Oder waren es am Ende nur Dummies, die der pakistanische Gast zu sehen bekam?

Sicher scheint: Abdul Qadeer Khan genoß bei den orthodoxen Kommunisten Vertrauen. »Dr. No« und der pummelige Diktator Kim Jong Il schienen als Symbiose des Bösen auch durchaus zusammenzupassen. Aber würden die Nordkoreaner ihn deswegen in ihr Allerheiligstes führen? Wie sich später zeigen sollte, war die Kooperation zwischen Islamabad und Pjöngjang schon damals viel enger, als die Auswerter von CIA und MI6 selbst in ihren schlimmsten Albträumen befürchtet hatten.[87] Im Herbst 1999 jedenfalls ahnten die Geheimdienste noch nichts vom Ausmaß dieser Schurkenbeziehung; es gab allenfalls erste Verdachtsmomente, und die hingen vor allem mit dem zweiten pakistanischen Kernwaffentest am 30. Mai 1998 in der Wüste bei Kharan zusammen. Das berühmte *Los Alamos National Laboratory* im US-Bundesstaat New Mexico glaubte nämlich in dem mikrofeinen Staub, der bei den insgesamt sechs pakistanischen Kernwaffentests in die Atmosphäre gelangt war, Waffenplutonium nachweisen zu können; das Ergebnis wurde später von anderen Instituten in Zweifel gezogen.[88] Alle pakistanischen Atombomben besaßen hochangereichertes Uran als Spaltmaterial, woher stammte also das Plutonium? Aus Nordkorea? Der Verdacht schien sich nach dem Mord an der nordkoreanischen Gastwissenschaftlerin Kim Sa Nae zu bestätigen, als die CIA Informationen erhielt, Kim und einige ihrer Kollegen seien von »Dr. No« zu dem zweiten Test nach Kharan eingeladen, die nordkoreanischen Überwachungsgeräte anschließend mit einem Sonderflug der *Air Koryo* wieder ausgeflogen worden. Beweise dafür gab es nicht.[89]

Bei der Aufarbeitung der nuklearen Zusammenarbeit zwischen Pakistan und Nordkorea nahmen die CIA-Analysten auch jene Dossiers noch einmal in die Hand, die aus den achtziger Jahren stammten. Damals, während des Afghanistan-Krieges, hatte noch Richard Barlow das Feld für die »Firma« beackert. Aus dem Jahr 1987, deshalb möglicherweise aus Barlows Feder, gab es einen Bericht, in dem es hieß, die deutsche Firma *Leybold-Heraeus AG* habe einen Spezialofen nach Pjöngjang geliefert, der für die Herstellung von Uranzentrifugen geeignet sei. *Leybold-Heraeus* war seinerzeit die vielleicht wichtigste Anlaufstelle für Abdul Qadeer Khan in der Bundesrepublik. Und in einem späteren Report hieß es: Techniker von *Leybold-Heraeus* seien damals in den Transfer von Gerätschaft und Informationen nach Pjöngjang involviert gewesen, man habe einen oder sogar zwei LH-Mitarbeiter 1989 und 1990 in Nordkorea identifizieren können.[90] Gotthard Lerch? Der Name sollte jedenfalls in »Dr. No's« internationalem Atom-Supermarktkonzept sehr bald wieder eine wichtige Rolle spielen.[91]

Am 12. Oktober 1999, ziemlich genau drei Monate nach dem von US-Präsident Clinton erzwungenen Rückzug pakistanischer Truppen aus dem Kargil-Sektor, putschte in Islamabad das Militär. Ironischerweise war es Nawaz Sharif selbst, der den Zeitpunkt bestimmte, als er einer Maschine, die Generalstabschef Pervez Musharraf von einem offiziellen Besuch aus Sri Lanka zurückbringen sollte, die Landerechte auf pakistanischen Flughäfen versagte. Er wollte den General ins Exil zwingen. Eine grandiose Fehleinschätzung – innerhalb von Stunden hatte die Armee die Macht an sich gerissen, und der Premier fand sich im Gefängnis wieder. Das Schicksal Zulfikar Ali Bhuttos, der zwanzig Jahre zuvor unter General Zia ul-Haq gehenkt worden war, sollte Sharif allerdings erspart bleiben; er, nicht Musharraf, würde ein Jahr später ins Exil nach Saudi-Arabien abgeschoben werden.[92]

Für »Dr. No« und seine Geschäftsinteressen sollte sich die Militärdiktatur unter dem Hardliner Musharraf als wahrer Segen erweisen. Zunächst jedenfalls.

Showdown

Am 10. Dezember 2002 dringen rund ein Dutzend Männer in das Institute of Behavioural Sciences (IBS) in Karatschi ein. Sie überrumpeln die Wachleute, stürmen in die Eingangshalle des Krankenhauses und beginnen sofort, das Personal im Kasernenton herumzukommandieren. Einige der Männer sind bewaffnet, es handelt sich bei ihnen möglicherweise um Angehörige der Fauji-Foundation, einer Einheit, die unter dem Kommando der pakistanischen Armee steht.[1]

Das IBS ist eine Stiftung der Pakistan Association for Mental Health, eine soziale Einrichtung, die sich um psychisch gestörte und kranke Menschen kümmert und ihnen eine kostenlose Behandlung anbietet; sie finanziert sich im wesentlichen aus Spendengeldern. Zum Zeitpunkt des Überfalls warten in der Klinik 40 Patienten auf ihre therapeutische Beratung. Ihre Kleidung läßt unschwer erkennen, daß sie den ärmsten Schichten der Millionenstadt angehören. Viele reagieren angesichts der Eindringlinge, die mit ihren Gewehren herumfuchteln, völlig verunsichert – es steht ihnen ins Gesicht geschrieben. Die Ärzte des IBS, die sich inzwischen eingefunden haben, versuchen die Lage zu beruhigen, um »das Leben und die emotionale Stabilität ihrer Patienten zu schützen«. So steht es in der Klageschrift, die Tage später eingereicht werden wird.[2]

Der Wortführer der »Besetzer« hat inzwischen den Direktor zu sich zitiert und ihm mitgeteilt, er sei mit sofortiger Wirkung von seiner Aufgabe entbunden. Als Vorsitzender des Stiftungsrates nehme er seine Befugnisse wahr. Die Klinik stehe ab sofort unter der Verantwortung seiner Freunde. Wer vom medizinischen Personal unter der neuen Leitung weitermachen wolle, der möge bitte in sein Behandlungszimmer zurückkehren, wer sich weigere, solle augenblicklich gehen.

An der Spitze des »Staatsstreichs« in einer unscheinbaren Tagesklinik für psychisch Kranke, um die sich sonst in Karatschi kaum jemand kümmert, stand »Dr. No« persönlich. In seiner Begleitung waren sein Bruder Qaiyum, sein Leibarzt, Generalleutnant a. D. Riaz Ahmad Chowhan, zwei weitere hochrangige Ex-Offiziere und eine Handvoll Lakaien, darunter der neu inthronisierte Direktor des IBS.

Abdul Qadeer Khan gehörte dem Stiftungsrat seit der Gründung des Instituts an. Bei der Eröffnungszeremonie, einige Jahre zuvor, habe »unser nationaler Atom-Schatz« eine »sehr bedeutungsvolle Miene« aufgesetzt, schrieb Ardeshir Cowasjee, einer der angesehensten Zeitungskommentatoren des Landes, der ebenfalls zu den Mäzenen der ersten Stunde zählte. Der »Vater der pakistanischen Atombombe«, der überall auf Händen getragen wurde, hatte sich als »big spender« selbst ins Spiel gebracht. Und keine Organisation konnte es sich leisten, einen Mann seines Sponsorenkalibers zurückzuweisen. Als Khan viele Millionen Rupien für den Bau des Krankenhauses lockergemacht hatte, ließ er sich zum Vorsitzenden des Stiftungsrates wählen.[3] Doch eine zweite Gunst verweigerten ihm die anderen Ratsmitglieder, alles ehrenwerte und betuchte Bürger der südpakistanischen Metropole: die Umbenennung der Klinik zu seinen Ehren. Der große Gönner und Wohltäter, so schien es, war einer Fehlkalkulation erlegen.

Im April 2001, nach seiner überraschenden Demission als Chef des Atomzentrums in Kahuta, muß ihm die Klinik wieder in den Sinn gekommen sein. Aber es ging ihm wohl weniger um die Belange der Bedürftigen in Karatschi als um sein eigenes Seelenheil: Eine psychiatrische Klinik, die seinen Namen trug, fehlte ihm nämlich noch in seiner Sammlung. Der Wunsch, der dem Vorstand des Instituts, darunter dem Vorsitzenden der Pakistan Association for Mental Health, zunächst diskret zugetragen wurde, blieb jedoch unerfüllt.[4] Es kam zu einem häßlichen Streit, zu Intrigen und Grabenkämpfen. Irgendwann reichte »Dr. No« Klage ein, um seine Ziele mit Hilfe eines neuen, willfährigen Vorstands zu verwirklichen. Die Chancen standen allerdings schlecht, und so entschloß er sich offenbar, wie weiland General Zia ul-Haq, die Sache selbst in die Hand zu nehmen. Notfalls eben mit Waffengewalt.[5] In einer der ersten Amtshandlungen nach diesem erfolgreichen Coup bekam die Klinik einen neuen Namen: »Dr. A. Q. Khan Centre, Institute of Behavioural Sciences«. Es entsprach nicht nur dem, was »Dr. No« erwarten durfte, nachdem er sich so tatkräftig engagiert hatte, es paßte auch zu jenen Ausführungen, mit denen sein Anwalt die Klage gegen die Pakistan Association for Mental Health eingeleitet hatte: »Der Kläger ist ein Nationalheld. Er allein war verantwortlich für die Entwicklung der Kerntechnik in Pakistan, für die Urananreicherung in Kahuta und für den Bau der Atombombe für das Land.«[6]

Zur selben Zeit, als der Nationalheld in Karatschi ein Krankenhaus erstürmen ließ, packten 4000 Kilometer weiter südöstlich, in der Stadt Shah Alam auf Malaysia, seine Helfershelfer schwere, mit verschiedenen Bauteilen bepackte Kisten auf Lastwagen, die zu einem Kunden in Dubai gehen sollten. Die kleine Firma *Scomi Precision Engineering Sdn. Berhad* (*Scope*) war genau ein Jahr zuvor als Tochter der *Scomi Group Berhad* gegründet worden, die für die Ölindustrie produzierte. Einer der *Scomi*-Gesellschafter: Kamaluddin Abdullah, Sohn des neuen malaysischen Premiers und guter Bekannter seines »Geschäftsführers« Buhary Syed Abu Tahir. Politische Protektion hat noch nie geschadet.[7]

Der 37jährige Mann, der das Kommando in Shah Alam führte, besaß einen Schweizer Pass (Nr. 9788965) und einen wohlklingenden Namen in »Dr. No's« Gedächtnis: Urs Tinner war der Sohn von Fred und Hedy Tinner, die mit ihrer Firma *VAT AG* in der Ostschweiz schon Ende der siebziger Jahre hochwertige Technik für Little Almelo produziert hatten; von Tahir war der junge Ingenieur im April aus Dubai nach Malaysia geschickt worden, mit Khans geheimen Plänen und Zeichnungen.[8]

Die nächste Generation hatte übernommen. Bei so sensiblen Geschäften schien es Khan durchaus zweckmäßig, das Herrschaftswissen in der Familie zu halten, das war schon nach dem Tod von Heinz Mebus in Erlangen so gewesen.[9] Urs Tinner, der sich nach kurzer Zeit als eloquenter Ingenieur und Liebhaber scharfer Gerichte sowie einheimischer Frauen erwies, sollte später, als alles aufgeflogen war, behaupteten, die bei *Scope* produzierten »Frästeile« seien für rein zivile Zwecke gedacht gewesen, darunter »als Briefbeschwerer«. Auch die Ausreden hatte er wohl vom Vater gelernt.[10]

Hinter dem Abnehmer der Kisten in Dubai verbarg sich ein weiterer Sohn: Paul Griffin. Auch dieser Nachname gehört zu »Dr. No's« old-boys-network. Peter Griffin in London war einer der Lieferanten der ersten Stunde gewesen. Damals schon hatte er vieles über das verschwiegene Emirat abgewickelt. Allerdings beklagten sich Vater und Sohn später, von Tahir, dem Drahtzieher, in Dubai hinters Licht geführt worden zu sein. Paul hielt sich gar für »einen Pazifisten«. Die Firma der Griffins diente als Zwischenstation, hier wurde die heiße Ware vollständig umgepackt, um den Weg von Shah Alam zum Endabnehmer sicher zu verschleiern, falls die malaysischen Behörden ihre Nase in die Sache stecken sollten.[11]

Der eigentliche Kunde für die Metallwaren aus Malaysia saß nämlich im libyschen Al Fallah, aber das durfte natürlich niemand wissen. Gaddafis Leute hatten insgesamt 10000 P2-Zentrifugen für die Urananreicherung bestellt, die in Libyen L2-Zentrifugen genannt wurden, aber immer noch nach den Plänen der guten, alten, deutschen G2-Zentrifugen gebaut wurden. Khan hatte über die Jahre aber einige Modifikationen vorgenommen. Die im Dezember in Shah Alam verladenen L2-Komponenten stellten eine erste Lieferung dar. Sie mußten in Al Fallah nur noch zusammengesetzt werden.[12]

»Dr. No« war Anfang 2000 mit den Libyern dick ins Geschäft gekommen. Nach dem ersten Treffen mit Mohamad Matuq Mohamad 1997 waren die beiden Männer mehrfach zusammengetroffen, hatten zäh verhandelt. Irgendwann orderten die Libyer endlich sein komplettes Paket: Projektstudie für die Gesamtanlage, Baupläne und Hardware der Zentrifugen, elektrische und elektronische Steuereinrichtungen, Ein- und Ausspeisesystem für Uranhexafluorid einschließlich 20 Tonnen des Gases als Starter-kit, Design für computergesteuerte Drehbänke zum Selbstbau der Zentrifugen, Ausbildung und Training der Fachleute. Ein Preis von 100 Millionen Dollar schien da angemessen. Gehörte nicht ohnehin alles, was er in Kahuta aufgebaut hatte, irgendwie ihm? Warum sollte er jetzt nicht auch davon profitieren?[13]

Die Bombe im Baukastensystem: Als erstes waren im September 2000 zwei fertige P2-Modelle nach Libyen gegangen, dazu ein kleiner Kanister mit Uranhexafluorid, damit die Techniker in Al Fallah schon einmal das Anreichern üben konnten. Dann hatte er irgendwann Ende 2001 oder Anfang 2002, so genau wußte er das nicht mehr, eine C-130-Herkules mit Bauteilen direkt von Islamabad nach Tripolis geschickt und etwa um die gleiche Zeit Matuq in seinem Penthouse in Dubai zwei Plastiktüten mit dem chinesischen Design für eine Zehnkilotonnenbombe übergeben. Außerdem ging es um das Projekt »Machine Shop 1001«, eine Anlage, mit der die Libyer in die Lage versetzt werden sollten, Zentrifugenkomponenten selbst herzustellen. 10000 Stück, genug für zwei bis drei Uranfabriken – das schien auch »Dr. No's« Kapazitäten zu überschreiten. Für die Spezialmaschinen war sein alter Freund Peter Griffin zuständig, was dieser später auch einräumte. Alles andere fiel in den Verantwortungsbereich seines Intimus Tahir.[14] »Dr. No« besaß immer noch viele Verpflichtungen und konnte sich nicht um jede Kleinigkeit selbst kümmern.

Die zweite Beschaffungslinie mit Zentrum in Istanbul wußte Abdul Qadeer Khan bei seinem früheren Kommilitonen Günes Cire ohnehin in guten Händen. Inzwischen, man ahnt es schon, arbeitete Sohn Kuersat Zafer Cire in den Firmen *Elektronik Istanbul AS* und *Tekno Limited Sirketi* mit, außerdem ein Mann namens Selim Alguadis. Der sollte später vor den türkischen Behörden eingestehen, daß er »Dr. No« 1997 bei einem Abendessen am Bosporus kennengelernt habe, vermutlich als der das erste Mal mit seinem libyschen Verhandlungspartner Mohamad Matuq Mohamad zusammengetroffen war.[15]

Der türkische Arm des Kraken schien den Geheimdiensten hinterher sogar wichtiger für die nukleare Aufrüstung Libyens als der malaysische. Zu den Komponenten, die in Istanbul hergestellt und dann nach Dubai verschifft, dort umgepackt und weiter nach Libyen geliefert wurden, zählten die Antriebssysteme für die Uranzentrifugen: Motoren, Ringmagneten und die »berühmten« Inverter, die nötig sind, um die Rotoren auf ihre extrem hohen Drehgeschwindigkeiten zu bringen.[16] Die Komponenten wurden im Ausland beschafft, die Ringmagneten, die immer wieder auf der Wunschliste von »Dr. No« gestanden hatten, bei der Firma *Tridelta GmbH* in Dortmund.[17] Querverbindungen gab es von Günes Cire überdies zu Urs Tinner, zu dessen Bruder Marco und zu beider Vater Fred Tinner, alle in der Schweiz, zu Peter Griffin in Dubai und natürlich zu Henk Slebos in den Niederlanden. Da waren alle Namen, die schon zwei Jahrzehnte zuvor als Agenten für Pakistans Atomprojekt aufgetaucht waren, wieder beisammen. Nur einer fehlte: Gotthard Lerch. Aber auch der sollte alsbald genannt werden.[18]

In Pakistan selbst war die politische Lage Ende 2002, mehr als ein Jahr nach den Anschlägen vom 11. September, äußerst angespannt und instabil. Viele der Djihad-Terroristen besaßen enge Kontakte zu den extremistischen Predigern im Lande, aber auch zu jungen und sehr frommen Offizieren des mächtigen ISI. Auch im nuklearen Establishment gab es inzwischen »schrecklich viel Sympathie für den Heiligen Krieg«, sagt Milton Bearden. Während des Afghanistan-Krieges seien die Beziehungen zu den Mudjahedin von großem Nutzen gewesen, »später entwickelten sie sich zur größten Gefahr für Präsident Pervez Musharraf«.[19]

Musharraf war ein »Muhajir« wie Abdul Qadeer Khan, beide hatten 1947 nach der Teilung aus Indien fliehen müssen. Er galt als gläubiger Muslim, wie schon General Zia ul-Haq, war inzwischen aber von einem »Kaschmir-Rabauken«, der im Mai

1999 im Kargil-Konflikt mit dem atomaren Feuer gespielt hatte, zu einem eher gemäßigten Politiker und Vertrauten George W. Bushs konvertiert. Auf Druck des Weißen Hauses hatte er im Laufe des Jahres die Aufwiegler im ISI kaltgestellt und seine Bereitschaft bekundet, Osama bin Laden zu jagen, der sich offenbar in unwegsamen Gebirgsregionen des pakistanisch-afghanischen Grenzgebietes versteckt hielt.[20] Das wiederum war ihm von weiten Teilen der Bevölkerung als Kotau gegenüber dem großen Bruder verübelt worden. Keine Frage: Der pakistanische Militärmachthaber saß in der Zwickmühle.

Qazi Hussain Ahmad, als Chef der Jammat-e-Islami und des religiösen Parteienbündnis Muttahida Majlis-e-Amal (MMA), ein glühender Verfechter der Umma und der »islamischen Bombe«, war im April 2001, nach der Abberufung des Nationalhelden Abdul Qadeer Khan von seinem Posten, in deutliche Opposition zu Musharraf gegangen und hatte dadurch den Widerstand gegen dessen amerikafreundliche Politik weiter geschürt.[21] Nach dem Verbot islamischer Gruppierungen wie der Lashkar-e-Taiba im Januar 2002 drohte der Machtkampf um die muslimische Ausrichtung des Staates zu eskalieren.[22] Der Präsident bewegte sich auf sehr dünnem Eis, wie sich noch zeigen sollte.

»Dr. No« hatte die meiste Zeit des Jahres 2002 im Flugzeug verbracht. Sicher, es stand ihm inzwischen keine Privatmaschine mehr zur Verfügung wie angeblich in den neunziger Jahren, und die C-130-Herkules der Luftwaffe war für Langstreckenflüge zu laut und unbequem.[23] Aber wenn schon sein früherer Premierminister Nawaz Sharif mit dem Linienflug nach Washington gereist war, sogar auf dem Höhepunkt der Kargil-Krise, dann konnte er das auch. Ohne Gesichtsverlust. Erster Klasse, versteht sich.

Wenn das, was die Geheimdienste über seine Reisetätigkeit seit 1997 zusammengetragen haben, Anspruch auf Vollständigkeit erheben kann, war er in rund zwanzig Ländern zu Gast gewesen, unterwegs in der Umma, von Afghanistan bis zu den

Vereinigten Arabischen Emiraten.[24] Suchte er nach neuen Abnehmern?

Teheran, das war mittlerweile klar, hatte ein paarmal auf dem Programm gestanden, um den iranischen Kerntechnikern auf die Sprünge zu helfen;[25] in Riad traf er vermutlich mit dem saudischen Verteidigungsminister Prinz Sultan bin Abdul Aziz zusammen, der ihn im Mai 1999 in Kahuta besucht und sich dabei sehr für seine Bomben- und Raketenprojekte interessiert hatte;[26] im postkommunistischen Kasachstan ging es darum, Forscher der Universität Karaganda an seine biomedizinische und gentechnische Abteilung einzuladen. Als die Namen der kasachischen Gastwissenschaftler später im Gesichtsfeld der Analysten auftauchten, kamen diese ins Grübeln, ob sich »Dr. No« neuerdings auch mit B-Waffen befassen wollte, schließlich zählte Kasachstan (Stepnogorsk) zu den sowjetischen Brutstätten für biologische Kriegskeime.[27] Aber was war der Grund für seine Trips nach Damaskus, Kairo und Tunis? Und immer wieder nach Khartum?

Was damals niemand ahnte und die Ermittler der IAEA erst Jahre später von libyschen Ingenieuren erfahren sollten: Bei einem Besuch »in einem anderen afrikanischen Land«, das sie nicht nennen wollten, hätten sie wesentliche Teile einer komplette Anlage zu Gesicht bekommen, die eigentlich für Libyen bestimmt, aber nicht weitergeliefert worden war. Es handelte sich dabei um Südafrika, wie sich noch zeigen sollte. In Ägypten jedenfalls schien er mit seinem Angebot abgeblitzt zu sein, wahrscheinlich auch in Syrien.[28]

Auch seine inzwischen beliebten Gruppenreisen von Dubai nach Timbuktu hatten wieder stattgefunden, im Februar 2000 mit Zwischenstopp in der kenianischen Hauptstadt Nairobi. Dort traf »Dr. No« mit dem Ersten Sekretär an der pakistanischen Botschaft, Najim us Saqib, zusammen, der vormals an der Vertretung in London mit der Abwicklung einiger Beschaffungsaktionen beauftragt gewesen war.[29]

Am 16. Februar 2002 checkten er und seine Begleiter – Henk Slebos, Nazeer Ahmad, Sajawal Khan Malik und Riaz Ahmad

Chowhan – im neu erbauten Hotel *Hendrina Khan* im Quartier Djinguereber von Timbuktu ein. Henk Slebos war möglicherweise nicht mehr so gut gelitten in der Gruppe, die Trips zuvor nicht immer harmonisch abgelaufen. Sajawals Sohn hatte von seinem Vater erfahren, Slebos sei »ein großer Trinker und hinter jedem Rockzipfel her«, nicht gerade gute Eigenschaften für Reisen in streng muslimische Länder. Das Hotel *Hendrina Khan* sollte zum 1. März offiziell eröffnet werden, bot den keinesfalls selbstverständlichen Komfort einer Dusche im Zimmer und verfügte sogar über eine »Suite présidentielle«, natürlich für den neuen Hausherrn, wenn er zu Besuch kam. Irgendwann auf dem zweiten oder dritten Trip in die Oasenstadt, mit jeweils einem Koffer voller Bargeld, dessen Inhalt er hier, am Ende der Welt, zu deponieren gedachte, muß Khan auf die verrückte Idee gekommen sein, er brauche unbedingt eine feste Adresse in Timbuktu. Warum nicht ein Hotel? Gedacht, getan. Er drückte seinem Fremdenführer Abbderahmane Maigra, der ihn und seine Entourage so vorzüglich betreut hatte, ein paar Bündel Bares in die Hand. Und schon begann der an einem Sandweg mit spärlichem Buschwerk mit dem Bau einer zweistöckigen Herberge aus grauen, unverputzten Ziegelsteinen.[30] Das Mobiliar sollte allerdings etwas ausgesuchter sein als das vom Einrichter im staubigen Quartier Djinguereber. Und so beschloß »Dr. No« offenbar, das komplette Interieur mit einer C-130-Herkules von Islamabad nach Tripolis zu schicken, als Beiladung zu einer der nächsten Atom-Lieferungen für Al Fallah, und dann mit einem libyschen Möbeltransporter auf der Straße weiter nach Timbuktu, 2500 Kilometer quer durch die Sahara. Das sollte später angeblich Mohammad Farooq, ein enger Vertrauter Khans und einer seiner Kontaktleute zur Al Qaida, gegenüber den pakistanischen Ermittlungsbehörden aussagen.[31]

Als schließlich auch ein staubgrauer Baldachin vor dem 24-Zimmer-Haus mit Bar und Restaurant errichtet war, kam Maigra auf den Gedanken, es nach Khans Ehefrau Hennie zu benennen, natürlich nach Rücksprache mit dem Chef: »Hotel Hendrina Khan«. Als Logo ließ er zwei gekreuzte afrikanische

Speere und einen Schild mit den Initialen »HK« anbringen. Bei seinem Eintrag ins noch jungfräuliche Gästebuch schwärmte »Dr. No« im Februar 2002 in höchsten Tönen von seinem neuen Hoteldirektor: »Es ist so ein großes Vergnügen, hier zu sein und das exzellente Hotel und Abbderahmanes Gastfreundschaft zu genießen.« [32]

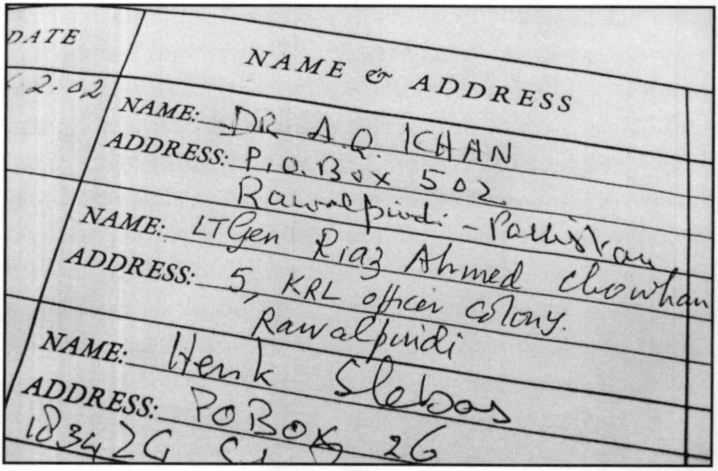
DATE

NAME & ADDRESS

NAME: DR A.Q. KHAN
ADDRESS: P.O. Box 502
Rawalpindi - Pakistan
NAME: LT Gen Riaz Ahmed Chowhan
ADDRESS: 5, KRL officer colony.
Rawalpindi
NAME: Henk Slebos
ADDRESS: PO BOX

Am 16.2.2002 trugen sich A.Q.Khan, sein Leibarzt, Generalleutnant Chowhan, und der holländische Freund Henk Slebos ins Gästebuch des Hotels *Hendrina Khan* in Timbuktu ein.

Ende 2002, als die erste *Scope*-Lieferung auf dem Weg nach Dubai gerade Buhary Tahirs Heimat Sri Lanka passierte und »Dr. No« in Karatschi gewaltsam ein Hospital für psychisch Kranke in seinen Besitz brachte, bot sich der CIA und dem MI6 ein ziemlich klares Lagebild. Es deckte sich weitgehend, aber nicht in allen Details, mit dem Lagebild des BND, was auch daran lag, daß Pakistan für den deutschen Geheimdienst Terra incognita war, unbekanntes und verbotenes Land, kein aktives Betätigungsfeld – auf amerikanischen Wunsch hin.[33]

Erste Erkenntnis: Es gibt ein weitverzweigtes Netzwerk, das von Abdul Qadeer Khan in Kahuta aufgebaut wurde und von Buhary Syed Abu Tahir in Dubai dirigiert wird; das Netzwerk versorgt den internationalen Schwarzmarkt mit Hard- und Software für den Bau der Atombombe; die Organisation ist nicht hierarchisch aufgebaut, einzelne Beschaffungslinien arbeiten weitgehend autonom; das internationale Netzwerk verfügt über zwei wesentliche Knotenpunkte und Produktionsstätten: Shah Alam in Malaysia und Istanbul in der Türkei; von dort gehen die fertigen Komponenten jeweils nach Dubai, werden umgepackt und dann weitergeleitet; Dubai ist die Verteilerstelle. Es muß weitere, bislang unbekannte Produktions- und Beschaffungslinien geben, möglicherweise in Südafrika; Muammar Gaddafi zählt ohne jeden Zweifel zu den Kunden, möglicherweise auch das Mullahregime im Iran; die Geschäfte mit Nordkorea sind offenbar Khans exklusive Angelegenheit.

Zweite Erkenntnis: Abdul Qadeer Khan, bisher ein eher gemäßigter Muslim, pflegt seit seiner Entlassung als Kahuta-Chef im März 2001 engsten Umgang mit Fundamentalisten; er trifft sich regelmäßig mit Qazi Hussain Ahmad, dem Chef der Jammat-e-Islami; steht überdies mit Hafiz Mohammed Saeed in Verbindung, dem Amir der Lashkar-e-Taiba, auf deren Konto viele terroristische Anschläge in Kaschmir gehen; Saeed ist mehrfach verhaftet, aber wieder auf freien Fuß gesetzt worden. Mehrere Kerntechniker aus Khans Umfeld, darunter engste Vertraute, haben sich 2001 mit hochrangigen Taliban und Vertretern der Al Qaida in Afghanistan getroffen, sogar mit Osama bin Laden persönlich; Khan ist mindestens einmal selbst in Kabul gewesen; er hat auch Kontakt mit dem sudanesischen Staatschef Omar Hassan al-Bashir gehabt, der als Anhänger der Al Qaida gilt; es ist nicht völlig ausgeschlossen, daß er (bestenfalls) Informationen und (schlimmstenfalls) Spaltmaterial an Al Qaida weitergegeben hat.

Dritte Erkenntnis: Abdul Qadeer Khan ist ein »mad man«: er ist korrupt und kriminell, hat mit veruntreuten Geldern aus dem Kahuta-Etat, über den er unkontrolliert verfügen konnte, und aus den Gewinnen seiner Schwarzmarktgeschäfte privaten Wohlstand angehäuft; auf seiner Gehaltsliste stehen Politiker, Militärs und Journalisten; ihm gehören verschiedene Immobilien und Restaurants, er besitzt mehrere Luxusvillen im In- und Ausland; er hält sich für sakrosankt, zeichnet sich durch ungeheure Dreistigkeit aus, kennt keine moralischen Werte mehr; in seiner Umgebung duldet er nur, wer sich ihm bedingungslos unterordnet; er ist skrupellos, unbeherrscht und neigt zu Gewalttätigkeiten; er haßt alle Hindus, alle Juden und inzwischen auch alle Amerikaner; bei alldem stellt Khan einen erheblichen Machtfaktor in Pakistan dar, weil ihn die Bevölkerung abgöttisch verehrt und ihm zu Füßen liegt.[34]

Vierte Erkenntnis: Dieser Mann ist gefährlich für die ganze Welt.

Nach Einschätzung von CIA und MI6 bestand dringender Handlungsbedarf. Vor allem im Hinblick auf Libyen. Alle möglichen Optionen wurden diskutiert, darunter auch die Entführung von »Dr. No« während einer seiner Auslandsreisen; weiter gehende Überlegungen verboten sich vorläufig, obwohl der amerikanische Präsident seinen Geheimdiensten nach dem 11. September freie Hand für Attentate auf prominente Terroristen der Al Qaida gegeben hatte. Doch George W. Bush und Tony Blair waren schon lange auf einen anderen Bösewicht fixiert, den sie für noch weitaus gefährlicher hielten: Saddam Hussein. Produzierte er nicht längst wieder Massenvernichtungswaffen?[35]

Er war das Feindbild der Administration von Bush jun., von Beginn an. Gegen die Erkenntnisse der Geheimdienste suchte der Sohn nach Gründen, das zu vollenden, was der Vater zehn Jahre zuvor versäumt zu haben glaubte: den Sturz des Regimes in Bagdad. Die Anschläge vom 11. September boten Gelegenheit, eine Verbindung zwischen den Attentätern und dem irakischen Diktator herzustellen, die tatsächlich nie existiert hatte. Der zuständige Terrorismusexperte des Weißen Hauses, Richard A. Clarke, erinnerte sich später genau an ein Gespräch mit dem Präsidenten am Abend des 12. September.[36]

»Ich möchte, daß Sie, so bald wie möglich, noch einmal alles durchgehen, alles. Prüfen Sie, ob Saddam das getan hat, ob er irgendwie drinsteckt«, habe Bush ihn gebeten, und es sei ihm völlig unwirklich vorgekommen.

»Aber, Mr. Präsident, Al Qaida ist dafür verantwortlich!«

»Ich weiß, ich weiß, aber [...] prüfen Sie, ob Saddam damit zu tun hat. Ich möchte jede Spur kennen.«

»So begann die Politisierung der Geheimdienstarbeit im Falle Irak, und genauso begann die Politisierung meiner Arbeit im Fall der F-16 für Pakistan zwölf Jahre zuvor«, regt sich Richard Barlow auf, »du erzählst ihnen, daß der Himmel blau aussieht, und sie antworten dir, ob der Himmel nicht eigentlich lila sei, sie hätten da so etwas läuten hören. Also gehst du noch einmal durch deine Papiere, drehst jeden Stein um, kontrollierst alle Details, aber es bleibt dabei: Der Himmel ist blau!« Das Spiel wiederhole sich dann ein paarmal, bis die meisten Analysten irgendwann die Nase voll hätten. Und am Ende heiße es dann: »Sie haben recht, Sir, bei genauer Betrachtung schimmert der Himmel tatsächlich ein bißchen lila!«[37]

Zum Jahreswechsel 2002/03 waren die Bemühungen, einen Krieg gegen Saddam Hussein zu legitimieren, schon weit fortgeschritten: Nicht nur gab es angeblich gesicherte Hinweise auf Verbindungen zur Al Qaida, sondern auch vielfältige Belege für Massenvernichtungswaffen im Irak. Und wieder seien es Dick Cheney, Paul Wolfowitz und Stephen Hadley gewesen, das Triumvirat der Kalten Krieger aus dem Jahr 1989, »das damals unbedingt die F-16 an Pakistan liefern wollte, obwohl diese kernwaffentauglich waren«, und das jetzt mit offensichtlich getürkten Beweisen zum Krieg gegen den Irak blies, der eine als Vize-Präsident, der andere als Vize-Verteidigungsminister, der dritte als Vize-Sicherheitsberater.[38]

Seit zehn Jahren arbeitete Richard Barlow inzwischen als Berater der amerikanischen Geheimdienste, als Fachmann für Nuklearterrorismus. Den Vertrag hatten ihm im März 1992 alte Freunde aus der CIA verschafft, nach seinem Ausscheiden aus dem Pentagon, darunter der frühere Inspector General der Agency, Fred Hitz. Mittlerweile leitete Barlow in einer nahe gelegenen Regierungseinrichtung ein zwölfköpfiges Team aus Ingenieuren, Chemikern, Physikern und Ärzten, die sich mit allen Aspekten eines atomaren oder radioaktiven Anschlags auf amerikanischem Boden beschäftigten. Da Barlow die Freigabe für Informationen der höchsten Sicherheitseinstufungen besaß, erschienen die meisten Erkenntnisse über »Dr. No« nach wie vor auf seinem Schirm. »Darüber«, sagt er, »darf ich natürlich nicht reden!« Nur eine politische Einschätzung mag er geben: Weil die Regierung auf Saddam Hussein fokussiert gewesen sei, außerdem auf die extrem fragilen Machtverhältnisse in Pakistan Rücksicht nehmen mußte, um Pervez Musharraf nicht als Verbündeten im Kampf gegen Al Qaida zu verlieren, schien sich Anfang 2003 die Geschichte der achtziger Jahre zu wiederholen: Sollte Abdul Qadeer Khan wieder einmal davonkommen?

Richard A. Clarke, der als Terrorismusexperte schon drei Präsidenten gedient hat, sieht es rückblickend noch dramatischer. »Nichts, ganz sicher nicht der Irak, konnte wichtiger sein, als zu verhindern, daß Al Qaida den Finger an den nuklearen Abzug bekommt.« Statt sich aber der sehr realen Bedrohung durch die von Abdul Qadeer Khan verbreiteten Massenvernichtungswaffen anzunehmen, wurden die Experten in den Geheimdiensten genötigt, im Irak einem Phantom nachzujagen. Sie wurden politisch instrumentalisiert. Es sollte daraus nicht nur die größte Krise innerhalb der CIA erwachsen, sondern auch wertvolle Zeit bei der Jagd nach »Dr. No« verlorengehen, der gerade dabei war, die ganze Welt an den Rand einer Atomkatastrophe zu führen. Am 20. März 2003 begann der Krieg gegen Saddam Hussein. Eine Woche später verließ Richard Clarke das Weiße Haus – für immer.[39]

Am 3. April 2003 läuft das französische 40000-Tonnen-Containerschiff *Ville de Virgo* aus dem Hamburger Hafen aus. Es ist spät dran, dreht deshalb auf, sobald es hinter Cuxhaven die offene See erreicht. Die Fahrt soll nach China und Korea gehen. Einer der Container an Bord hat es in sich: gehärtete Aluminiumröhren mit der Bezeichnung »6061-T6« im Gesamtgewicht von 22 Tonnen, in Qualität, Länge und Durchmesser genau jenen P1-Zentrifugen entsprechend, deren Pläne Khan an Pjöngjang weitergegeben hat. Offizieller Empfänger ist der chinesische Flugzeugbauer *Shenyang Aircraft Corporation*, doch das scheint nur der Verschleierung zu dienen; tatsächlich soll die heiße Ware nach Nordkorea umgeleitet werden. Der Inhalt des Containers müßte für 350 bis 400 Uranschleudern ausreichen, haben die Spezialisten der Geheimdienste berechnet. Geplant ist jedoch, die zehnfache Menge in Deutschland einzukaufen. Und das wäre dann genug für eine komplette Anreicherungsfabrik.

Seit Monaten schon versucht der BND, die unscheinbaren Aluminiumrohre im Auge zu behalten. Es liegen eindeutige Erkenntnisse vor, daß die nordkoreanischen Bombenbastler in Europa auf Einkaufstour gegangen sind und dabei Tarnfirmen oder Drittländer als Deckung nutzen wollen. Als die Ware schließlich vom Hersteller in Ulm für die Verschiffung ab Hamburg verladen wird, bleibt die Meldung irgendwo auf der Strecke hängen. Als sie endlich in der Hansestadt eintrifft, befindet sich die *Ville de Virgo* schon außerhalb deutscher Hoheitsgewässer. Der BND bittet daraufhin die Regierung, tätig zu werden, die Zentrifugenrohlinge dürfen auf keinen Fall ihr Ziel Pjöngjang erreichen.

Das Auswärtige Amt schaltet sich mit Paris kurz, denn das Containerschiff gehört einer französischen Reederei. Als die Konsultationen ein paar Tage später zu positivem Ergebnis führen, ist der Frachter längst im Mittelmeer unterwegs, mit Kurs auf den Suezkanal. Jetzt bleiben nur noch wenige Alternativen: Die Kooperation mit den chinesischen Behörden, weil die *Ville de Virgo* zunächst in China erwartet wird, scheint zu unsicher, die Umladung des Containers auf ein französisches Kriegsschiff zu spektakulär; der Kapitän wird deshalb angewiesen, in Alexandria einen außerplanmäßigen Zwischenstopp einzulegen und die Rohre zu entladen.[40]

Hinter dem Deal mit den Stalinisten in Pjöngjang stand eine merkwürdige Firma *Optronic GmbH* in Königsbronn bei Aalen, deren Eigentümer von seinem Privathaus aus mit optischer und elektronischer Gerätschaft handelte. Er war, so stellte sich heraus, drei Jahre zuvor von den Nordkoreanern angesprochen worden. Bei den ersten Aufträgen ging es um elektronische Komponenten und Maschinenteile. *Optronic* lieferte mit Ausfuhrgenehmigung. Dann kam die Anfrage für die Alurohre, angeblich handelte es sich um Tanks für die chinesische Flugzeugindustrie. Das schien dem Bundesamt für Wirtschaft und Ausfuhrkontrolle (BAFA), das nach dem Skandal um Atomexporte 1989 umgekrempelt und umbenannt worden war, extrem unwahrscheinlich. Es lehnte die Exportlizenz ab. Am Ende verließ die Lieferung ohne amtlichen Segen den Hamburger Hafen.[41]

Es gab keine Zweifel mehr: Im Dezember 2002 waren der IAEA weitere Inspektionen von Pjöngjang verweigert worden, im Januar 2003 hatte Nordkorea den Atomwaffensperrvertrag gekündigt, im März hatten amerikanische Aufklärungssatelliten offenbar erhöhte Aktivitäten in der Wiederaufarbeitungsanlage des Landes beobachtet; und im April, kurz nachdem der Röhrencontainer in Alexandria konfisziert worden war, ließen nordkoreanische Diplomaten ihre amerikanischen Kollegen wissen, ihr Land besitze bereits zwei Plutoniumbomben und arbeite an weiteren Kernwaffen.[42]

Das Plutonium stammte aus der Anlage in Jongbjon, das stand fest. Doch CIA und MI6 rätselten, wo sich die nordkoreanische Uranfabrik befand und wie weit »Dr. No's« Freunde inzwischen auf dem zweiten Weg zur Bombe vorangekommen waren. Offenbar gab es mindestens eine Anreicherungslinie mit zwei- oder sogar dreitausend Aluzentrifugen, die über die Jahre aus Pakistan eingeflogen worden waren. Angeblich lag diese Anlage tief im Berg Chun-Ma, das jedenfalls hatte ein nordkoreanischer Überläufer 1999 chinesischen Kollegen erzählt; später kehrte der Kerntechniker nach Pjöngjang zurück und wurde dort wahrscheinlich liquidiert – so wie Kim Sa Nae in Islamabad.[43]

Und dann kam im Frühjahr 2003 plötzlich noch ein viel schlimmerer Verdacht auf: Hatte Nordkorea zwei Jahre zuvor, im Frühjahr 2001, zwei Tonnen Uranhexafluorid nach Al Fallah in Libyen geschickt? Wußten die Möchtegern-Atomstaaten Iran, Nordkorea und Libyen von den Programmen der Mitbewerber? Gab es möglicherweise sogar eine heimliche Kooperation der Schurkenstaaten, unter Koordination von »Dr. No«? Und eine Kooperation mit Al Qaida?[44]

Selbst erfahrenen und hartgesottenen Geheimdienstprofis, die gelernt hatten, das Undenkbare zu denken, stockte bei diesem Szenario der Atem: Was wäre, wenn der Diktator Kim Jong Il einen Teil des mit Hilfe von »Dr. No« hochangereicherten Urans zur Refinanzierung an Osama bin Laden verscherbeln würde? Könnten Al-Qaida-Terroristen daraus eine Atombombe bauen?

»Meine Antwort auf diese Frage ist: Sie könnten!« sagt Robert L. Gallucci, ein alter Hase unter den »Nichtweiterverbreitern«. Gallucci arbeitete Anfang der achtziger Jahre, zusammen mit Richard Barlow, in der ACDA, der Abrüstungsbehörde des Department of State, und diente danach jahrelang als Chefdiplomat, auch als Unterhändler bei den Verhandlungen mit den Nordkoreanern im Jahr 1994. Heute leitet er eine Schule für den diplomatischen Nachwuchs an der Georgetown University in Washington, berät daneben noch immer die CIA in Sachen Proliferation. Der sogenannte »Gun-type« der Uranbombe, bei dem eine Hälfte des Spaltmaterials mit einer herkömmlichen Sprengung auf die andere »geschossen« wird und sich so zur kritischen Masse vereinigt (»Kanonenprinzip«), »ist völlig idiotensicher«, viel einfacher zum Beispiel als das von Pakistan benutzte chinesische Implosionskonzept, erläutert Gallucci, deswegen sei er »auch von den Südafrikanern bei deren Atomprogramm gewählt worden«. Wenn Al Qaida also HEU von Pjöngjang bekäme oder schon bekommen hätte, dann wären die Djihad-Terroristen mit dem Know-how, das ihnen von »Dr. No« oder dessen Vertrauten vermittelt worden sei, in der Lage, eine einfache Uranbombe zu bauen. Und das, gesteht Gallucci »ist meine ganz große Sorge«.[45]

Der CIA und dem MI6 war es im Sommer 2003 offenbar gelungen, mehrere Agenten in »Dr. No's« Netzwerk zu schleusen – bei Buhary Tahir in Dubai und bei *Scope* im Industriegebiet Shah Alam, eine knappe Autostunde außerhalb von Kuala Lumpur. Ziel der Operation war es, möglichst viel über die Struktur der Organisation herauszufinden und über mögliche Kontakte zu weiteren Kunden. Die neuen Informationen aus dem Innern des »Vertriebssystems« schienen das Ergebnis »theoretischer« Überlegungen der Analysten zu bestätigen: Für jede Anreicherungszentrifuge werden rund einhundert Einzelteile benötigt. Das war mehr, als in den beiden bisher erkannten Produktionszentren in Shah Alam und in Istanbul hergestellt wurden. Der Krake mußte mindestens einen dritten Arm besitzen. Und der war bisher nicht identifiziert worden. Irgendwann im Sommer 2003 schien sich das zu bestätigen: Es gab eine weitere, weitgehend selbständig arbeitende Einheit des Netzwerks – in Südafrika.[46]

Gotthard Lerch, der 1985 als Manager der *Leybold-Heraeus AG* ausgeschieden und in die Schweiz übergesiedelt war, um von dort für Abdul Qadeer Khan die Herstellung von Apparaten und Anlagenteilen bei den *Metallwerken* in Buchs zu überwachen – »Dr. Kotari«, wenn man so will (siehe S. 135 ff.) –, meldete sich zurück. Und er brachte offenbar ein weiteres Mitglied der »alten Garde« wieder ins Geschäft: Gerhard Wisser, einen inzwischen 64jährigen deutschstämmigen Ingenieur aus Johannesburg, damals wie heute Direktor der Firma *E. V. J. Krisch Engineering Co. Ltd* im Industriegebiet von Randburg bei Johannesburg.[47]

Rückblende: Bei Gotthard Lerch in der Schweiz waren Ende 1985 Dokumente beschlagnahmt worden, auf die sich Ermittler in Bern und in Köln zunächst keinen rechten Reim machen konnten. Es ging um Inverter für Kahuta, die offenbar von Gerhard Wisser bei einer südafrikanischen AEG-Tochter bestellt und nach Deutschland geliefert worden waren.[48] Weil Lerch schon vorher *Urenco*-Unterlagen für Khans Atomrüstung mißbräuchlich verwendet hatte, erhielt die deutsche *Urenco*-Tochter *Uranit GmbH* die konfiszierten Papiere zur Auswertung. Viele »Details in den südafrikanischen Unterlagen [...] aus dem Bestand Lerch [...] sprechen für zentrifugenspezifische Ausrichtung«, heißt es in einem internen *Uranit*-Vermerk aus jener Zeit, sogar typisches Zubehör für die moderne G3-Zentrifuge sei aufgelistet.[49] Fazit: Schon Little Almelo in Kahuta hatte offenbar wesentliche Komponenten vom Kap bezogen. Wahrscheinlich unter Mitwirkung von Gotthard Lerch.

Südafrika war damals ein gutes Pflaster für Atomschieber. Denn die südafrikanische Atomic Energy Corporation (AEC) errichtete gerade in Pelindaba, außerhalb der Hauptstadt Pretoria, eine streng geheime Urananreicherungsfabrik, stellte dort nach 1982 einige hundert Kilogramm bombenfähiges Spaltmaterial her und schmiedete es zu einfachen Kernwaffen nach dem »Kanonenprinzip« (gun-type). Das Regime wollte gewappnet sein, falls kubanische und sowjetische Truppen, die in Angola stationiert waren, eine Invasion planten. Erst 1991 unterzeichnete Staatspräsident Frederik Willem de Klerk den Atomwaffensperrvertrag. Unter Aufsicht der IAEA wurden danach sieben fertige oder halbfertige Bomben zerlegt. Im März 1993 verkündete de Klerk auch öffentlich das Ende des südafrikanischen Waffenprogramms.[50]

Krisch Engineering (Firmenmotto: »Spezialist in Vakuumtechnologie, Metallurgie und Kraftwerkstechnologie«) vertrat damals nicht nur *Leybold-Heraeus* in Südafrika, das Unternehmen steuerte auch jahrelang jede Menge Gerätschaft für Pelindaba bei. Wisser und einige seiner Mitarbeiter gingen in der Bombenfabrik ein und aus. Die plötzliche Einstellung der offenbar einträglichen Zusammenarbeit mit der AEC kurz nach dem Fall des Sowjetimperiums, und kurz vor dem Ende der Apartheid, mußte ihnen finanziell zu schaffen machen.[51]

Was die Auswerter der Geheimdienste im Sommer 2003 noch nicht wußten: Irgendwann war Lerch mit Wisser wieder in Verbindung getreten, spätestens 1998 auf einer Geschäftsreise nach Dubai. Ob er nicht eine verschwiegene Firma in Südafrika kenne, die in der Lage sei, ein bestimmtes Rohrsystem zu produzieren. Ein Ein- und Ausspeisesystem für Uranzentrifugen, um präzise zu sein. Es gehe außerdem um eine computergesteuerte Drehbank, mit der sich Uranzentrifugen am Fließband herstellen lassen, die nach bestimmten Vorgaben umgerüstet werden müsse. Nach Abdul Qadeer Khans Vorgaben, ehrlich gesagt. Wisser kannte viele Firmen in der Branche und besaß offenbar wenig Skrupel. So oder so ähnlich fanden sie wieder zusammen.[52]

Wisser wandte sich an seinen ehemaligen Mitarbeiter Daniel Geiges, einen gebürtigen Schweizer, und an den Ingenieur Johan Meyer, der damals in Pelindaba zum Team gehört hatte und jetzt in Vanderbiljpark, außerhalb von Johannesburg, einen kleinen metallverarbeitenden Betrieb namens *Tradefin Engineering* besaß. Die drei übernahmen den Auftrag. Im Oktober 2000 schickte Peter Griffin von Dubai aus eine Spezialdrehbank »Denn RL400/2« nach Vanderbiljpark. Er hatte zwei Stück im Juli aus Spanien ins Scheichtum liefern lassen, allerdings ohne die elektronische Steuerung, weil sonst womöglich der spanische Zoll Lunte gerochen hätte. Der Umweg über Südafrika war offenbar die Tarnung, denn die elektronisch gesteuerte Maschine sollte der Herstellung von Zentrifugen dienen. Dabei war höchste Präzision erforderlich, damit die stählernen Rotoren bei den extremen Drehzahlen keine Unwucht bekämen und den Libyern später um die Ohren flögen. Im November 2001 ging die funktionstüchtige Maschine aus Vanderbiljpark zurück nach Dubai und von dort nach Al Fallah in Libyen. Dort sollte sie im Frühjahr 2004 von den IAEA-Inspektoren entdeckt, versiegelt und in die Vereinigten Staaten ausgeflogen werden.[53]

Am 5. Februar 2002 flog Daniel Geiges mit einem Mitarbeiter nach Dubai und Istanbul, um sich dort mit Günes Cine abzustimmen. »Dr. No« hatte allerdings keine Zeit für die Gäste aus Johannesburg, obwohl er in diesen Tagen auch im Emirat weilte und ein paar Tage später von dort mit seinen engsten Vertrauten eine neue Afrikareise antrat, um Geschäfte zu machen und sein Hotel in Timbuktu zu eröffnen. Daneben ging es bei der Südafrika-Verbindung noch um ein paar andere Utensilien, die Gaddafis Kerntechniker benötigten. Die Bezahlung erfolgte über mehrere Banken in Zürich, Liechtenstein und Dubai, Codewort »E-Projects« – »E« für »Enrichment«? Eines der verschwiegenen Geldinstitute: die *Habib Bank AG* Zürich, einst von indischen Moslems gegründet, nach der Teilung nach

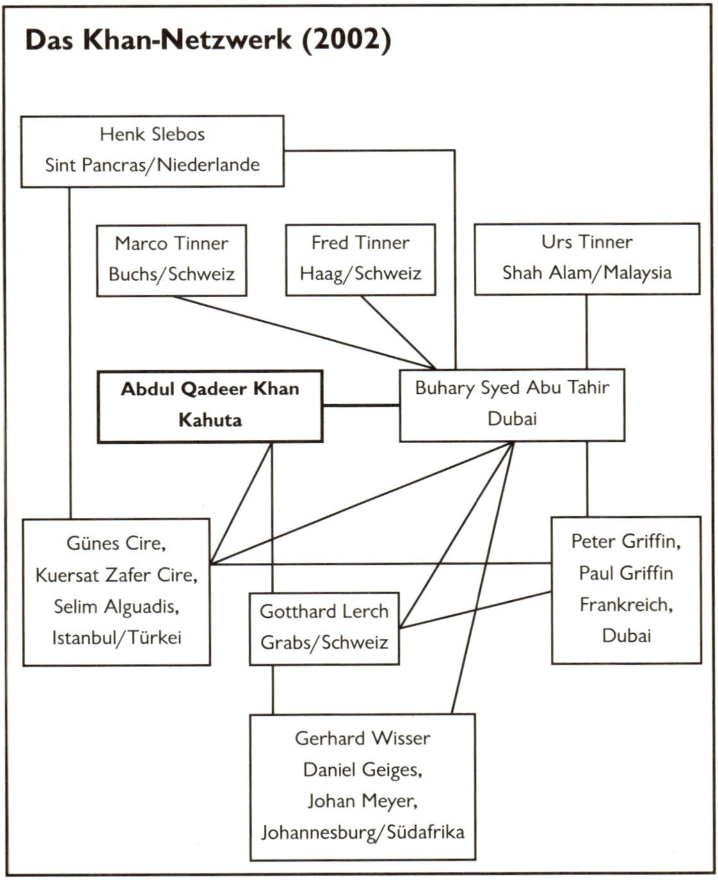

Quellen: Press Release by Inspector General Royal Malaysia Police Office, »Investigation on the alleged production of components for Libya's uranium enrichment programme«, v. 20. 2. 2004; Pressemitteilungen der Generalbundesanwaltschaft 17/2004, 20/2004 und 23/2004; Gespräch mit Quelle A am 15. 7. 2004 und 28. 10. 2004; Gespräch mit Quelle C am 27. 7. 2004; Gespräch mit Quelle D am 13. 5. 2004.

Pakistan verlegt. Eine letzte Rate über rund 200 000 Dollar landete in zwei Tranchen auf Wissers *Habib*-Konto, Anfang Juni 2003, kurz nachdem zwei lybische Spezialisten die Ein- und Ausspeiseanlage bei *Tradefin* abgenommen hatten und just in jenen Tagen, als auch in Malaysia die Vorbereitungen für die letzte Lieferung über Dubai nach Al Fallah begannen.[54]

Drückende Schwüle liegt über Malaysia. In der weiß-blau gestrichenen Halle von *Scope* auf der Doppelparzelle 28/30 des Industriegebiets von Shah Alam wischt sich Urs Tinner den Schweiß von der Stirn. Ein letztes Mal kontrolliert er die etwa zwei Meter hohen Kisten, in denen jeweils zwei Zentrifugen nebeneinander verstaut sind. Die letzte Lieferung ist fast fertig zum Abtransport. Tinner geht in sein kleines Büro, um seinen Computer im Auge zu behalten, auf dem die sensiblen Unterlagen abgespeichert sind. Khans Blaupausen. Er hat deswegen alle Zeichnungen jeden Feierabend gewissenhaft eingesammelt und auf Vollständigkeit überprüft.[55]

Was Tinner trotz aller Vorsicht nicht ahnt: Sein Boß Tahir ist offenbar von der CIA umgedreht worden, hat sich für seine Hilfe Straffreiheit zusichern lassen. Und auch einer der Leute, die gerade bei *Scope* die Holzkisten zunageln, hat im letzten Moment einen kleinen Satellitensender zwischen den glitzernden Aluminiumteilen versteckt. Die CIA hat endlich freie Hand bekommen, das komplette Netzwerk auffliegen zu lassen. Dies ist auch die letzte Chance.

Noch einmal überfliegt der Schweizer die Frachtpapiere mit den verschiedenen Komponenten, die von Buhary Tahir durchnumeriert worden sind: jeweils 2 208 Zentrifugengehäuse (Teil 4) und Pumpensysteme (Teil 5), 10 549 Halterungen (Teil 8), 1 680 obere Abdeckplatten (Teil 9), 1 056 Rohrverbindungen (Teil 59), 400 Klammerhalter (Teil 73), 4 525 Flansche (Teil 77), alles in allem wesentliches Zubehör für eine Anlage mit mehr als 2 200 jener Uranzentrifugen, die in Deutschland einmal G2 hießen, allerdings aus Aluminium, nicht aus Maraging Steel.

In den folgenden Wochen wird Urs Tinner sämtliche Spuren seiner Anwesenheit in Shah Alam zu verwischen versuchen, sämtliche Spezifikationen der einzelnen Bauteile im *Scope*-Computer löschen, seine eigene Festplatte, auf der alle sensiblen Daten abgespeichert sind, mitnehmen und seine komplette Personalakte verschwinden lassen. Nichts soll darauf hindeuten, daß er jemals in Shah Alam gewesen ist.[56]

Einen spektakulären Erfolg beim Aufstöbern einer kompletten Fabrikationsanlage für Massenvernichtungswaffen kann US-Präsident George W. Bush in diesen Wochen gut gebrauchen. Fünf Monate nach dem Einmarsch amerikanischer Truppen im Irak haben die Geheimdienste noch immer keine ABC-Waffen in Saddams Reich gefunden. Die öffentliche Ungeduld droht in Kritik und Häme umzuschlagen. Hat die Regierung angeblich hieb- und stichfeste Beweise fabriziert, um den Krieg zu legitimieren? Dann eben der andere Schurke – Gaddafi. Die Frage ist nur: Wie würde General Pervez Musharraf reagieren, wenn sie seinen Nationalhelden »Dr. No« als Kopf eines internationalen Syndikats entlarven könnten?[57]

Jetzt sitzen die Spezialisten im August 2003 in Langley/Virginia vor ihren Bildschirmen und lassen die Zentrifugenteile nicht mehr aus den Augen auf ihrem Weg von Port Klang auf Malaysia quer über den Golf von Bengalen, um den indischen Subkontinent herum, ins Arabische Meer bis nach Dubai.[58]

Im Hafen von Dubai werden die Container entladen und, wie schon bei den Lieferungen zuvor, in eine Lagerhalle gebracht, dort umgepackt und mit neuen Manifesten versehen: »Gebrauchte Maschinenteile«. Ein paar Kisten kommen noch dazu, es handelt sich um Zubehör, das kurz zuvor von Günes Cire aus Istanbul eingetroffen ist. Dann gehen die Container zurück in den Hafen, an Bord des deutschen Frachters *BBC China*, der regelmäßig zwischen Dubai und Tripolis verkehrt. Als das 5 500-BRT-Schiff in See sticht, beginnt die heiße Phase der CIA-Operation.[59]
Während die *BBC China* die saudi-arabischen Halbinseln umfährt, werden das deutsche Wirtschaftsministerium und der

BND im niedersächsischen Leer bei der Reederei *BBC Chartering und Logistik GmbH* vorstellig, der die *BBC China* gehört. Die Ostfriesen sind ebenso überrascht wie kooperativ, willigen ein, das Containerschiff nach der Fahrt durch den Suezkanal in den Hafen von Taranto in Apulien umzudirigieren, der liegt gewissermaßen an der Sohle des italienischen Stiefels. Unterdessen beobachten die Satellitenaufklärer der CIA rund um die Uhr den blinkenden Punkt auf ihrem Monitor, um sofort auf eine kurzfristige Kursänderung reagieren zu können. Kriegsschiffe der US Navy, die routinemäßig im Mittelmeer kreuzen, fahren der *BBC China* entgegen. Es soll nichts mehr schiefgehen.[60] Sofort nachdem die *BBC China* mit »Dr. No's« teuflischer Fracht im Hafen von Taranto festgemacht hat, gehen deutsche, italienische und wahrscheinlich auch amerikanische Spezialisten an Bord, um die insgesamt fünf Container zu inspizieren und zu beschlagnahmen. Dabei wird ein Container mit der Ware von Günes Cire aus Istanbul übersehen. Er läuft kurze Zeit später mit der *BBC China* nach Tripolis aus. Auch eine zweite Lieferung mit Ursprung Türkei mit elektrischen Schalteinrichtungen, die vierzehn Tage später aus Dubai auf die Reise geht, kommt in Libyen an.[61]

In Langley herrscht am 5. Oktober 2003 gute Stimmung. Endlich kann CIA-Direktor George Tenet einen spektakulären Erfolg vorweisen, nachdem er soviel Kritik hat einstecken müssen, vom Weißen Haus, weil von seinen Leuten noch immer keine Belege für Saddams Massenvernichtungsarsenal erbracht worden sind, und von seinen Leuten, weil er sich nicht ausreichend gegen die Instrumentalisierung der Geheimdienstarbeit zur Wehr gesetzt hat. Doch mit dem erfolgreichen Abschluß der Operation gegen »Dr. No« und seine Helfer hellt sich Tenets Stimmung deutlich auf. Tatsächlich wird der US-Präsident die Arbeit der Agenten von CIA und MI6 später überschwenglich loben: »Sie überwachten die Reisen von A. Q. Khan und seiner Vertrauten, sie beschatteten Mitglieder seines Netzwerks rund um die Welt, sie zeichneten ihre Gespräche

auf, sie schleusten sich in ihre Operationen ein, sie legten ihre Geheimnisse offen. Diese Tätigkeit beinhaltete große persönliche Gefahren, und alle Amerikaner können dankbar sein für diese Hingabe unserer ausgezeichneten Geheimdienstprofis.« Das Protokoll sollte an dieser Stelle »Applaus« vermerken.[62]
Zwanzig Jahre, nachdem Richard Barlow einen ersten Anlauf unternommen hatte, schien es endlich gelungen, Abdul Qadeer Khan das Handwerk zu legen.

Am 6. Oktober übernahm es der stellvertretende US-Außenminister Richard Armitage, die pakistanische Führung persönlich über die Erkenntnisse der CIA zu unterrichten. Er war am Tag zuvor, zusammen mit seiner Pakistan-Spezialistin, nach Islamabad geflogen, um General Musharraf in seinem streng gesicherten Army House auf dem Gelände des Militärhauptquartiers in Rawalpindi zu unterrichten. Der bullige Diplomat schilderte dem Präsidenten den Ernst der Lage und forderte eine unabhängige Untersuchung. »Es hat eine gravierende Weiterverbreitung von Kernwaffentechnologie gegeben, entweder übernehmen Sie für Ihr Land die Verantwortung, oder Sie lassen die Welt wissen, daß es eine Handlung einzelner Personen war«, so wurde Armitages Botschaft danach von einem Sprecher wiedergegeben.[63]

Es wurde ein von langer Hand vorbereitetes Dossier mit jeder Menge Beweismittel übergeben, Lieferscheine, Blaupausen, sogar Auszüge der Bankkonten von Khan in Dubai und in der Schweiz, »mit vielen, vielen Stellen vor dem Komma«, wie es einer der an der amerikanisch-britischen Operation beteiligten Geheimdienstler später formulieren sollte. Keine Frage, CIA und MI6 hatten ihre Schularbeiten vorbildlich erledigt.[64]

Um die Dringlichkeit zu unterstreichen, traf am 6. Oktober auch noch General John Abizaid, Chef des US Central Command (Centcom) ein, um entsprechenden Druck auf die Militärs auszuüben. Das Pentagon und speziell Centcom verfügte über bessere Kontakte zur pakistanischen Generalität als irgend jemand sonst in der Regierung. Auch Abizaid wußte, daß er mit seinen Kollegen offen reden mußte, schließlich fiel es schwer, sich vorzustellen, daß »Dr. No« sein Schwarzmarktsyndikat ohne Beteiligung oder wenigstens ohne Wissen der Armee aufgebaut haben konnte.[65]

Viele in der Bush-Administration, vor allem in den Geheimdiensten, waren in höchstem Maße verärgert. Hatten sie Musharraf nicht schon zwei Jahre zuvor, im März und dann wieder im November 2001, alle möglichen Hinweise gegeben, daß Abdul Qadeer Khan falsch spiele, daß er mit Kaschmir-Terroristen wie Hafiz Mohammed Saeed konspiriere, daß seine Leute nach Kabul gereist waren, um sich mit Osama bin Laden zu treffen? Vielleicht sogar Khan selbst? Andererseits mußten sie behutsam mit dem General umgehen, denn sie brauchten ihn noch als Verbündeten bei der Jagd auf den Al-Qaida-Chef im pakistanisch-afghanischen Grenzgebiet. Vor allem aber: Wie gefährdet war der Präsident? Nicht auszumalen, er würde die Kontrolle über das zunehmend radikalisierte und amerikafeindliche Land verlieren. Oder einem Attentat zum Opfer fallen. Dann könnten die Islamisten die Macht übernehmen – und das pakistanische Atomwaffenarsenal.

Im 21. Oktober ging bei der IAEA in Wien Post aus Teheran ein. Darin deutet der Iran vorsichtig an, Pläne für den Bau von G2/P2-Zentrifugen von einer ausländischen Quelle erhalten zu haben. Das hatten iranische Dissidenten im Ausland schon länger behauptet. Pakistan und Abdul Qadeer Khan wurden in dem Schreiben nicht namentlich erwähnt, doch es fiel den Experten in Wien nicht schwer, diesen Rückschluß zu ziehen. Stand das ziemlich überraschende Eingeständnis in irgendeinem Zusammenhang mit der amerikanisch-britischen Operation gegen »Dr. No«? In den folgenden Wochen und Monaten sollten die Mullahs Stück für Stück weitere Details offenbaren, den IAEA-Inspektoren Untersuchungen vor Ort einräumen, so wie es der Atomwaffensperrvertrag vorsah, den auch der Iran unterschrieben hatte. Noch konnte niemand ahnen, daß sich daraus ein ermüdender Streit zwischen dem klerikalen Regime und der internationalen Aufsichtsbehörde entwickeln sollte.[66]

Unterdessen führten die internen Ermittlungen gegen Khan und seine Gefolgschaft Anfang Dezember zu ersten Verhaftungen: Dr. Mohammad Farooq und Yasin Chohan, zwei Direktoren der *Dr. A. Q. Khan Research Laboratories*, die CIA-Chef George Tenet seinen Kollegen vom ISI schon im November 2001 als Kontaktleute zu Al Qaida benannt hatte, wurden von Sicherheitskräften abgeführt. Chohan war bald wieder auf freiem Fuß, aber Farooq blieb erst einmal in Untersuchungshaft (siehe S. 30).[67]

Wenn es als Antwort fundamentalistischer Kräfte auf die Verhaftungen gedacht war, dann kam sie schnell: Am 14. Dezember überlebte Pervez Musharraf nur knapp ein Attentat. Eine Brücke, die auf dem Weg zu seinem Wohnsitz auf dem Garnisonsgelände in Rawalpindi liegt, wurde von einer schweren Explosion erschüttert, nur kurz nachdem seine Wagenkolonne sie überquert hatte. Dabei wurde das letzte Fahrzeug des Konvois zerstört, vier Sicherheitskräfte zogen sich Verletzungen zu.[68]

Am 19. Dezember erklärte Libyens Revolutionsführer Muammar Gaddafi, er wolle seine Ambitionen auf Massenvernichtungswaffen aufgeben und lade die IAEA-Inspektoren zu Konsultationen nach Tripolis ein. Ausgerechnet Gaddafi! Vielleicht handelte er aus Gram über die in Taranto beschlagnahmte letzte Lieferung, vielleicht aus politischer Weitsicht, daß dies der richtige Zeitpunkt war, das Verhältnis zu den Vereinigten Staaten und dem Rest der Welt neu zu gestalten. Im Weißen Haus jedenfalls wurde die Ankündigung des Colonels emphatisch begrüßt, George W. Bush nannte es eine »historische Entscheidung«.[69]

Tatsächlich sollte die libysche Atomkomission in den folgenden Monaten nicht nur sein geheimes Urananreicherungsprojekt in Al Fallah, sondern sein gesamtes militärisches Atomprogramm offenlegen, das Zusatzprotokoll zum Atomwaffensperrvertrag unterschreiben, alle ihr bekannten Kontaktpersonen aus »Dr.

No's« weltweitem Syndikat benennen und am Ende sogar einwilligen, daß ein Großteil der für hundert Millionen Dollar eingekauften Bombentechnologie in die Vereinigten Staaten ausgeflogen wird. Für die IAEA und den Atomwaffensperrvertrag war es eine Sternstunde, für Abdul Qadeer Khan und seine Mittäter, aber auch für den pakistanischen Präsidenten, kam Gaddafis Entscheidung einem Super-GAU gleich.[70]

Plötzlich gewannen auch die Ermittlungen in Islamabad deutlich an Fahrt: »Es gebe Anhaltspunkte, daß gewisse Personen aus Geldgier handelten«, erklärte ein Regierungssprecher ein paar Tage nach Gaddafis »Coming out«, außerdem habe »der Iran uns einige Informationen zukommen lassen, die auf bestimmte Personen hindeuten«. Damit konnte nur ER gemeint sein.[71] Warum auch die Mullahs? Weshalb schützten sie ihn nicht? Wollten sie sich rächen, daß er gigantische Summen für vermeintlich zu wenig substantielle Hilfe verlangt und erhalten hatte, geschleust auf seine Konten in Dubai?

Am Heiligabend 2003 ergriff Khan die Flucht nach vorn, erklärte einem privaten Fernsehsender, die Beschuldigungen, er habe den Iran oder Libyen unterstützt, seien kompletter Unfug. Weil er Pakistan die Atombombe und die Raketen gebracht habe, »zielt man jetzt auf mich. Ich habe nie den Iran besucht, ich kenne keinen einzigen Iraner, geschweige denn einen iranischen Wissenschaftler!« Er habe nichts Unrechtes getan, gab sich »Dr. No« empört und siegesgewiß, »ich werde angeklagt für nichts«![72]

Am Tag nach dem Fernsehinterview, gegen 13.40 Uhr, sprengten sich in Rawalpindi zwei Selbstmordattentäter in die Luft, als gerade die Autokolonne des Präsidenten vorbeifuhr, keine 300 Meter entfernt vom Ort des Anschlags elf Tage zuvor. Das Fahrzeug des Präsidenten wurde stark beschädigt, die Windschutzscheibe ging zu Bruch, aber General Musharraf blieb erneut unverletzt. 14 Menschen, mehrere Passanten, zwei Polizisten und die beiden Terroristen kamen ums Leben.[73] Sehr schnell machte das Gerücht die Runde, fanatische Offiziere des ISI könnten hinter den Mordanschlägen gegen den Präsidenten stecken. Die Lage in Pakistan wurde von Tag zu Tag instabiler.

Über den Jahreswechsel waren die Auswerter von CIA und MI6 wie auch die Sachverständigen der IAEA zu dem eindeutigen Ergebnis gekommen, daß die von Libyen ausgehändigten Pläne für die Uranzentrifugen identisch waren mit jenen aus dem Iran. Zweifel ausgeschlossen. Gleich zu Beginn des neuen Jahres schickte US-Außenminister Colin Powell ein entsprechendes Signal nach Islamabad. »Ich freue mich zu hören, daß Präsident Musharraf aggressiv vorgeht«, um herauszufinden, ob Pakistan die Quelle des libyschen Zentrifugendesigns gewesen ist. Ein entschiedener Kampf gegen die Proliferation sei geboten, »ich war derjenige, der ihm das in den letzten drei Jahren immer wieder gesagt hat«.[74]

Und dann kam Samstag, der 17. Januar 2004: Abdul Qadeer Khan wartet auf seine Gäste, füttert unterdessen die Fische und Papageien im Haus, schaut nach den wilden Affen, die im angrenzenden Wald leben und auf sein Rufen hin sofort erscheinen. Dann treffen seine Freunde ein, die er zum Dinner eingeladen hat. Trotz aller Widrigkeiten dieser Tage. Sie begrüßen den Hausherrn überschwenglich, einige klopfen ihm auf die Schulter, als wollten sie ihm Mut zusprechen. Gerade als er zu einem Toast ansetzen will, umstellen uniformierte Kräfte des ISI das Areal, führen Islam ul-Haq ab. Der pensionierte Armee-Major ist Khans persönlicher Adjutant, er weiß alles über »Dr. No«, kennt seine Gewohnheiten, seine Freundinnen, seine Laster. Bei ihm wollen sie den Hebel ansetzen. Zur gleichen Zeit werden Dr. Nazeer Ahmad in seinem Haus festgenommen, Khans Vertrauter und »Außenminister«, sowie Sajawal Khan Malik, Abteilungsdirektor der *Dr. A. Q. Khan Research Laboratories*, und Iqbal Tajwar. Alle drei sind mehrfach mit ihm auf Afrika-Tour gegangen und deswegen nunmehr ins Visier der internen Ermittlungen geraten. An IHN trauen sie sich noch nicht heran. Aber natürlich spürt »Dr. No« die Schlinge um seinen Hals. Sie werden es doch nicht wagen, ihn, den

Erretter des Vaterlands, den Helden der Nation, hinter Schloß und Riegel zu bringen?[75]

Tagelang werden die fünf inhaftierten Khan-Mitarbeiter verhört. Und die Spezialisten des Geheimdienstes gehen gewiß nicht zimperlich vor. Präsident Musharraf läßt sich täglich unterrichten. Ihm wird immer klarer, daß sämtliche Vorwürfe der Amerikaner ihre Berechtigung haben. Es tut sich ein Abgrund von schwerstem Landesverrat auf. Aber natürlich kann er es nicht wagen, IHM den Prozeß zu machen. Schon gleich am Tag nach der Festnahme hat das islamische Parteienbündnis MMA seine Anhänger zu einem öffentlichen Protestmarsch für den kommenden Freitag aufgefordert. Es soll eine Demonstration gegen Präsident Musharraf sein. Der Präsident habe die Wissenschaftler auf amerikanischen Druck hin verhaften lassen und dabei die Interessen des Landes verkauft. An der Demonstration am 23. Januar nehmen Zehntausende Islamisten teil. Sie schwenken Transparente und Plakate für Abdul Qadeer Khan und gegen die Regierenden.[76]

Aber die Schlinge um dessen Hals zieht sich weiter zu. Jeden Tag läßt die Regierung jetzt etwas über die Ermittlungen verlautbaren, um den Boden für Entscheidungen vorzubereiten, die über kurz oder lang anstehen. Inzwischen sind drei weitere Personen aus Khans Umfeld verhaftet worden. Am 27. Januar erklärt ein Regierungssprecher, »auf Konten von zwei führenden pakistanischen Atomforschern in Dubai seien mehrere zehn Millionen Dollar aus illegalen Verkäufen nuklearer Hardware an den Iran« gefunden worden. »Dr. No« hatte von den Mullahs offenbar weitaus höhere Zahlungen erhalten als jene 3,5 Millionen Dollar, die von Buhary Tahir in zwei Aktenkoffern nach Dubai geschleppt worden waren. Vielleicht ließen sich die religiösen Eiferer der MMA von der Habgier ihrer Glaubensgenossen am ehesten beeindrucken. Außerdem seien »Immobilien im Emirat entdeckt« worden, die den Wissenschaftlern gehörten und ebenfalls »mehrere zehn Millionen Dollar« wert seien. Die Regierung habe deshalb davon Abstand genommen, seine Ehefrau Hendrina Khan, wie ursprünglich geplant, mit einem der höchsten Orden des Landes auszuzeichnen. Außerdem seien alle Ministerien und Institutionen angewiesen worden, IHN nicht mehr zu offiziellen Anlässen einzuladen.[77]

Noch am selben Abend trifft der Informationsminister mit Khan in dessen Residenz zusammen. Er überbringt schlechte Nachrichten. Präsident Musharraf und sein Premier Mir Zafarullah Khan Jamali haben alle Untersuchungsergebnisse der letzten Wochen bewertet und einen Entschluß gefaßt. Den läßt Musharraf jetzt »seinem persönlichen Helden«, wie er ihn einmal genannt hat, ausrichten. Die Beweise gegen ihn seien erschlagend. Es sei Zeit für ein Geständnis oder einen ehrenvollen Abgang.[78]

General Musharraf reichte dem Delinquenten das Schwert, in das er sich stürzen sollte – doch dafür war »Dr. No« zu feige.

»Assalam-o-Alaikum« – »Friede sei mit euch!« Der Mittsechziger im eleganten westlichen Outfit, der gerade auf dem Fernsehschirm erscheint, läßt die Schultern tief hängen. Die Last der Worte, die er seinen Landsleuten mitzuteilen hat, wiegt schwer. Er liest vom Blatt ab, in Englisch, nicht in der Landessprache Urdu. Sie haben seine Rede zensiert. Es ist der 4. Februar 2004: »Meine lieben Brüder und Schwestern«, hebt die dünne Fistelstimme an, »ich habe mich entschlossen, vor euch zu erscheinen, um einer traumatisierten Nation mein tiefstes Bedauern und meine uneingeschränkte Entschuldigung anzubieten.«

Die jüngsten Ermittlungen der Regierung von Pakistan hätten schwerste Verstöße der Proliferation zutage gefördert. Ja, es stimme, daß durch »bestimmte Pakistanis und Ausländer während der letzten zwei Jahrzehnte« Atomtechnik an andere Staaten weitergegeben worden sei und daß dies »auf mein Geheiß«, wenn auch »in guter Absicht geschah«.[1]

Nachdem klar ist, daß »Dr. No« nicht Hand an sich zu legen gedenkt, hat er sich in der Woche zuvor mit General Musharraf und dessen Regierung auf eine Überlebensstrategie geeinigt, für ihn und für den Präsidenten. Die Straße tobt noch immer. Überall formiert sich antiamerikanischer Widerstand. An den Hauptstraßen Islamabads sind Sicherheitskräfte zusammengezogen worden.

Die MMA und insbesondere deren Führer Qazi Hussain Ahmad organisieren jeden Tag Protestmärsche auf die Hauptstadt. Viele Gruppierungen haben sich schon der Bewegung angeschlossen: die Pakistan Muslim League des früheren Regierungschefs Nawaz Sharif, Studentenorganisationen, sogar einige Anwaltsvereinigungen. In den Abendnachrichten werden Bilder wütender Demonstranten gezeigt, die Plakate schwenken: »Stoppt die Einmischung der CIA in Pakistans innere Angelegenheiten!« Ein ehemaliger Richter wird interviewt, der seine ganze Autorität in die Waagschale wirft: Nur weil »Pakistan das einzige islamische Land mit einer Atombombe ist, sollen unsere Wissenschaftler bestraft werden«![2] Einige radikale Studenten skandieren: »Nieder mit den USA, nieder mit Musharraf!« Milton Bearden, der alte CIA-Kämpe, der Pakistan wie seine Westentasche kennt, wird später einräumen, ihm sei bei den Bildern »der Gedanke an ein zweites Somalia gekommen, ein nukleares Somalia!«.[3]

»Mein lieben Brüder und Schwestern«, säuselt die traurige Gestalt. »Ich möchte klarstellen, daß es für meine Aktivitäten niemals so etwa wie eine Autorisierung durch die Regierung gegeben hat.« Er versichere seinen Landsleuten mit großem Nachdruck, »daß solche Dinge nie wieder passieren werden«. Schließlich bittet der Mann noch darum, keine weiteren Spekulationen anzustellen und diese »extrem sensible Angelegenheit der nationalen Sicherheit nicht zu politisieren«. Dann beendet er seine öffentliche Beichte mit dem Wunsch, Allah möge seine schützende Hand über die geliebte Nation halten. »Pakistan Paindah Baad!« – »Lang lebe Pakistan!«[4]

Einen Tag nach seinem Geständnis empfing Musharraf, eher martialisch in tarnfarbenen Drillich gekleidet, Abdul Qadeer Khan unter den Augen unzähliger Pressefotografen und Kameraleute, um ihm Gnade zu erweisen. Beide Seiten hatten ihre Verabredung eingehalten. Der Atomwissenschaftler reichte noch eine elfseitige schriftliche Erklärung über seine illegalen Aktivitäten der letzten 15 Jahre nach, dann zog er sich zurück aus der Öffentlichkeit. Er stand unter Hausarrest, durfte keine Gäste empfangen, keine Telefonate führen. Alles das lief akribisch nach Drehbuch ab, war vorher minutiös ausgehandelt worden.[5]

Die Bush-Administration in Washington zeigte sich sehr zufrieden, wie Präsident Musharraf die »Affäre Khan« gelöst hatte. Auch das war zu erwarten gewesen. Es gebe keinerlei Anhaltspunkte dafür, verkündete der stellvertretende Außenminister Richard Armitage, daß »Regierungskreise in die Affäre verwickelt waren oder sind«. Vielmehr habe sich gezeigt, »daß Präsident Musharraf der rechte Mann zur rechten Zeit für die Führung Pakistans« sei. Und Armitages Abteilungsleiter für Abrüstung, John R. Bolton, wußte seinen Chef noch zu übertrumpfen: Man könne Präsident Musharraf »dafür lobpreisen«, wie er das schwierige Problem gemeistert habe.[6]

Der ehemalige IAEA-Waffeninspektor David Albright dagegen nannte die amerikanischen Lobeshymnen »eine schlimme Scharade«. Wie, bitte schön, sollte Khan dreizehnmal ins stalinistische Nordkorea geflogen sein, Dutzende von Atomtransporten mit C-130-Maschinen der Airforce nach Pjöngjang und Tripolis organisiert, Container von Kahuta über Dubai nach Teheran geschickt und jahrelang in Luxus und Wohlstand gelebt haben, ohne daß zumindest der militärische Geheimdienst, der ständig für seinen Schutz verantwortlich gewesen sei, irgend etwas davon mitbekommen hätte?[7]

Doch damit nicht genug: Colin Powell, der amerikanische Außenminister, wertete Pakistan zu einem Nicht-NATO-Alliierten auf, was mit allerlei Privilegien verknüpft ist. Und dann fertigte der Falke Bolton auch noch in altbewährter Manier kritische Fragesteller auf dem Capitol Hill ab. Wie konnte Khan Militärflugzeuge für private Zwecke einsetzen, ohne daß das Oberkommando seinen Segen dazu gab? »Wir glauben, daß Kahuta außerordentlich autonom war und Militärmaschinen einsetzen konnte, ohne daß andere Stellen des Militärs davon erfuhren«, entgegnete Bolton. Haben wir einen direkten Zugang zu Khan, um ihn vernehmen zu können? »Wir haben weder darum gebeten, einen Zugang zu Mr. Khan zu bekommen, noch sollten wir das versuchen. Wir sind vollauf zufrieden mit dem, was uns die pakistanische Regierung an Informationen liefert.«[8]

In einem Interview mit der *New York Times* räumte Musharraf ein, schon bald nach seiner Machtübernahme 1999 Verdacht gegen Khan geschöpft zu haben wegen »illegaler Kontakte« und »merkwürdiger Reisen«. Zu Untersuchungen habe er sich damals nicht durchringen können, weil das einen Sturm der Entrüstung ausgelöst hätte. »Man konnte nicht einfach hingehen und Ermittlungen einleiten, als sei er ein gewöhnlicher Krimineller«, sagte der Präsident. Er verteidigte überdies seine Entscheidung, Khan zu begnadigen: »Weil er sich zu einer übermenschlichen Figur gemacht hatte, mußte ich ihm Absolution erteilen, als Zugeständnis an die Öffentlichkeit.«[9]

Unterdessen sickerten in Islamabad immer neue Einzelheiten durch: Khan habe für die Hochzeiten seiner beiden Töchter Aisha und Dina insgesamt rund eine Million Dollar ausgegeben; er habe Dina mit entlarvenden Dokumenten und einem Video als »Lebensversicherung« nach London geschickt, falls er bei einem »Unfall« zu Tode kommen sollte.[10] Außerdem wurde bekannt, zu Khans »System« habe gehört, sich Loyalität mit großzügigen Zuwendungen zu erkaufen. Hier ein Scheck über 10000 Dollar für die Vermählung der Tochter, dort ein Bündel Bargeld für eine Reise nach Europa. »Er war sehr freigiebig«, erinnert sich Professor Pervez Hoodbhoy, Physiker und langjähriger Khan-Kritiker an der renommierten Quaid-e-Azam University in Islamabad, »aber diese Großzügigkeit hatte Methode, denn er sicherte sich damit jede Menge Unterstützung und Protektion.« Viele nahmen, schlossen ihre Augen und genossen.[11]

Obwohl Pervez Musharraf davon seit Jahren wußte, traute er, der uneingeschränkt herrschende Militärmachthaber, sich nicht, gegen Khan vorzugehen. Erst als dessen aufwendiger Lebensstil und zur Schau gestellter Wohlstand alles Maß überschritt, als ihm von rauschenden und protzigen Festen berichtet wurde, schritt der General Ende November 2003 zur Tat. Es sei zu einer »persönlichen Konfrontation« gekommen, wird ein Namenloser aus dem Umfeld Musharrafs in der Presse zitiert. Der Präsident habe, ganz Ehrenmann, darauf bestanden, Khans Seite der Geschichte zu hören. Aber der habe eine jämmerliche Figur abgegeben, »wußte nicht, was er den Vorwürfen entgegensetzen sollte«, erinnert sich der Zeuge. »Es war das erste Mal überhaupt, daß ich Tränen in den Augen des Präsidenten sah, er hielt es für den größten Vertrauensbruch in der Geschichte unseres Landes.«[12] Vielleicht sollte mit dieser emotionalen Schilderung aber auch nur um Sympathie für Pervez Musharraf geworben werden. Soviel aber war inzwischen unstrittig: Khan besaß totale Kontrolle über die Gelder, die aus der Staatskasse auf die Konten seines militärischen Forschungszentrums flossen, und zwar unabhängig davon, ob gerade Zivilisten oder Generäle die Regierungsgeschäfte führten. Fünf Milliarden Dollar, so wurde kolportiert, habe Pakistan der lange Weg zur Bombe insgesamt gekostet. Wieviel davon versickert sei, könne niemand sagen. »Wer so große Vollmachten besitzt, der läuft Gefahr, sie zu mißbrauchen«, sagt Hoodbhoy fast entschuldigend, das sei »eine menschliche Schwäche«.[13]

Nahmen auch die Militärs – und schwiegen? Oder gab es für die Generalstabschefs andere Motive, Khans Proliferation zu dulden oder sogar zu unterstützen? Für Musharraf wäre es undenkbar gewesen, einen seiner beiden Vorgänger auf die Anklagebank zu bringen, selbst wenn er hundertprozentig von dessen Schuld überzeugt gewesen wäre. Kameradenverrat wäre der Anfang vom Ende seiner Präsidentenzeit gewesen. Zumindest die Rolle von General Mirza Aslam Beg bedurfte allerdings nach Einschätzung der CIA und des MI6 durchaus einer kritischen Würdigung.

Mirza Aslam Beg, zwischen 1988 und 1991 Generalstabschef unter der Premierministerin Benazir Bhutto, fädelte nämlich 1991 ein Tauschgeschäft mit dem Iran ein, unterzeichnete in Teheran möglicherweise ein geheimes Protokoll über die Urananreicherung.[14] Er selbst dementierte dies später immer wieder. Robert B. Oakley aber, genau in diesen Jahren amerikanischer Botschafter in Islamabad, erinnert sich genau, wie General Beg, »übrigens ein ziemlich fanatischer Muslim«, einmal voller Enthusiasmus von den Mullahs zurückgekehrt sei. »Er sagte, er habe gute Gespräche mit den Revolutionären Garden über nukleare Zusammenarbeit und konventionelle militärische Unterstützung geführt. Iran werde Pakistan mit Waffen und Erdöl versorgen, Pakistan den Iran im Gegenzug mit Atomtechnologie.«[15] Ein Quidproquo wie später auch mit den Nordkoreanern? Auch innerhalb der Geheimdienste gilt es als gesicherte Erkenntnis, daß um 1990, auf Begs Initiative, P1-Zentrifugen nach Teheran geliefert wurden und ab Mitte der 90er Jahre, nach Begs Pensionierung und auf Khans Veranlassung, P2-Modelle. »Dazwischen hatten wir das Gefühl, er habe die Beziehungen nach Teheran abgebrochen, weil ihm die Weitergabe als zu gefährlich erschienen war«, erinnert sich einer der Geheimdienstanalysten.[16]

Vom Saulus zum Paulus? Mirza Aslam Beg engagierte sich nach seiner Pensionierung in einer Umweltstiftung, meldete sich regelmäßig mit Zeitungsbeiträgen zu Wort und nahm sogar an einer Konferenz der angesehen Pugwash-Organisation teil, die dem Thema »Läßt sich die indisch-pakistanische Nuklear-Konfrontation vermeiden?« gewidmet war. Doch in Sachen Iran blieb er, allen anderslautenden Aussagen zum Trotz, bei seiner Linie. Die Amerikaner stellten ihm ohnehin keine unangenehmen Fragen.[17]

Es sei nach dem Proliferationsskandal »nicht um Gerechtigkeit, sondern um Sicherheit« gegangen, wirft Robert L. Gallucci ein. Musharraf habe nach den antiamerikanischen Protesten dringend Unterstützung gebraucht, »im Interesse der inneren Sicherheit des Landes und der Sicherheit der pakistanischen Kernwaffen«. So funktioniere nun einmal Realpolitik.[18] Milton Bearden sieht das ähnlich: »Wenn Musharraf verschwindet, werden Offiziere die Macht übernehmen, mit denen wir oder die Engländer keinerlei Verbindungen mehr haben, weil sie nicht auf amerikanischen oder britischen Militärakademien ausgebildet wurden.« Der Verlust an Kontakten sei gleichbedeutend mit dem Verlust an Einfluß, und das könnte sich in dieser brenzligen Gemengelage in Pakistan als tödlich erweisen.[19]

Dennoch: »Wir hätten da mehr Druck ausüben müssen«, findet Walter Andersen. Das Gerede seines früheren Vorgesetzten Bolton in diesem Zusammenhang hält er für »gefährlichen Unfug«. Andersen, der bis 2003 die Südasien-Abteilung im Department of State leitete, weist auf die ungeklärten Kontakte Khans und seiner Vertrauten zur Al Qaida hin. Wie viele Millionen Khan auf seinem Nuklearbasar abgezockt und wo er die Millionen gebunkert habe, interessiere ihn herzlich wenig, sagt der Pakistan-Kenner, aber was seine Vertrauten, »die sich dem Djihad verpflichtet fühlen, in Kabul bei bin Laden wollten, das muß uns interessieren«![20]

Unmittelbar nach Khans Geständnis und der Entlarvung seines internationalen Netzwerks hatten in allen betroffenen Ländern umfangreiche Ermittlungen begonnen – auf allen Ebenen: Strafverfolgungsbehörden prüften, ob Verfahren einzuleiten waren, die Geheimdienste trugen das Wissen für ihre Regierungen zusammen, und die Wiener IAEA ließ ihre Inspektoren ausschwärmen, um weitere Informationen aus den belieferten Ländern zu beschaffen, vor allem aus Libyen. Alle Türen zu Abdul Qadeer Khan blieben allerdings verschlossen, die pakistanische Regierung gab die Ergebnisse seiner Vernehmungen nur gefiltert weiter. Man könnte auch sagen: zensiert.

Obwohl es in Malaysia zunächst geheißen hatte, er habe gegen keine Gesetze des Landes verstoßen, obwohl er am Ende offenbar für die CIA arbeitete, wurde Buhary Syed Abu Tahir, »Khans oberster Finanzjongleur und Geldwäscher« (so US-Präsident George W. Bush), Ende Mai 2004 verhaftet. Als Grundlage diente der Regierung ein Gesetz zur inneren Sicherheit. Tahir wurde in das berüchtigte Kamunting-Gefängnislager im Norden des Landes gebracht, in dem auch etwa einhundert angeblich militante Islamisten ohne Prozeß schmoren. Die amerikanische Regierung zeigte sich in einer offiziellen Verlautbarung »entzückt« über die Inhaftierung. Aber das konnte auch der Ablenkung dienen.[21]

Bevor es in Europa zu ersten Verhaftungen kommen sollte, wurden in Pakistan die ersten Beschuldigten aber schon wieder entlassen: Die engen Khan-Vertrauten Dr. Nazeer Ahmad, Major a. D. Islam ul-Haq und Brigadier a. D. Sajawal Khan Malik kamen Ende Juli nach siebenmonatiger Untersuchungshaft auf freien Fuß; nur Dr. Mohammed Farooq, der Kontaktmann zu Al Qaida, blieb vorläufig hinter Schloß und Riegel.[22]

Peter Griffin, der ein paar Jahre zuvor von der britischen Insel nach Südfrankreich übergesiedelt war und dadurch die Aufmerksamkeit des MI6 auf sich gelenkt hatte, genoß weiterhin die Sonnenuntergänge in der Provence; auch sein alter Mitstreiter Henk Slebos blieb weitgehend unbehelligt, obwohl Ermittlungen wegen mehrerer Exportverstöße zwischen 1999 und 2002 gegen ihn liefen.[23]

In Istanbul war Günes Cire sofort nach Khans Geständnis verhaftet und vernommen worden. Da die Türkei in die Europäische Union möchte, konnte ihrer Regierung das Image eines Staates, dessen Bürger sich ungestraft am weltweiten Atomwaffenbasar beteiligen dürfen, gar nicht gefallen. Dann starb Cire im August bei einem Verhör, angeblich infolge eines Herzinfarkts, möglicherweise unter Folter.[24]

Am 25. August ging Gerhard Wisser ins Netz, in Deutschland. Der Generalbundesanwalt in Karlsruhe ließ einen Haftbefehl vollstrecken, wegen Verdachts der Beihilfe zum versuchten Landesverrat. Es ging um das Ein- und Ausspeiserohrwerk, das Wisser bei Johan Meyer in Auftrag gegeben und für das er eine Vermittlungsprovision von einer Million Euro kassiert haben soll.[25] Der weißhaarige Deutschsüdafrikaner wies alle Vorwürfe zurück und kam gegen eine Kaution von 100000 Euro wieder auf freien Fuß. Wieder in Johannesburg wurde er noch auf dem Flughafen verhaftet; sein Kompagnon Daniel Geiges ging ebenfalls in Untersuchungshaft. Der dritte Mann der Pelindaba-Connection, Johan Meyer, stellte sich kurze Zeit später als Kronzeuge der Staatsanwaltschaft zur Verfügung und kam deshalb frei. Nach den ersten Aussagen Meyers bedauerte der Generalbundesanwalt, Wisser laufen gelassen zu haben, zog einen »Antrag auf Auslieferung« in Erwägung. Bei *Tradefin* wurden unterdessen die Anlagenteile für Lybien in elf Containern beschlagnahmt.[26]

Im Oktober und November 2004 sollten auch der Schweizer Urs Tinner bei einem Besuch in Hessen und der Deutsche Gotthard Lerch mit internationalem Haftbefehl an seinem Schweizer Wohnort Grabs festgenommen werden. Beiden wird vom Generalbundesanwalt »Beihilfe zur versuchten Förderung der Entwicklung von Atomwaffen und Beteiligung am Landesverrat«

vorgeworfen.[27] Der deutsche Rechtsstaat zeigt Krallen. Eigentlich fallen Lieferungen deutscher Personen oder Firmen, die zur Herstellung von Massenvernichtungswaffen dienen, unter das Außenwirtschafts- und das Kriegswaffenkontrollgesetz und damit in die Zuständigkeit der Länderjustiz. Da die Zentrifugentechnik des *Urenco*-Konsortiums jedoch »als Staatsgeheimnis zu bewerten« sei, konnte der Generalbundesanwalt das Verfahren wegen Beihilfe zum Landesverrat an sich ziehen. Lerch habe im Auftrag von Tahir die südafrikanischen Beschaffungsaktivitäten organisiert und dafür »Zahlungen in Höhe von vier bis fünf Millionen Schweizer Franken« erhalten, ließ der Generalbundesanwalt verlauten. Tinner sei in Malaysia an der Zentrifugenproduktion für Libyen und der Schulung des libyschen Personals beteiligt gewesen.[28]

War damit der Sumpf trockengelegt? In der Wiener Atombehörde IAEA versuchten die Fachleute schon seit Monaten, Licht in das Dunkel zu bringen. Die Veröffentlichung eines Berichts über Khans Netzwerk wurde immer wieder verschoben, zuletzt sogar auf Mitte 2005. Einen tatsächlich Überblick, wem er Baupläne und Technik für die Uranzentrifugen weitergereicht hat, kann nur der Kopf des Atomsyndikats im pakistanischen Hausarrest geben. Aber eine persönliche Vernehmung wird den Wienern ebenso verwehrt wie deren amerikanischen Kollegen.

In einer Art »Bermuda-Dreieck« zwischen Istanbul, Dubai und Tripolis waren, wie sich herausgestellt hatte, Tausende sensibler Komponenten verschwunden. Abgeschickt, aber nicht angekommen. Hatte es sich bei dem Libyen-Geschäft bewußt um unbrauchbares »Stückwerk« gehandelt, um eine »gigantische Abzocke« des Netzwerks? Doch der kurzzeitige Verdacht bestätigte sich nicht: Die libyschen Kerntechniker übergaben den Inspektoren detaillierte pakistanische Handbücher, mit Arbeitsanweisungen »besser als bei Ikea«, wie es bei der IAEA hieß, außerdem Videobänder aus Kahuta, auf denen die Originaldrehbänke zu sehen sind, damit die Libyer die Identität der eingehenden, nachgemachten Maschinen überprüfen konnten. Vielleicht waren die verschwundenen Lieferungen in letzter Minute umgelenkt worden, zu einem Empfänger, den noch niemand kannte.[29]

Die Analysten von CIA und MI6 konzentrierten sich derweil darauf, den Stand der geheimen Projekte im Iran und in Nordkorea zu bewerten, vor allem aber Khans Kontakten zu terroristischen Kreisen nachzuspüren, die nach dem 11. September zeitweilig zu schlimmsten Befürchtungen geführt hatten.

Nordkorea konnte als De-facto-Kernwaffenstaat gelten. Seit dem Hinauswurf der IAEA-Inspektoren hatte das Regime offenbar alle 8000 verfügbaren Brennstäbe seines Reaktors zu waffenfähigem Plutonium umgewandelt. Unabhängig davon, ob die von Khan beschriebenen Bomben Dummies waren oder nicht, gingen IAEA und Geheimdienste von etwa einem halben Dutzend nordkoreanischer Kernwaffen aus.[30] Das wiederum könnte eine Kettenreaktion in anderen asiatischen Ländern wie Japan, Taiwan und Südkorea nach sich ziehen; die Regierung in Seoul war von den IAEA-Inspektoren gerade bei Laserversuchen (AVLIS) zur Urananreicherung »erwischt« worden, einer Technik, mit der auch Pakistan und der Iran experimentiert hatten.[31]

Die Verhandlungen der IAEA mit Teheran schienen Ende des Jahres 2004 darauf hinauszulaufen, daß der Iran das von Abdul Qadeer Khan ermöglichte Urananreicherungsprogramm einfrieren würde – vorläufig zumindest. Nicht auszuschließen, daß die Regierung an bislang unbekanntem Ort heimlich weitermachen wollte. In den Geheimdiensten gibt sich jedenfalls niemand irgendwelchen Illusionen hin, die Mullahs auf Dauer von Kernwaffen fernhalten zu können. Sie spielen nur das Spiel der Nordkoreaner: ein bißchen täuschen, ein bißchen pokern, ein bißchen hinhalten.[32] Allerdings ist allen klar, daß Israel diesmal nicht zögern wird, rechtzeitig zu reagieren, anders als während der Aufbauphase von Little Almelo 1979. Denn ein atombewaffneter Iran könnte wegen der Mittelstreckenraketen des Landes (ebenfalls umgerüstete No dongs aus Nordkorea) und wegen der Unterstützung islamischer Terroristen eine immense Bedrohung Israels darstellen.[33]

Und Saudi-Arabien? Hatte das Königshaus irgendwann von Pakistan verlangt, den Wechsel aus den siebziger Jahren einzulösen? Durch Urananreicherungstechnik oder, viel besser, ein paar fertige Kernwaffen? War das der Hintergrund der Visite von Verteidigungsminister Prinz Sultan bin Abdul Aziz im Mai 1999 in Kahuta? Und der Gegenbesuche von Khan? Im Herbst 2003 hatte es zudem Hinweise auf ein geheimes Abkommen »Kerntechnik gegen Öl« zwischen Islamabad und Riad gegeben.[34]

Die brennendste Frage bleibt jedoch jene nach den Beziehungen Khans zu islamischen Terroristen. »Pakistan ist das Land, von dem die größte Bedrohung für die Vereinigten Staaten auf der ganzen Welt ausgeht«, konstatiert Robert L. Gallucci. »Wir wissen, daß Khans Leute mit Al Qaida zusammengearbeitet haben, wir wissen nicht, ob das Spaltmaterial in Pakistan in sicheren Händen ist, ob das pakistanische Arsenal gesichert ist, wie viele Sympathisanten von Al Qaida es im pakistanischen Geheimdienst ISI gibt.« Das alles sei höchst alarmierend und beängstigend.[35]

Im Morgengrauen des 1. März 2003 war Khalid Scheich Mohammed in Karatschi verhaftet worden, die Nummer 3 von Al Qaida. »KSM«, wie er in Kreisen der Geheimdienste und Sicherheitsbehörden der Einfachheit halber genannt wird, habe möglicherweise mit Khan in Verbindung gestanden, sei ungefähr zur gleichen Zeit am selben Ort gewesen wie der »Vater der pakistanischen Atombombe«, hieß es. Der Chefterrorist hat bei den anschließenden Verhören allerdings jeden Kontakt dementiert. Aber das muß nichts heißen.[36]

Sicher galt bis dahin, daß sich einige von Khans Mitarbeitern in Kabul mit hochrangigen Vertretern des Terrornetzwerkes getroffen hatten, sogar mit Osama bin Laden. Aber der Boß persönlich? Wurde er nicht auf Schritt und Tritt von Bodyguards des ISI begleitet, schon weil die pakistanische Regierung ein Attentat befürchtete? Stand er nicht unter genauer Beobachtung von CIA, MI6 und Mossad? Fest stand andererseits: Abdul Qadeer Khan war mindestens einmal selbst nach Kabul geflogen, vor November 2001, also zu Taliban-Zeiten. Was hatte er dort gewollt? Und wenn er wirklich etwas weitergab, tat er es aus Überzeugung, aus Rache oder auch nur wieder gegen Bezahlung?

Wie die Nachrichtendienste die Sache auch drehen und wenden, selbst wenn sich manche Verdachtsmomente wieder in Luft auflösen, es bleibt ein sehr großes Unbehagen, Al Qaida könnte Zugang zu pakistanischem Spaltmaterial finden oder schon gefunden haben. »Eine krude Atombombe, die im Container nach New York geschmuggelt wird, das ist der Stoff, aus dem unsere schlimmsten Träume sind«, gesteht einer der an der Aufarbeitung das Khan-Netzwerks beteiligten Geheimdienstler ein.[37]

Vier Szenarien werden gegenwärtig in der CIA diskutiert. Alle Überlegungen gehen davon aus, daß die nuklearen Sprengkörper noch nicht auf die Ghauri-Raketen montiert oder unter die Flügel der F-16 gehängt wurden:[38]

1. Szenario: Präsident Pervez Musharraf kann die innenpolitischen Verhältnisse in seinem Land stabilisieren und die profundamentalistischen, antiamerikanischen Tendenzen, auch in seinem eigenen Militär, unter Kontrolle halten; es ist bislang weder hochangereichertes Uran aus Kahuta oder Plutonium aus dem nicht IAEA-kontrollierten Kushab-Reaktor verschwunden; die Bomben werden als separierte Komponenten getrennt voneinander gelagert und streng bewacht; das command-and-control-System der pakistanischen Armee ist funktionstüchtig.

2. Szenario: Präsident Pervez Musharraf kann die innenpolitischen Verhältnisse in seinem Land stabilisieren und die profundamentalistischen, antiamerikanischen Tendenzen, auch in seinem eigenen Militär, unter Kontrolle halten; korrupte Wissenschaftler oder religiöse Fanatiker mit Zugang zu dem stetig wachsenden Vorrat an Spaltmaterial bringen hochangereichertes Uran in ihren Besitz und geben es an Al Qaida weiter; deren Ingenieure bauen daraus einen simplen Sprengsatz nach dem »Kanonenprinzip« (gun-type).

3. Szenario: Die Lage im Land und vor allem in der Armee radikalisiert sich weiter; die Bomben werden fertig konfektioniert gelagert; das command-and-control-System der pakistanischen Armee ist unzuverlässig; extremistische ISI-Offiziere verschaffen sich mit Waffengewalt und den nötigen Codes Zugang zu einer fertigen Kernwaffe, schmuggeln sie in einem Container außer Landes, übergeben diesen an Al Qaida oder schicken ihn nach Bombay; denkbar wäre auch, daß sie eine Bombe in ihren Besitz bringen und vor Ort mit einer Zündung drohen, um die Regierung zum Einmarsch in Kaschmir zu zwingen.

4. Szenario: Präsident Musharraf fällt einem Attentat zum Opfer; fundamentalistische Offiziere übernehmen mit Unterstützung islamischer Religionsführer die Macht und installieren eine Art Taliban-Regime in Islamabad; für Al Qaida wird Pakistan zu einem zweiten Afghanistan, mit jeder denkbaren logistischen Unterstützung eines Staatswesens und direktem Zugriff auf das komplette Atomwaffenarsenal.

Das wäre Armageddon. »Wir waren 50 Jahre vor einem nuklearen Angriff aus der Sowjetunion oder aus China geschützt, weil wir die Möglichkeit eines Gegenschlags besaßen. Es gab ein Gleichgewicht der Furcht voreinander«, faßt Robert Gallucci die Perspektiven zusammen, »aber was wollen wir gegen einen atomaren Angriff machen, wenn der Angreifer keine Furcht hat und bereit ist, für seinen Glauben zu sterben? Wir können uns nur dagegen schützen, wenn wir verhindern, daß Terroristen Spaltmaterial oder fertige Atombomben überhaupt erst in die Hände bekommen!«[39]

Schon nach dem 11. September und während der darauffolgenden nuklearen Krisensituation in Washington, als die große Sorge umging, Al Qaida könnte sich eine Atomwaffe angeeignet und auf amerikanischen Boden geschmuggelt haben, ließ Pervez Musharraf sofort die pakistanischen Atomwaffen auf verschiedene Lager verteilen. Bis dahin wurden die Bomben offenbar weitgehend auf dem riesigen Gelände des Central Ammunition Depot in Sargodha bei Lahore gelagert.[40] Auf Satellitenaufnahmen sind hohe Hallen auf dem Sargodha-Areal zu erkennen, unter denen sich wahrscheinlich Abschußrampen für die Ghauri-Raketen befinden.[41]

Irgendwann im Lauf des Jahres 2002 stellten die Amerikaner dem pakistanischen Militär ein US-Sicherheitssystem zur Verfügung, damit es den Zugang zu ihren Atomdepots besser unter Kontrolle halten kann.[42] Aber die besten physischen Schutzmechanismen nützen nicht viel, wenn es undichte Stellen in der Kommandolinie gibt, sich also jemand die geheimen Codes beschaffen kann. Und das bleibe die Achillesferse des pakistanischen Arsenals, befürchtet David Albright, ehemaliger UN-Waffeninspekteur im Irak und heute mit seinem Institute for Science and International Security (ISIS) wichtigster Analyst der »Nichtweiterverbreiter« außerhalb der Geheimdienste.[43]

Sofort nach 9/11 ließ das Pentagon streng geheime Pläne ausarbeiten, um im äußersten Fall die pakistanischen Atombomben durch amerikanische Kommandos sichern und das in ihnen enthaltene Spaltmaterial »exfiltrieren« zu können, wie es im militärischen Jargon heißt. Gleichzeitig sollten in dem Fall die Nuklearanlagen des Landes wie Little Almelo in Kahuta oder der Kushab-Reaktor mit Cruise-Missiles angegriffen und zerstört werden.[44] Mehr noch: Die mit der Aufgabe betraute Delta Force begann schon Ende Oktober 2001 auf einem abgeschiedenen US-Militärstützpunkt mit dem Training für eine solche Operation, zusammen mit Soldaten der Unit 262 aus der legendären israelischen Spezialeinheit Sayeret Mat'kal.[45] Sie sollen gemeinsam mit den Amerikanern die pakistanischen Bomben oder wenigstens deren Urankerne mit Hubschraubern außer Landes bringen. David Albright hält es sogar für denkbar, daß sich auch indische Einheiten beteiligen oder selbständig tätig werden.[46] Die Elitetruppe 1st Special Forces Operational Detachment Delta, so der offizielle Name in der Nomenklatur des Pentagon, hat die Aufgabe, Terroristen zu verfolgen und gegebenenfalls gezielt zu töten, im Hinterland des Gegners zu operieren und geheime Informationen aus Kriegs- und Krisenregionen zu beschaffen. Sie wäre ebenso prädestiniert für den Pakistan-Einsatz wie ihr israelisches Pendant, die Unit 262, zu deren Ausbildung es schon seit jeher zählt, nukleares Material im Ausland zu stehlen oder zu zerstören.[47] Obwohl naturgemäß wenig über Ausrüstung, Fähigkeiten und Befugnisse der »Rambos« nach außen dringt, ist davon auszugehen, daß die Soldaten notfalls auch ihr eigenes Leben für den Erfolg der Mission opfern würden. Das könnte auch heißen, die Atombomben dort zu zünden, wo man sie findet, wenn eine »Evakuierung« sich als undurchführbar erweisen sollte.[48]

»Alles bullshit«, poltert Milton Bearden, der pensionierte CIA-Agent mit besten Pakistan-Erfahrungen, der jetzt Romane und Drehbücher schreibt, »das ist Hollywood! Ich weiß wirklich nicht, was die Leute dazu bringt, zu sagen, wir müßten die Pakistanis entwaffnen, weil ich wirklich keine Möglichkeit sehe, das in die Tat umzusetzen.« Der Grund für Beardens schroffes Urteil: Niemand außerhalb der pakistanischen Befehlskette, auch niemand in seinem »alten Verein in Langley«, könne mit einiger Sicherheit sagen, wo sich die Bomben in Pakistan heute befinden. Und selbst wenn es Informationen über ein, zwei Lager gäbe, stiegen im selben Moment, in dem diese in Besitz genommen würden, »an anderer Stelle die Raketen mit ihrer tödlichen Fracht für Delhi, Bombay und Kalkutta auf, Flugzeit acht bis zehn Minuten«.[49] Mission impossible.

David Albright sieht das anders: Er wisse, daß »hochrangige Leute aus Musharrafs Truppe uns längst signalisiert haben, im Falle eines Falles bekommt ihr alle Informationen von uns, die ihr für eine Operation der Delta Force benötigt«. Solange es rational denkende Generäle in der pakistanischen Armee gebe, die ihre Kronjuwelen lieber in amerikanischen Tresoren sähen als in den Händen irrationaler Offiziere oder gar Al-Qaida-Terroristen, könnte der Plan gelingen. Aber in jedem Fall, räumt auch Albright ein, würde es sich um ein »Himmelfahrtskommando« handeln.[50]

Über solche streng geheime Planungen sollte besser in der Öffentlichkeit gar nicht gesprochen werden, findet die Association of Former Intelligence Officers, ein Zusammenschluß ehemaliger amerikanischer Geheimdienstbediensteter: »Erzählt uns davon, wenn es zu Ende gebracht wurde, nicht vorher. Wir brauchen das nicht zu wissen! Der Feind liest und hört mit.«[51] Dahinter steht die Befürchtung, Schlagzeilen in der amerikanischen Presse über eine geplante Entwaffnung der pakistanischen Armee würden zwangsläufig die Position Musharrafs weiter schwächen. Das weiß auch David Albright: Unter den Menschen in Pakistan könnten solche Diskussionen natürlich zu hysterischen Reaktionen führen, weil sie fürchten müßten, Indien erneut wehrlos ausgeliefert zu sein. Dann hätten die islamistischen Prediger mit ihren revolutionären Plänen leichtes Spiel.[52]

Derweil sitzt der Mann, der Anlaß für all diese Sorgen und Ängste, Risiken und Gefahren ist, in seiner Residenz am Fuße der Margalla Hills, am Rande von Islamabad, und liest ausgiebig Zeitungen. Seine Regierung habe ihn unter Hausarrest gestellt, das Areal sei von Sicherheitskräften hermetisch abgeriegelt worden, wird geschrieben, er dürfe nicht telefonieren, nicht die geliebten Affen füttern, keine Besucher empfangen. Nur die Ermittlungsbeamten des Geheimdienstes schauten alle paar Tage vorbei, außerdem einmal in der Woche seine Tochter Aisha, für eine halbe Stunde. Sie müsse sich hinterher scharfen Kontrollen unterziehen, damit sie keine Kassiber ausschleusen könne. Seine Freunde klagen, er sei durch »gefährlich hohen Blutdruck« gesundheitlich stark angeschlagen.[53]

»Eine Farce mit verteilten Rollen« wird der »Hausarrest« von einem der zuständigen Geheimdienstanalysten genannt. Tatsächlich sei er nach wie vor sehr aktiv, plane bereits für die Zukunft, lasse sich bisweilen sogar schon wieder öffentlich blicken. Über kurz oder lang, sagt er, spätestens nach einem Regimewechsel in Islamabad, stehe »Dr. No« auch offiziell vor einem Comeback.[54]

Epilog

Irgendwann während unserer Begegnungen, nach langen Gesprächen, kommt einer dieser gefühlsschwangeren Momente, in denen sich alles zu einer einzigen Bemerkung verdichtet: »Damals haben sie mich kaputtgemacht, jetzt macht ER sie kaputt!«

Natürlich ist Richard Barlow ein emotionaler Mensch. Natürlich sind seine Wunden nicht verheilt in den zwölf Jahren, seit er Washington den Rücken kehrte. Natürlich klingt das selbstgerecht. Aber es stimmt wohl auch: Jeden Tag, an dem er Vorbereitungen treffen muß für den schlimmsten Fall, einen atomaren Angriff von Al Qaida auf die Vereinigten Staaten, wird er neu daran erinnert, daß es damals gute Chancen gab, genau diese Entwicklung zu verhindern.

Als die geschulte Nüchternheit eines Geheimdienstanalysten wieder die Oberhand gewonnen hat, versucht Richard das Problem noch einmal auf höherer Ebene darzulegen: »Wir Amerikaner«, sagt er, »wir Amerikaner beschäftigen uns mit Problemen erst, wenn wir dazu bereit sind, und wenn wir dazu bereit sind, ist es oft zu spät. Und jetzt ist es ein bißchen zu spät, sich mit Abdul Qadeer Khan zu beschäftigen. Die Regime im Iran und in Nordkorea haben alles von ihm bekommen, was sie brauchen, und was Al Qaida und andere islamische Terroristen bislang noch nicht von ihm bekommen haben, das werden sie irgendwann vom Iran oder aus Nordkorea erhalten.« Das klingt illusionslos, aber auch ziemlich trotzig, und seine Körpersprache unterstreicht das. »Und nach dem Iran und Nordkorea werden andere Länder folgen, die sich jetzt im Zugzwang sehen: Saudi-Arabien, Japan, Südkorea. Sie alle haben das nötige Geld. ›Dr. No‹ hat den Geist endgültig aus der Flasche gelassen.«

Richard Barlows persönliche Perspektiven sehen düster aus. In seinem Beraterjob für die Regierung läuft es schlecht, und eine Vereinbarung über seine verlorenen Pensionsansprüche steht in den Sternen. Am 23. September 2004 wandte sich Senator Jeff Bingaman, der sich für Barlows Belange einsetzt, in einem Brief an Paul Wolfowitz, den damals wie heute stellvertretenden US-Verteidigungsminister: »Mr. Barlow hat einen nicht wieder gut zu machenden Schaden seines persönlichen und beruflichen Lebens erlitten«, schrieb der demokratische Senator. Er fordere daher, »daß alle 24 Jahre seines Dienstes, inklusive der letzten 13 Jahre als Berater der US-Regierung, auf seine Pensionszahlungen angerechnet werden.« Für Wolfowitz wäre es ein Federstrich. Doch der Kalte Krieger will offenbar nicht helfen.[1]

In ein paar Tagen, sagt Richard als wolle er das Thema wechseln, um nicht in Depression zu verfallen, werde er seinen silbernen Wohnwagen hinter den Rangerover spannen, seine beiden Hunde und seine Beretta-Flinten einpacken und ein paar hundert Meilen fahren, um im Hochland Enten, Fasane und Moorhühner zu jagen.

Abkürzungen

ACDA – Arms Control and Disarmment Agency
AEC – Atomic Energy Corporation
AVE – Apparate, Verfahren und Engineering AG
BAFA – Bundesamt für Wirtschaft und Ausfuhrkontrolle
BAW – Bundesamt für Wirtschaft
BCCI – Bank of Credit and Commerce International
BJP – Bharatiya Janata Party
BMFT – Bundesministerium für Forschung und Technologie
BMWi – Bundesministerium für Wirtschaft
Centcom – US Central Commands
CNOR und SNOR – holländische Zentrifugentypen zur Urananreicherung
DCI – Director of Central Intelligence
DOD – Department of Defense
DST – Direction de la Surveillance du Territoire (franz. Geheimdienst)
DTD – (PAEC) Directorate of Technical Development
ERL – Engineering Research Laboratories
FDO – Fysisch Dynamisch Onderzoeklaboratorium
GfK – Gesellschaft für Kernforschung
GUZ – Gas-Ultra-Zentrifugen
HEU – high enriched uranium (hochangereichertes Uran)
IAEA – International Atomic Energy Agency (Internationale Atomenergiebehörde in Wien)
IBS – Institute of Behavioural Sciences
ISAM – International Symposium on Advanced Materials
ISI – Inter Services Intelligence (pakistanischer Geheimdienst)
ISIS – Institute for Science and International Security
Kanupp – Karachi Nuclear Power Plant
KfK – Kernforschungszentrum Karlsruhe
KWU – Kraftwerks Union
LET – Lashkar-e-Taiba (»Armee der Gerechten«)
LEU – low enriched uranium (niedrigangereichertes Uran)
MMA – Muttahidi Majlis-e-Amal
NEST – Nuclear Emergency Support Team
NEVWG – Nuclear Export Violations Working Group
NSA – National Security Agency (US-Geheimdienst)
OFD – Oberfinanzdirektion
PAEC – Pakistanische Atomenergiebehörde (Pakistan Atomic Energy Commission)

PDB	– Presidential Daily Briefing
PPP	– Pakistan People's Party
RCMP	– Royal Canadian Mounted Police
Umma	– islamische Weltgemeinschaft
UTN	– Umma Tameer-e-Nau (pakistanische Hilfsorganisation)

Zitatnachweis

1 Gespräch mit A. Q. Khan am 11.10.1998.
2 Interview Osama bin Laden, *Newsweek*, 11.1.1999.

Prolog

1 Sydney Anderson, Richard Barlow, »The Taxonomie of Cervus Elaphus Merriami (Cervidae)«, *The Southwestern Naturalist*, Vol. 23, No. 1, 1.2.1978.
2 Gespräche mit Richard M. Barlow am 25. und 26.9.2004.
3 *Weekly Hurmat*, 1986, Islamabad.
4 Egmont R. Koch, »Der nukleare Albtraum, Atomwaffen in den Händen islamischer Fundamentalisten«, *ARD (WDR)*, 11.11.1998; Egmont R. Koch, »die story: Das Geheimnis des Dr. Khan«, *ARD (WDR)*, 5.2.2004.
5 Gespräch mit A. Q. Khan am 11.10.1998.
6 »Top secret personal, 1/165, 6.10.1990, PC3, Subject. Proposal« (englische Übersetzung des Mukhabarat-Dossiers, Dokument 300893-5); Note by the Secretary-General, Security Council, 15.1.1998; Egmont R. Koch, »Der nukleare Albtraum. Atomwaffen in den Händen islamischer Fundamentalisten«, *ARD (WDR)*, 11.11.1998; Egmont R. Koch, »Furcht vor der islamischen Bombe«, *Die Welt*, 24.11.1998.

Vor Armageddon

Dieses Kapitel stützt sich an verschiedenen Stellen auf folgende Literatur: Bob Woodward, »Plan of Attack«, New York 2004. Diese Quelle wird – mit Ausnahme von Zitatbelegen – nicht mehr im einzelnen nachgewiesen.

1 Quelle C am 27.7.2004; Arnaud de Borchgrave, »Commentary: Pakistan's Kashmir terrorists«, *United Press International*, 22.12.2001; Subodh Atal, »Extremist, Nuclear Pakistan – An Emerging Threat?«, *Policy Analysis*, No. 472, 5.3.2003; Kaushik Kapisthalam, »Pakistan's forgotten al-Qaeda nuclear link«, *Asia Times online*, 4.6.2004.
2 Department of State Fact Sheet, »Lashkar-e-Tayyiba (LT)«, 4/2001; Federation of American Scientists (FAS), »Lashkar e

Taiba«, www.fas.org/irp/world/para/lashkar.htm; Subodh Atal, »Extremist, Nuclear Pakistan – An Emerging Threat?«, *Policy Analysis*, No. 472, 5.3.2003; B. Raman, »Lashkar e Taiba: A Backgrounder«, 27.12.2000, www.subcontinent.com/sapra/terrorism/terrorism20001227a.html; www.ict.org.il/inter_ter/orgdet.cfm?orgid=81.

3 Subodh Atal, »Extremist, Nuclear Pakistan – An Emerging Threat?«, *Policy Analysis*, No. 472, 5.3.2003; www.ict.org.il/inter_ter/orgdet.cfm?orgid=8; www.kashmirherald.com/profiles/lashkaretoiba.html; Gespräch mit Subodh Atal am 26.7.2004.

4 Quelle C am 27.7.2004; *Bulletin of the Atomic Scientists*, 1/2/2000, Vol. 56, No. 1.

5 Federation of American Scientists (FAS), »Lashkar e Taiba«, www.fas.org/irp/world/para/lashkar.htm; »Redesignation of Foreign Terrorist Organizations«, Department of State, 23.12.2003; »Day 100 of the War on Terrorism«, White House Fact Sheet, 20.12.2001; B. Raman, »Lashkar e Taiba: A Backgrounder«, 27.12.2000, www.subcontinent.com/sapra/terrorism/terrorism20001227a.html.

6 Quelle C am 27.7.2004; Federation of American Scientists (FAS), »Lashkar e Taiba«, www.fas.org/irp/world/para/lashkar.htm.

7 B. Raman, »Lashkar e Taiba: A Backgrounder«, 27.12.2000, www.subcontinent.com/sapra/terrorism/terrorism20001227a.html.

8 »The 9/11 Commission Report«, New York 2004; Oliver Schröm, Dirk Laabs, »Tödliche Fehler«, Berlin 2004; Oliver Schröm, »Al Qaida – Akteure, Strukturen, Attentate«, Berlin 2003.

9 Quelle C am 27.7.2004; Arnaud de Borchgrave, »Commentary: Pakistan's Kashmir terrorists«, *United Press International*, 22.12.2001.

10 *Weekly Hurmat*, 9/1986 – 1/1987, Islamabad.

11 Quelle C am 27.7.2004.

12 Gespräch mit S. E. Asif Ezdi (pakistanischer Botschafter in Berlin) am 18.10.2004.

13 *Jang*, 12.3.2001; *The News*, 22.4.2001.

14 Quelle C am 27.7.2004.

15 »Review of Intelligence on Weapons of Mass Destruction«, Report of a Committee of Privy Counsellors (»Butler-Report«), 14.7.2004.

16 Quelle D am 13.5.2004.

17 James Bamford, »NSA. Die Anatomie des mächtigsten Geheimdienstes der Welt«, München 2001; Jeffrey T. Richelson, »The

U.S. Intelligence Community«, Boulder 1995; Egmont R. Koch, Jochen Sperber, »Die Datenmafia«, Reinbek 1995; Quelle A am 15.7.2004 und 28.10.2004; Quelle B am 25.7.2004; Remarks by the President on Weapons of Mass Destruction Proliferation, Fort Lesley J. McNair, National Defense University, 11.2.2004.

18 Gespräch mit A. Q. Khan am 11.10.1998.

19 Quelle A am 15.7.2004 und 28.10.2004.

20 *The Telegraph*, 9.3.2004; Quelle B am 25.7.2004; Quelle A am 15.7.2004 und 28.10.2004; Gespräch mit A. Q. Khan am 11.10.1998; Steve Weissman, Herbert Krosney, »The Islamic Bomb«, New York 1981.

21 Quelle A am 15.7.2004 und 28.10.2004; Quelle B am 25.7.2004; Quelle C am 27.7.2004; Quelle D am 13.5.2004.

22 Gespräch mit Munir Ahmed Khan am 13.8.1998.

23 M. A. Sheikh, »The nuclear father«, *www.hipakistan.com*; www.fas.org/nuke/guide/pakistan/agency/paec.htm; Munir Ahmed Khan, »Why nuclear club can't expand«, *Dawn*, 24.6.1998; Munir Ahmed Khan, »India's nuclear journey«, *The News*, 5.5.1998.

24 *Weekly Hurmat*, 9/1986–1/1987, Islamabad.

25 Quelle B am 25.7.2004.

26 David Albright, Holly Higgins, »A bomb for the Ummah«, *Bulletin of the Atomic Scientists*, 3/4/2003, Vol. 59, No. 2, S. 49–55; Subodh Atal, »Extremist, Nuclear Pakistan – An Emerging Threat?«, *Policy Analysis*, No. 472, 5.3.2003. Seymour M. Hersh, »Watching The Warheads«, *The New Yorker*, 5.11.2001; David Sanger, »Nuclear Experts in Pakistan May Have Links to Al Qaeda«, *New York Times*, 9.12.2001; »Pro-Taliban Nuclear Scientists Planned Large-Scale Investment in Afghanistan«, *Nawa-i-Waqt*, 31.10.2001; Peter Baker and Kamran Khan, »Pakistan to Forgo Charges Against 2 Nuclear Scientists«, *Washington Post*, 30.1.2002.

27 Sultan Mahmood and Muhammad Nasim, »CTBT: A Technical Assessment«, www.Pakistanlink.com/Opinion/2000/Jan/07/02.htm; Asmir Latif, »Two Pakistani Atomic Scientists Arrested«, www.islamonline.net/English/News/2001-10/25/article3.html.

28 Sultan Bashir-ud-Din Mahmood, »Doomsday and Life After Death – The Ultimate Fate of the Universe as Seen Through the Holy Quran«, 1987; Sultan Bashir-ud-Din Mahmood, »Cosmology and Human Destiny«, 1998; Martin Schwarz, Heinz Erdmann, »Atomterror«, München 2004.

29 David Albright, Holly Higgins, »A bomb for the Ummah«, *Bulletin of the Atomic Scientists*, 3/4/2003, Vol. 59, No. 2;

»ERL/Pinstech Personalities: Abdul Majeed, Technical Manager of New Labs«, MI6 1980.

30 David Albright, Holly Higgins, »A bomb for the Ummah«, *Bulletin of the Atomic Scientists*, 3/4/2003, Vol. 59, No. 2.

31 »Day 100 of the War on Terrorism«, White House Fact Sheet, 20.12.2001; »President's Statement on Pakistan Extremist Groups«, 21.12.2001.

32 Oliver Schröm, Dirk Laabs, »Tödliche Fehler«, Berlin 2004; »The 9/11 Commission Report«, New York 2004; Bob Woodward, Dan Eggen, »Memo Focused On Attacks in U.S.«, *Washington Post*, 18.5.2002.

33 Richard A. Clarke, »Against All Enemies«, New York 2004; Bob Woodward, Dan Eggen, »Memo Focused On Attacks in U.S.«, *Washington Post*, 18.5.2002.

34 Richard A. Clarke, »Against All Enemies«, New York 2004; Oliver Schröm, Dirk Laabs, »Tödliche Fehler«, Berlin 2004.

35 »The 9/11 Commission Report«, New York 2004; Oliver Schröm, Dirk Laabs, »Tödliche Fehler«, Berlin 2004; Oliver Schröm, »Al Qaida – Akteure, Strukturen, Attentate«, Berlin 2003; Richard A. Clarke, »Against All Enemies«, New York 2004.

36 7th International Symposium on Advanced Materials, 17. bis 21.9.2001; 8th International Symposium on Advanced Materials, 8.–11.9.2003; www.krl.com.pk/isam2001/sponsors; Bart Meinen, Theo Radestra, »Urenco Gate«, home.hetnet.nl/-antinucleair/Urenco/Gate.htm.

37 Quelle C am 27.7.2004.

38 David Albright, Holly Higgins, »A bomb for the Ummah«, *Bulletin of the Atomic Scientists*, 3/4/2003, Vol. 59, No. 2; »Pakistani nuclear scientists under scrutiny«, *Bulletin of the Atomic Scientists*, 16.12.2003; »ERL/Pinstech Personalities: Mohammad Farooq, Director of the Foreign Procurement Division (FPD)«, Aufstellung MI6 ca. 1980.

39 »The 9/11 Commission Report«, New York 2004.

40 Richard A. Clarke, »Against All Enemies«, New York 2004.

41 Massimo Calabresi, Romesh Ratnesar, »Can We Stop the Next Attack?«, *Time Magazine*, 11.3.2002; Graham Allison, »Nuclear Terrorism«, New York 2004.

42 Graham Allison, »Nuclear Terrorism«, New York 2004; www.fas.org/nuke/guide/usa/doctrine/doe/o5530_2.htm; Richard A. Clarke, »Against All Enemies«, New York 2004; Anthony Kimmery, »High Alert – U.S. Threatened With Nukes«, *Insight*, 2.11.2001.

43 Mike Boettcher, Ingrid Arnesen, »Story: Al Qaeda Documents Outline Serious Weapons Program«, *CNN*, 25.1.2002; David Albright, Holly Higgins, »A bomb for the Ummah«, *Bulletin of the Atomic Scientists*, 3/4/2003, Vol. 59, No. 2.

44 Quelle A am 15.7.2004 und 28.10.2004; David Albright, Holly Higgins, »A bomb for the Ummah«, *Bulletin of the Atomic Scientists*, 3/4/2003, Vol. 59, No. 2.
45 Bob Woodward, »Plan of Attack«, New York 2004; Quelle C am 27.7.2004; *The Guardian*, 13.12.2001.
46 Quelle C am 27.7.2004; Quelle D am 13.5.2004.
47 Graham Allison, »Nuclear Terrorism«, New York 2004; Aamir Latif, »Two Pakistani Atom Scientists Arrested«, *Islam Online*, 24.10.2001; David Sanger, »Nuclear Experts in Pakistan May Have Links to Al Qaeda«, *New York Times*, 9.12.2001; Seymour M. Hersh, »The risks to Pakistan's nuclear arsenal«, *The New Yorker*, 5.11.2001; »Pakistani Scientist Who Met Bin Laden Failed Polygraphs, Renewing Suspicions«, *Washington Post*, 3.3.2002.
48 Seymour M. Hersh, »The risks to Pakistan's nuclear arsenal«, *The New Yorker*, 5.11.2001; »Pakistani Scientist Who Met Bin Laden Failed Polygraphs, Renewing Suspicions«, *Washington Post*, 3.3.2002.
49 Quelle C am 27.7.2004; Quelle A am 15.7.2004 und 28.10.2004; David Albright, Holly Higgins, »A bomb for the Ummah«, *Bulletin of the Atomic Scientists*, 3/4/2003, Vol. 59, No. 2; »Pakistani nuclear scientists under scrutiny«, *Bulletin of the Atomic Scientists*, 16.12.2003; »ERL/Pinstech Personalities: Mohammad Farooq, Director of the Foreign Procurement Division (FPD)«, Aufstellung MI6 ca. 1983: Bob Woodward, »Plan of Attack«, New York 2004.
50 *The Wall Street Journal*, 14.6.2002; Bob Woodward, »Plan of Attack«, New York 2004; Quelle B am 25.7.2004.
51 Quelle C am 27.7.2004; David Sanger, »Nuclear Experts in Pakistan May Have Links to Al Qaeda«, *New York Times*, 9.12.2001; Bob Woodward, »Plan of Attack«, New York 2004; Subodh Atal, »Extremist, Nuclear Pakistan – An Emerging Threat?«, *Policy Analysis*, No. 472, 5.3.2003.
52 Bob Woodward, »Plan of Attack«, New York 2004.
53 Bob Woodward, »Plan of Attack«, New York 2004; Graham Allison, »Nuclear Terrorism«, New York 2004.
54 Bob Woodward, »Plan of Attack«, New York 2004; Quelle C am 27.7.2004; »U.S. fears Bin Laden Made Nuclear Strides«, *Washington Post*, 4.12.2001.
55 David Sanger, »Nuclear Experts in Pakistan May Have Links to Al Qaeda«, *New York Times*, 9.12.2001; Quelle C am 27.7.2004; »Myanmar Gets a Russian Nuclear Reactor«, *The Wall Street Journal*, 3.1.2002.
56 »Presidential Determination No. 2001-31: Assistance for Pakistan«, 28.9.2001.
57 »U.S. Programs to Assist the People of Pakistan«, White House Fact Sheet, 13.2.2002.

58 »Day 100 of the War on Terrorism«, White House Fact Sheet, 20.12.2001; *Office of Foreign Assets Control Bulletin*, US Treasury Department, 4.12.2001.

59 *Reuters*, 13.12.2001; India Recalls Envoy to Pakistan Over Attack on Parliament«, *New York Times*, 21.12.2001.

60 »Pakistan ›formally‹ detains militan leader«, *BBC-News*, 8.1.2002; »Indien schließt Krieg gegen Pakistan nicht aus«, *ZDF*-heute, 19.12.2001; »The Pressure Rises in Pakistan«, *New York Times*, 20.12.2001.

61 Department of State Fact Sheet, »Lashkar-e-Tayyiba (LT)«, 4/2001; Federation of American Scientists (FAS), »Lashkar e Taiba«, www.fas.org/irp/world/para/lashkar.htm; »Pakistan ›formally‹ detains militan leader«, *BBC-News*, 8.1.2002; »Wake-up call from Lashkar Boss«, *The Sunday Express*, 31.3.2002.

62 Quelle C am 27.7.2004; Quelle D am 13.5.2004.

63 Quelle C am 27.7.2004; Quelle D am 13.5.2004; »Review of Intelligence on Weapons of Mass Destruction«, Report of a Committee of Privy Counsellors (»Butler-Report«), 14.7.2004.

64 Richard A. Clarke, »Against All Enemies«, New York 2004; Bob Woodward, »Plan of Attack«, New York 2004; Oliver Schröm, Dirk Laabs, »Tödliche Fehler«, Berlin 2004.

65 Quelle C am 27.7.2004; Quelle D am 13.5.2004.

66 »Wake-up call from Lashkar Boss«, *The Sunday Express*, 31.3.2002.

67 Subodh Atal, »Terrorism Update«, *Kashmir Herald*, Vol. 2, No. 1, June 2002; Gespräch mit Subodh Atal am 26.7.2004; B. Raman, »Kaluchak and after«, *rediff.com*, 17.5.2002; »Four soldiers die in Kashmir attack«, *CNN.com/World*, 19.5.2002; »India furious at militant's release«, *BBC-News*, 21.11.2002.

68 B. Raman, »Kaluchak and after«, *rediff.com*, 17.5.2002; »India furious at militant's release«, *BBC-News*, 21.11.2002; Federation of American Scientists (FAS), »Lashkar e Taiba«, www.fas.org/irp/world/para/lashkar.htm.

69 Manoj Joshi, »Lashkar Chief Claims To Have Nuclear Weapons«, *The Times of India*, 8.6.2002.

70 »India furious at militant's release«, *BBC-News*, 21.11.2002.

Spion aus Zufall

Dieses Kapitel stützt sich an verschiedenen Stellen auf folgende Literatur: Steve Weissman, Herbert Krosney, »The Islamic Bomb«, New York 1981; George Perkovich, »India's Nuclear Bomb«, Berkeley 1999; Holger Koppe, Egmont R. Koch, »Bomben-Geschäfte«, München 1990. Diese Quellen werden – mit Ausnahme von Zitatbelegen – nicht mehr im einzelnen nachgewiesen.

1 www.kuleuven.ac.be/english/about/history.htm; Gespräch mit A. Q. Khan am 11.10.1998.
2 Interview mit Prof. M. J. Brabers in *Weekly Hurmat*, 9/1986–1/1987; »anmgedächtnis-Legierungen«, www.wpr.fh-kiel.de/service/niti/niti.htm.
3 Interview mit Prof. M. J. Brabers in *Weekly Hurmat*, 9/1986–1/1987, Islamabad; Gespräch mit A. Q. Khan am 11.10.1998.
4 Gespräch mit Rob Delhez am 14.8.1998; Gespräch mit Simon Smit am 14.8.1998.
5 Gespräch mit Simon Smit am 14.8.1998; Interview mit Prof. M. J. Brabers in *Weekly Hurmat*, 9/1986–1/1987, Islamabad.
6 Daniel Bleyenberg, »Indien vs Pakistan, Ein Konflikt zweier Atommächte, Referat, 2.7.1999; www.suedasien.net/themen/konflikte/bangladesh.html.
7 Gespräch mit A. Q. Khan am 11.10.1998.
8 Henry Kissinger, »The White House Years«, Boston 1979.
9 »Biografie Abdul Qadeer Khan« in *Weekly Hurmat*, 9/1986–1/1987, Islamabad; Gespräch mit A. Q. Khan am 11.10.1998.
10 Steve Weissman, Herbert Krosney, »The Islamic Bomb«, New York 1981; Henry Kissinger, »The White House Years«, Boston 1979.
11 Gespräch mit A. Q. Khan am 11.10.1998; Steve Weissman, Herbert Krosney, »The Islamic Bomb«, New York 1981.
12 Gespräch mit Munir Ahmad Khan am 13.8.1998; Steve Weissman, Herbert Krosney, »The Islamic Bomb«, New York 1981.
13 Interview mit Prof. M. J. Brabers in *Weekly Hurmat*, 9/1986–1/1987, Islamabad; Frits Veerman, Jaques Ros, »Atomic Spionage. Hoe Abdul Kahn in Nederland de Atoomgeheimen stal en Pakistan aan de Bom hielp«, Den Haag 1988.
14 Interview mit A. Q. Khan in *Weekly Hurmat*, 9/1986–1/1987, Islamabad; Gespräch mit A. Q. Khan am 11.10.1998; Frits Veerman, Jaques Ros: »Atomic Spionage. Hoe Abdul Kahn in Nederland de Atoomgeheimen stal en Pakistan aan de Bom hielp«, Den Haag 1988.
15 *Urenco Centec*, »The Organization and its services«, Bensberg, 6/1976; *Urenco Deutschland*, 1998.
16 Interview mit A. Q. Khan in *Weekly Hurmat*, 9/1986–1/1987, Islamabad; Gespräch mit A. Q. Khan am 11.10.1998.
17 »Report of the Inter-Ministerial Working Party and the Investigation of the Khan Affair«, Den Haag, 10/1979; Frits Veerman, Jaques Ros: »Atomic Spionage. Hoe Abdul Kahn in Nederland de Atoomgeheimen stal en Pakistan aan de Bom hielp«, Den Haag 1988.

18 Leonard S. Spector, »The New Nuclear Nations«, New York 1985; Leonard S. Spector, »Going Nuclear«, Cambridge/Mass. 1987; »Report of the Inter-Ministerial Working Party and the Investigation of the Khan Affair«, Den Haag, 10/1979; Frits Veerman, Jaques Ros: »Atomic Spionage. Hoe Abdul Kahn in Nederland de Atoomgeheimen stal en Pakistan aan de Bom hielp«, Den Haag 1988.

19 William E. Burrows, Robert Windram, »Critical Mass: The Dangerous Race for Superweapons in a Fragmenting World«, New York 1994.

20 Gespräch mit Munir Ahmad Khan am 13.8.1998; M. A. Sheikh, »The nuclear father«, www.hipakistan.com/en/detail.php?newsld=en62190&F_cat ID= &f_type=source; »Pakistan Atomic Energy Commission (PAEC)«, www.fas.org/nuke/guide/pakistan/agency/paec.htm; Akhtar M. Faruqui, »Untangling the Nuclear Tangle«, www.pakistanlink.com/Editorial/02062004.html; Egmont R. Koch, »Gesucht wird ... ein Bomben-Geschäft«, *ARD*-Dokumentation, 3.11.1986; Leonard S. Spector, »The New Nuclear Nations«, New York 1985; Leonard S. Spector, »Going Nuclear«, Cambridge/Mass. 1987.

21 »Pakistan's Strong Motivation to Develop Their Nuclear Capability«, CIA/top secret, 25.4.1978; Robert Gallucci, »Pakistan and the Non-Proliferation Issue«, Department of State/secret, 22.1.1975; David Fischer, Paul Szasz, »Safeguarding the Atom«, Stockholm International Peace Research Institute, Stockholm 1985; Jozef Goldblat, »Non-Proliferation«, Stockholm International Peace Research Institute, Stockholm 1985; Leonard S. Spector, »The New Nuclear Nations«, New York 1985; Leonard S. Spector, »Going Nuclear«, Cambridge/Mass. 1987; Gespräch mit Munir Ahmad Khan am 13.8.1998; Abschlußbericht des Atom-Untersuchungsausschusses, Bonn 1989.

22 David Fischer, Paul Szasz, »Safeguarding the Atom«, Stockholm International Peace Research Institute, Stockholm 1985; Jozef Goldblat, »Non-Proliferation«, Stockholm International Peace Research Institute, Stockholm 1985; Leonard S. Spector, »The New Nuclear Nations«, New York 1985.

23 Abschlußbericht des Atom-Untersuchungsausschusses, Bonn 1989; Holger Koppe, Egmont R. Koch, »Bomben-Geschäfte«, München 1990.

24 Robert Gallucci, »Pakistan and the Non-Proliferation Issue«, State Department/secret, 22.1.1975; Abschlußbericht des Atom-Untersuchungsausschusses, Bonn 1989.

25 Steve Weissman, Herbert Krosney, »The Islamic Bomb«, New York 1981; Leonard S. Spector, »The New Nuclear Nations«, New York 1985; Leonard S. Spector, »Going Nuclear«,

Cambridge/Mass. 1987; William E. Burrows, Robert Windram, »Critical Mass: The Dangerous Race for Superweapons in a Fragmenting World«, New York 1994.

26 Gespräch mit A. Q. Khan am 11.10.1998.

27 Frits Veerman, Jaques Ros: »Atomic Spionage. Hoe Abdul Kahn in Nederland de Atoomgeheimen stal en Pakistan aan de Bom hielp«, Den Haag 1988; Shyam Bhatia, »Reign of the nuclear ›emporer‹«, *Gulf News*, 11.2.2004; »Report of the Inter-Ministerial Working Party and the Investigation of the Khan Affair«, Den Haag, 10/1979.

28 »Report of the Inter-Ministerial Working Party and the Investigation of the Khan Affair«, Den Haag, 10/1979; William E. Burrows, Robert Windram, »Critical Mass: The Dangerous Race for Superweapons in a Fragmenting World«, New York 1994.

29 Frits Veerman, Jaques Ros: »Atomic Spionage. Hoe Abdul Kahn in Nederland de Atoomgeheimen stal en Pakistan aan de Bom hielp«, Den Haag 1988.

30 Telegramme Department of State an AmEmbassy Islamabad, 24.4.1973, 26.4.1973.

31 Steve Weissman, Herbert Krosney, »The Islamic Bomb«, New York 1981; Leonard S. Spector, »The New Nuclear Nations«, New York 1985; Leonard S. Spector, »Going Nuclear«, Cambridge/Mass. 1987.

32 Gespräch mit Munir Ahmed Khan am 13.8.1998; »Zia wanted to defeat America«, Interview mit Benazir Bhutto, *rediff.com*, 8.3.2004.

33 William E. Burrows, Robert Windram, »Critical Mass: The Dangerous Race for Superweapons in a Fragmenting World«, New York 1994.

34 »Pakistan's Nuclear Weapons Program«, 6.8.2001; William E. Burrows, Robert Windram, »Critical Mass: The Dangerous Race for Superweapons in a Fragmenting World«, New York 1994.

35 Schreiben von Munir Ahmed Khan an Mr. A. S. Friedman *USAEC*, 7.5.1973.

36 Telegramme Department of State an US mission IAEA Vienna, 26.3.1973, 27.3.1973; Telegramme Department of State an AmEmbassy Islamabad, 9.5.1973, 5.6.1973.

37 Gespräch mit Munir Ahmed Khan am 13.8.1998.

38 Egmont R. Koch, »Grenzenlose Geschäfte«, München 1988; Arild Aspoy, »Familie Juveler«, Oslo 1990.

39 »Nukleare Proliferation«, Bericht des Bundesministeriums für Wirtschaft, 13.12.1982; *Die Zeit*, 22.07.1988; *Die Wochenzeitung*, 5.2.1988; Schreiben *Rohstoff-Einfuhr GmbH* an Auswärtiges Amt, 27.6.1975.

40 Telegramm Department of State an AmEmbassy Islamabad, 19.4.1974; Telegramme Department of State an US mission IAEA Vienna, 5.3.1975, 17.6.1975.

41 William E. Burrows, Robert Windram, »Critical Mass: The Dangerous Race for Superweapons in a Fragmenting World«, New York 1994.

42 Leonard S. Spector, »The New Nuclear Nations«, New York 1985; Leonard S. Spector, »Going Nuclear«, Cambridge/Mass. 1987; Leonard S. Spector, »The Undeclared Bomb«, Cambridge/Mass. 1988; Leonard S. Spector, »Nuclear Ambitions«, Boulder 1990.

43 Gespräch mit A. Q. Khan am 11.10.1998.

44 »Report of the Inter-Ministerial Working Party and the Investigation of the Khan Affair«, Den Haag, 10/1979; William E. Burrows, Robert Windram, »Critical Mass: The Dangerous Race for Superweapons in a Fragmenting World«, New York 1994.

45 Gespräch mit A. Q. Khan am 11.10.1998.

46 »Zia wanted to defeat America«, Interview mit Benazir Bhutto, *rediff.com*, 8.3.2004.

47 »Report of the Inter-Ministerial Working Party and the Investigation of the Khan Affair«, Den Haag, 10/1979; William E. Burrows, Robert Windram, »Critical Mass: The Dangerous Race for Superweapons in a Fragmenting World«, New York 1994; Leonard S. Spector, »The New Nuclear Nations«, New York 1985; Carey Sublette, »Dr. Abdul Qadeer Khan«, *Nuclear Weapons Archive*, 2.1.2002.

48 »Report of the Inter-Ministerial Working Party and the Investigation of the Khan Affair«, Den Haag, 10/1979.

49 William E. Burrows, Robert Windram, »Critical Mass: The Dangerous Race for Superweapons in a Fragmenting World«, New York 1994; Gespräch mit Munir Ahmed Khan am 13.8.1998; Mansoor Ahmed, »Father of the Bomb«, *PakDef Forum*, 11/2001.

50 Frits Veerman, Jaques Ros: »Atomic Spionage. Hoe Abdul Kahn in Nederland de Atoomgeheimen stal en Pakistan aan de Bom hielp«, Den Haag 1988.

51 Mansoor Ahmed, »Father of the Bomb«, *PakDef Forum*, 11/2001.

52 Gespräch mit Munir Ahmed Khan am 13.8.1998.

53 Gespräch mit Munir Ahmed Khan am 13.8.1998; Mansoor Ahmed, »Father of the Bomb«, *PakDef Forum*, 11/2001; Steve Weissman, Herbert Krosney, »The Islamic Bomb«, New York 1981.

54 Schreiben Department of State an AmEmbassy Islamabad, 1.4.1975; Telegramm AmEmbassy Islamabad an Department of State, 9.4.1975.

55 Briefing Memorandum Undersecretary of State an Secretary, 12.2.1976; Status-Report »Nuclear Problems with Pakistan«, Department of State/secret, 18.4.1975.

56 Gespräch mit Munir Ahmed Khan am 13.8.1998; Briefing Memorandum Department of State, »Pakistan Nuclear Problem« o.D.; Telegramm AmEmbassy Bonn an Department of State, 26.9.1975; »Demarche to Pakistan on Nuclear Fuel Reprocessing«, Department of State/secret, 31.1.1976.
57 Briefing Memorandum Department of State, »Response to Byroade Cable on Pakistan an Non-Proliferation«, 8.4.1976; Telegramm Department of State an US Mission IAEA Vienna, 9.4.1976.
58 William E. Burrows, Robert Windram, »Critical Mass: The Dangerous Race for Superweapons in a Fragmenting World«, New York 1994.
59 Gespräch mit A. Q. Khan am 11.10.1998.
60 Frits Veerman, Jaques Ros: »Atomic Spionage. Hoe Abdul Kahn in Nederland de Atoomgeheimen stal en Pakistan aan de Bom hielp«, Den Haag 1988; »Report of the Inter-Ministerial Working Party and the Investigation of the Khan Affair«, Den Haag, 10/1979.
61 Mansoor Ahmed, »Father of the Bomb«, *PakDef Forum*, 11/2001; Khwaja Masud, »Who is the hero?«, *PakDef Forum*, 11/2001.
62 Gespräch mit Munir Ahmed Khan am 13.8.1998; Gespräch mit A. Q. Khan am 11.10.1998.
63 A. Q. Khan, »20 Years of Excellence and National Service«, Islamabad, 31.10.1996.
64 Mansoor Ahmed, »Father of the Bomb«, *PakDef Forum*, 11/2001; *Weekly Hurmat*, 9/1986–1/1987, Islamabad.

Little Almelo

Dieses Kapitel stützt sich an verschiedenen Stellen auf folgende Literatur: Steve Weissman, Herbert Krosney, »The Islamic Bomb«, New York 1981; Holger Koppe, Egmont R. Koch, »Bomben-Geschäfte«, München 1990; Abschlußbericht des Atom-Untersuchungsausschusses, Bonn 1989. Diese Quellen werden – mit Ausnahme von Zitatbelegen – nicht mehr im einzelnen nachgewiesen.

1 Anzeige »Pakistan«, *Daily Telegraph*, 1976, o.D.
2 Quelle D am 13.5.2004.
3 Quelle B am 25.7.2004.
4 Gespräch mit A. Q. Khan am 11.10.1998; Quelle B am 25.7. 2004.
5 Gespräch mit A. Q. Khan am 11.10.1998; »Dr. A. Q. Khan's Case«, *Defence Journal*, 4/1984, Karatschi.

6 Steve Weissman, Herbert Krosney, »The Islamic Bomb«, New York 1981; Leonard S. Spector, »The New Nuclear Nations«, New York 1985.

7 »Im Zusammenhang mit der Beschaffung kerntechnischer Ausrüstung durch Pakistan bekannt gewordene Firmen der Bundesrepublik Deutschland«, BND, 2/1981.

8 Interview mit Henk Slebos in *Weekly Hurmat*, 9/1986–1/1987, Islamabad; Gespräch mit A. Q. Khan am 11.10.1998.

9 Gespräch mit Rob Delhez am 14.8.1998.

10 Gespräch mit Simon Smit am 14.8.1998; *NRC Handelsblad*, 21.2.2004; »A. Q. Khan, Urenco and the proliferation of nuclear weapons technology«, Greenpeace Netherlands 2004.

11 Gespräch mit A. Q. Khan am 11.10.1998; *NRC Handelsblad*, 21.2.2004; *De Volkskrant*, 14.3.1981; »A. Q. Khan, Urenco and the proliferation of nuclear weapons technology«, Greenpeace Netherlands 2004.

12 Interview mit Peter Griffin in *Weekly Hurmat*, 9/1986–1/1987, Islamabad.

13 Steve Weissman, Herbert Krosney, »The Islamic Bomb«, New York 1981; »Organisation der Beschaffung für das sensitive Nuklearprogramm Pakistans/Beschaffungsnetz in Europa und Amerika«, BND, 2/1981; Quelle D am 13.5.2004.

14 Quelle D am 13.5.2004.

15 Interview mit Peter Griffin in *Weekly Hurmat*, 9/1986–1/1987, Islamabad.

16 Gespräch mit Heinz Mebus am 21.1.1986; *Non-Paper* CIA über Department of State, 16.6.1980; »Organisation der Beschaffung für das sensitive Nuklearprogramm Pakistans/Beschaffungsnetz in Europa und Amerika«, BND, 2/1981.

17 »How Pakistan Fooled the World and Got the Bomb«, 8 days, 23.6.1979; »The Birth of the Islamic Bomb«, *Premier Selection*, 15.6.1979; Schreiben von A. Q. Khan an Abdul Aziz Khan, 8.10.1978; Anklageschrift der Staatsanwaltschaft Stuttgart gegen Ernst Piffl, 5/1998.

18 »Organisation der Beschaffung für das sensitive Nuklearprogramm Pakistans/Beschaffungsnetz in Europa und Amerika«, BND, 2/1981; *Neue Zürcher Zeitung*, 9.5.1979.

19 *Neue Zürcher Zeitung*, 9.5.1979; David Fischer, Paul Szasz, »Safeguarding the Atom«, Stockholm International Peace Research Institute, Stockholm 1985; Jozef Goldblat, »Non-Proliferation«, Stockholm International Peace Research Institute, Stockholm 1985; Leonard S. Spector, »The New Nuclear Nations«, New York 1985.

20 *Cumhuriyet*, 6. und 7.7.2004; Quelle A am 15.7.2004 und 28.10.2004; Press Release by Inspector General, Royal Malaysia Police Office, »Investigation on the alleged production of

components for Libya's uranium enrichment programme«, 20.2.2004; Gespräch mit Heinz Mebus am 21.1.1986; »Atoomhandel ging via Turkije«, *NRC Handelsblad*, 27.2.2004; »A. Q. Khan, Urenco and the proliferation of nuclear weapons technology«, Greenpeace Netherlands 2004.

21 »Organisation der Beschaffung für das sensitive Nuklearprogramm Pakistans/Beschaffungsnetz in Europa und Amerika«, BND, 2/1981; Gespräch mit A. Q. Khan am 11.10.1998; Egmont R. Koch, »Grenzenlose Geschäfte«, München 1988.

22 »Liste der diplomatischen Missionen und anderen Vertretungen in Bonn«, *Bundesanzeiger*, Köln 1978; »Organisation der Beschaffung für das sensitive Nuklearprogramm Pakistans/Beschaffungsnetz in Europa und Amerika«, BND, 2/1981.

23 Telegramme Department of State, 24.4.1973, 26.4.1973; »Pakistan's Strong Motivation to Develop Their Nuclear Capability«, CIA/top secret, 25.4.1978.

24 Urteil des Amtsgerichts Freiburg gegen Albrecht Migule, 7.3.1985; »Alles ganz harmlos«, *Die Zeit*, 1.6.1984.

25 »Appendix IV: Production of 90% enriched uranium metal«, Zeitplan von drei Verträgen mit *Arshad, Amjad & Abid Ltd* 1976 bis 1978, Blatt 29/30 der staatsanwaltschaftlichen Akten, Freiburg 1985.

26 »Vertrag *CES Kalthof* mit *Duban Agencies*, 2.3.1977«, Blatt 219/220 der staatsanwaltschaftlichen Akten, Freiburg 1985.

27 Urteil des Amtsgerichts Freiburg gegen Albrecht Migule, 7.3.1985; Jochen Schmid, »Eine Zahnpasta-Anlage für militärische Zwecke«, *Frankfurter Rundschau*, 7.3.1985.

28 »Rechnung *CES Kalthof* an *Arshad Amjad & Abid Ltd*, 25.11.1978, re: Dr. Javed's enquiry«, Blatt 81 der staatsanwaltschaftlichen Akten, Freiburg 1985.

29 Gespräch mit A. Q. Khan am 11.10.1998.

30 »Zia wanted to defeat America«, Interview mit Benazir Bhutto, *rediff.com*, 8.3.2004; »Status of Pakistani Reprocessing Plant«, US Government Memorandum, 7.7.1976; Telegramm Department of State/secret, 7.7.1976; »Dr. Kissinger's August 9 Lahore Press Conference«, Telegramm Department of State, 10.8.1976.

31 »Dr. Kissinger's August 9 Lahore Press Conference«, Telegramm Department of State, 10.8.1976; Steve Weissman, Herbert Krosney, »The Islamic Bomb«, New York 1981.

32 »Pakistan's Strong Motivation to Develop Their Nuclear Capability«, CIA/top secret, 25.4.1978; Telegramm AmEmbassy Paris an Department of State/secret, 21.4.1978.

33 Telegramm Department of State an AmEmbassy Paris/secret, 21.4.1978.

34 Telegramm AmEmbassy Paris an Department of State/secret, 21.4.1978; Telegramm AmEmbassy Islamabad an Department of State/secret, 25.4.1978.
35 »Organisation der Beschaffung für das sensitive Nuklearprogramm Pakistans/Beschaffungsnetz in Europa und Amerika/Diplomaten«, BND, 2/1981; Quelle D am 13.5.2004.
36 Gespräch mit A. Q. Khan am 11.10.1998.
37 Brief von A. Q. Khan an Abdul Aziz Khan; Frits Veerman, Jaques Ros: »Atomic Spionage. Hoe Abdul Kahn in Nederland de Atoomgeheimen stal en Pakistan aan de Bom hielp«, Den Haag 1988; Egmont R. Koch, »Grenzenlose Geschäfte«, München 1988.
38 Frits Veerman, Jaques Ros: »Atomic Spionage. Hoe Abdul Kahn in Nederland de Atoomgeheimen stal en Pakistan aan de Bom hielp«, Den Haag 1988; Egmont R. Koch, »Grenzenlose Geschäfte«, München 1988; Leonard S. Spector, »The New Nuclear Nations«, New York 1985.
39 Brief von A. Q. Khan an Abdul Aziz Khan, 8.6.1978; Egmont R. Koch, »Grenzenlose Geschäfte«, München 1988.
40 »Pakistan's Strong Motivation to Develop Their Nuclear Capability«, CIA/top secret, 25.4.1978.
41 Telegramme AmEmbassy Islamabad an Department of State und umgekehrt, 21.4.1978, 25.4.1978, 18.5.1978, 8.7.1978, 31.8.1978.
42 Telegramm »Pakistan Reprocessing Issue«, AmEmbassy Islamabad an Department of State/secret, 25.4.1978.
43 Brief von A. Q. Khan an Abdul Aziz Khan, 8.10.1978; Leonard S. Spector, »The New Nuclear Nations«, New York 1985; Anklageschrift der Staatsanwaltschaft Stuttgart gegen Ernst Piffl, 5/1998.
44 »Im Zusammenhang mit der Beschaffung kerntechnischer Ausrüstung durch Pakistan bekannt gewordene Firmen der Bundesrepublik Deutschland«, BND, 2/1981; *Non-Paper* CIA über Department of State, 16.6.1980.
45 Angebot von *AEG-Telefunken (PTY) Ltd* an *E. V. J. Krisch Engineering Co. (PTY) Ltd*, 8.2.1979; Schreiben von *E. V. J. Krisch Engineering Co. (PTY.) Ltd* an *IAVG* in Bayerisch Gmain, 8. und 9.2.1979.
46 Quelle D am 13.5.2004; Quelle B am 25.7.2004.
47 Steve Weissman, Herbert Krosney, »The Islamic Bomb«, New York 1981.
48 Schreiben von Gotthard Lerch an BMWi vom 22.3.1979. Vgl. auch Holger Koppe, Egmont R. Koch, »Bomben-Geschäfte«, München 1990; Abschlußbericht des Atom-Untersuchungsausschusses, Bonn 1989.
49 »Im Zusammenhang mit der Beschaffung kerntechnischer Ausrüstung durch Pakistan bekannt gewordene Firmen der Bundesrepublik Deutschland«, BND, 2/1981.

50 *ZDF*, 28.3.1979.
51 »Report of the Inter-Ministerial Working Party for the Investigation of the Khan Affair«, Den Haag, 10/1979.
52 Zia wanted to defeat America«, Interview mit Benazir Bhutto, *rediff.com*, 8.3.2004; Steve Weissman, Herbert Krosney, »The Islamic Bomb«, New York 1981.
53 A. Q. Khan, »20 Years of Excellence And National Service«, Islamabad, 31.10.1996.
54 *Washington Post*, 7.4.1979; Steve Weissman, Herbert Krosney, »The Islamic Bomb«, New York 1981.
55 Brief von Abdul Aziz Khan an A. Q. Khan, 24.6.1979; Leonard S. Spector, »The New Nuclear Nations«, New York 1985.
56 Schreiben von US-Präsident Jimmy Carter an Bundeskanzler Helmut Schmidt, 9.4.1979.
57 *Neue Zürcher Zeitung*, 9.5.1979.
58 Schreiben von A. Q. Khan an Abdul Aziz Khan, 8.10.1979; Egmont R. Koch, »Grenzenlose Geschäfte«, München 1988.
59 Gespräch mit A. Q. Khan am 11.10.1998.
60 Quelle D am 13.5.2004; Quelle B am 25.7.2004.
61 Rob Knijff, Kees Lunshof, »Nederlandse kerngeheimen gestolen«, *Telegraaf*, 21.6.1979; »Pakistan kocht hij uns apparten voor ultra-centrifuge-proces«, *Telegraaf*, 22.6.1979; Kees Roos, »Pakistan misleidde de hele nucleaire wereld«, *Telegraaf*, 23.6.1979; Richard Burt, »U.S. Aides Say Oakistan Is Reported to Be Building an A-Bomb Site«, *New York Times*, 17.8.1979; Steve Weissman, Herbert Krosney, »The Islamic Bomb«, New York 1981.
62 Zahid Malik, »Dr. Qadeer Khan: His biography«, *Weekly Hurmat*, 9/1986–1/1987, Islamabad.
63 Quelle D am 13.5.2004; Quelle B am 25.7.2004.
64 *De Volkskrant*, 14.3.1981; *De Volkskrant*, 15.6.1978; *NRC Handelsblad*, 21.2.2004; »A. Q. Khan, Urenco and the proliferation of nuclear weapons technology«, Greenpeace Netherlands 2004; »CB-Spezfikation ›Desublimatoren‹ Ident. Nr. CB-AD-1«, Bewertung der bei Gotthard Lerch gefundenen Unterlagen durch Uranit 1987.
65 Steve Weissman, Herbert Krosney, »The Islamic Bomb«, New York 1981.
66 *New York Times*, 12.8.1979.
67 Milton Bearden, »Afghanistan, Graveyard of Empires«, *Foreign Affairs*, Vol. 80, No. 6, 2001; Samuel M. Katz, »Relentless Pursuit«, New York 2002; George Crile, »Charlie Wilson's War«, New York 2003.

Die Beschaffer

Dieses Kapitel stützt sich an verschiedenen Stellen auf folgende Literatur: Steve Weissman, Herbert Krosney, »The Islamic Bomb«, New York 1981; Holger Koppe, Egmont R. Koch, »Bomben-Geschäfte«, München 1990; Abschlußbericht des Atom-Untersuchungsausschusses, Bonn 1989. Diese Quellen werden – mit Ausnahme von Zitatbelegen – nicht mehr im einzelnen nachgewiesen.

1 Schreiben von Richard M. Barlow, 4.11.2004 und 17.11.2004; Gespräche mit Richard M. Barlow am 25. und 26.9.2004; Gespräch mit Robert L. Gallucci am 22.7.2004.
2 Geschichte Afghanistans«, www.afghanistan-infos.de; Samuel M. Katz, »Relentless Pursuit«, New York 2002; George Crile, »Charlie Wilson's War«, New York 2003.
3 Telegramme Department of State, 18.1.1980, 24.1.1980; *New York Times*, 1.2.1980.
4 »Pakistan Consultations«, Memorandum/secret, 4.2.1980; Telegramme Department of State, 16.2.1980,6.3.1980; Briefing Memorandum »Assistance for Pakistan«/secret, 22.5.1980; Quelle C am 27.7.2004.
5 Milton Bearden, »Afghanistan, Graveyard of Empires«, *Foreign Affairs*, Vol. 80, No. 6, 2001.
6 Briefing Memorandum »Assistance for Pakistan«/secret, 22.5.1980; Gespräche mit Richard M. Barlow am 25. und 26.9.2004; Gespräch mit Robert L. Gallucci am 22.7.2004.
7 US *Non-Paper*, 16.6.1980; UK *Non-Paper*, 14.7.1980.
8 Abschlußbericht des Atom-Untersuchungsausschusses, Bonn 1989.
9 Urteil des Amtsgerichts Freiburg gegen Albrecht Migule, 7.3.1985; »Alles ganz harmlos«, *Die Zeit*, 1.6.1984.
10 Gespräche mit Richard M. Barlow am 25. und 26.9.2004; Quelle B am 25.7.2004; Quelle D am 13.5.2004.
11 Quelle C am 27.7.2004; Quelle D. am 13.5.2004.
12 »Organisation der Beschaffung für das sensitive Nuklearprogramm Pakistans/Beschaffungsnetz in Europa und Amerika«, BND, 2/1981; »ERL/Pinstech Personalities«, MI6 1980.
13 Gespräch mit Quelle C am 27.7.2004; Steve Weissman, Herbert Krosney, »The Islamic Bomb«, New York 1981.
14 »Secret Pakistani Plant Speeds A-Bomb Capability«, *Washington Post*, 23.9.1980; Gespräch mit Quelle C am 27.7.2004; Steve Weissman, Herbert Krosney, »The Islamic Bomb«, New York 1981.
15 Gespräch mit Quelle C am 27.7.2004; Steve Weissman, Herbert Krosney, »The Islamic Bomb«, New York 1981.

16 Quelle C am 27.7.2004; »Secret Pakistani Plant Speeds A-Bomb Capability«, *Washington Post*, 23.9.1980; Gespräche mit Richard M. Barlow am 25. und 26.9.2004; Quelle B am 25.7.2004; Steve Weissman, Herbert Krosney, »The Islamic Bomb«, New York 1981.

17 »Organisation der Beschaffung für das sensitive Nuklearprogramm Pakistans/Beschaffungsnetz in Europa und Amerika«, BND, 2/1981; »ERL/Pinstech Personalities«, MI6 1980; Simon Henderson, »Islamabad continues its quest for nuclear might«, *Financial Times*, 22.12.1980.

18 Schreiben *Bin Belailah Enterprises* an *Ingenieursbureau H. Slebos*, 16.4.1980; Eröffnungsbilanz *OPAK Intertrade Ltd*, 14.8.1980; Quelle C am 27.7.2004.

19 Mangol Bayat-Philipp, »Die Beziehungen zwischen den USA und Iran seit 1953«, *Aus Politik und Zeitgeschichte*, 9/2004; Gary Sick, »October Surprise: American Hostages and the Election of Ronald Reagan«, New York 1991; Ari Ben-Menashe, »The Profits of War«, New York 1992; Bob Woodward, »Reagan und die geheimen Kriege der CIA«, München 1987.

20 Mangol Bayat-Philipp, »Die Beziehungen zwischen den USA und Iran seit 1953«, *Aus Politik und Zeitgeschichte*, 9/2004; Simon Henderson, »Instant Empire, Saddam Hussein's Ambition for Iraq«, San Francisco 1991.

21 Quelle C am 27.7.2004; Quelle D am 13.5.2004.

22 Gary Sick, »October Surprise: American Hostages and the Election of Ronald Reagan«, New York 1991; Mangol Bayat-Philipp, »Die Beziehungen zwischen den USA und Iran seit 1953«, *Aus Politik und Zeitgeschichte*, 9/2004.

23 Milton Bearden, »Afghanistan, Graveyard of Empires«, *Foreign Affairs*, Vol. 80, No. 6, 2001.

24 Paul L. Williams, »Osama's Revenge«, Amherst 2004; Graham Allison, »Nuclear Terrorism«, New York 2004; Samuel M. Katz, »Relentless Pursuit«, New York 2002; George Crile, »Charlie Wilson's War«, New York 2003.

25 Action Memorandum/secret, Department of State, Subject: »Security Assistance for Pakistan«, 16.2.1981.

26 *Washington Post*, 28.6.1981; »Dr. A. Q. Khan's Case«, *Defence Journal*, 4/1984, Karatschi; A. Q. Khan, »20 Years of Excellence And National Service«, Islamabad, 31.10.1996.

27 »Dr. A. Q. Khan's Case«, *Defence Journal*, 4/1984, Karatschi.

28 »Dr. A. Q. Khan's Case«, *Defence Journal*, 4/1984, Karatschi; A. Q. Khan, »20 Years of Excellence And National Service«, Islamabad, 31.10.1996.

29 Steve Weissman, Herbert Krosney, »The Islamic Bomb«, New York 1981; »Im Zusammenhang mit der Beschaffung kerntechnischer Ausrüstung durch Pakistan bekannt gewordene Firmen der Bundesrepublik Deutschland«, BND 2/1981.

30 »Dr. A. Q. Khan's Case«, *Defence Journal*, 4/1984, Karatschi.
31 Quelle C am 27.7.2004; Quelle D am 13.5.2004.
32 »Dr. A. Q. Khan's Case«, *Defence Journal*, 4/1984, Karatschi; Gespräch mit A. Q. Khan am 11.10.1998.
33 Seymour M. Hersh, »Atommacht Israel«, München 1991; Quelle C am 27.7.2004; Leonard S. Spector, »The New Nuclear Nations«, New York 1985; Leonard S. Spector, »Going Nuclear«, Cambridge/Mass. 1987.
34 Seymour M. Hersh, »Atommacht Israel«, München 1991.
35 Ebd.
36 Quelle C am 27.7.2004.
37 US *Non-Paper*, 16.6.1980.
38 *Stern*, 2.7.1981; *Wall Street Journal*, 16.7.1981.
39 Urteil des Amtsgerichts Freiburg gegen Albrecht Migule, 7.3.1985; »Alles ganz harmlos«, *Die Zeit*, 1.6.1984.
40 Aktenvermerk ZV-Dr.OH/Fr. Betr.: ZDF – Herr Martin, 23.7.1981.
41 *ZDF*-Magazin, 29.7.1981.
42 Gespräch mit A. Q. Khan am 11.10.1998; Martin Schuurmans, »Hendrik Brugt Gerhard Casimir«, *Physics today*, www.aip.org/pt/vol-53/iss-9/p80.html.
43 Bilanz 1981 *OPAK Intertrade Ltd*; »Organisation der Beschaffung für das sensitive Nuklearprogramm Pakistans/Beschakfungsnetz in Europa und Amerika«, BND, 2/1981.
44 Schreiben *Dr. Leonard Stolk Internationale Steuerberatung AG*, 22.10.1985; Bilanz 1981 *OPAK Intertrade Ltd.*
45 »Requisitoir in de strafzaak tegen H. Slebos«, Arrondissementsparket te Alkmaar, 414690 LCS-1-1985; Quelle F, o.D. 1987.
46 Bilanz 1981 *OPAK Intertrade Ltd*; *Oatenfield Ltd*: Philippe de Patoul/Rene Faltz, Form 6a »The Companies Acts 1948 to 1981«, Co. No. 1579058, 9.4.1985; Rechnung *N. V. Philips* an *Oatenfield Ltd*, 13.4.1982; Rechnung *Oatenfield Ltd* an Mr. I. H. Khan, Rheinallee 24, 5300 Bonn 2, 6.5.1982; Schreiben *Reay & King* an *H. M. Customs & Excise*, 17.6.1986.
47 *Handelsbank*, Akkreditiv AK-29850 zugunsten *Philips*, Eindhoven, *Oatenfield Ltd* London, 21.5.1982; *Handelsbank N. W.*, Akkreditiv AK-30064 zugunsten *Philips*, Eindhoven, *Oatenfield Ltd* London, 21.5.1982 und 20.10.1982; Schreiben *Oatenfield Ltd* London an I. H. Khan Minister, Bonn, 6.5.1982.
48 Quelle D am 13.5.2004; Quelle F, o.D. 1987.
49 Quelle C am 27.7.2004; Gespräche mit Richard M. Barlow am 25. und 26.9.2004; Schreiben von Richard M. Barlow, 4.11.2004.
50 Telegramm Department of State, 9.9.1982; *Washington Post*, 9.9.1982.

51 Gespräche mit Richard M. Barlow am 25. und 26.9.2004; Schreiben von Richard M. Barlow, 4.11.2004.
52 »Dr. A. Q. Khan's Case«, *Defence Journal*, 4/1984.
53 Quelle C am 27.7.2004; Quelle D am 13.5.2004.
54 Leonard S. Spector, »The New Nuclear Nations«, New York 1985; Leonard S. Spector, »Going Nuclear«, Cambridge/Mass. 1987; Quelle C am 27.7.2004; Quelle D am 13.5.2004.
55 Quelle C am 27.7.2004; Quelle D am 13.5.2004.
56 »Report to Congress: Pakistan's Nuclear Program«/secret, 14.3.1983; Schreiben von Richard M. Barlow, 4.11.2004; Richard L. Worsnop, »Zia's Fence-mending«, *Daily Service*, 29.11.1982.
57 »International Security and Development Cooperation Act«, Section 735, 1981.
58 »Report to Congress: Pakistan's Nuclear Program«/secret, 14.3.1983.
59 »ERL/Pinstech Personalities«, MI6 1980.
60 Rechnung No. 78148 *CES Kalthof GmbH* an *Arshad, Amjad & Abid Ltd*, ref: Dr. Javed's enquiry, 25.11.1978.
61 David Albright, Holly Higgins, »A bomb for the Ummah«, *Bulletin of the Atomic Scientists*, 3/4/2003, Vol. 59, No. 2, S.49–55; »ERL/Pinstech Personalities: Abdul Majeed, Technical Manager of New Labs«, MI6 1980; »Belgie neemt grote risiko's bit de indirekte medewerking aan de islam-atoombom«, AGALEV/Brüssel, 20.10.1987.
62 Holger Koppe, Egmont R. Koch, »Bomben-Geschäfte«, München 1990.
63 Quelle C am 27.7.2004; Quelle D am 13.5.2004.
64 Gespräch mit A. Q. Khan am 11.10.1998.
65 A. Q. Khan, »20 Years of Excellence And National Service«, Islamabad, 31.10.1996.
66 Schreiben von Richard M. Barlow, 4.11.2004; Gespräche mit Richard M. Barlow am 25. und 26.9.2004.

Dr. Kotari und Mr. Tritium

Dieses Kapitel stützt sich an verschiedenen Stellen auf folgende Literatur: Holger Koppe, Egmont R. Koch, »Bomben-Geschäfte«, München 1990; Abschlußbericht des Atom-Untersuchungsausschusses, Bonn 1989; Egmont R. Koch, »Grenzenlose Geschäfte«, München 1988; Egmont R. Koch, Simon Henderson, »Nennen wir ihn einfach Kotari«, *Stern*, 29.4.1987. Diese Quellen werden – mit Ausnahme von Zitatbelegen – nicht mehr im einzelnen nachgewiesen.

1 Schreiben *NTG Nukleartechnik GmbH & Co. KG* an Munir Ahmed Khan, 29.6.1983.

2 Besuchsbericht *Metallwerke Buchs AG*, 29.6.1983; Vernehmungsniederschrift Zollfahndungsamt Köln mit Anton Schöb, 26.3.1987; Anton Schöb, »Chronologischer Ablauf ›Fall Kotari‹«, 26.3.1987.

3 »Liste der diplomatischen Missionen und anderen Vertretungen in Bonn«, *Bundesanzeiger*, Köln 1985.

4 Schreiben von Nazir Ahmed Vaid an S. A. Butt, Director (S&T) *PAEC*, 14.12.1983.

5 Telegramm AmEmbassy Islamabad an Department of State, Subj. Press Briefing, 3.7.1983.

6 Department of State/secret, »The Pakistani Nuclear Program«, 23.6.1983; CIA Directorate of Intelligence/top secret, »Pakistan: A Safeguards Exemption As A Backdoor to Reprocessing«, 20.5.1983; Department of State/secret, »The Pakistani Nuclear Program«, 23.6.1983.

7 CIA Directorate of Intelligence/top secret, »Pakistan: A Safeguards Exemption As A Backdoor to Reprocessing«, 20.5.1983; Department of State/secret, »The Pakistani Nuclear Program«, 23.6.1983; *Washington Post*, 28.2.1983; Joanne Omang, »U.S.-China Atom Pact Challenges Both Sides of Aisle in Congress«, *Washington Post*, 27.7.1985; Tim Weiner, »U.S. and Chinese Aid Was Essential as Pakistan Built Bomb«, *New York Times*, 2.6.1998; Quelle A am 15.7.2004 und 28.10.2004; Quelle C am 27.7.2004; Erich Follath, Georg Mascolo, »Atombombe frei Haus«, *Spiegel*, 22.3.2004; Seymour M. Hersh, »The Deal«, *The New Yorker*, 8.3.2004.

8 United States District Court, USA, Nazir Ahmed Vaid, Criminal Complaint, 25.6.1984; Affidavit of Special Agent Justice A. McCalley, Criminal Complaint, 25.6.1984; Leonard S. Spector, »The New Nuclear Nations«, New York 1985; Fax von Nazir Ahmed Vaid an Mr. S. A. Butt, *PAEC*, Islamabad, 14.12.1983.

9 United States District Court, USA, Nazir Ahmed Vaid, Criminal Complaint, 25.6.1984; Seymour M. Hersh, »Pakistani in U.S. Sought To Ship A-Bomb Trigger«, *New York Times*, 25.2.1985; Leonard S. Spector, »The New Nuclear Nations«, New York 1985.

10 Quelle C am 27.7.2004.

11 Rai Muhammad Saleh Azam, »When the Mountains Move – The Story of Chagai«, *The Nation*, 28.5.2000; Andrew Koch, Jennifer Topping, »Pakistan's Nuclear Weapons Program: A Status Report«, *The Nonproliferation Review*, 2/1997; Mansoor Ahmed, »Father of the Bomb«, *PakDef Forum*, 11/2001; »Pakistan Nuclear Weapons«, Federation of American Scientists (FAS), www.fas.org/nuke/guide/pakistan/nuke.

12 Indictment USA, Arnold I. Mandel and Rona K. Mandel, 17.7.1987; Indictment USA, Leung Yiu Hung, 17.7.1987; *New York Times*, 18.7.1987; Seymour M. Hersh, »On The Nuclear Edge«, *The New Yorker*, 29.3.1993.

13 Rachel Ehrendfeld, »Evil Money«, New York 1992; Mark Potts, Nicholas Kochan, Robert Whittington, »Dirty Money«, Washington 1992.

14 Auslegungsblatt *MWB*; Auslegungsblatt *Uranit* (UAG Gronau), 28.7.1981.

15 Gespräch mit Dr. Mohrhauer/*Uranit* am 19.1.1987; Gespräch mit Dr. Fink/*Uranit* am 28.1.1987.

16 Quelle C am 27.7.2004.

17 Handschriftliche Notizen von Otto Heilingbrunner, o.D.; Quelle C am 27.7.2004.

18 Besuchsbericht *Metallwerke Buchs AG*, 29.6.1983; Vernehmungsniederschrift Zollfahndungsamt Köln mit Anton Schöb, 26.3.1987; Schreiben von Anton Schöb, 4.11.1986; Anton Schöb, »Chronologischer Ablauf ›Fall Kotari‹«, 26.3.1987.

19 Schreiben von Anton Schöb, 4.11.1986; Anton Schöb, »Chronologischer Ablauf ›Fall Kotari‹«, 26.3.1987; Angebot an *Scholz & Co.*/Coesfeld, 12.10.1983.

20 Violet Cotterell, »Boetes geeist voor verboden export«, *Parool*, 30.10.1984; »Vrijspraak na uitvoer strategische goederen«, *Telegraaf*, 13.11.1984; »Dr. A. Q. Khan's Case«, *Defence Journal*, 4/1984, Karatschi; Leonard S. Spector, »The New Nuclear Nations«, New York 1985.

21 »Dr. A. Q. Khan's Case«, *Defence Journal*, 4/1984, Karatschi; Leonard S. Spector, »The New Nuclear Nations«, New York 1985; Frits Veerman, Jaques Ros: »Atomic Spionage. Hoe Abdul Kahn in Nederland de Atoomgeheimen stal en Pakistan aan de Bom hielp«, Den Haag 1988.

22 Gespräch mit A. Q. Khan am 11.10.1998; A. Q. Khan, »20 Years of Excellence And National Service«, Islamabad, 31.10.1996.

23 Violet Cotterell, »Boetes geeist voor verboden export«, *Parool*, 30.10.1984; Leonard S. Spector, »The New Nuclear Nations«, New York 1985; »Dr. A. Q. Khan's Case«, *Defence Journal*, 4/1984, Karatschi.

24 A. Q. Khan, »20 Years of Excellence And National Service«, Islamabad, 31.10.1996.

25 Schreiben von *Uranit*, 18.1.1984.

26 Anton Schöb, »Chronologischer Ablauf ›Fall Kotari‹«, 26.3.1987; Gespräch mit Anton Schöb am 13.1.1987.

27 Anton Schöb, »Chronologischer Ablauf ›Fall Kotari‹«, 26.3.1987; Gespräch mit Anton Schöb am 13.1.1987; Egmont R. Koch, »Grenzenlose Geschäfte«, München 1988.

28 *LH*-Abrechnung Reisekosten G. Lerch, Personal-Nr. 4067, »Vertretergespräch Zürich am 27.1.1984«, 30.1.1984.
29 Anton Schöb, »Chronologischer Ablauf ›Fall Kotari‹«, 26.3.1987; Gespräch mit Anton Schöb am 13.1.1987.
30 Entwurf Schreiben Dr. Kotari von Otto Heilingbrunner (Datum 28.9.1983), 27.1.1984.
31 Anton Schöb, »Chronologischer Ablauf ›Fall Kotari‹«, 26.3.1987.
32 Gespräch mit Anton Schöb am 13.1.1987; Anton Schöb, »Chronologischer Ablauf ›Fall Kotari‹«, 26.3.1987; Vernehmungsniederschrift Zollfahndungsamt Köln mit Spass Dagorov, 26.3.1987.
33 Gespräch mit Munir Ahmed Khan am 13.8.1998.
34 Holger Koppe, Egmont R. Koch, »Bomben-Geschäfte«, München 1990; Abschlußbericht des Atom-Untersuchungsausschusses, Bonn 1989.
35 Rai Muhammad Saleh Azam, »When the Mountains Move – The Story of Chagai«, *The Nation*, 28.5.2000; Quelle A am 15.7.2004 und 28.10.2004.
36 Quelle C am 27.7.2004.
37 Mansoor Ahmed, »Father of the Bomb«, *PakDef Forum*, 11/2001.
38 »Scientist Affirms Pakistan Capable of Uranium Enrichment Weapons Production«, *Nawa-I-Waqt*, 9.2.1984; *New York Times*, 10.2.1984; *Washington Post*, 10.2.1984.
39 »Zia Chastises Western Media for Accounts of Khan's Remarks on Weapons Production«, *Nuclear Fuel*, 27.2.1984; Zahid Malik, »Dr. Qadeer Khan: His biography«, *Weekly Hurmat*, 9/1986 bis 1/1987, Islamabad.
40 Milton Bearden, »Afghanistan, Graveyard of Empires«, *Foreign Affairs*, Vol. 80, No. 6, 2001.
41 Quelle C am 27.7.2004; Senator Alan Cranston, »Nuclear Proliferation and U.S. National Security Interests«, Congressional Record, 21.6.1984, S. 7901; Leonard S. Spector, »The New Nuclear Nations«, New York 1985.
42 Gespräch mit A. Q. Khan am 11.10.1998.
43 The White House Office, letter to President Reagan, 16.5.1984, action requested 1.6.1984; Telegramm AmEmbassy London an Department of State, 7.8.1984; Leslie H. Gelb, »Pakistan Link Perils U.S.-China Nuclear Pact«, *New York Times*, 22.6.1984; Leslie H. Gelb, »Peking Said to Balk at Nuclear Pledges«, *New York Times*, 23.6.1984; Russell Warren Howe, »Pakistanis Are Closer to Producing Nuclear Weapons«, *Washington Times*, 26.7.1984; Simon Henderson, »Why Pakistan May Not Need to Test a Nuclear Device«, *Financial Times*, 14.8.1984.
44 Rai Muhammad Saleh Azam, »When the Mountains Move – The Story of Chagai«, *The Nation*, 28.5.2000; »Kahuta – Symbol of

our Defiance«, *Defence Journal*, 12/1990; Quelle C am 27.7.2004.

45 United States District Court, USA, Nazir Ahmed Vaid, Criminal Complaint, 25.6.1984; Seymour M. Hersh, »Pakistani in U.S. Sought To Ship A-Bomb Trigger«, *New York Times*, 25.2.1985; Leonard S. Spector, »The New Nuclear Nations«, New York 1985.

46 Robert Toth, »Chinese Help For Pakistan Holds Up Nuclear Pact«, *Los Angeles Times*, 2.8.1984; »Washington Suspects Peking Breaking Proliferation Rules«, *The Guardian*, 4.8.1984; Telegramm AmEmbassy London an Department of State, 7.8.1984.

47 David Ignatius, »U.S. Pressuring Pakistan to Abandon Controversial Nuclear-Arms Program«, *Wall Street Journal*, 25.10.1984; Leonard S. Spector, »The New Nuclear Nations«, New York 1985; »Kahuta – Symbol of our Defiance«, *Defence Journal*, 12/1990.

48 Foreign Report, 3/1985; *New York Times*, 25.2.1985; Leonard S. Spector, »The New Nuclear Nations«, New York 1985.

49 »Pakistan Goes Slow on the Bomb«, *Foreign Report*, 21.3.1985; Jack Anderson, »Pakistan Gets Mixed Signals on A-Arms«, *Washington Post*, 21.3.1985; Quelle C am 27.7.2004.

50 US *Non-Paper*, 1.12.1986; Schreiben von Rudolf Ortmayer an S. A. Butt (S. A. Shef) P. O. Box 1582 Islamabad, 15.6.1985.

51 Schreiben *NTG Nukleartechnik* an Bundesminister für Forschung und Technologie, 2.4.1985.

52 Amtsgericht Freiburg, Protokoll über die Hauptverhandlung gegen Albrecht Migule, 4.3.1985.

53 Bewertung des Migule-Falls, BND, 13.2.1985.

54 Urteil des Amtsgerichts Freiburg gegen Albrecht Migule, 7.3.1985; »Alles ganz harmlos«, *Die Zeit*, 1.6.1984.

55 Foreign Report, 27.2.1985; Quelle C am 27.7.2004.

56 Urteil des Amtsgerichts Freiburg gegen Albrecht Migule, 7.3.1985.

57 Bob Woodward, »Reagan und die geheimen Kriege der CIA«, München 1987.

58 »A Step Nearer to the Bomb«, *Observer*, 24.2.1985; Leonard S. Spector, »The New Nuclear Nations«, New York 1985.

59 Mary Ann Weaver, »Pakistan ›Over the Hump‹ – Zia Interview«, *Christian Science Monitor*, 1.3.1985.

60 »Liste der diplomatischen Missionen und anderen Vertretungen in Bonn«, *Bundesanzeiger*, Köln 1985.

61 Alex Brodie, »Soviets Reportedly Bolster Troops in Afghan Border Area with Pakistan«, *Washington Post*, 29.8.1984; Rosanne Klass, »Oushing and Pulling Apart Pakistan«, *Wall Street Journal*, 2.10.1984.

62 »Pakistan to Get U.S. Air-to-Air Missiles«, *Financial Times*, 14.3.1985.
63 Dusko Doder, »Gorbachev Warns on Afghan War«, *Washington Post*, 16.3.1985.
64 Gespräch mit Walter Andersen am 24.7.2004; Gespräch mit Robert L. Gallucci am 22.7.2004; Gespräch mit Milton Bearden am 23.7.2004; Gespräch mit Leonard S. Spector am 26.7.2004.
65 Gespräch mit Walter Andersen am 24.7.2004.
66 »Pakistan Can Set Up Several Nuclear Centers of the Kahuta Pattern«, *Jang*, 23.12.1984; Telegramm AmConsul Karachi an Department of State, 24.12.1984.
67 Gespräche mit Richard M. Barlow am 25. und 26.9.2004; Schreiben von Richard M. Barlow, 4.11.2004.

Kalte Krieger

Dieses Kapitel stützt sich an verschiedenen Stellen auf folgende Literatur: Holger Koppe, Egmont R. Koch, »Bomben-Geschäfte«, München 1990; Abschlußbericht des Atom-Untersuchungsausschusses, Bonn 1989; Seymour M. Hersh, »On The Nuclear Edge«, *The New Yorker*, 29.3.1993. Diese Quellen werden – mit Ausnahme von Zitatbelegen – nicht mehr im einzelnen nachgewiesen.

1 Quelle F, o. D. 1987; Quelle D am 13.5.2004; Egmont R. Koch, »Gesucht wird ... ein Bomben-Geschäft«, *ARD*-Dokumentation, 3.11.1986.
2 Quelle F, o. D. 1987; Antrag auf Eröffnung von Konten und Depots, *Commerzbank AG* Filiale Bonn, für *Slebos Research B.V.*, 5.12.1985; Zahlungsauftrag Procurement Secition, Embassy of Pakistan, Azmat Ullah, an *Slebos Research B.V.*, 20.12.1985, über DM 68 565,27; Zahlungsauftrag Procurement Secition, Embassy of Pakistan, Azmat Ullah, an *Slebos Research B.V.*, 20.12.1985, über DM 181612,50.
3 Quelle F, o. D. 1987.
4 *Bloemenhuis von Kuileren* (Tuincentrum/Julianadorp) für Professor Casimir, Heeze, Bestellschein Nr. 19322, 21.12.1984.
5 »Liste der diplomatischen Missionen und anderen Vertretungen in Bonn«, *Bundesanzeiger*, Köln 1986.
6 »Requisitoir in de strafzaak tegen H. Slebos«, Arrondissementsparket te Alkmaar, 414690LCS-1-1985; Strafvonnis Arrondissementsparket te Alkmaar, 2.7.1985; Schreiben von J. Th. Hoekema, Ministry of Foreign Affairs (The Hague), an Leonard S. Spector, 26.7.1985; Quelle F, o.D. 1987; Leonard S. Spector, »The New Nuclear Nations«, New York 1985.

7 »Requisitoir in de strafzaak tegen H. Slebos«, Arrondissementsparket te Alkmaar, 414690LCS-1-1985.
8 Schreiben von J. Th. Hoekema, Ministry of Foreign Affairs (The Hague), an Leonard S. Spector, 26.7.1985; Leonard S. Spector, »The New Nuclear Nations«, New York 1985.
9 Invoice *N. V. Philips* to *Oatenfield Ltd*, 13.4.1982; Rechnung *Oatenfield Ltd* an Mr. I. H. Khan, Rheinallee 24, 5300 Bonn 2, 6.5.1982; Schreiben *Reay & King* an *H. M. Customs & Excise*, 17.6.1986; Akkreditiv *Commerzbank Bonn* für *Slebos Research B. V.*, 17.12.1982; Schreiben von *Schaublin S. A.* an Embassy of Pakistan Bonn, Mr. Azmat Ullah, 20.1.1984; Panat Rotterdam für *Polskie Linie Oceaniczne Gydnia*, *MS Ursus*, 21.12.1983.
10 »Requisitoir in de strafzaak tegen H. Slebos«, Arrondissementsparket te Alkmaar, 414690LCS-1-1985; Strafvonnis Arrondissementsparket te Alkmaar, 2.7.1985; Schreiben von J. Th. Hoekema, Ministry of Foreign Affairs (The Hague), an Leonard S. Spector, 26.7.1985; Quelle F, o.D. 1987.
11 Schreiben von J. Th. Hoekema, Ministry of Foreign Affairs (The Hague), an Leonard S. Spector, 26.7.1985.
12 »Pakistan: Nuclear Decision Makers – Unamimous Opinion«, CIA Doc F-1993-01187; Telegramm Department of State, 6.6.1985; Gespräche mit Richard M. Barlow am 25. und 26.9.2004.
13 Schreiben von Richard M. Barlow, 4.11.2004.
14 Bestellung bei *Arbed Saarstahl GmbH*, 12.3.1985 (Stabstahl geschmiedet RHF 30); Schreiben *Global International*, 5.8.1985; Schiffspapiere *Nedlloyd Everest*, 9.8.1985; Egmont R. Koch, »Gesucht wird ... ein Bomben-Geschäft«, *ARD*-Dokumentation, 3.11.1986.
15 Quelle F, o.D. 1987; Quelle D am 13.5.2004; Quelle C am 27.7.2004.
16 Egmont R. Koch, »Gesucht wird ... ein Bomben-Geschäft«, *ARD*-Dokumentation, 3.11.1986.
17 Bericht, 6.11.1985 Ort/Hn über Besprechung Karachi-Sheraton am 23.10.1985;
18 Gespräche mit Richard M. Barlow am 25. und 26.9.2004.
19 Gespräch mit Munir Ahmed Khan am 13.8.1998.
20 Egmont R. Koch, »Grenzenlose Geschäfte«, München 1988; Egmont R. Koch, Simon Henderson, »Nennen wir ihn einfach Kotari«, *Stern*, 29.4.1987.
21 James M. Markham, »Bonn Checks Report of Smuggling of Atomic Technology to Pakistan«, *New York Times*, 5.5.1987; »Lieferungen für Atomanlagen«, *Ost-Schweiz*, 14.7.1987; Egmont R. Koch, »Grenzenlose Geschäfte«, München 1988: »Nach Ausfuhr Untersuchung eingeleitet«, *Werdenberger und Obertoggenburger*, 20.7.1987.

22 Beschlagnahme-Verfügung im Rahmen des Ermittlungsverfahrens der Bundesanwaltschaft, 21.2.1986; Mark Hibbs, »German Firm Implicated In Trying to Aid Pakistan Enrichment Project«, *Nuclear Fuel*, 5.5.1987.

23 Gespräche mit Dr. Mohrhauer/*Uranit* am 19.1.1987 und Dr. Fink/*Uranit* am 28.1.1987.

24 Egmont R. Koch, »Grenzenlose Geschäfte«, München 1988; Egmont R. Koch, Simon Henderson, »Nennen wir ihn einfach Kotari«, *Stern*, 29.4.1987; Press Release by Inspector General, Royal Malaysia Police Office, »Investigation on the alleged production of components for Libya's uranium enrichment programme«, 20.2.2004; Hans Leyendecker, »Verhaftung wegen Atomgeschäfts«, *Süddeutsche Zeitung*, 17.11.2004.

25 *Washington Post*, 4.11.1986.

26 Gespräche mit Richard M. Barlow am 25. und 26.9.2004; Schreiben von Richard M. Barlow, 4.11.2004 und 17.11.2004.

27 Gespräche mit Richard M. Barlow am 25. und 26.9.2004; Seymour M. Hersh, »On The Nuclear Edge«, *The New Yorker*, 29.3.1993.

28 Department of State Memorandum/secret-sensitive, »Official visit of Pakistan Prime Minister Mohammad Khan Junejo«, 18.7.1986; *Christian Science Monitor*, 18.7.1986.

29 Department of State Memorandum/secret-sensitive, »Pakistan: Nuclear Issue«, 18.7.1986.

30 Gespräche mit Richard M. Barlow am 25. und 26.9.2004; Schreiben von Richard M. Barlow, 4.11.2004 und 17.11.2004.

31 Zahid Malik, »Dr. Qadeer Khan: His biography«, *Weekly Hurmat*, 9/1986–1/1987, Islamabad; Gespräch mit Munir Ahmed Khan am 13.8.1998.

32 Gespräch mit Munir Ahmed Khan am 13.8.1998; Mansoor Ahmed, »Father of the Bomb«, *PakDef Forum*, 11/2001.

33 Gespräch mit Milton Bearden am 10.7.1998 und am 23.7.2004; Milton Bearden, »Afghanistan, Graveyard of Empires«, *Foreign Affairs*, Vol. 80, No. 6, 2001.

34 Robert Windrem, »To The Brink in South Asia«, *MSNBC*, 31.5.2002.

35 www.globalsecurity.org/military/world/war/brass-tacks.htm.

36 Quelle C am 27.7.2004.

37 *Non-Paper* AmEmbassy Bonn, 1.12.1986.

38 Holger Koppe, Egmont R. Koch, »Bomben-Geschäfte«, München 1990.

39 www.globalsecurity.org/military/world/war/brass-tacks.htm.

40 »From Surprise To Reckoning«, Executive Summary Kargil Committee Report, 2000.

41 Kuldip Nayar, »We Have the A-Bomb, Says Pakistan's Dr. Strangelove«, *The Sunday Observer*, 1.3.1987; *New York Times*,

2.3.1987; Mushahid Hussein, »Bomb Controversy«, *Muslim*, 3.3.1987; George Perkovich, »India's Nuclear Bomb«, Berkeley 1999.

42 George Perkovich, »India's Nuclear Bomb«, Berkeley 1999; www.globalsecurity.org/military/world/war/brass-tacks.htm.

43 »Dr. A. Q. Khan Denies Allegation in London Observer Article«, Press Release Embassy of Pakistan, 28.2.1987.

44 Pakistan Nuclear Briefing Book 1987, US Senate Committee on Governmental Affairs, 1987; *New York Times*, 6.3.1987; *Washington Post*, 6.3.1987; *Nuclear Fuel*, 9.3.1987; *Washington Post*, 8.3.1987; *New York Times*, 22.3.1987.

45 Schreiben von A. Q. Khan an Simon Henderson, 5.3.1987.

46 Antrag auf Ausfuhrgenehmigung Ingenieurbüro *H. Mebus VDI*, 16.1.1986.

47 Gespräche mit Richard M. Barlow am 25. und 26.9.2004.

48 Quelle C am 27.7.2004; Farzad Bazoft, »Iran Signs Secret Atom Deal«, *Observer*, 12.6.1988; »Nuclear Cooperation with Pakistan Reported«, *Al-Watan Al-'Arabi*, 23.12.1989.

49 Leonard S. Spector, »Nuclear Ambitions«, Boulder 1990.

50 Yossef Bodansky, »Pakistan's Islamic Bomb«, 7/1998, http://freeman.io.com/m_online/jul98/bodansky.htm; Quelle C am 27.7.2004.

51 »Investigation on the alleged production of components for Libya's uranium enrichment programme«, Royal Malaysia Police Office, 20.2.2004; David Albright, Cory Hinderstein, »The Centrifuge Connection«, *Bulletin Atomic Scientists*, 3/2004; Dafna Linzer, »Iran's nuclear programme traced to 1987 Meeting, *Washington Post*, 26.2.2005.

52 Gespräche mit Milton Bearden am 10.7.1998 und am 23.7. 2004.

53 Mirza Aslam Beg, »Pakistan's Nuclear Imparatives«, *The Frontier Post*, 23.2.1994; Mirza Aslam Beg, »The Atomic Programme and the Political Ramblings«, *Nation*, 13.12.1993.

54 »Implementation of the NPT Safeguards Agreement in the Islamic Republic of Iran«, IAEA Board of Governors, GOV/2004/34, 1.6.2004.

55 Gespräch mit Milton Bearden am 10.7.1998 und am 23.7.2004.

56 Gespräche mit Richard M. Barlow am 25. und 26.9.2004; Schreiben von Richard M. Barlow, 17.11.2004.

57 Quelle C am 27.7.2004; Gespräch zwischen A. Q. Khan und Simon Henderson am 15.7.1998; »Inside Kahuta«, *Foreign Report*, 1.5.1986.

58 Simon Henderson, »Pakistan builds second plant to enrich uranium«, *Financial Times*, 11.12.1987; Neil A. Lewis, »Reports of Pakistan Uranium Plant Weighed«, *New York Times*, 10.1.1988; Quelle C am 27.7.2004; Andrew Koch, Jennifer

Topping, »Pakistan's Nuclear Weapons Program: A Status Report«, *The Nonproliferation Review*, 2/1997.

59 Hedrick Smith, »A Bomb Ticks In Pakistan«, *New York Times Magazine*, 6.3.1988; Indictment USA, Arshad Z. Pervez, Inam ul-Haq, US District Court for the Eastern District of Pennsylvania, 4.12.1987.

60 Indictment USA, Arshad Z. Pervez, Inam ul-Haq, US District Court for the Eastern District of Pennsylvania, 4.12.1987; Michael R. Gordon, »Pakistani Seized In Plot To Export Alloy For A-Arms«, *New York Times*, 15.7.1987; Gespräche mit Richard M. Barlow am 25. und 26.9.2004; Schreiben von *AP Enterprises* an *Carpenter Technology Corp.*, 20.2.1987; Brief von Inam ul-Haq an Arshad Pervez, 12.2.1987; Haftbefehl für C&W No. 87-166 Arshad Z. Pervez.

61 Indictment USA, Arshad Z. Pervez, Inam ul-Haq, US District Court for the Eastern District of Pennsylvania, 4.12.1987; »A. Q. Khan Research Laboratories«, Dossier Inam ul-Haq, MI6 1993.

62 *Washington Post*, 17.7.1987; *New York Times*, 17.7.1987; *Washington Post*, 22.7.1987.

63 Hedrick Smith, »A Bomb Ticks In Pakistan«, *New York Times Magazine*, 6.3.1988; Seymour M. Hersh, »On The Nuclear Edge«, *The New Yorker*, 29.3.1993.

64 Gespräche mit Richard M. Barlow am 25. und 26.9.2004.

65 Briefing Paper Department of State, »U.S. Security Assistance to Pakistan«, o.D.; *Washington Post*, 2.4.1987.

66 Congressional Record Vol. 133, No. 116, 14.7.1987; John Glenn, »Pakistan's Bomb And the Mudjaheddin«, *Washington Post*, 4.11.1987.

67 Pakistan Nuclear Briefing Book 1987, US Senate Committee on Governmental Affairs, 1987; *New York Times*, 6.3.1987.

68 Gespräche mit Richard M. Barlow am 25. und 26.9.2004; *Washington Post*, 22.7.1987.

69 «Statement of Robert A. Peck, Deputy Assistant Secretary of State before the Subcommittee on Asia and Pacific Affairs«, 5.3.1987.

70 Antrag auf Ausfuhrgenehmigung Ingenieurbüro *H. Mebus VDI*, 16.1.1986.

71 Gespräche mit Richard M. Barlow am 25. und 26.9.2004; Seymour M. Hersh, »On The Nuclear Edge«, *The New Yorker*, 29.3.1993.

72 »Zia Anticipates Afghanistan Peace But Sees Scant Evidence of Pullout«, *Wall Street Journal*, 1.12.1987.

73 White House, Presidential Determination No. 88-4.

74 Hedrick Smith, »A Bomb Ticks In Pakistan«, *New York Times Magazine*, 6.3.1988.

75 Department of State, »Waiver of Symington And Solarz Amendments For Pakistan«, 15.1.1988.
76 Quelle F, o.D. 1987.
77 Leonard S. Spector, »Nuclear Ambitions«, Boulder 1990.
78 Gespräche mit Richard M. Barlow am 25. und 26.9.2004.
79 Quelle C am 27.7.2004; Hedrick Smith, »A Bomb Ticks In Pakistan«, *New York Times Magazine*, 6.3.1988; Leonard S. Spector, »Nuclear Ambitions«, Boulder 1990.

An der Schwelle

Dieses Kapitel stützt sich an verschiedenen Stellen auf folgende Literatur: Holger Koppe, Egmont R. Koch, »Bomben-Geschäfte«, München 1990; Abschlußbericht des Atom-Untersuchungsausschusses, Bonn 1989; Seymour M. Hersh, »On The Nuclear Edge«, *The New Yorker*, 29.3.1993. Diese Quellen werden – mit Ausnahme von Zitatbelegen – nicht mehr im einzelnen nachgewiesen.

1 Milton Bearden, »Afghanistan, Graveyard of Empires«, *Foreign Affairs*, Vol. 80, No. 6, 2001; Raymond L. Garthoff, »The Great Transition«, Washington 1994.
2 Gespräche mit Milton Bearden am 10.7.1998 und am 23.7.2004.
3 Elaine Sciolino, »Zia of Pakistan Killed as Blast Downs Plane; U.S. Envoy, 28 Others Die«, *New York Times*, 18.8.1989.
4 Peter Adams, »Zia's Strong Stand on Pakistani Nuclear Arms Not Shared by Bhutto Supporters«, *Defense News*, 5.9.1988; »Nuclear Proliferation in South Asia: Containing the Threat«, Committee on Foreign Relations U.S. Senate, 1988.
5 George Perkovich, »India's Nuclear Bomb«, Berkeley 1999; Leonard S. Spector, »Nuclear Ambitions«, Boulder 1990; Presidential Determination No. 89-7, 18.11.1988.
6 »I felt I was a victim of a conspiracy«, Interview mit Benazir Bhutto, *rediff.com*, 10.3.2004; »Zia wanted to defeat America«, Interview mit Benazir Bhutto, *rediff.com*, 8.3.2004.
7 Walter Samuels, Theo Jongedijk, »Pakistaanse atoomspion land uitgezet«, *De Telegraaf*, 3.1.1989; Egmont R. Koch, »Die islamische Bombe«, *Spiegel TV*, 8.1.1989; Quelle F. am 15.2.1989.
8 Gespräch mit A. Q. Khan am 11.10.1998; William J. Broad, David E. Sanger, »As nuclear secrets emerge in Khan inquiry«, *New York Times*, 26.12.2004.
9 Quelle F am 15.2.1989.
10 Holger Koppe, Arbeitsgruppe 2. Untersuchungsausschuß, Diskussionspapier, 10.11.1988.

11 Schreiben des Bundesamtes für Wirtschaft an das Bundesministerium für Wirtschaft, 5.8.1988; »Bei uns ist einfach open door«, *Spiegel*, 12.6.1989; »Mit Phlegma gegen das Chaos«, *Spiegel*, 19.6.1989; »Unter den Tischen«, *Spiegel*, 26.6.1989.

12 Vernehmung Dr. Hans Rummer, 29. Sitzung des 2. UA, 9.6.1988; Dieter Weingärtner, »Äußerungen von Dr. Rummer *(BAW)*«, Arbeitsgruppe 2. Untersuchungsausschuß, 10.6.1988.

13 Telegramme AmEmbassy Bonn an Department of State, 20.12. 1988, 28.12.1988, 17.1.1989, 22.2.1989, 23.3.1989, 19.4.1989.

14 »Pakistan in Missile Build Claim«, *Jane's Defence Weekly*, 18.2.1989; »World Military Expenditures and Arms Transfers«, US ACDA 1989; DIA-Report to SHAPE, Defense Intelligence Agency, 16.2.1989; *Daily Muslim*, 15.2.1989; Leonard S. Spector, »Nuclear Ambitions«, Boulder 1990.

15 DIA-Report to SHAPE, Defense Intelligence Agency, 16.2. 1989 und 17.2.1989; A. Q. Khan, »20 Years of Excellence and National Service«, Islamabad, 31.10.1996.

16 Quelle C am 27.7.2004; *Foreign Report*, 3/1985; *New York Times*, 25.2.1985; Leonard S. Spector, »The New Nuclear Nations«, New York 1985.

17 George Perkovich, »India's Nuclear Bomb«, Berkeley 1999; Leonard S. Spector, »Nuclear Ambitions«, Boulder 1990.

18 »I felt I was a victim of a conspiracy«, Interview mit Benazir Bhutto, *rediff.com*, 10.3.2004.

19 Robert Jungk, »Heller als tausend Sonnen«, Bern 1956.

20 Gespräche mit Richard M. Barlow am 25. und 26.9.2004; Leonard S. Spector, »Nuclear Ambitions«, Boulder 1990.

21 Gespräche mit Richard M. Barlow am 25. und 26.9.2004; *Süddeutsche Zeitung*, 18.11.2004.

22 Seymour M. Hersh, »On The Nuclear Edge«, *The New Yorker*, 29.3.1993.

23 Leonard S. Spector, »Nuclear Ambitions«, Boulder 1990; Seymour M. Hersh, »The Deal«, *The New Yorker*, 6.3.2004; Quelle C am 27.7.2004.

24 Gespräche mit Richard M. Barlow am 25. und 26.9.2004.

25 Telegramm Department of State, 22.5.1989; Quelle C am 27.7.2004.

26 Gespräche mit M. Bearden am 10.7.1998 und am 23.7.2004; Egmont R. Koch, »Der nukleare Albtraum. Atomwaffen in den Händen islamischer Fundamentalisten«, *ARD (WDR)*, 11.11.1998.

27 Gespräche mit Richard M. Barlow am 25. und 26.9.2004; *Der Spiegel*, 24.7.1989; Chidanand Rajghatta, »Pak may get F-16s by early next week«, *Indian Express*, 25.5.1998.

28 Gespräche mit Richard M. Barlow am 25. und 26.9.2004.

29 »Hearings on the Proposed Sale of F-16s to Pakistan, Testimony Deputy Assistant Secretary Arthur Hughes vor dem Subcom-

mittee on Asia and Pacific Affairs, Committee on Foreign Affairs, House of Representatives«, 2.8.1989.

30 Gespräche mit Richard M. Barlow am 25. und 26.9.2004; Jason Leopold, »Nuclear Proliferation when He Was Secretary of Defense«, *globalsearch.ca*, 21.3.2994.

31 Leonard S. Spector, »Nuclear Ambitions«, Boulder 1990; Seymour M. Hersh, »On The Nuclear Edge«, *The New Yorker*, 29.3.1993.

32 Mushahid Hussain, »Pakistan ›Responding‹ to Change«, *Jane's Defence Weekly*, 14.10.1989.

33 George Perkovich, »India's Nuclear Bomb«, Berkeley 1999; Leonard S. Spector, »Nuclear Ambitions«, Boulder 1990; »From Surprise To Reckoning«, Executive Summary Kargil Committee Report, 2000.

34 Gespräche mit Richard M. Barlow am 25. und 26.9.2004.

35 George Perkovich, »India's Nuclear Bomb«, Berkeley 1999; Leonard S. Spector, »Nuclear Ambitions«, Boulder 1990.

36 »From Surprise To Reckoning«, Executive Summary Kargil Committee Report, 2000; George Perkovich, »India's Nuclear Bomb«, Berkeley 1999.

37 Quelle C am 27.7.2004; Seymour M. Hersh, »On The Nuclear Edge«, *The New Yorker*, 29.3.1993.

38 A. Q. Khan, »20 Years of Excellence and National Service«, Islamabad, 31.10.1996.

39 Seymour M. Hersh, »The Deal«, *The New Yorker*, 6.3.2004; James Bamford, »NSA. Die Anatomie des mächtigsten Geheimdienstes der Welt«, München 2001; George Perkovich, »India's Nuclear Bomb«, Berkeley 1999; »Dr. A. Q. Khan's Case«, *Defence Journal*, 4/1984, Karatschi; Gespräch mit A. Q. Khan am 11.10.1998.

40 Seymour M. Hersh, »On The Nuclear Edge«, *The New Yorker*, 29.3.1993; »From Surprise To Reckoning«, Executive Summary Kargil Committee Report, 2000; William E. Burrows, Robert Windram, »Critical Mass: The Dangerous Race for Superweapons in a Fragmenting World«, New York 1994; James Adams, »Pakistan Nuclear War Threat«, *Sunday Times*, 27.5.1990.

41 »I felt I was a victim of a conspiracy«, Interview mit Benazir Bhutto, *rediff.com*, 10.3.2004.

42 Quelle C am 27.7.2004.

43 Seymour M. Hersh, »On The Nuclear Edge«, *The New Yorker*, 29.3.1993; »From Surprise To Reckoning«, Executive Summary Kargil Committee Report, 2000.

44 William E. Burrows, Robert Windram, »Critical Mass: The Dangerous Race for Superweapons in a Fragmenting World«, New York 1994; »I felt I was a victim of a conspiracy«, Interview mit Benazir Bhutto, *rediff.com*, 10.3.2004.

45 Gespräche mit Richard M. Barlow am 25. und 26.9.2004.

46 William E. Burrows, Robert Windram, »Critical Mass: The Dangerous Race for Superweapons in a Fragmenting World«, New York 1994.

47 Gespräch mit A. Q. Khan am 11.10.1998.

48 Gespräche mit Milton Bearden am 10.7.1998 und am 23.7.2004; Egmont R. Koch, »Der nukleare Albtraum. Atomwaffen in den Händen islamischer Fundamentalisten«, *ARD (WDR)*, 11.11.1998.

49 Mirza Aslam Beg, »Pakistan's Nuclear Imparatives«, *The Frontier Post*, 23.2.1994; Mirza Aslam Beg, »The Atomic Programme and the Political Ramblings«, *Nation*, 13.12.1993.

50 Gespräche mit Richard M. Barlow am 25. und 26.9.2004.

51 »Joint investigation by the Inspectors General, Department of Defense, Department of State, Central Intelligence Agency Regarding a Former Department of Defense Employee«; Gespräch mit Sherman Funk am 27.9.2004; Gespräch mit Frederick P. Hitz am 29.9.2004.

52 »Human Development Report 1992«, New York 1991; William E. Burrows, Robert Windram, »Critical Mass: The Dangerous Race for Superweapons in a Fragmenting World«, New York 1994; Gespräche mit Milton Bearden am 10.7.1998 und am 23.7.2004.

53 »I felt I was a victim of a conspiracy«, Interview mit Benazir Bhutto, *rediff.com*, 10.3.2004.

54 »Top secret personal, 1/165, 6.10.1990, PC3, Subject. Proposal« (englische Übersetzung des Mukhabarat-Dossiers, Dokument 300893-5); Note by the Secretary-General, Security Council, 15.1.1998; David Albright, Corey Hinderstein, »Documents Indicate A. Q. Khan Offered Nuclear Weapons Design to Iraq in 1990: Did he Approach Other Countries?«, www.isis-online.org/publications/southasia/khan_memo.html; Egmont R. Koch, »Der nukleare Albtraum. Atomwaffen in den Händen islamischer Fundamentalisten«, *ARD (WDR)*, 11.11.1998; Egmont R. Koch, »Furcht vor der islamischen Bombe«, *Die Welt*, 24.11.1998.

Verkaufsschlager

Dieses Kapitel stützt sich an verschiedenen Stellen auf folgende Literatur: George Perkovich, »India's Nuclear Bomb«, Berkeley 1999. Diese Quelle wird – mit Ausnahme von Zitatbelegen – nicht mehr im einzelnen nachgewiesen.

1 Quelle C am 27.7.2004; Press Release by Inspector General, Royal Malaysia Police Office, »Investigation on the alleged pro-

duction of components for Libya's uranium enrichment progranne«, 20.2.2004; Abdul Ma'bood Siddiqui, »Timbuktu Reminiscences«, *Hurmat Publications*, Islamabad 2000.

2 Rodney W. Jones, »Minimum Nuclear Deterrence Postures in South Asia«, Final Report Defense Threat Reduction Agency, 1.10.2001; George Perkovich, »India's Nuclear Bomb«, Berkeley 1999.

3 Quelle C am 27.7.2004; Quelle A am 15.7.2004 und 28.10.2004; Quelle D am 13.5.2004; Quelle B am 25.7.2004.

4 »Dr. A. Q. Khan Research Laboratories (KRL)«, Dossier MI6, o.D.; B. Raman, »A. Q. Khan & Osama bin Laden«, South Asia Analysis Group, Paper No. 960, 24.3.2004; Edward Harris, Ellen Knickmeyer, »Head of Pakistan's nuclear ring made repeated visits to uranium-rich Africa«, *Associated Press*, 20.4.2004; Shyam Bhatia, »Khan visited Timbuktu for uranium«, *rediff.com*, 17.2.2004; Quelle A am 15.7.2004 und 28.10.2004; David Albright, Corey Hinderstein, »Documents Indicate A. Q. Khan Offered Nuclear Weapons Design to Iraq in 1990: Did he Approach Other Countries?«, wwwi.isis-online.org/publications/southasia/khan_memo.html.

5 Quelle A am 15.7.2004 und 28.10.2004; Edward Harris, Ellen Knickmeyer, »Head of Pakistan's nuclear ring made repeated visits to uranium-rich Africa«, *Associated Press*, 20.4.2004; »Requisitoir in de strafzaak tegen H. Slebos«, Arrondissementsparket te Alkmaar, 414690LCS-1-1985; Quelle F, o.D. 1987.

6 Quelle A am 15.7.2004 und 28.10.2004; Press Release by Inspector General, Royal Malaysia Police Office, »Investigation on the alleged production of components for Libya's uranium enrichment programme«, 20.2.2004.

7 Abdul Ma'bood Siddiqui, »Timbuktu Reminiscences«, *Hurmat Publications*, Islamabad 2000; B. Raman, »A. Q. Khan & Osama bin Laden«, South Asia Analysis Group, Paper No. 960, 24.3.2004; Edward Harris, Ellen Knickmeyer, »Head of Pakistan's nuclear ring made repeated visits to uranium-rich Africa«, *Associated Press*, 20.4.2004.

8 Quelle C am 27.7.2004; Quelle A am 15.7.2004 und 28.10.2004; Quelle D am 13.5.2004; Quelle B. am 25.7.2004; Jochen Buchsteiner, »Der ›Vater der pakistanischen Atombombe‹ als Verräter«, *Frankfurter Allgemeine Zeitung*, 2.2.2004.

9 Gespräch A. Q. Khan mit Simon Henderson am 15.7.1998.

10 B. Raman, »A. Q. Khan & Osama bin Laden«, South Asia Analysis Group, Paper No. 960, 24.3.2004.

11 Abdul Ma'bood Siddiqui, »Timbuktu Reminiscences«, *Hurmat Publications*, Islamabad 2000; B. Raman, »A. Q. Khan & Osama bin Laden«, South Asia Analysis Group, Paper No. 960, 24.3.2004.

12 Quelle C am 27.7.2004; Press Release by Inspector General, Royal Malaysia Police Office, »Investigation on the alleged production of components for Libya's uranium enrichment programme«, 20.2.2004; »Implementation of the NPT Safeguards Agreement of the Socialist People's Libyan Arab Jamahiriya«, IAEA Board of Governors, GOV/2004/33, 1.6.2004.

13 Quelle C am 27.7.2004; Quelle A am 15.7.2004 und 28.10. 2004; Quelle D am 13.5.2004; Quelle B am 25.7.2004.

14 Abdul Ma'bood Siddiqui, »Timbuktu Reminiscences«, *Hurmat Publications*, Islamabad 2000; B. Raman, »A. Q. Khan & Osama bin Laden«, South Asia Analysis Group, Paper No. 960, 24.3.2004.

15 Gespräch mit A. Q. Khan am 11.10.1998.

16 Die Teststände sind heute auch auf den Bildern kommerzieller Satelliten wie *Ikonos* von *Space Imaging* erkennbar: www.globalsecurity.org/wmd/world/pakistan/ikonos_kahuta_005-2.htm.

17 Patrick Illinger, »Die Spur zum Ural«, *Süddeutsche Zeitung*, 30.3.2004; Sharon A. Squassoni, »Weapons of Mass Destruction: Trade Between North Korea and Pakistan«, CRS Report for Congress, 11.3.2004.

18 Sharon A. Squassoni, »Weapons of Mass Destruction: Trade Between North Korea and Pakistan«, CRS Report for Congress, 11.3.2004; George Perkovich, »India's Nuclear Bomb«, Berkeley 1999; Shannon N. Kile, »Pakistani nuclear forces«, SIPRI Project on Nuclear Technology & Arms Control, 1/2003; »Zia wanted to defeat America«, Interview mit Benazir Bhutto, *rediff.com*, 8.3.2004.

19 Gespräch A. Q. Khan mit Simon Henderson am 15.7.1998; Gespräch mit A. Q. Khan am 11.10.1998.

20 Sharon A. Squassoni, »Weapons of Mass Destruction: Trade Between North Korea and Pakistan«, CRS Report for Congress, 11.3.2004; Joel S. Wit, Daniel B. Poneman, Robert L. Gallucci, »Going Critical: The First North Korean Nuclear Crisis«, New York 2004; David Albright, »How Much Plutonium Does North Korea Have?«, *Bulletin of the Atomic Scientists*, 1994.

21 Seymour M. Hersh, »The Cold Test«, *The New Yorker*, 27.1.2003; Sharon A. Squassoni, »Weapons of Mass Destruction: Trade Between North Korea and Pakistan«, CRS Report for Congress, 11.3.2004.

22 Gespräch A. Q. Khan mit Simon Henderson am 15.7.1998; Gespräch mit A. Q. Khan am 11.10.1998.

23 Sharon A. Squassoni, »Weapons of Mass Destruction: Trade Between North Korea and Pakistan«, CRS Report for Congress, 11.3.2004; »Pakistan's Missile Was a Nodong«, *Jane's Missile*

and Rockets, Vol. 2, May 1998; David E. Sanger, »U.S. Sees More Arms Ties Between Pakistan and Korea«, *New York Times*, 14.3.2004.

24 Quelle C am 27.7.2004; Quelle A am 15.7.2004 und 28.10. 2004; Quelle D am 13.5.2004; Quelle B am 25.7.2004.

25 »KRL-Products of Vacuum Technology«, Directorate of Vacuum Sciences and Technology, *A. Q. Khan Research Laboratories*, Kahuta, o.D.

26 Mark Hibbs, »Siemens Venture Believed Used in Pakistan Centrifuge Quest«, *Nuclear Fuel*, 28.8.1995; Mark Hibbs, »Gear Pakistan Sought in Germany Matched Centrifuge Parts in Iraq«, *Nucleonics Week*, 16.11.1995.

27 Anklageschrift der Staatsanwaltschaft Stuttgart gegen Ernst Piffl, 5/1998.

28 »Dr. A. Q. Khan Research Laboratories (KRL)«, Dossier MI6, o.D.

29 Quelle C am 27.7.2004; Quelle A am 15.7.2004 und 28.10. 2004; Quelle D am 13.5.2004; Quelle B am 25.7.2004.

30 Department of State, »Classified Report to Congress on the Non-Proliferation and Practices of the People's Republic of China«, 1997; *New York Times*, 17.3.1996; William Burr, »China, Pakistan, and the Bomb«, The National Security Archive, 5.3.2004.

31 John Pike, »Tilla Jogian Malute«, www.globalsecurity.org/wmd/world/pakistan/malute.htm.

32 »Dr. Qadeer Hints at N-Bomb«, *Dawn*, 16.4.1998.

33 David Albright, »An Iranian Bomb?«, *Bulletin of the Atomic Scientists*, 1995; »Implementation of the NPT Safeguards Agreement of the Islamic Republic of Iran«, IAEA Board of Governors, GOV/2004/34, 1.6.2004; Mark Hibbs, »Siemens Venture Believed Used in Pakistan Centrifuge Quest«, *Nuclear Fuel*, 28.8.1995.

34 Press Release by Inspector General, Royal Malaysia Police Office, »Investigation on the alleged production of components for Libya's uranium enrichment programme«, 20.2.2004; David Albright, Corey Hinderstein, »Uncovering the Nuclear Black Market: Working toward closing gaps in the international nonproliferation Regime«, unveröffentlicht, 2.7.2004.

35 »Implementation of the NPT Safeguards Agreement of the Islamic Republic of Iran«, IAEA Board of Governors, GOV/2004/34, 1.6.2004.

36 Press Release by Inspector General, Royal Malaysia Police Office, »Investigation on the alleged production of components for Libya's uranium enrichment programme«, 20.2.2004.

37 Raj Chengappa, »The Bomb Makers«, *India Today*, 22.6.1998; »Joint Statement by Department of Atomic Energy and Defense

Research and Development Organization«, Government of India, 11.6.1998; Manoj Joshi, »Nuclear Shock Wave«, *India Today*, 25.5.1998.

38 Department of State, Daily Press Briefing am 11.5.1998; Kamran Khan, Kevin Sullivan, »U.S., Others Assail India's Nuclear Blasts«, *Washington Post*, 13.5.1998.

39 Carol Giacomo: »Cohen: Indian Tests Could Lead to Arms Race«, *Reuters*, 13.5.1998; »The Explosions and After«, *Frontline*, 5.6.1998; »Pokhran 2: Shedding Nuke Celibacy«, *Sahara*, Jun./1998; »Matters of technology«, *Frontline*, 17.7.1998.

40 »Sanctions Should Stay: Senator«, *Hindustan Times*, 15.5.1998; Chidanand Rajghatta, »US Senators Seek Capping of Indian N-Plan«, *Indian Express*, 15.5.1998.

41 »India Conducts Two More Nuclear Tests at Pokhran«, *Hindu*, 14.5.1998; »The Explosions and After«, *Frontline*, 5.6.1998; »Pokhran 2: Shedding Nuke Celibacy«, *Sahara*, Jun./1998; »Matters of technology«, *Frontline*, 17.7.1998.

42 »The Explosions and After«, *Frontline*, 5.6.1998; »Pokhran 2: Shedding Nuke Celibacy«, *Sahara*, Jun./1998; »Matters of technology«, *Frontline*, 17.7.1998; »Joint Statement by Department of Atomic Energy and Defense Research and Development Organization«, Government of India, 11.6.1998.

43 Rai Muhammad Saleh Azam, »When the Mountains Move – The Story of Chagai«, *The Nation*, 28.5.2000; »Pakistans Nuclear Weapons – 1998: The Year of Testing«, Federation of American Scientists (FAS), 10.9.2001; Mansoor Ahmed, »Father of the Bomb«, *PakDef Forum*, 11/2001; Simon Henderson, »Pakistan goes for broke«, *FT Energy World*, 8/1998; Anthony Spaeth, »To Test or Not to Test«, *Time*, 1.6.1998; »Pakistan Tests Five Nuclear Devices«, *Bulletin Wire*, *Bulletin of the Atomic Scientists*, 29.5.1998.

44 »Pakistan Tests Five Nuclear Devices«, *Bulletin Wire*, *Bulletin of the Atomic Scientists*, 29.5.1998; John Ward Anderson, Kamran Khan, »Pakistan Sets Off Nuclear Blasts«, *Washington Post*, 29.5.1998; Anthony Spaeth, »To Test or Not to Test«, *Time*, 1.6.1998.

45 Quelle C am 27.7.2004; Quelle D. am 13.5.2004.

46 Gespräch A. Q. Khan mit Simon Henderson am 15.7.1998; Gespräch mit A. Q. Khan am 11.10.1998.

47 Paul Watson, Mubashir Zaidi, »Death of N. Korean Woman Offers Clues to Pakistani Nuclear Deals«, *Los Angeles Times*, 1.3. 2004; *Los Angeles Times*, 25.8.1999; Mansoor Ijaz, R. James Woolsey, »Cut Supply Lines that Fuel Pyongyang's Nuclear Dreams«, *Los Angeles Times*, 12.1.2003; »North Korea's nuclear tests in Pakistan«, *Korea Web Weekly*, 30.4.2004; »US confronts Pakistan with N. Korea smoking gun?«, *Pakistan-Facts*, 19.1.2003.

48 Paul Watson, Mubashir Zaidi, »Death of N. Korean Woman Offers Clues to Pakistani Nuclear Deals«, *Los Angeles Times*, 1.3.2004; »US confronts Pakistan with N. Korea smoking gun?«, *Pakistan-Facts*, 19.1.2003.

49 Quelle C am 27.7.2004; Quelle D am 13.5.2004; Quelle B am 25.7.2004.

50 Abdul Ma'bood Siddiqui, »Timbuktu Reminiscences«, *Hurmat Publications*, Islamabad 2000; B. Raman, »A. Q. Khan & Osama bin Laden«, South Asia Analysis Group, Paper No. 960, 24.3.2004.

51 Press Release by Inspector General, Royal Malaysia Police Office, »Investigation on the alleged production of components for Libya's uranium enrichment programme«, 20.2.2004; Raymond Bonner, »Salesman on Nuclear Circuit Casts Blurry Corporate Shadow«, *New York Times*, 18.2.2004; Rohan Sullivan, Patrick McDowell, »N-suspect on board with Abdullah son«, *The Standard*, 19.2.2004.

52 Department of State, »Classified Report to Congress on the Non-Proliferation and Practices of the People's Republic of China«, 1997; »U.S. Says China Isn't Helping Others Build Bombs«, *New York Times*, 11.12.1997; »We Mustn't Move the Bar on China Now«, *Washington Post*, 12.11.1997; Jack Boureston, Charles D. Ferguson, »Schooling Iran's atom squad«, *Bulletin of the Atomic Scientists* May/June 2004.

53 »China Foils the Spread of Nukes ... Probably«, *Christian Science Monitor*, 13.3.1998; Arjun Makhijani, »Steps Back From Danger«, *Washington Post*, 9.7.1998.

54 David Albright, »Pakistan's Efforts to Obtain Unsafeguarded Plutonium are Nearing Fruition«, Institute for Science and International Security (ISIS), 1.6.1998; David Albright, »India's and Pakistan's Fissile Material and Nuclear Weapons Inventories, end of 1999«, Institute for Science and International Security (ISIS), 11.10.2000.

55 Gespräch A. Q. Khan mit Simon Henderson am 15.7.1998.

56 Ardeshir Cowasjee, »Nuclear scientist attempts bloody coup on a hospital in Pakistan«, *Dawn online*, 25.12.2002; A. Q. Khan, »20 Years of Excellence And National Service«, Islamabad, 31.10.1996.

57 Raj Chengappa, »The Bomb Makers«, *India Today*, 22.6.1998.

58 *The Nation*, Lahore, 28.9.1998; »Organisation der Beschaffung für das sensitive Nuklearprogramm Pakistans/Beschaffungsnetz in Europa und Amerika«, BND, 2/1981; Amina Jilani, »Bombs away«, *The Nation*, 5.9.1999.

59 *Vrij Nederland*, 6.6.1998.

60 Peter Schmitt, »Lieferung für pakistanisches Bombenprojekt«, *Süddeutsche Zeitung*, 14.3.1997; »Illegale Geschäfte aus ›familiären Gründen‹«, *Nürnberger Zeitung*, 14.3.1997.

61 *Defence Journal*, 12/1990.

62 Anklageschrift der Staatsanwaltschaft Stuttgart gegen Ernst Piffl, 5/1998.

63 »German jailed for N-arms equipment sale to Pak«, *The Tribune*, 22.7.1998; *Süddeutsche Zeitung*, 19.2.1989.

64 Gespräch mit A. Q. Khan am 11.10.1998.

65 Anklageschrift der Staatsanwaltschaft Stuttgart gegen Ernst Piffl, 5/1998.

66 »ERL/Pinstech Personalities: Fakhrul Hasan Hashmi, Director of Vacuum & Chemical«, MI6 1980; »Dr. A. Q. Khan Research Laboratories (KRL)«, Dossier MI6, o. D.; »Organisation der Beschaffung für das sensitive Nuklearprogramm Pakistans/ Beschaffungsnetz in Europa und Amerika«, BND, 2/1981; Rai Muhammad Saleh Azam, »When the Mountains Move – The Story of Chagai«, *The Nation*, 28.5.2000.

67 Abdul Ma'bood Siddiqui, »Timbuktu Reminiscences«, *Hurmat Publications*, Islamabad 2000; B. Raman, »A. Q. Khan & Osama bin Laden«, South Asia Analysis Group, Paper No. 960, 24.3.2004; »Pak releases three held during nuke probe«, *The Sunday Express*, 11.4.2004.

68 Visitenkarte »Dr. Nazeer Ahmad«; Quelle A am 15.7.2004 und 28.10.2004.

69 Abdul Ma'bood Siddiqui, »Timbuktu Reminiscences«, *Hurmat Publications*, Islamabad 2000; B. Raman, »A. Q. Khan & Osama bin Laden«, South Asia Analysis Group, Paper No. 960, 24.3.2004.

70 Quelle C am 27.7.2004; Quelle A am 15.7.2004 und 28.10. 2004; Quelle D am 13.5.2004.

71 Mark Urban, »Khartoum is centre for illegal sales of plutonium«, *Independent*, 30.10.1987; »The Plutonium Black Market«, *Dispatches*, 1987.

72 Rohan Guaratna, »Inside Al Qaeda: Global Network of Terror«, New York 2002; Peter L. Bergen, »Holy War, Inc.«, New York 2002; »The 9/11 Commission Report«, New York 2004; Paul L. Williams, »Osama's Revenge«, Amherst 2004.

73 »The 9/11 Commission Report«, New York 2004; Paul L. Williams, »Osama's Revenge«, Amherst 2004; »The CIA in Khartoum«, *The New York Review of Books*, 21.10.2004.

74 »The 9/11 Commission Report«, New York 2004.

75 Quelle C am 27.7.2004; Quelle D am 13.5.2004.

76 »Unclassified Report to Congress on the Acquisition of Technology Relating to Weapons of Mass Destruction and Advanced Conventional Munitions«, CIA, Nonproliferation Center, 1998 und 1999.

77 »Lahore Declaration« der Premierminister von Indien und Pakistan, 21.2.1999; »Memorandum of Understanding«, 21.2. 1999, signed by Indian Foreign Secretary K. Raghunath and

Pakistani Foreign Secretary Shamshad Ahmad; George Perkovich, »India's Nuclear Bomb«, Berkeley 1999.

78 »A Better Missile, Says Pakistan«, *Hindu*, 15.4.1999.

79 »From Surprise To Reckoning«, Executive Summary Kargil Committee Report, 2000; Bruce Riedel, »American Diplomacy and the 1999 Kargil Summit at Blair House«, Center for the Advanced Study of India, Philadelphia 2002.

80 Bruce Riedel, »American Diplomacy and the 1999 Kargil Summit at Blair House«, Center for the Advanced Study of India, Philadelphia 2002; Rodney W. Jones, »Minimum Nuclear Deterrence Postures in South Asia«, Final Report Defense Threat Reduction Agency, 1.10.2001.

81 »From Surprise To Reckoning«, Executive Summary Kargil Committee Report, 2000; Bruce Riedel, »American Diplomacy and the 1999 Kargil Summit at Blair House«, Center for the Advanced Study of India, Philadelphia 2002.

82 Bruce Riedel, »American Diplomacy and the 1999 Kargil Summit at Blair House«, Center for the Advanced Study of India, Philadelphia 2002; Shyam Bhatia, Tom Walker, »U.S. averted nuclear strike against India: In 1999, Pakistan's army prepared attack without PM's knowledge, former Clinton adviser says«, *Ottawa Citizen*, 12.5.2002.

83 Bruce Riedel, »American Diplomacy and the 1999 Kargil Summit at Blair House«, Center for the Advanced Study of India, Philadelphia 2002; J. N. Dixit, »A Defining Moment«, in: »Guns and Yellow Roses«, New York 1999.

84 »From Surprise To Reckoning«, Executive Summary Kargil Committee Report, 2000; Rodney W. Jones, »Minimum Nuclear Deterrence Postures in South Asia«, Final Report Defense Threat Reduction Agency, 1.10.2001.

85 www.korea-dpr.com/airkoryo.htm; »North Korea's nuclear tests in Pakistan«, *Korea Web Weekly*, 30.4.2004.

86 Quelle C am 27.7.2004; David E. Sanger, »Koreans showed nuclear weapons, Pakistani was first to see secrets«, *New York Times*, 13.4.2004; David E. Sanger, »Koreans showed nuclear devices, Pakistani says«, *New York Times*, 14.4.2004.

87 Sharon A. Squassoni, »Weapons of Mass Destruction: Trade Between North Korea and Pakistan«, CRS Report for Congress, 11.3.2004.

88 »Pakistans Nuclear Weapons – 1998: The Year of Testing«, Federation of American Scientists (FAS), 10.9.2001; www.fas.org/nuke/guide/pakistan/nuke/.

89 Paul Watson, Mubashir Zaidi, »Death of N. Korean Woman Offers Clues to Pakistani Nuclear Deals«, *Los Angeles Times*, 1.3.2004; »North Korea's nuclear tests in Pakistan«, *Korea Web Weekly*, 30.4.2004.

90 Sharon A. Squassoni, »Weapons of Mass Destruction: Trade Between North Korea and Pakistan«, CRS Report for Congress, 11.3.2004; Quelle C am 27.7.2004.

91 Press Release by Inspector General, Royal Malaysia Police Office, »Investigation on the alleged production of components for Libya's uranium enrichment programme«, 20.2.2004.

92 Bruce Riedel, »American Diplomacy and the 1999 Kargil Summit at Blair House«, Center for the Advanced Study of India, Philadelphia 2002.

Showdown

1 Suit No. 1259/02, Court of Sindh, Karatschi; Ardeshir Cowasjee, »The Depth of Degradation«, *Dawn*, 25.12.2002; Mohammad Shehzad, »A hero's meltdown«, *Pakistan-Facts*, 19.2.2004.

2 Suit No. 1259/02, Court of Sindh, Karatschi.

3 Ardeshir Cowasjee, »The Depth of Degradation«, *Dawn*, 25.12.2002; Ardeshir Cowasjee, »The Depth of Degradation II«, *Dawn*, 19.1.2003; Irfan Husain, »Tragic and distasteful«, *Dawn*, 28.12.2002; Akhgar Anwar Awan, »Institute of Behavioural Sciences case: Dr. A. Q. Khan, Dr. Haroon Ahmed, others, directed to maintain status quo«, *The News*, 21.12.2002.

4 Suit No. 1232/02, Court of Sindh, Karatschi.

5 Ardeshir Cowasjee, »The Depth of Degradation«, *Dawn*, 25.12.2002; Ardeshir Cowasjee, »The Depth of Degradation II«, *Dawn*, 19.1.2003; Irfan Husain, »Tragic and distasteful«, *Dawn*, 28.12.2002.

6 Suit No. 1232/02, Court of Sindh, Karatschi; Ardeshir Cowasjee, »The Depth of Degradation«, *Dawn* 25.12.2002.

7 Press Release by Inspector General, Royal Malaysia Police Office, »Investigation on the alleged production of components for Libya's uranium enrichment programme«, 20.2.2004; Rohan Sullivan, Patrick McDowell, »N-suspect on board with Abdullah son«, *The Standard*, 19.2.2004; Baradan Kuppusamy, »Malaysian firm ›unwitting victim‹ of nuclear arms ring«, *South China Morning Post*, 19.2.2004; Erich Follath, Georg Mascolo, »Atombombe frei Haus«, *Spiegel*, 22.3.2004.

8 Press Release by Inspector General, Royal Malaysia Police Office, »Investigation on the alleged production of components for Libya's uranium enrichment programme«, 20.2.2004; William J. Broad, David E. Sanger, Raymond Bonner, »How Pakistani Built His Network«, *New York Times*, 12.2.2004; »Organisation der Beschaffung für das sensitive Nuklearprogramm Pakistans/Beschaffungsnetz in Europa und Amerika«, BND, 2/1981; David Albright, Corey Hinderstein, »Uncovering the Nuclear Black Market: Working toward closing gaps in the

international nonproliferation Regime«, unveröffentlicht, 2.7.2004.

9 Peter Schmitt, »Lieferung für pakistanisches Bombenprojekt«, *Süddeutsche Zeitung*, 14.3.1997; »Illegale Geschäfte aus ›familiären Gründen‹«, *Nürnberger Zeitung*, 14.3.1997.

10 Press Release by Inspector General, Royal Malaysia Police Office, »Investigation on the alleged production of components for Libya's uranium enrichment programme«, 20.2.2004; Rohan Sullivan, Patrick McDowell, »N-suspect on board with Abdullah son«, *The Standard*, 19.2.2004; Baradan Kuppusamy, »Malaysian firm ›unwitting victim‹ of nuclear arms ring«, *South China Morning Post*, 19.2.2004.

11 Press Release by Inspector General, Royal Malaysia Police Office, »Investigation on the alleged production of components for Libya's uranium enrichment programme«, 20.2.2004; David Albright, Corey Hinderstein, »Uncovering the Nuclear Black Market: Working toward closing gaps in the international nonproliferation Regime«, unveröffentlicht, 2.7.2004; Erich Follath, Georg Mascolo, »Atombombe frei Haus«, *Spiegel*, 22.3.2004.

12 »Implementation of the NPT Safeguards Agreement of the Socialist People's Libyan Arab Jamahiriya«, IAEA Board of Governors, GOV/2004/33, 1.6.2004.

13 »Implementation of the NPT Safeguards Agreement of the Socialist People's Libyan Arab Jamahiriya«, IAEA Board of Governors, GOV/2004/33, 1.6.2004; Press Release by Inspector General, Royal Malaysia Police Office, »Investigation on the alleged production of components for Libya's uranium enrichment programme«, 20.2.2004; David Albright, Corey Hinderstein, »Uncovering the Nuclear Black Market: Working toward closing gaps in the international nonproliferation Regime«, unveröffentlicht, 2.7.2004.

14 »Implementation of the NPT Safeguards Agreement of the Socialist People's Libyan Arab Jamahiriya«, IAEA Board of Governors, GOV/2004/33, 1.6.2004; Press Release by Inspector General, Royal Malaysia Police Office, »Investigation on the alleged production of components for Libya's uranium enrichment programme«, 20.2.2004; William J. Broad, David E. Sanger, Raymond Bonner, »How Pakistani Built His Network«, *New York Times*, 12.2.2004.

15 Quelle A am 15.7.2004 und 28.10.2004; *Cumhuriyet*, 6. und 7.7.2004.

16 Quelle A am 15.7.2004 und 28.10.2004; David Albright, Corey Hinderstein, »Uncovering the Nuclear Black Market: Working toward closing gaps in the international nonproliferation Regime«, unveröffentlicht, 2.7.2004.

17 »Türkiye Nükleer Köprü«, *Ekoloji Kolektifi* 2003–2004, www.ekolojikpolitika.org/modules.php ?name=News&file=article&sid=1130; Quelle A am 15.7.2004 und 28.10.2004; *Cumhuriyet*, 6. und 7.7.2004.

18 Press Release by Inspector General, Royal Malaysia Police Office, »Investigation on the alleged production of components for Libya's uranium enrichment programme«, 20.2.2004; *Cumhuriyet*, 6. und 7.7.2004; Quelle A am 15.7.2004 und 28.10.2004.

19 Milton Bearden, »Afghanistan, Graveyard of Empires«, *Foreign Affairs*, Vol. 80, No. 6, 2001; Gespräche mit Milton Bearden am 10.7.1998 und am 23.7.2004.

20 Seymour M. Hersh, »Watching the Warheads«, *The New Yorker*, 5.11.2001: Richard A. Clarke, »Against All Enemies«, New York 2004; Subodh Atal, »Extremist, Nuclear Pakistan – An Emerging Threat?«, *Policy Analysis*, No. 472, 5.3.2003; Gespräch mit Subodh Atal am 26.7.2004.

21 Gespräch mit Ameer Qazi Hussain Ahmad am 10.10.1998; Jamaat-e-Islami Pakistan, »Architect of the Silent Revolution«, o.D.; Jamaat-e-Islami Pakistan, »JI Ameer contacts Dr Qadeer«, 4.2.2004.

22 »Pakistan ›formally‹ detains militan leader«, *BBC-News*, 8.1.2002; Department of State Fact Sheet, »Lashkar-e-Tayyiba (LT)«, 4/2001; Federation of American Scientists (FAS), »Lashkar e Taiba«, www.fas.org/irp/world/para/lashkar.htm.

23 Erich Follath, Georg Mascolo, »Die Jagd nach der Atombombe«, *Spiegel*, 26.1.2004.

24 Quelle A am 15.7.2004 und 28.10.2004; Quelle C am 27.7.2004.

25 Quelle A am 15.7.2004 und 28.10.2004; Quelle C am 27.7.2004; »Implementation of the NPT Safeguards Agreement in the Islamic Republic of Iran«, IAEA Board of Governors, GOV/2004/34, 1.6.2004.

26 Quelle A am 15.7.2004 und 28.10.2004; Quelle C am 27.7.2004; »Saudis May Be Trying to Purchase Nukes«, *The Middle East Intelligence Bulletin*, 8.8.1999.

27 Quelle A am 15.7.2004 und 28.10.2004; »Comstech Visiting Scientists Programme« 1998/1999, No. 11 to 14, www.comstech.org.pk/htm/ourprog.htm; Erhard Geißler, »Anthrax und das Versagen der Geheimdienste«, Berlin 2003; Judith Miller, Stephen Engelberg, William Broad, »Germs, Biological Weapons and America's Secret War«, New York 2001.

28 David Albright, Corey Hinderstein, »Uncovering the Nuclear Black Market: Working toward closing gaps in the international nonproliferation Regime«, unveröffentlicht, 2.7.2004; »Atomverkäufe von Pakistan and Syrien vermutet«, *Reuters*, 25.6.2004; Schreiben von David Albright, 17.12.2004.

29 Abdul Ma'bood Siddiqui, »Timbuktu Reminiscences«, *Hurmat Publications*, Islamabad 2000; B. Raman, »A. Q. Khan & Osama bin Laden«, South Asia Analysis Group, Paper No. 960, 24.3.2004; Quelle A am 15.7.2004 und 28.10.2004.

30 Edward Harris, Ellen Knickmeyer, »Head of Pakistan's nuclear ring made repeated visits to uranium-rich Africa«, *Associated Press*, 20.4.2004; »Niemand geeft verklaring voor de reizen door Afrika«, *Noordhollands Dagblad*, 5.5.2004; Shamil Jeppie, »About Timbuktu«, *Mail & Guardian*, 1.2.2002; Shyam Bhatia, »Khan visited Timbuktu for uranium«, *rediff.com*, 17.2.2004; *The Telegraph*, 9.3.2004.

31 »A. Q. Khan: Timbuktu hotelier, lake polluter«, *Hindustan Times*, 1.2.2004.

32 Edward Harris, Ellen Knickmeyer, »Head of Pakistan's nuclear ring made repeated visits to uranium-rich Africa«, *Associated Press*, 20.4.2004; Quelle A am 15.7.2004 und 28.10.2004.

33 Quelle D am 13.5.2004; Quelle C am 27.7.2004; Quelle A am 15.7.2004 und 28.10.2004.

34 Quelle D am 13.5.2004; Quelle C am 27.7.2004; Quelle A am 15.7.2004 und 28.10.2004; »Review of Intelligence on Weapons of Mass Destruction«, Report of a Committee of Privy Counsellors (»Butler-Report«), 14.7.2004.

35 Bob Woodward, »Bush at War«, New York 2002; Richard A. Clarke, »Against All Enemies«, New York 2004; Quelle C am 27.7.2004.

36 Richard A. Clarke, »Against All Enemies«, New York 2004.

37 Gespräche mit Richard M. Barlow am 25. und 26.9.2004.

38 Gespräche mit Richard M. Barlow am 25. und 26.9.2004; Richard A. Clarke, »Against All Enemies«, New York 2004; Bob Woodward, »Plan of Attack«, New York 2004; Seymour M. Hersh, »The Other War«, *The New Yorker*, 12.4.2004.

39 Richard A. Clarke, »Against All Enemies«, New York 2004; Seymour M. Hersh, »The Other War«, *The New Yorker*, 12.4.2004.

40 Joby Warick, »N.Korea Shops Stealthily for Nuclear Arms Gear«, *Washington Post*, 15.8.2003; Georg Mascolo, »Maritime Notbremse«, *Spiegel*, 28.4.2003; Graham Allison, »Nuclear Terrorism«, New York 2004.

41 Georg Mascolo, »Maritime Notbremse«, *Spiegel*, 28.4.2003; Graham Allison, »Nuclear Terrorism«, New York 2004.

42 David E. Sanger, »U.S. Sees More Arms Ties Between Pakistan and Korea«, *New York Times*, 14.3.2004; Sharon A. Squassoni, »Weapons of Mass Destruction: Trade Between North Korea and Pakistan«, CRS Report for Congress, 11.3.2004.

43 Sharon A. Squassoni, »Weapons of Mass Destruction: Trade Between North Korea and Pakistan«, CRS Report for Congress, 11.3.2004; Mansoor Ijaz, R. James Woolsey, »Cut Supply Lines

that Fuel Pyongyang's Nuclear Dreams«, *Los Angeles Times*, 12.1.2003.

44 David E. Sanger, William J. Broad, »Evidence Is Cited Linking Koreans to Libya Uranium«, *New York Times*, 23.5.2004; »North Korea's Nuclear Program«, *The Risk Report*, 3/4/2004.

45 Gespräch mit Robert L. Gallucci am 22.7.2004.

46 Quelle D am 13.5.2004; Quelle C am 27.7.2004; Quelle A am 15.7.2004 und 28.10.2004.

47 Quelle D am 13.5.2004; Quelle C am 27.7.2004; Quelle A am 15.7.2004 und 28.10.2004; Johannes Dietrich, »Das atomare Dreieck«, *Frankfurter Rundschau*, 22.10.2004.

48 Angebot von *AEG-Telefunken (PTY) Ltd* an *E. V. J. Krisch Engineering Co. (PTY.) Ltd*, 8.2.1979; Schreiben von *E. V. J. Krisch Engineering Co. (PTY) Ltd* an *IAVG* Bayerisch Gmain, 8. und 9.2.1979.

49 Vermerk *Uranit*/Fink, 17.9.1986.

50 »South Africa's Secret Unclear Program«, *Nuclear Fuel*, 10.5.1993; David Albright, Mark Hibbs, »South Africa: The ANC And The Atom Bomb«, *The Bulletin of the Atomic Scientists* 4/1993; «Speech by the State President, Mr. F. W. de Klerk, to a Joint Session of Parliament«, 24.3.1993.

51 Quelle D am 13.5.2004; Schreiben von *E. V. J. Krisch Engineering Co. (PTY) Ltd* an *IAVG* Bayerisch Gmain, 8. und 9.2.1979.

52 Press Release by Inspector General, Royal Malaysia Police Office, »Investigation on the alleged production of components for Libya's uranium enrichment programme«, 20.2.2004; Zeugenaussagen Captain Benjamin Nel und Daniel J. van Beek, 14.9.2004.

53 Zeugenaussagen Captain Benjamin Nel und Daniel J. van Beek, 14.9.2004; Dafna Linzer, Craig Timberg, »African's Arrest Seen as Key to Nuclear Black Market«, *Washington Post*, 4.9.2004; William C. Rempel, Douglas Frantz, »Global Nuclear Inquiry Stalls«, *Los Angeles Times*, 5.12.2004; Press Release by Inspector General, Royal Malaysia Police Office, »Investigation on the alleged production of components for Libya's uranium enrichment programme«, 20.2.2004; »Implementation of the NPT Safeguards Agreement of the Socialist People's Libyan Arab Jamahiriya«, IAEA Board of Governors, GOV/2004/33, 1.6.2004.

54 Zeugenaussagen Captain Benjamin Nel und Daniel J. van Beek, 14.9.2004; Edward Harris, Ellen Knickmeyer, »Head of Pakistan's nuclear ring made repeated visits to uranium-rich Africa«, *Associated Press*, 20.4.2004, Vernehmung Gerhard Wisser vor Magistrate Pretoria, 1.9.2004.

55 Quelle D am 13.5.2004; Quelle C am 27.7.2004; David Albright, Corey Hinderstein, »Uncovering the Nuclear Black

Market: Working toward closing gaps in the international non-proliferation Regime«, unveröffentlicht, 2.7.2004.

56 Press Release by Inspector General, Royal Malaysia Police Office, »Investigation on the alleged production of components for Libya's uranium enrichment programme«, 20.2.2004.

57 Quelle C am 27.7.2004; Remarks by the President on Weapons of Mass Destruction Proliferation, Fort Lesley J. McNair, National Defense University, 11.2.2004; William J. Broad, David E. Sanger, Raymond Bonner, »How Pakistani Built His Network«, *New York Times*, 12.2.2004.

58 Quelle C am 27.7.2004; Remarks by the President on Weapons of Mass Destruction Proliferation, Fort Lesley J. McNair, National Defense University, 11.2.2004; Owen Bowcott, Ian Traynor, John Aglionby, Suzanne Goldberg, »Briton Key Suspect In Nuclear Ring«, *The Guardian*, 2.12.2004.

59 Quelle C am 27.7.2004.

60 Owen Bowcott, Ian Traynor, John Aglionby, Suzanne Goldberg, »Briton Key Suspect In Nuclear Ring«, *The Guardian*, 2.12.2004; Graham Allison, »Nuclear Terrorism«, New York 2004.

61 Quelle C am 27.7.2004; Press Release by Inspector General, Royal Malaysia Police Office, »Investigation on the alleged production of components for Libya's uranium enrichment programme«, 20.2.2004.

62 Remarks by the President on Weapons of Mass Destruction Proliferation, Fort Lesley J. McNair, National Defense University, 11.2.2004.

63 Quelle D am 13.5.2004; Quelle C am 27.7.2004; »Islamabad received CIA report on Dr Qadeer in October«, *The News*, 6.2.2004.

64 Quelle D am 13.5.2004; Quelle C am 27.7.2004; Quelle A am 15.7.2004 und 28.10.2004.

65 »Islamabad received CIA report on Dr Qadeer in October«, *The News*, 6.2.2004.

66 »Pak questions nuke scientists about proliferation«, *rediff.com*, 22.12.2003; »Implementation of the NPT Safeguards Agreement in the Islamic Republic of Iran«, IAEA Board of Governors, GOV/2004/34, 1.6.2004.

67 »Pak questions nuke scientists about proliferation«, *rediff.com*, 22.12.2003.

68 *ARD*-Tagesschau, 14.12.2003.

69 Remarks by the President on Weapons of Mass Destruction Proliferation, Fort Lesley J. McNair, National Defense University, 11.2.2004.

70 »Implementation of the NPT Safeguards Agreement in the Islamic Republic of Iran«, IAEA Board of Governors, GOV /2004/34, 1.6.2004.

71 »Scientists may have shared nuke tech without authorisation: Pakistan«, *rediff.com*, 23.12.2003.
72 *Geo TV Islamabad*, 24.12.2003; »Pak nuclear scientist denies assisting Iran to make bomb«, *rediff.com*, 25.12.2003.
73 »Präsident Musharraf entgeht Anschlag unverletzt«, *faz.net*, 26.12.2003.
74 »Musharraf investigationg nuclear claims: US«, *rediff.com*, 7.1. 2004.
75 Schreiben von Hussam Haq, 29.7.2004; »Dr. Nazeer's wife moves LHC against nuclear scientist's detention«, *Paktribune*, 20.1.2004; Erich Follath, Georg Mascolo, »Die Jagd nach der Atombombe«, *Spiegel*, 26.1.2004.
76 »Sanghar: MMA decries arrest of scientists«, *Dawn*, 24.1.2004.
77 »Foreign bank accounts of Pak nuclear scientists traced«, *rediff.com*, 27.1.2004; A. Q. Khan got villa on Caspian Sea«, *rediff.com*, 28.1.2004.
78 »Investigators close in on A. Q. Khan«, *rediff.com*, 28.1.2004.

Das vierte Szenario

1 Fernsehansprache von A. Q. Khan am 4.2.2004, *Federation of American Scientists (FAS)*, www.fas.org/nuke/guide/pakistan/nuke/aqkhan020404.html.; *Washington Post*, 5.2.2004.
2 »Protests Against Arrest of Nuclear Scientists Rock Pakistan«, *OneWorld*, 29.1.2004.
3 Gespräch mit Milton Bearden am 23.7.2004.
4 Fernsehansprache von A. Q. Khan am 4.2.2004, *Federation of American Scientists (FAS)*, www.fas.org/nuke/guide/pakistan/nuke/aqkhan020404.html.; *Washington Post*, 5.2.2004.
5 *Dawn*, 6.2.2004; *The Nation*, 7.2.2004; »U.S. supports nuclear pardon«, *CNN*, 5.2.2004.
6 »Pakistan's Nuclear Scandal«, *Pakistanlink*, 13.2.2004; *Hindustan Times*, 4.2.2004; *Washington Post*, 5.2.2004; Arnaud de Borchgrave, »What did Musharraf know?«, *Pakistan-Facts.com*, 26.2.2004; *Dawn*, 17.2.2004.
7 »U.S. supports nuclear pardon«, *CNN*, 5.2.2004; Gespräch mit David Albright am 17.8.2004.
8 »Not Again, Sam«, *Pakistan-Facts*, 6.4.2004.
9 David Rohde, Amy Waldman, »Pakistani scientist was long a suspect«, *New York Times/Herald Tribune*, 10.2.2004.
10 »Pakistan scientist admits leaking secrets«, *rediff.com*, 2.2.2004; *The Telegraph*, 16.2.2004.
11 »Disgraced nuclear scientist bought his peer's loyality to avoid suspicion«, *South China Morning Post*, 18.2.2004; Syed Saleem Shahzad, »The Inside Story of Why Musharraf Quickly Par-

doned a Defiant AQ Khan«, *South Asia Tribune*, 8.2.2004; Jessica Altschul, »Musharraf Blames Washington«, *JINSA*, 12.2.2004.

12 »Untangling the Nuclear Tangle«, *Pakistanlink*, 6.2.2004.

13 »Disgraced nuclear scientist bought his peer's loyality to avoid suspicion«, *South China Morning Post*, 18.2.2004; Seymour M. Hersh, »The Deal«, *The New Yorker*, 8.3.2004.

14 *New York Times*, 29.1.2004; Jessica Altschul, »Musharraf Blames Washington«, *JINSA*, 12.2.2004; Seymour M. Hersh, »The Deal«, *The New Yorker*, 8.3.2004.

15 Syed Saleem Shahzad, »The Inside Story of Why Musharraf Quickly Pardoned a Defiant AQ Khan«. *South Asia Tribune*, 8.2.2004; Jessica Altschul, »Musharraf Blames Washington«, *JINSA*, 12.2.2004; Farah Stockman, »Pakistan had case against scientist«, *Boston Globe*, 8.2.2004.

16 Quelle D am 13.5.2004; Quelle C am 27.7.2004; Quelle A am 15.7.2004 und 28.10.2004.

17 Mirza Aslam Beg, »Pakistan's Nuclear Imperatives«, *The Frontier Post*, 23.2.1994; Mirza Aslam Beg, »The Atomic Programme and the Political Ramblings«, *Nation*, 13.12.1993; »Avoiding an India-Pakistan Nuclear Confrontation«, Pugwash Conferences Meeting No. 280, Lahore 11. und 12.3.2003; *Times of India*, 11.2.2004.

18 Gespräch mit Robert L. Gallucci am 22.7.2004.

19 Gespräch mit Milton Bearden am 23.7.2004.

20 Gespräch mit Walter Andersen am 24.7.2004.

21 »Malaysia jails nuke trade suspect«, *AP*, 28.5.2004; Hans Leyendecker, »Mühsame Verfolgung«, *Süddeutsche Zeitung*, 28./29.8.2004; Remarks by the President on Weapons of Mass Destruction Proliferation, Fort Lesley J. McNair, National Defense University, 11.2.2004.

22 »Atomwissenschaftler frei«, *Süddeutsche Zeitung*, 23.7.2004; Schreiben von Hussam ul-Haq, 29.7.2004.

23 Quelle D am 13.5.2004; Quelle A am 15.7.2004 und 28.10.2004; Owen Bowcott, Ian Traynor, John Aglionby, Suzanne Goldberg, »Briton Key Suspect In Nuclear Ring«, *The Guardian*, 2.12.2004; Owen Bowcott, John Aglionby, Ian Traynor, »Businessman under scrutiny 25 years ago after ordering unusual supplies«, *The Guardian*, 5.3.2004; »Nuclear black market relied on past suppliers to Pakistan«, *Daily Times*, 13.2.2004; *Noordhollands Dagblad*, 5.5.2004 und 8.10.2004.

24 Quelle D am 13.5.2004; Quelle A am 15.7.2004 und 28.10.2004; Hans Leyendecker, »Mühsame Verfolgung«, *Süddeutsche Zeitung*, 28./29.8.2004.

25 GBA-Vernehmung Gerhard Wisser, 26.8.2005; Pressemitteilung der Generalbundesanwaltschaft 17/2004.

26 Zeugenaussagen Captain Benjamin Nel und Daniel J. van Beek, 14.9.2004; Dafna Linzer, Craig Timberg, »African's Arrest Seen as Key to Nuclear Black Market«, *Washington Post*, 4.9.2004; Zeugenaussage André Smit, 18.9.2004; Schreiben des GBA an Botschaft der Republik Südafrika, 13.9.2004.

27 Pressemitteilungen der Generalbundesanwaltschaft 17/2004, 20/2004 und 23/2004; Hans Leyendecker, »Verdacht auf Landesverrat«, *Süddeutsche Zeitung*, 12.10.2004; Hans Leyendekker, »Verhaftung wegen Atomgeschäfts«, *Süddeutsche Zeitung*, 17.11.2004.

28 Pressemitteilungen der Generalbundesanwaltschaft 17/2004, 20/2004 und 23/2004; »Proliferation«, www.generalbundesanwalt.de/strafe/lverrat.php

29 Joby Warrick, »Libyan Nuclear Devices Missing«, *Washington Post*, 29.5.2004; Gespräch mit Melissa Fleming/IAEA am 2.6.2004; »Implementation of the NPT Safeguards Agreement of the Socialist People's Libyan Arab Jamahiriya«, IAEA Board of Governors, GOV/2004/33, 1.6.2004.

30 Quelle C am 27.7.2004; »U.N. Official Says Iranians Seem to Curb Atom Activity«, *New York Times*, 23.11.2004.

31 »Implementation of the NPT Safeguards Agreement in the Republic of Korea«, IAEA Board of Governors GOV/2004/84, 11.11.2004; »U.N. Official Says Iranians Seem to Curb Atom Activity«, *New York Times*, 23.11.2004; Statements of the Director General, IAEA Board of Governors, Vienna, 25.11.2004; »Beschaffungsversuche von Lasern für das Nuklearprogramm Pakistans«, BND 1998; »Iran: Beschaffungsversuche moderner Lasertechnologie«, BND 1998; Gespräch mit A. Q. Khan am 11.10.1998.

32 »Implementation of the NPT Safeguards Agreement in the Islamic Republic of Iran«, IAEA Board of Governors, GOV/2004/34, 1.6.2004; Brenda Shaffer, »Iran at the Nuclear Threshold«, Arms Control Association 11/2003; David E. Sanger, »How to Respond if Rogue Leaders Want to Build the Bomb«, *New York Times*, 2.10.2004; »U.N. Official Says Iranians Seem to Curb Atom Activity«, *New York Times*, 23.11.2004; Statements of the Director General, IAEA Board of Governors, Vienna, 25.11.2004; »Annäherung im Atomstreit«, *Süddeutsche Zeitung*, 8.11.2004; »Atomstreit in neuer Runde«, *Süddeutsche Zeitung*, 29.11.2004.

33 Brenda Shaffer, »Iran at the Nuclear Threshold«, Arms Control Association 11/2003; David E. Sanger, »How to Respond if Rogue Leaders Want to Build the Bomb«, *New York Times*, 2.10.2004.

34 Arnaud de Borchgrave, »Pakistan-Saudi trade nuke tech for oil«, *UPI*, 20.10.2003.

35 Gespräch mit Robert L. Gallucci am 22.7.2004.

36 Tim Burger, Tim McGirk, »Al Qaeda's Nuclear Contact?«, *Time*, 12.5.2003; Paul L. Williams, »Osama's Revenge«, New York 2004.

37 Quelle D am 13.5.2004; Quelle C am 27.7.2004; Quelle A am 15.7.2004 und 28.10.2004; Gespräch mit David Albright am 17.8.2004; Graham Allison, »Nuclear Terrorism«, New York 2004.

38 Quelle D am 13.5.2004; Quelle C am 27.7.2004; Quelle A am 15.7.2004 und 28.10.2004.

39 Gespräch mit Robert L. Gallucci am 22.7.2004.

40 David Albright, »Securing Pakistan's Nuclear Weapons Complex«, 42nd Strategy for Peace Conference, Warrenton/Va 25. bis 27.10.2001; Gespräch mit David Albright am 17.8.2004; »Central Ammunition Depot Sargodha«, www.globalsecurity.org/wmd/world/pakistan/sargodha.htm; Robert S. Norris, William M. Arkin, Hans M. Kristensen, »Pakistan's nuclear forces 2001«, *Bulletin of the Atomic Scientists*, 1/2/2002.

41 Gespräch mit John Pike am 28.9.2004; »Central Ammunition Depot Sargodha«, www.globalsecurity.org/wmd/world/pakistan/sargodha.htm; Pakistan Nuclear Update 2001, The Wisconsin project on nuclear arms control, 2002.

42 Quelle C am 27.7.2004; Quelle A am 15.7.2004 und 28.10.2004; Seymour M. Hersh, »Watching the warheads«, *The New Yorker*, 5.11.2001; David Albright, »Securing Pakistan's Nuclear Weapons Complex«, 42nd Strategy for Peace Conference, Warrenton/Va 25.–27.10.2001; Gespräch mit David Albright am 17.8.2004.

43 David Albright, »Securing Pakistan's Nuclear Weapons Complex«, 42nd Strategy for Peace Conference, Warrenton/Va 25.–27.10.2001; Gespräch mit David Albright am 17.8.2004.

44 Gespräch mit David Albright am 17.8.2004; David Albright, »Securing Pakistan's Nuclear Weapons Complex«, 42nd Strategy for Peace Conference, Warrenton/Va 25.–27.10.2001; Seymour M. Hersh, »Watching the warheads«, *The New Yorker*, 5.11.2001.

45 Seymour M. Hersh, »Watching the warheads«, *The New Yorker*, 5.11.2001.

46 Gespräch mit David Albright am 17.8.2004.

47 Seymour M. Hersh, »Watching the warheads«, *The New Yorker*, 5.11.2001; Bruce Blair, »What If The Terrorists Go Nuclear?«, Center for Defense Information, 1.10.2001; Barton Gellmon, »Fears Prompt U.S. to Beef Up Nuclear Terror Detection

Sensors Depolyed Near D.C., Delta Force on Standby«, *Washington Post*, 3.3.2002; Richard Melson, »Global Perspective on Israel Military«, *Al-Jazeerah*, 6.10.2003; Bruno Schirra, »Krisen-Rambos, Nachtpirscher und andere Nationalhelden«, *Die Zeit*, 7/2003.

48 Gespräch mit David Albright am 17.8.2004; David Albright, »Securing Pakistan's Nuclear Weapons Complex«, 42nd Strategy for Peace Conference, Warrenton/Va 25.–27.10.2001; Seymour M. Hersh, »Watching the warheads«, *The New Yorker*, 5.11.2001.

49 Gespräch mit Milton Bearden am 23.7.2004.

50 Gespräch mit David Albright am 17.8.2004.

51 Association of Former Intelligence Officers, *Weekly Intelligence Notes* WIN 43-01, 29.10.2001.

52 Gespräch mit David Albright am 17.8.2004.

53 Declan Walsh, »Dr Khan isn't taking calls today«, *The Guardian*, 20.11.2004.

54 Quelle D am 13.5.2004; Quelle C am 27.7.2004; Quelle A am 15.7.2004 und 28.10.2004.

Epilog

1 Schreiben von Senator Jeff Bingamann an Paul Wolfowitz, Deputy Secretary of Defence, 23.9.2004.

Danksagung

Mein erster Dank gebührt Richard M. Barlow, der sehr mit sich gerungen hat, ehe er mir für viele gespräche und ein offenes Interview über seine persönlichen Erfahrungen zur Verfügung stand, weil er immer noch für die Intelligence Community arbeitet. Er mußte zwangsläufig viele Fragen unbeantwortet lassen, zog, manchmal zu meinem großen Bedauern, eine klare Trennungslinie zu geheimen oder auch nur vertraulichen Informationen, über die er verfügt. Herzlich danken möchte ich auch den beiden ehemaligen Inspector Generals des State Department, Sherman M. Funk, und der CIA, Frederick P. Hitz. Beide haben in dieser Funktion mehreren US-Präsidenten gedient und genießen noch immer größten Respekt in Washington. Ihr dezidiertes Urteil, daß Richard Barlow vor fast zwei Jahrzehnten dabei war, Abdul Qadeer Khan das Handwerk zu legen, aber statt dessen kaltgestellt und persönlich vernichtet wurde, ist über jeden Zweifel erhaben.

Robert L. Gallucci, ein alter Kollege von Barlow, der sich in den letzten dreißig Jahren mit der Nichtweiterverbreitung von Atomwaffen beschäftigt hat, heute Dean der Edmund A. Walsh School of Foreign Service an der renommierten Georgetown University ist und die CIA in Sachen Proliferation berät, gab wertvolle Einschätzungen über die Risiken, daß Know-how oder sogar Spaltmaterial über Khan und dessen Mitarbeiter an Al Qaida gelangt sein könnte. Umfangreiche Informationen stellte mir dazu auch David Albright, früherer UN-Waffeninspekteur, heute Direktor des Institute for Science and International Security und zweifellos einer der profundesten Kenner der Materie außerhalb der Geheimdienste, zur Verfügung.

Einen ganz großen Dank möchte ich auch jenen Experten in den Geheimdiensten und vergleichbaren Institutionen aussprechen, die aus naheliegenden Gründen ungenannt bleiben müssen. Von ihnen kenne ich einzelne bereits seit zwanzig Jahren, als ich mich das erste Mal für eine ARD-Dokumentation mit dem Beschaffungsnetz für Pakistan befaßte. Sie halfen mir auf die Sprünge, korrigierten falsche Schlußfolgerungen, verweigerten hier und da aber auch einmal Auskünfte, weil diese möglicherweise Rückschlüsse auf die Quelle zugelassen hätten. Ich kann nur hoffen, daß sie mit dem Ergebnis einigermaßen zufrieden sind, und bitte sie schon jetzt um Nachsicht, falls mir trotz ihrer stundenlangen Bemühungen kleinere oder auch größere Fehler unterlaufen sein sollten.

Bedanken für intensive Gespräche möchte ich mich auch bei Walter Andersen, dem ehemaligen Südasien-Experten des Department of State, dem früheren demokratischen Kongreßabgeordneten Stephen Solarz, der schon früh ein Gesetz gegen die pakistanische Nuklearrüstung einbrachte, Milton Bearden, dem langjährigen CIA-Officer und früheren Stationschef der Agency in Pakistan, sowie Leonard S. Spector, der sich seit Jahrzehnten mit den nuklearen Ambitionen in der Welt befaßt hat und dessen Analysen aus den achtziger Jahren mir eine unerläßliche Hilfe waren.

Wichtige Anregungen erhielt ich darüber hinaus von John Pike von der Stiftung Globalsecurity, von Ivan Oelrich, Direktor der Federation of American Scientists, sowie den beiden Südasien-Spezialisten Subodh Atal und Kaushik Kapisthalam. Großen Dank schulde ich vor allem auch meinem britischen Kollegen und Freund Simon Henderson, mit dem zusammen ich 1986 die ersten Geschichten zum Thema veröffentlichte und der stets einen Rat wußte und uneigennützig half. Weiterhin danke ich den immer hilfsbereiten Fachleuten des NSA (National Security Archives) an der George Washington University, die mir sogar ihre ausgelagerten Kisten mit ehemals geheimen Dokumenten des State Department zur Auswertung besorgten, und Mark Brender und seinen Mitarbeitern von der Firma SpaceImaging, denen ich unzählige hochqualitative Aufnahmen des Aufklärungssatelliten Ikonos verdanke.

Interessante Gespräche führte ich außerdem mit Melissa Fleming, der Sprecherin der IAEA in Wien, Gerhard Piper vom

Berliner Informationszentrum für Transatlantische Sicherheit und Ali Ghouri, der wie viele seiner pakistanischen Landsleute Abdul Qadeer Khan glühend verehrt und dennoch bereit war, viele Seiten aus der Landessprache Urdu für mich zu übersetzen. An den monatelangen Recherchen waren überdies mehrere Kolleginnen beteiligt, auf deren bewährte Mithilfe ich mich auch in diesem Fall verlassen konnte: Tanya Bandmann in New York, Amina Jilani in Karatschi, Birgit Maaß in London sowie Annika Kutscha und Nina Svensson in Deutschland.

Dank gilt auch meiner Agentin Erika Stegmann, dem Lektor des Aufbau-Verlag, Andreas Paschedag, und ganz besonders meiner Frau Heidi, der ich viele Wochen lang einiges zugemutet habe und die mir dennoch den nötigen Halt bot, wenn ich in Dokumenten und Unterlagen zu ertrinken drohte.

Bremen, im Dezember 2004

Egmont R. Koch

Bildnachweis

Bildteil
S. 1 und S. 16: SpaceImaging; S. 2: Egmont R. Koch; S. 3, S. 4, S. 6 unten, S. 8 oben und unten, S. 12 oben: privat; S. 5 Urenco Almelo; S. 7 Sven Simon; S. 9 und S. 12 unten: Dr. A. Q. Khan Research Laboratories; S. 10 oben links und rechts, S. 11: Weekly Hurmat; S. 10 unten: stern; S. 13 oben und S. 15 unten: Associated Press; S. 13 unten: CNN/ISIS; S. 14: Reporter/NL; S. 15: Reuters

Mitlaufend
S. 248: Associated Press

In einigen Fällen konnten die Rechteinhaber nicht eindeutig ermittelt werden. Anspruchsberechtigte werden gebeten, sich gegebenfalls an den Verlag zu wenden.

Namensregister

Abdullah, Kamaluddin 225, 241
Abizaid, John 263 ff.
Abu Zubaida 40
Ahmad, Nazeer 15, 17, 229 f., 246, 267, 276
Ahmad, Quazi Hussain 245, 249, 270
Ahmed, Ishfaq 129, 214 f., 220 ff., 226
al-Bashir, Omar Hassan 231 f., 249
Albright, David 272, 283 ff.
Albright, Madeleine 217, 220, 234
Alguadis, Selim 243
Ali, Anwar 106 f.
Allaun, Frank 86
Allen, Richard V. 118
Allende, Salvador 81
Amin, Hafizullah 100
Andersen, Walter 150, 275 f.
Armitage, Richard 263, 271 f.
Asad, Suleiman 35 ff.

Baker, James 193
Barlow, Richard M. 9–12, 17 f., 99, 102, 106 f., 109, 119, 124, 149, 151, 155 ff., 161 ff., 166, 172, 174 f., 177–183, 191–195, 197 f., 203, 205 f., 238, 251 f., 255, 263, 286 f.
Bearden, Milton 164 f., 173 f., 184, 193 f., 204, 244, 271, 275, 284
Beg, Mirza Aslam 173, 185, 189 ff., 194 ff., 199 bis 202, 204 ff., 274 f.
Begin, Menachem 89, 94, 113 f.
Benn, Tony 86 f.
Bhatty, Imtiaz Ahmad 106 f.
Bhutto, Benazir 13, 59, 63, 185 f., 190 f., 193–197, 199, 201 ff., 206, 213, 274
Bhutto, Zulfikar Ali 13, 45 ff., 50 f., 54 ff., 58 f., 62 f., 66, 70, 80–83, 92 f., 108, 141, 185, 238
bin Abdul Azis 246, 280
Bingamann, Jeff 287
bin Laden, Osama 12, 20 ff., 27–30, 33 f., 37, 40, 65, 109, 122, 231, 235, 245, 249, 255, 264, 276, 280
Binalshibh, Ramzi 21, 28
Blair, Tony 250
Bolton, John R. 272, 275
Brabers, Martin J. 29, 41 f., 48 ff., 73, 95 ff., 163, 186
Brubaker, Gerald 195, 197 f., 203
Brzezinski, Zbigniew 101, 108
Bush, George 185, 191–194, 196, 201, 204, 207, 225, 250
Bush, George W. 28, 30–37, 39, 245, 250 f., 261, 264 f., 271, 276
Butt, Zulfikar Ahmed (»Dr. Shef«) 47 f., 64., 73–76, 78, 84, 112, 126, 128, 136, 141, 148, 156 f., 166

Carter, Jimmy 81 f., 88 f., 92 ff., 97, 99, 101 f., 108 f.
Casey, William J. 147, 149, 164, 179
Casimir, Hendrik 116, 153
Cheney, Richard (Dick) 36, 190–194, 205, 251
Chohan, Yasin 34, 265
Chowhan, Riaz Ahmad 209, 211, 240, 246 f.

Christopher, Warren 91, 101
Cire, Günes 78, 153, 159 f., 187, 211, 243 f., 261 f., 277
Cire, Kuersat Zafer 243
Clarke, Richard A. 28, 250 ff.
Clinton, Bill 28, 214, 217, 219, 225, 231, 234 ff., 238
Cowasjee, Ardeshir 240

de Klerk, Frederik Willem 257
Delhez, Rob 42, 74
Djalani, Ahmed 59

Eder, Helmut 132, 134 ff., 145
Einsel, David W. 179 ff.
el-Meshad, Yahya 112 f.

Farooq, Mohammad 30, 34, 173, 227, 247, 265
Feisal 58
Finke, Peter 144
Ford, Gerald 66
Frencken, Franz 69
Funk, Sherman 205 f.

Gaddafi, Muammar 9, 38 f., 55 f., 58 f., 92, 211 f., 236, 242, 249, 259, 261, 265 f.
Gallucci, Robert L. 89 f., 93, 99, 255, 275, 280, 282
Gandhi, Indira 62, 165
Gandhi, Rajiv 165, 168 f., 197
Gates, Robert 201 f.
Geiges, Daniel 258, 277
Genscher, Hans-Dietrich 103
German, Eduard 111
Giscard d'Estaing, Valéry 81 f.
Giuliani, Rudolph 31
Glenn, John 169, 178, 204
Gorbatschow, Michail 148 f., 164, 184, 201
Griffin, Paul 242
Griffin, Peter 74 ff., 87, 107, 160, 163, 242 ff., 258, 276 f.
Gul, Hamid 22

Haase, Christoph 103
Hadley, Stephen 191 f., 205, 251
Hasan, Khalid 55
Hashmi, Fakhrul Hasan 221, 229
Hauff, Alfred 116
Haunschild, Hans-Hilger 53 f.
Heilingbrunner, Otto 116, 125, 131 f., 135, 145, 160, 189
Hempel, Alfred 61
Henderson, Simon 170, 211
Hitz, Frederick P. 206, 251
Hofi, Yitzhak 113
Hoodbhoy, Pervez 273 f.
Hughes, Arthur 194 f.
Hummel, Arthur W. jr. 85 f., 88
Hussein, Saddam 17, 39, 108, 112 ff., 208 ff., 250 ff., 261 f.

Idris 55
Iqbal, Mohammad Zafar 84

Jamali, Mir Zafarullah Khan 269
Javed, Nyamat Ali 80, 122, 125, 136
Jinnah, Mohammed Ali 13
Junejo, Mohammed Khan 161 f.

Kalam, Abdul A. P. J. 227
Kang Thae Yun 223 f.
Karamat, Jehangir 221, 233
Karmal, Babrak 100, 164
Keller, Cornelius 122
Kerr, Richard 201
Khameini, Ali (Ayatollah) 172
Khan, Abdul Aziz 84 f., 87, 91, 93 ff., 106 f.
Khan, Abdul Qadeer (»Dr. No«, A. Q., U-Khan) 10–19, 21–26, 28 ff., 32–35, 37–46, 48 ff., 56 ff., 62–81, 83 bis 97, 102, 104, 106, 110–117, 120, 123–128, 130–134, 136, 139 ff., 143, 145 f., 150 f., 152–156, 159 f., 162 f., 166, 168 ff., 172–176, 179 f., 182,

184–187, 190 f., 195, 199 f., 204, 206–233, 236 ff., 240 bis 250, 252–256, 258, 260 bis 281
Khan, Ghulam Ishaq 123, 129, 184 f., 190, 195, 199, 201 ff., 206
Khan, Hendrina (Hennie) 48, 50, 68 f., 163, 247, 269
Khan, Munir Ahmed (Pu-Khan) 25, 46 ff., 51–54, 56, 59–62, 64–67, 69 f., 83, 95 f., 121 f., 125, 127, 129, 136, 138 f., 141, 143, 147, 156 ff., 163, 166, 173, 185, 187, 213, 226
Khan, Qaiyum 240
Khan, Sahabzada Yaqub 193 f., 197, 203
Khan, Yaqub Ali 143
Khomeini, Ayatollah Ruholla 9, 108 f.
Kim Jong Il 237, 255
Kim Sa Nae 223 f., 237, 254
Kissinger, Henry 44 f., 66 f., 81
Kohl, Helmut 123
Kwang, Choe 213

Lambsdorff, Otto Graf 103, 115
Lerch, Gotthard 83, 90, 94, 116, 125 f., 131 ff., 135, 145, 159 f., 172, 187, 189, 238, 244, 256 f., 277 f.

Maigra, Abbderahmane 247 f.
Mahmood, Bashir-ud-Din 22, 26 f., 32 ff., 37, 65, 69 f.
Majeed, Chaudri Abdul 26 f., 33 f., 122
Malik, Sajawal Khan 210 f., 246 f., 267, 276
Malik, Zahid 96, 162 f.
Mandel, Arnold I. 129 f., 161
Mebus, Heinz 75–79, 83, 94, 103 f., 107, 111 f., 115, 170 ff., 180, 187, 227, 242
Meyer, Johan 258, 277
Migule, Albrecht 75, 77 ff., 83, 94, 102–105, 115 f. 122, 146
Mohamad, Mohamad Matuq 211, 242 ff.
Mohammed, Khalid Scheich 280
Mohammed Resa Pahlevi 56, 58, 88, 107 f., 172
Mubarakmand, Samar 220 ff.
Mujib-ur-Rahmann 43
Mukhtar, Mohammad Ali 35 ff.
Musharraf, Pervez 13, 26, 34 bis 38, 40, 233–236, 238, 244 f., 252, 261, 263–275, 281 f., 284 f.

Najibullah, Mohammed 164
Nasir, Javed 22
Nayar, Kuldip 168 ff.
Nehru, Jawaharlal 62
New, John 175 ff.
Nixon, Richard 44, 66

Oakley, Robert B. 199–202, 274
Omar, Mullah Mohammed 27, 37
Oplinger, Gerald G. 192
Ortmayer, Rudolf M. 125 f., 136 ff., 143 ff., 156–159, 166, 172, 187, 189

Peck, Robert 179 f.
Percival, H. 166
Perle, Richard N. 169
Pervez, Arshad 175–182
Petz 116
Piffl, Ernst 76, 87, 94, 216, 228 f.
Powell, Colin 267, 272
Pressler, Larry 204

Raphel, Arnold 184
Reagan, Ronald 108 f., 114, 119, 141 ff., 147 ff., 162, 169, 181 ff., 185, 225
Rice, Condoleezza 30
Riedel, Bruce 234 ff.
Riesenhuber, Heinz 144 f.
Rovello, Frank J. 176 f.

Rüegg, Werner 83, 87f.
Rummer, Hans 188

Saeed, Hafiz Mohammed 21f., 37–40, 249, 264
Salam, Abdus 46, 50f., 74ff., 107
Sagib, Najim us 246
Schmidt, Helmut 93f.
Schöb, Anton 132, 134ff., 145f.
Shahi, Agha 110f.
Sharif, Mohammad Nazwar 13, 26, 196, 206, 209, 214f., 217, 220ff., 225, 233–236, 238, 245, 270
Shultz, George P. 147
Siddiqui, Abdul Ma'bood 210ff., 229ff.
Singh, Vishwanath Pratap 197, 202
Sisco, Joseph J. 67
Slebos, Henk 29, 74, 78, 89, 107, 116f., 152–156, 159f., 163, 182, 186f., 210, 227, 244, 246f., 277
Smit, Simon 42, 74
Solarz, Stephen J. 178ff., 194f., 198
Spies, Hans-Jürgen 103, 143f., 170
Stolk, Leonard 116f.
Sundarji, Krishnaswami 165

Tahir, Buhary Syed Abu 173, 210f., 218, 224f., 236, 241ff., 248, 256, 258, 260, 268, 276ff.
Tajwar, Iqbal 229, 267
Tenet, George 28, 30–36, 262, 265
Tinner, Friedrich (Fred) 76f., 241, 244
Tinner, Hedy 76f., 241
Tinner, Marco 244
Tinner, Urs 241f., 244, 260f., 277f.

ul-Haq, Ikram 78, 84, 87, 94f., 117, 126, 148, 175, 177
ul-Haq, Inam 177f., 180
ul-Haq, Islam 12, 14f., 17, 267, 276
Ullah, Azmat 126, 152, 156, 215f.
Usmani, Ishrat 46, 51, 54

Vaid, Nazir Ahmed 128, 130, 141f., 148, 161, 178
Vajpayee, Atal Bihari 218f., 232
Vance, Cyrus 81, 108
Veerman, Frits 57, 65, 68f., 72, 186

Waelischmiller, Hans 112
Waheed, Abdul 84, 148, 152f., 156f.
Webster, William H. 11, 193, 201
Weinberger, Caspar W. 147
Wisser, Gerhard 88, 256ff., 260, 277
Wolfowitz, Paul 191f., 205, 251, 287
Würzen, Dieter von 115

Zia ul-Haq, Mohammed 10f., 13, 82f., 88f., 91f., 97–101, 108ff., 121, 123, 126f., 129, 139, 140–149, 153, 155f., 161, 163ff., 168f., 173, 177f., 181, 184f., 238, 241, 244